리처드 도킨스, 나도 할 말이 있소!

| 이종봉 지음 |

리처드! 나는 당신이 사악한 괴물로 단정한
창조주 여호와를 경외하는 사람이외다.
지금부터 당신이 얼마나 무례하고 무지한 사람인지
말하고 그 독설로부터 내 사람들을
지키고자 몇 자 적었소이다.

**RICHARD DAWKINS,
I have something to say too!**

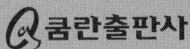

진정한 의미에서의 신이란 창조주를 말하는 것이다. 창조주가 아니면 아무것도 아니다. 그래서 우리에게는 여호와 외에 숭배할 대상이 없는 것이며, 여타의 종교와 나란히 놓고 동일하게 취급하는 일을 거부하는 것이다. 이 창조 사실이 바로 우리가 유일 신앙을 목숨처럼 지키는 이유다.

- 본문 중에서 -

추천사

　리처드 도킨스의 《만들어진 신》은 해롭기만 한 책이다. 도킨스의 기독교에 대한 공격은 한을 품은 자의 탄식처럼 집요하다. 책이 잘 팔리고 유명해졌다고 진리 가치에 부합하는 건 아니다. 그의 책은 신 부재 증명의 한계를 보이고 있다. 설명이 태부족이다. 도덕성을 진화론적으로 설명하는 데도 논리가 빈곤하다. 생명의 기원 문제도 자연선택으로 설명이 충족적일 수 없다. 그도 말하듯이 자연선택은 이미 생명체가 존재한 후의 변화를 설명하려 드는 것뿐이고 최초 생명의 발생(abiogenesis)에 대해서는 말 못한다. 미해결의 과제라며 회피하지만, 그 미해결의 필드가 창조주 하나님이신 것이다. 만들어진 신이 아니고 창조주 하나님에 의해 만들어진 인간이요 세계인 것이다.

　과학교 맹신도 도킨스의 논리를 저격하는 책이 《리처드 도킨스, 나도 할 말이 있소!》이다. 저자인 이종봉 목사는 그의 저서 《목사가 남기는 유언》으로 자신의 신앙을 명백하게 고백한 목회자이다. 그 책은 종교다원주의 등으로 혼미해진 기독교계에 던지는 다윗의 물맷돌 같은 신선함이었다. 신실한 현직 목회자인 이 목사님은 그 신앙의 파토스가 흔하지 않은 캐릭터이다. 젊디젊은 목사님이 도킨스의 사악한 논리의 저격자로 나섰다는 것은 아마 하나님의 선택하시고 부여하신 사명일 것이다. 성령님께서 공동의 저자가 되시지 않았을까 싶다. 이 책이 널리 읽혀져 하나님의 영광이 나타나고 어둠의 세력이 과학을 들고 설쳐대는 반성경적 무드에 일침을 가해 주기 바란다.

2025년 8월

강동선 목사(언약교회 담임 / 철학박사)

차례

추천사 강동선 목사(언약교회 담임/철학박사) … 4
들어가는 말 … 10

01	서론	19
02	야! 우리가 만만하냐?	26
03	리처드를 말한다	28
04	리처드의 접근 수법은 '의심'이다	38
05	리처드의 논리 전개 방식은 '추측'이다	46
06	사라진 나의 60년	55
07	싫으면 그만이지 왜 돌을 던지나?	60
08	종교인들은 미친 게 확실하다?	65
09	하나님, 증거가 부족했습니다!	71
10	하늘의 별이 100개는 될걸!	80
11	리처드가 신을 믿지 못하는 이유	82
12	인격 모독죄는 있는데 왜 신성 모독죄는 없는가?	87
13	신이 나쁜가, 신도가 나쁜가?	90
14	창조냐, 진화냐?	97
15	가장 오래된 별, 지구	109

16	지구의 실제 나이와 측정값 나이가 다른 이유	115
17	진화론이 말하는 인간론	120
18	진화론의 심각한 부작용	125
19	사람과 동물의 가치 차이	152
20	진화론의 폭력성	160
21	진화론에 숨겨진 또 하나!	167
22	지능이 낮을수록 신을 찾는다?	172
23	진화론보다 성경이 더 쉽다	176
24	유신진화론(진화창조론)은 타협이다	188
25	태아는 죽여도 된다?	199
26	기독교는 종교가 아니다	207
27	인생의 고통은 왜 생기는가?	222
28	일신교냐, 유일신이냐?	228
29	창조주의 절대 주권	233
30	기독교의 신은 언제부터 존재했는가?	246

차례

31	싫으면 그만이지 왜 시비야?	250
32	천국과 지옥이 협박용이라고?	262
33	악인이 성공하는 이유	265
34	예수님의 죽음과 유다의 역할	274
35	구별이 사라진다	278
36	진화는 우연이라고?	285
37	진화론이 진화교로 진화했다	289
38	예배 남발을 중단하라!	292
39	무신론자 대형 교회(Atheist Mega-church)	302
40	가짜가 많은 기독교	309
41	자살한 사람도 천국에 가나?	315
42	굳세어라, 그리스도인이여!	323
43	교회 개혁은 내부로부터 시작된다	343
44	두 가지 세계관(진화론과 기독교 비교)	347
45	환경운동과 공산 사회주의	355

46	무신론이 만든 세상의 실상	**367**
47	진화론과 공산주의의 관계	**376**
48	다양한 망상가들	**383**
49	신이 없어야 살 수 있는 리처드!	**392**
50	결국 리처드는…	**396**
51	창조주가 없는 세상	**397**
52	오랜 세월이 지나면…	**399**
53	내 맘에 들지 않는 하나님	**402**
54	신의 자격을 갖추라!	**409**

맺는말 … 412
추천도서 … 414

들어가는 말

리처드, 나도 할 말이 있소!

● 리처드 도킨스(Richard Dawkins)에게

　리처드, 나는 당신이 악으로 규정한 세상을 창조한 신(여호와)을 숭배하는 사람이오. 당신이 말하는 어리석고 저능한 편에 드는 사람 말이외다.
　당신이 쓴 책《만들어진 신》을 다른 책에 비해 오랜 시간을 들여 읽어 보았소. 그만큼 책의 내용이 나의 관심을 심하게 끌었기 때문이오. 이 책이 출간되었다는 소식은 오래전에 들었소만, 이제야 읽게 되었다는 게 너무 후회스럽고 아쉬울 정도요.
　그 내용을 다 언급할 수는 없겠지만 읽다 보니 하고 싶은 말이 있어 도저히 참지 못하고 몇 자 쓰게 되었음을 양해 바라오. 나 같은 무명인이 당신과 같은 사람을 상대로 이런 글을 쓰게 될 줄은 나도 몰랐소. 종교에 대해 심각한 알레르기 증세를 겪는 당신이 내 말을 들어줄 리는 만무하겠지만, 인생사를 누가 알겠소. 당신이나 나나 한 치 앞도 모른다는 면에서는 똑같이 무식하고 무능한 사람이니⋯.
　좋은 책이라도 보통은 한 번 읽고 덮는 것으로 끝나는데, 리처드 당신의 이 책은 그렇게 끝낼 수가 없었소이다. 당신이 한 말들이 어떤 이에게는 감동을 줄 수도 있겠지만, 어떤 이에게는 슬픔과 아픔, 큰 고통, 분노가 된다는 것을 알고 의도적으로 아주 날카롭고 파괴적인 글을 쓰셨구려.

리처드, 당신은 책의 서두에서 낙관하고 있구려.

"이 책을 펼 때 종교를 가지고 있었던 독자들은 책을 덮을 때면 무신론자가 되어 있을 것이다."(p. 14)

이렇듯 자신 있고 당당하게, 이 책을 펴낸 목적이 신의 존재를 믿는 수많은 종교인을 무신론자로 전향시키는 것이라고 분명히 밝혀 주시니 나도 편하게 말하려 하오. 아마도 내 글을 읽고 나면 진화론을 멀리하는 사람도 생길 수 있을 텐데 언짢게 생각지 마시기를 바라오.

당신의 그 목적이 한국에서도 어느 정도 성취되어 2007년 초판이 발행된 이래 2024년 현재 81쇄까지 나왔으니 이런 베스트 셀러가 또 어디 있겠소? 앞으로도 한동안 당신의 책이 읽힐 가능성을 생각하면, 지금 나의 글이 결코 늦었다고 볼 수는 없겠소. 출판사와 당신이 돈은 많이 벌었으리라 생각되오만, 그것도 창조주와 그를 섬기는 사람들을 비판한 데서 얻은 것이니 우리의 덕을 본 것이나 마찬가지외다.

- 그럼, 나도 이 글을 쓰는 목적을 분명히 밝히겠소!

세상을 만드신 창조의 신이 있다는 것을 믿는 수많은 종교인을 당신의 그 무모하고 무지한 독설로부터 지키고자 하오. 그 효과가 당신보다 더할지 모자랄지는 모르겠으나, 한 사람이라도 당신의 악영향에서 보호할 수 있다면 이런 글을 쓰는 수고는 내게는 기쁨이요 영광스러운 일이니 어찌 마다할 수 있겠소이까?

리처드! 당신의 글을 보노라면 참으로 놀라운데, 진화론의 눈으로만 세상을 보는 사람이 영적 분야인 종교, 특히 기독교를 다루었다는 것이 그렇고, 특히 편협한 자기만의 논리로 무신론을 역설한 그 무모한 용기에는 찬사를 보내고 싶은 심정이오.

이제부터 당신이 얼마나 무모하고 무례하고 무지한 사람인지 말하려 하오. 시작부터 끝까지 자기 방식으로 풀고 결론을 내린 당신의 수준을 나도 어느 정도 맞추어 가고자 하니 그리 이해해 주시기를 바라오.

리처드 당신이 모든 종교를 거짓으로 난도질한 정도에 비하면 그래도 나는 그 수위가 덜할 것이니 미리 긴장하지 말고 차분히 끝까지 읽어주기를 바라오. 당신이 평생 저지른 일에 비하면 나는 이제 시작이고, 당신처럼 타인의 것을 소중히 보지 않고 마구 돌을 던져 깨고 박살 내는 무례함보다는 덜할 테니 너무 염려하지 않아도 되겠소.

당신이 당신의 기준에서 막말했듯이 나도 내 기준에서 판단하고 나의 주장을 펼쳐 나가려 하오. 나는 당신을 괜스레 비난할 생각은 없소. 오직 당신이 마구 휘갈겨 써서 우리의 보금자리를 뒤집어 놓은 측면에서 할 말이 있을 뿐이오. 나는 당신의 생각을 바꾸려는 의도는 더욱 없소이다. 내가 몇 마디 한다고 당신의 생각이 바뀌겠소? 마찬가지로 당신이 말한다고 내 생각과 신을 향한 믿음이 바뀌겠소이까? 그러니 서로 감정 상할 일은 아닐 테니, 각자의 논리로 자기주장을 펼치면 되는 것 아니겠소? 당신의 주장은 세상에 충분히 퍼져 있으니, 그것으로 되었고 이젠 나의 주장을 들어 주어야겠소.

나는 기독교 전통 신앙의 관점에서 기술하겠소. 먼저 말을 많이 한 사람은 다른 사람이 말할 때 그만큼 들어주어야 하는 것이 기본 예의라고 생각하오. 당신에게 그런 소양 있는지가 의심스럽지만, 당신은 먼저 수십 년의 세월을 제한 없이 떠들었으니, 이제 수십 년을 가만히 귀를 열고 들어야 할 것이외다. 그렇소! 떠들었다고 하였소. 나 같은 사람에게는 당신의 말이 아주 시끄럽고 귀신 영화에나 쓰이는 소음 같은 것이외다. 소음을 아름다운 음악 같다고 표현할 수는 없지 않소?

피아노를 잘 친다고 배우지도 않은 색소폰을 피아노처럼 터치하며 그냥 마구 불어 댄다면 간신히 '삑! 삑!' 소리는 날지라도 소음이 아니겠소? 당신의 종교에 대한 진단은 그런 소음과 같다는 것이요.

너무 언짢아하지 마시기를 바라오. 당신이 그랬던 것처럼, 나도 내 식대로 말하는 것이고, 나도 당신의 그 책을 대단한 인내심으로 읽었으니, 당신 역시 나의 글이 맘에 들지 않아도 인내심을 가지고 끝까지 정독해 주기를 바라오. 대충 읽고 넘긴다면 공정하지 못한 것이오. 나는 600페이지에 달하는 당신의 그 책을 두 달 가까이 생각하며 정독했으니, 당신도 최소한 끝까지 읽어주는 정도의 성의는 보여야 할 것이외다.

당신의 경력을 보니 나는 감히 따라갈 수 없는 이력을 가지셨구려. 나이도 스무 살이나 더 많고, 영국 옥스퍼드 대학교에서 동물학을 전공한 박사요 진화론자로 왕성한 활동을 하고 있으며, 유명세도 있으니 시골에서 조용히 사는 나와 어찌 비교가 되겠소?

그러나 나는 지금 당신의 전문 분야가 아니라, 나의 세계를 말하려 하는 것이니 당신의 경력과 비교할 일은 없겠소. 혹 당신의 분야를 조금 언급하게 될지라도 너무 노여워하지는 마시기를 바라오. 당신이 성경을 언급한 강도에 비하면 아주 적고 상식적인 수준일 테니.

나는 1961년 5월생으로 2025년 현재까지 65년의 인생을 살아왔소이다. 그중에 평신도 생활 20년, 교회 지도자로 40여 년, 합 60년을 창조의 신을 섬기며 살았고, 나의 일에 대한 확신과 보람을 가지고 신의 말씀을 다수의 사람에게 가르치고 전달해 왔소. 그러니 내 분야에서는 당신보다 내가 더 준비된 사람이라고 확신하오.

혹 당신이 종교 분야에 익숙한 성직자에게 겸손한 자세로 배운 적이 있는지 묻고 싶소. 당신의 글을 보면 그런 경험이 전혀 없다는 것을 알 수가 있는데, 몇 개의 종교를 들추며 지적한 것 중에는 기독교에 관한 내용이 압도적으로 많았소. 당신의 말에는 기독교를 향한 적대적 감정이 그대로 나타나던데, 그만큼 기독교가 사회에서 차지하는 비중이 크기 때문이라고 이해하겠소.

성경의 일부를 예로 들며 인용하고 그 뜻을 해석하는 데, 리처드 당신은 자기 맘대로 해석하고 단정 짓는 수준이던데, 충고 한마디 하자면 성경은 그렇게 보는 것이 아니외다.

어떤 학문이든지 제대로 알고 사용하려면 그것을 배우려는 기본 자세가 있어야 하는 것이오. 사람의 생명을 다루는 의사의 꿈을 가진 자가 정상적인 배움의 과정도 없이 어디서 대충 주워들은 것이나 추측과 상상을 가지고 의사 노릇을 하려 든다면, 그에게 가서 치료를 의뢰하는 환자들은 건강이 매우 위험해지거나 죽을 수도 있는 것 아니겠소?

하물며 영혼을 돌보는 종교 분야를 다루는 데서, 그 종교를 제대로 배운 적이 없는 사람이 특히 우리 기독교를 논한다는 것이 가당키나 하오? 리처드 당신은 종교를 너무 쉽게 본 실수를 범한 것이오. 특히 우리 기독교를 그리 다루었으니 심각한 잘못을 저지른 것이외다. 당신이 배운 진화론과 자기 확신에서 온 오만함이 당신을 그렇게 만든 것임을 지적하면서 정중히 충고 하나 하겠소이다. 당신이 성경을 그리도 말하고 싶다면 최소한 당신의 나이 숫자만큼 겸허히 성경을 통독하고 말하고, 그것이 아니라면 다시는 언급하지 말기를 바라오.

신의 존재를 믿는 사람들이 당신보다 못하고 어리석어서 신 앞에 엎드려 경배하는 것으로 아는 당신은 자아도취에 심하게 빠져 있는 중환자 수준이외다.

다른 종교도 그렇겠지만 기독교는 목사가 되는 과정이 당신이 동물학 과정을 배우는 것과 다르지 않소. 신의 부르심을 받고 최소한 6, 7년을 공부하고 현장 실습과 시험을 거치고 9, 10년의 준목(강도사) 기간을 지나 목사가 되는 것이외다. 그뿐 아니라 수많은 세월 동안 기도와 금식 등 영적 투쟁을 하면서 신의 말씀을 두려움으로 받고, 그것도 모자라 평생을 두고 배우는 게 성경이외다. 그렇게 깨달은 신의 말씀으로 사람들의 영혼을 다루고 새 인생을 살게 하는 거룩한 일이란 말이오. 당신처럼 물질계만 다루는 직업군과는 다른 차원의 세계인데, 당신같이 적대감으로 가득 찬 채 아웃사이드에서 대충 넘겨 본 사람이 어찌 이런 끔찍한 일을 하였는지 안타깝소이다.

당신이 하는 일은 천국에 갈 사람들을 어두운 지옥으로 보내는 일이란 말이오. 최소한 우리 기독교에서는 그렇소. 그동안 얼마나 많은 사람을 지옥으로 보냈소? 당신은 그 수를 세며 전리품처럼 자랑하겠지만, 허허, 내 장담하오리다. 당신은 반드시 후회할 것이오. 당신이 아직 살아 있다면 그날이 얼마 남지 않았을 텐데, 어찌 그런 무모한 짓을 세계적으로 저질렀는지….

그런 일은 물질계의 불완전한 지식만 쌓은 학자가 할 일이 아니잖소? 자기 분야에 대한 자부심과 긍지가 크고 자랑스럽다면 다른 분야도 존중해야 하고, 혹 비난할지라도 조심스럽게 정도껏 해야 하는 것 아니겠소? 그리도 다른 분야를 알고 싶다면 제대로 배우든지… 엉터리 독학으로 배워 행세하려니, 아는 사람들이 볼 때 실력이 금새 드러나는 것 아니겠소! 얼마나 우리를 만만하고 우습게 보았으면 그랬을까 싶어 기가 막힐 따름이외다.

악기를 연주하는 전문가들은 다른 이의 연주하는 모습을 보면, 저 사람이 전문적으로 배웠는지 독학으로 배웠는지, 아니면 초보인지 쉽게 알 수 있는데, 초보자나 독학으로 연주하는 사람들은 연주가 어설프고 기교도 없고, 난해한 부분을 해석해 가는 능력은 더욱 부족하기 마련이라 쉽게 드러나는 것이오. 당신의 성경 강의는 어설픈 정도가 아니라 완전히 틀린 엉터리라는 말이외다.

당신의 글을 읽고 있노라면, 종교인은 없는 신을 만들어 그것으로 먹고사는 거짓되고 사악한 사기꾼으로만 보이오! 당신의 주장대로라면 나 같은 사람은 악인이고 사라져야 할 악덕 종교 업자에 불과하니 어찌하겠소? 당신이 나를 중범죄자로 만들었으니 스스로 변호라도 해야 하지 않겠소? 당신과 나, 둘 중 한쪽은 나쁜 사람이 분명할 텐데 큰일이외다.

당신의 주장에 매료되어 종교를 떠난 사람도 있을 것이고, 예비 종교인들도 다수 마음을 바꾸어 신을 떠나 먼 길로 갔을 텐데, 그것을 보고 미소 지었을 당신을 상상해 보니 정신이 번쩍 드는구려.

반대로 생각해 봅시다. 우리가 당신이 지극한 정성을 들여 가꾸어 놓은 아름다운 정원에 들어가 예쁜 꽃이나 나무를 자르고 땅을 뒤집어 엉망진창으로 만든다면 당신은 어찌하겠소? 적극적으로 대응하여 감옥에라도 처넣으려 하지 않겠소? 당신은 우리의 신앙 세계를 마구 짓밟고 난장판을 만들어 놓은 장본인이라는 말이외다. 우리가 그런 당신에게 어떤 반응을 보이리라 생각했소? 그 일로 당신은 비난의 소리를 좀 듣게 되었겠지만, 각오한 일일 테니 불만은 없을 줄 아오.

당신은 과거 신의 이름으로 자행된 천주교의 십자군 전쟁이나 이슬람의 정복 전쟁 등을 들먹이며 종교인들이 저지른 만행을 지적하고 종교의 해악성을 강조하였소. 당신의 논리대로라면 악한 우리 종교인들은 당신을 테러하여 제거하거나, 그것으로 모자란다면 이슬람 과격단체 탈레반처럼 무고한 가족까지 몰살해야 했을 거요. 당신이 저지른 일은 그런 화를 자초할 정도의 일이라는 말이외다. 그러나 그런 일은 일어나지 않았소. 당신은 그 덕에 잘 먹고 잘 살아왔으니, 종교가 악하다는 당신의 주장은 상당 부분 틀린 것이 증명되었소이다.

그렇게 볼 때 당신의 글은 자기가 하고 싶은 말만 하고 자신의 주장에 이용할 만한 것들만 모아서 나열하는, 객관성이 현저히 떨어지는 글이라고 평가하고 싶소! 학자에게는 객관성이 생명인데, 당신은 유물론으로 심히 기울어진 편협한 지식의 소유자란 말이오. 왜, 기분이 언짢소? 당신의 글을 읽은 기독교인들의 심정을 생각하면 이 정도는 넘어가 줘야 할 것이오.

당신은 이 세상 80억 인구 중에는 당신의 생각과 다른 견해를 가진 사람이 훨씬 많다는 사실을 전혀 고려하지 않았소. 통계적으로 세계 인구의 84%가 종교를 갖고 있고(나무위키-종교 인구 통계), 정확한지는 모르겠으나 세계 종교 인구 변화 추이를 보면 2050년경에는 기독교 인구가 약 30억 명으로 늘어날 것으로 내다보는 통계도 있소이다.

리처드 당신은 신이 없을 가능성이 99%라고 했는데, 실상은 지구촌에 종교가 없는 사람보다 종교를 가지고 있는 사람이 압도적으로 많다는 사실은 최소한 신적 존재의 가능성을 확실히 해주는 것 아니겠소? 그렇다고 다수가 진리는 아니겠지만, 그런 유치한 근거를 자주 대는 것을 보면서 학자가 맞는지 의심스러워 여러 번 웃었소.

우선 신을 숭배하는 사람들을 당신들보다 못한 저능아로 분류해 놓은 당신의 주장은 학문과 언론의 자유가 보장된 땅에서 마음껏 누리는 특혜일 뿐, 결코 당신이 우월한 존재가 아님을 밝히는 바이오. 당신이 사는 자유로운 땅에서 무엇인들 못 하겠소!

특히 영국은 평등법이 엄하여 모든 차별적 발언이 금지된 나라인데도, 당신은 특별한지 종교적 폄하 발언을 하거나 혐오스러운 표현을 대담하게 쓰는 데도 아무 일 없는 것을 보면 흔치 않은 특혜를 누리는 인물이라는 생각이 절로 드는구려. 영국 왕실의 왕립학회 회원이라더니 그 혜택을 톡톡히 보는 것 같소이다. 나는 그만한 뒷배경은 없으나 창조주 하나님이 나와 함께하시는 것으로 충분하외다. 당신은 땅만 보고 살지만, 나는 사후 영원까지 바라보는 차원이 다른 인생이기에 정상적인 대화는 아마 불가능할 것이오. 그저 각자가 하고 싶은 말을 자기 식대로 하면 되리라 생각되오.

앞으로 펼쳐질 내용에서 나도 리처드 당신의 방식을 어느 정도 따라 할까 하오. 일방적으로 내 주장을 펼치는 방식, 내게 유리한 것들만 가져다 나열하는 방식 말이오.

자, 그럼 다음 페이지에서 봅시다!

01

서론

리처드 도킨스!

내 평생 잊을 수 없는 이름이 되었다. 그가 쓴 책을 읽어버렸기 때문이다. 《만들어진 신》(The God delusion, 신은 망상이다)과 또 다른 책 《신, 만들어진 위험》을 읽자마자 강력한 펀치를 맞은 느낌이었다. '어? 무슨 소리야?' 내 속에서 본능같이 반격하고 싶은 게 치밀어 올랐다. 그의 책 《만들어진 신》 첫 페이지(p. 5)를 열면 한 문장만이 새겨져 있다.

"누군가 망상에 시달리면 정신이상이라고 한다. 다수가 망상에 시달리면 종교라고 한다"(로버트 퍼시그).

나는 이 구절에서 이 책의 내용을 간파할 수 있었고, 예상대로 주저 없이 써 내려간 그의 글은 나를 더욱 집중하게 했다. 지금껏 이단 사이비 교주들이 쓴 상식 이하의 책은 많이 보았어도, 과학자라는 사람이 이런 글을 거침없고 주저 없이 내놓았다는 것이 좀 다른 무게로 다가왔다. 리처드는 어떤 전문 분야의 박사요, 오랜 세월 동안 학생들을 가르친 선생이요, 많은 사람을 상대하는 최소한의 상식이 있는 사람임에도, 그는 자신의 주장을 피력함에서 그 누구의 눈치도 볼 필요가 없다는 식으로 글을 시작부터 끝까지 대담하게 써 나갔다.

새삼스레 이 세상은 전쟁터와 같음을 실감한다. 총, 칼이 아니더라도 자기 영역의 확장을 위해 물불 가리지 않는 싸움이 정치, 경제,

사회, 예술, 의학, 과학 등 다양한 분야에서 벌어지고 있음을 느끼게 된다.

먼저 그의 글을 보면서 학자, 박사라고 다 교양이 있거나 고상하지는 않다는 것을 쉽게 알 수 있었고, 글 속에서 순간순간 무례한 건달을 만나는 느낌이었다. 지적 세계에 깡패가 있다면 단연 리처드라고 말하겠다.

그는 창조주를 숭배하는 나에게 전쟁을 선포한 이후 18년째 총질을 해대고 있었다. 국지전에 해당하겠지만 나는 그 전쟁을 모르고 산 꼴이다. 그동안 기독교에 대한 적대적 현상이 급증한 이유 중 하나가 바로 이런 자들의 활동 때문이었을 것으로 보인다. 모르는 사이에 저쪽 세력은 우리의 영역을 침범하여 자기들의 성을 구축하고 있었다는 사실은, 그동안 교회 안에서 기도하며 성경만 보는 게 목사라는 좁은 생각으로 살아온 것을 반성까지 하게 만들었다.

리처드가 소위 자기만의 뇌피셜로 마구 썼듯이, 나도 나의 방식대로 개인적인 견해도 담았지만, 우리의 전통적 신앙의 범위 내에서 가급적 우리 교우들이나 중고등학생이 읽어도 이해될 만큼 쉽게 표현하려고 노력했다.

그의 글에 대한 반박글이나 볼 만한 비평 서적이 너무 적었고, 더구나 목사가 쓴 책은 보이지 않았다. 나는 현장을 지키는 목사로서 대담하게 도전해 오는 리처드 같은 이들의 만행을 그냥 보고만 있을 수 없어, 주님의 백성을 지키고자 하는 심정으로 이 책을 썼다. 나도 리처드와 같은 수준의 다음의 글귀로 시작하련다.

"진화론만 배우면 신은 없다고 속게 된다. 그러나 겸손히 세상을 본다면 창조의 신께 감사하지 않을 수 없다."

자신의 분야도 아니고 제대로 배우지도 않은 종교와 영적 분야를 함부로 다루고 엉터리 진단을 내리는 것을 보고, 나도 진화론을 깊이 배우진 않았지만 거론할 강한 동기가 부여되었으니, 이참에 잘 되었다.

진화론만 배우면 신은 영원히 만날 수 없는 불행을 겪게 된다. 나는 그런 면에서 진화론을 먼저 접하지 않은 것을 큰 다행으로 여기며 나를 만드신 창조주 여호와께 감사드린다.

"목적은 수단을 정당화한다" "혁명을 위해서는 거짓말이 필수다"(레닌, 공산당).

공산혁명을 꿈꾸는 자들이 주장하고 실천하는 지침이다. 공산주의자들은 거짓말을 많이 하는 자가 혁명의 성공률이 높고, 거짓말을 못 하는 자는 혁명 전사가 될 수 없다고 강조한다. 그래서 그들은 범법 행위가 드러나고 물증과 증인이 있어도 끝까지 아니라고 우기며 오히려 피해자 코스프레(cospre)까지 한다. 한국의 친공산 좌파를 보라! 거짓이 없이는 하루도 살 수 없는 자들이 아닌가? 지금도 공산 사회주의를 꿈꾸고 있는 자들은 거짓말을 100번 하면 진실이 된다고 믿고 있다. 신이 없다고 믿는 자들은 거짓의 아비인 사탄(귀신)도 없다고 믿기 때문에, 사탄에게 이용을 당해도 알지 못하는 악마의 종이 되어 가는 것이다. 그것은 마치 남한에 간첩이 어디 있느냐며 강하게 부정하는 사람이 스스로 간첩에게 선동과 조종을 당하면서도 모르는 것과 같다.

거짓말로 이득을 본 자는 그 한 번의 거짓으로 끝나지 않는다. 신은 없다는 거짓말로 효과를 본 리처드는 이제 같은 말을 반복하면서 스스로 속는 지경에까지 이르러 비슷한 내용의 책《만들어진 신》, 《신, 만들어진 위험》을 두 권이나 썼다. 리처드는 영적 분야의 문외한이다. 그럼에도 신을 말하고 기독교를 말했다는 것이 어처구니가 없다. 세상에 존재하는 모든 종교와 신은 망상으로 만들어졌다는 그는 책 제목이나 첫 문장부터 타협이나 다른 가능성을 아예 삭제해 버리고 시작한다. 권총을 들고 우리를 겨냥하여 노려보는 살기 가득한 그의 모습이 그려질 정도다.

그는 "우리 과학자가 신에 대하여 논평해서는 안 되는 이유가 무엇이냐?"(p.89)라며 종교도 과학적으로 인정받아야 마땅하다고 말한다.

나도 말하고 싶다. "우리 종교인들이 진화론을 논평해서는 안 되는 이유가 무엇이냐?"라고 말이다. 그 덕에 나도 쉽게 진화론을 거론할 수 있게 된 것을 다행스럽게 생각한다. 나의 글이 학술적 가치는 없을지라도 나는 우리 입장에서 할 말이 많고, 나 역시 진화론을 진단할 수 있다.

한 사람이 망상에 시달리면 정신이상자인데, 다수가 망상에 시달리면 종교라니, 리처드의 이런 주장으로 본다면 우리는 망상 환자다. 한마디로 정신병자라는 말이다!

나는 기독교 지도자로서 그의 엉터리 주장을 도저히 참을 수가 없었고, 또 이런 글을 쓰지 않을 수가 없었다. 글솜씨가 있고 없고를 고민할 시간이 없었다. 즉, 지금 이 순간에도 그의 책을 보며 영향을 받을 순진한 사람을 생각하며 다급한 심정으로 몇 자 적은 것이다. 목사라면 나와 같은 심정으로 리처드의 악담을 바로 잡는 책 한 권 정도씩은 써서 착하고 순진한 사람들이 볼 수 있도록 해 주었으면 한다.

리처드는 우리를 망상에 사로잡힌 정신이상자라고 했다. 그에게 묻고 싶다. 진화론에는 문제가 없을까? 1859년 종의 기원이 발표된 이후 지금까지 가설에서 벗어나지 못하고, 간단한 질문에도 모른다고 답할 수밖에 없는 진화론이야말로 망상이 아닌가? 앞으로 다룰 진화론과 그에 대한 나의 진단은 내가 그의 글에서 느낀 분노를 그로 하여금 어느 정도 느끼게 해줄 것이다.

내가 진화론 전문가는 아니지만 진화론의 심각한 문제점과 하등인간론에 대해서는 설명할 수 있다. 이것은 진화론을 깊이 배우지 않아도 조금만 생각해 보면 알 수 있는 것인데 그동안 교육 현장에서 강조되지 않은 게 유감스러울 정도다. 앞으로 진화론을 배우는 사람들은 진화론의 심각한 문제가 있는 인생론(부작용)을 함께 배울 것을 권장한다.

리처드는 자신이 우리 기독교에 상당한 피해를 입힌 가해자임을 부인할 수 없을 것이다. 그런 의미에서 나의 글도 진화론에 따른 인생론이 얼마나 허무하고 허접한지 몰랐던 사람들에게는 최소한 진화론을 경계하는 효과를 가져올 것이라고 확신한다.

그에게 이렇게 말하고 싶다. "누군가 당신에게 미친 놈이라고 모욕을 주고 인격에 큰 손상을 주었다면 어쩌겠는가? 그냥 웃고 넘어가겠는가? 그 여파가 온 세상에 퍼져 많은 사람이 당신을 정신병자로 취급하고 교수직에서 파면했다면 그때도 웃고 넘어가겠는가? 멀쩡한 사람을 정신이상자로 소문을 내고, 그로 인해 물질적, 정신적으로 큰 손해를 입혔다면 그 죄가 작은 것일까? 도저히 참지 못하고 분노할 일이 아닌가? 그러나 당신은 그런 험한 보복을 당하지는 않았을 것이다. 기껏해야 비난의 소리 정도 듣고 말았을 텐데, 그것은 곧 당신이 조롱하고 짓밟는 신께서 은혜를 베푼 것이나 마찬가지다. 내가 볼 때 당신은 똑똑한 게 아니라, 거리에서 뺨을 얻어맞을 수 있을 만큼 무모하고 무례하기 짝이 없는 사람이다.

책을 좋아하는 유능하고 똑똑한 어느 30대 그리스도인 청년이 리처드의 책을 읽다가(무신론자로) 넘어갈 뻔했다는 말을 들었다. 신앙의 중심이 분명한 사람도 그런 책의 내용이라면 변심할 가능성이 있다. 혼자 조용히 있는 시간은 사색하기 좋긴 하지만, 혼자 책을 보는 것은 좀 다른 위험성이 있다. 즉, 그 책을 만든 사람과 독대하듯 읽다 보면 그의 논리와 주장에 홀리듯 빠져들 수 있다.

독서하는 시간은 그 누구도 개입하지 않는 독방에서 오롯이 혼자 저자를 상대해야 하는 위험이 따른다. 특히 아직 지적으로 성숙하지 않은 어린 중고등학생이나 대학생들에게 리처드 같은 사람이 쓴 책은 더욱 위험하다. 그래서 종북 주사파들이 어린 학생들에게 붉은 사상을 주입하고 그 열매를 평생 따 먹는 것이다.

그의 책 《만들어진 신》은 2007년 한국어 첫 판이 나온 이후 2025년 4월 현재까지 18년 동안 81쇄를 돌파했다. 엄청난 인기와 판매를 기록하고 있고, 이런 정도면 곧 100쇄를 넘길 것으로 보인다. 그러나 그의 책을 먼저 본 독자라도 내 글을 읽은 후 다시 본다면 좀 다른 결과를 얻게 될 것을 확신한다. 논리를 전개하면서 어느 정도 선을 지키려고 노력했지만 나도 그처럼 말하기를 주저하지는 않았다. 내가 아무리 거칠게 말한다 해도 그보다 지나치지는 않을 것이다.

"리처드! 당신은 너무 많은 부분에서 신을 모독하였고, 신도들에게 심한 상처를 주고 근심을 끼쳤다. 신의 품속에 있어야 할 불특정 다수의 사람을 빼앗아 갔다. 그것은 당신의 자랑이겠지만 신 앞에서는 태산을 넘는 죄악에 해당한다. 당신이 쓴 작품은 종교, 특히 기독교를 향한 조롱과 폭력 수준이다. 그것은 당신을 많이 배운 양식 있는 사람으로 보기 어렵게 한다. 내 것이 아무리 좋기로서니 남의 소중한 것들을 그렇게 대놓고 깨부수면 되겠는가? 내 맘에 들지 않고 내 기준에 맞지 않다고 남의 것을 그렇게 칼질하듯 도막 낸 당신의 글은 참으로 위태롭고 거친 폭력이다."

그는 글이 때로 사람의 마음속에서 칼보다 더 날카롭고 예리하게 작용한다는 사실을 잘 알고 이런 글을 썼을 것이다. 그러니 책을 통해 종교인들을 전향시킬 수 있다고 큰소리치지 않았겠는가?

'세계적으로 이런 책을 통해 무신론자로 전향한 사람이 몇이나 될까? 또 예비 종교인을 얼마나 종교에서 멀어지게 했을까? 이런 생각이 그의 거친 폭력으로부터 내 쪽의 사람을 하나라도 지키고 싶은 나의 가슴에 불을 붙여 버렸다.

흔히 목사가 책을 출간했다고 하면 설교집 정도 낸 것으로 생각한다. 목사들 간에도 설교집은 그리 환영받지 못한다. 한때 목사들이 설교집 내는 것이 유행처럼 된 적도 있었으니 그럴 만도 하다. 나의 첫 번째 책 《목사가 남기는 유언》을 2천 권을 찍어 무료 배포하고 6개월쯤 후 몇 사람에게 소감을 물어보다가, 손에 쥐어진 책임에도 관심 없는 사람이 많음을 알았다. 은퇴하신 어느 대선배 목사님께서 한마디 하신다. "그냥 주면 가치가 없어 읽지도 않을 테니 돈을 받아! 관심 있는 사람은 돈을 주고서라도 사 보거든!"

나의 두 번째 졸작이지만 이번에는 독서를 좋아하는 몇 사람에게만 선물하고 서점에 내놓을 예정이다. 한두 사람이라도 보고 도움이 된다면 나의 사명을 다한 것이리라. 관심을 갖고 읽고 추천해 주는 독자가 고마운 것을 이제야 알았다. 전혀 모르는 어느 독자는 어떻게 전화번호를 알았는지, 시의적절한 책을 써줘서 고맙고 도움이 크게 되었다며 칭찬을 아끼지 않는다. '아, 책 쓰는 즐거움과 보람이 이런 거구나!' 하는 생각에 피곤한 줄 모르고 두 번째 책을 썼다. 그 덕분에 나도 남의 책을 보는 눈이 달라졌고, 좋은 책들은 추천하고 몇 권 구매하여 나누기도 하게 되었으니, 나로서는 큰 소득이 아닐 수 없다.

　리처드의 책이 나온 때에 비하면 나의 글이 늦은 감이 있지만, 그의 책이 인기 도서로 계속 읽히고 있는 한 그리 늦은 것은 아닐 것이다. 분명하게 말할 수 있는 것은, 이 책이 기독교 유일 신앙을 확고히 하고 진화론을 멀리하는 효과를 가져다줄 것이라고 생각한다.

　리처드의 글을 보다가 계획도 없이 즉흥적으로 쓰기 시작해 6개월 만에 완성한 책이다. 어설프고 충분하지는 않겠지만 어쩌랴! 이 글을 읽는 독자께 고마운 나의 마음을 표하면서, 이제 시작했으니 함께 끝까지 가보자고 말하고 싶다.

02

야! 우리가 만만하냐?

'만만하다'의 사전적 의미는 '다루기가 쉽고 호락호락하다'인데, 하나님이 가짜고, 성경도 거짓이며 전설이고, 이것을 가르치고 사는 목사들도 사기꾼이며 거짓말쟁이라고 말하는 것을 볼 때, 그는 우리를 아주 호락호락하게 보고 있는 게 확실하다. 그래서 '욱' 하고 나오는 말이 "우리가 그렇게 쉽게 보이는가?"이다. 이성을 상실하지 않고서야 이런 글을 대중에게 내놓을 수가 없다. 게다가 우리 기독교인을 집단 망상 환자로 몰아세워 정신병원이나 가야 할 신세로 만드는 그의 충격적 도발은 현역 목사로서 도저히 참을 수가 없는 일이었다.

리처드나 반대편에 있는 사람들이 이 글을 볼 것이라고 생각하지는 않는다. 단지 우리 기독교를 함부로 보고 떠들며 조롱거리로 만드는 자들로부터 우리 교우들을 보호하고 격려할 의도로 목회 현장을 지키는 목사의 심정으로 기술한 것이다.

'리처드'라는 이름을 콕 집어 언급했지만, 이는 실제 리처드 도킨스만을 의미하는 것은 아니다. 그와 같은 부류들과 기독교를 적대시하고 성경을 가지고 함부로 장난치거나 왜곡하는 모든 이를 지칭하는 의도로 '리처드'를 사용했다.

그는 여호와 하나님에 대해 질투의 신, 잔인하고 악한 신, 사악한 괴물 등 입에 담지 못할 악담을 연이어 했다. 기독교를 얼마나 쉽게 보았으면 이런 막말 수준의 글을 공표했는지 읽는 내내 힘이 들었다. 그런데 글이 마무리될 즈음에, 주님이 내 곁에서 말씀하시는 것 같았다.

"나 여호와가 그렇게 만만하냐?"

창조주 하나님을 모독하고 조롱하여, 그의 백성을 망상 환자로 몰아가니, 우리보다 하나님께서 더 화가 나셨을 것이 분명하다.

어쩌면 나보다 창조주께서 더 하고 싶은 말이 아닌가 하는 생각이 든다. 오히려 좀더 적나라하게 전투적으로 표현하지 못한 게 죄송할 뿐이다. 기독교가 그리 쉬운 상대가 아닐 텐데 대놓고 덤벼 대는 이유가 뭘까? 시대의 악함과 목회자들의 무대응, 대찬 구석이 없는 우리의 유약함 때문이 아닐까 한다.

지금 모든 인간은 하나님을 너무 쉽게 만만히 보는 죄를 범하고 있다. 혹시 우리 그리스도인도 하나님을 만만히 보고 있지 않은지 돌아볼 필요가 있다. 어쩌면 리처드뿐 아니라 당신과 내게도 하시는 말씀일 수 있다. 그런 의미로 주님의 심정을 담아 리처드를 향해 크게 외쳐 보자!

"야! 우리가 그렇게 만만하냐?"

03

리처드를 말한다

리처드 도킨스, 그는 누구인가? 모든 종교, 그리고 기독교를 함부로 말하는 그는 도대체 누구인가? 모든 종교와 신을 악으로 규정한 그가 도대체 누구이길래 이런 글을 당당하게 썼는가? 그가 쓴 책을 바탕으로 리처드를 말해 보련다.

1. 그는 불안한 불신자다

철저한 무신론자가 신을 논한다면 신을 인정한다는 말인데, 무신론자이면서 신을 논하는 것은 모순이다. 특히, 신이 없다고 하면서도 성경의 하나님을 비판하고 못된 신으로 평가한다. 이것은 은연중 신의 존재를 부정할 수 없는 자신의 속마음이 드러난 것이다. 신이 없다면 아예 비판할 이유도 없으니 말이다. 거듭거듭 신을 말하고 신을 비판하는 것은 리처드의 속이 불안하다는 반증이 아닌가? '혹시 하나님이 있다면…?' 하면서 자신의 영혼은 신을 부정할 수 없는데, 자신의 지적 오만이 신을 부정하고 있으니 때로는 혼란스러울 것이다.

2. 그는 진화론 신봉자다

그는 세상의 모든 것을 진화론이라는 눈으로만 보는 물증주의자다. 증명할 수 없는 것은 무존재라는 게 그의 신조다.

그는 과학과 종교를 구분하지 못하는 지적 혼돈을 겪는 환자와 같다. 그 이유는 물질계의 지식으로 영계를 다루고 있기 때문이다.

과학의 눈으로 영계와 신의 부재를 증명하려는 시도가 그의 어리석음을 말해 주는 것이요, 돌팔매질 한 번으로 저 별을 떨어트리겠다는 것이다. 유물론에 갇힌 자가 신의 존재를 말한다고? 이는 결론을 정해놓고 재판하는 불량한 판사가 아닌가? 하나님은 리처드에게 말씀하신다.

욥 38:4 내가 땅의 기초를 놓을 때에 네가 어디 있었느냐 네가 깨달아 알았거든 말할지니라

창조주께서 온 세상의 창조를 시작하실 때 인간은 어디에 있었는가를 물으신다. 즉, 인간은 세상 창조의 역사와 그의 하신 일에 대하여 아는 게 하나도 없다는 말씀이다.

3. 그는 철저한 자기 확신(망상)을 가진 자다

진화론의 태생적 수단이 상상력이요 추론인 것처럼 그는 종교에 접근하는 방식도 상상과 의심으로 시작한다. 그것은 곧 종교의 모든 내용을 부정적인 쪽으로 답을 정해놓고 다양한 의심 섞인 질문으로 접근한다(그의 접근 방식은 다음 장에서 다루겠다). 상상은 자유지만 그냥 혼자 상상하고 말 것이지, 세상 대중에게 그 생각과 추측을 드러내 놓고 자랑한 것은 그의 큰 실수다. 그는 자신의 한계치를 모르고 자기 확신에 넘쳐 자기가 잘 알지도 못하는 종교 분야를 함부로 말하는 무식한 말쟁이다.

성경의 내용을 믿을 수 없다고 하면서, 근본도 모르는 세포 하나가 온 세상의 다양한 생물이 되었다는, 성경보다 더 신비하고 황당무계한 진화론을 믿다니 이젠 누가 망상 환자인지 분명해졌다.

4. 그는 성경을 전혀 모르는 무식한 자다

그는 성경을 철저히 부정하고 거부하며 위조된 것으로 본다. 물질

계가 전부라고 믿는 자가 신의 말씀을 제대로 이해하거나 최소한 객관적인 시각을 가질 리가 없다. 리처드에게 신이란 존재하면 안 되고, 존재한다고 해도 감추어야 하는 대상이다. 평생을 바친 분야의 지식을 한순간에 날려 버리는 일이 발생하면 안 되기 때문이다.

그는 성경을 말할 준비나 자격을 전혀 갖추지 못한 자이며, 그저 아무나 제 맘대로 비난해도 되는 뒤탈이 없는 기독교를 선택했다. 기독교는 타종교에 비해 안전하기 때문이다. 그의 말대로 종교와 기독교인들이 악할 뿐이라면 그는 악한 신도들에 의해 벌써 변을 당했어야 한다.

경제학은 경제학 교수에게 배우고, 불경을 알고 싶으면 절간으로 가고, 성경은 목사에게 배우는 것이다. 그는 성경을 전혀 모르고 그것도 진화론에 심취한 자가 성경을 자기 시각으로 풀고 오도하는 잘못을 저지른 것이다.

구도자여! 성경을 알고 싶거든 리처드에게 가지 말고 교회로 가서 목사에게 가르침을 청하라! 리처드 같은 부류에게서 성경을 듣는 것은 가장 어리석은 일이다.

5. 그는 영계를 모른다

물질계가 전부라고 믿는 사람이 영계를 말하는 것은 웃기는 이야기다. 리처드는 창조주, 사람의 영혼, 천사, 성령, 악령(귀신), 사후 세계, 천국, 지옥, 신의 심판을 아예 모른다.

> **히 9:27** 한 번 죽는 것은 사람에게 정해진 것이요 그 후에는 심판이 있으리니

> **눅 12:5** 마땅히 두려워할 자를 내가 너희에게 보이리니 곧 죽인 후에 또한 지옥에 던져 넣는 권세 있는 그를 두려워하라 내가 참으로 너희에게 이르노니 그를 두려워하라

성경은 천국, 지옥, 사후 세계를 말하고 있다. 종교는 영계와 신비적 영역을 가지고 있으며, 일부는 과학으로 증명하거나 알 수 없는 고유영역을 가지고 있다. 물질계가 전부라고 믿는 리처드 같은 맹인은 알 수가 없는 영역이다. 과학 기술이 아무리 발달한다 해도 물질계의 한계를 벗어날 수는 없다. 과학의 영역은 종교의 영적 세계에 접근할 수 없는 태생적 한계를 가진다. 그러면서도 우리는 과학의 도움을 받거나 배울 게 있기 때문에 과학의 많은 이점을 인정하고 수용한다.

그러나 과학이 신께서 말씀 한마디로 만물을 창조했다는 것을 밝힐 수가 있을까? 그럴 수 없다. 그것은 과학이나 이성의 영역이 아니기 때문이다. 또 천사나 귀신의 존재를 증명하려 든다면 실패할 것이다. 과학이 예수님의 동정녀 탄생을 증명할 수 있을까? 죽은 사람이 예수님의 말 한마디에 살아난 것을 증명할 수 있을까? 예수님의 부활과 승천은 과학적으로 접근하는 것이 불가능하다. 과학은 만능이 아니기 때문이다.

그래서 증명하려는 시도조차 하지 않는다. 그리고 답을 내린다. 그런 일은 없다고 말이다. 인간의 실력으로 증명이 안 되면 없는 것인가? 리처드 앞에서 인정받지 못하면 없는 것인가? 오히려 보잘것없는 과학의 한계를 인정해야 하는 것 아닌가? 그런데 '증명할 수 없으니 그런 일은 없음'으로 끝낸다.

그렇다면 리처드가 종교처럼 믿는 진화론도 우리에게 인정받아야 한다. 우리가 그에게 인정받아야 한다면, 그도 우리에게 인정받아야 하는 것 아닌가? 출처 불명의 단세포 하나가 수많은 생물로 발전했다는 진화론을 믿는 것은, 신비로운 종교에 입문하는 것과 다르지 않다. 그래서 우리는 진화론을 과학으로 볼 수 없는 것이다.

환경공학자 박석순 박사는 지금 지구환경 위기론을 강조하는 학자들은 모두 사기꾼이라며 여러 가지 증거를 내놓고 있다. 마거릿 대처 영국 총리도 1989년 11월 환경 위기론을 유엔 석상에서 역설하며 환경 운동을 하였지만, 훗날에 후회한다고 회고했다. 탄소가 해롭기는 하지만 지구환경 오염에는 미미한 수준이며, 오히려 태양과 구름의 활동과 라니냐, 엘리뇨, 해류 등의 활동이 주된 영향이라고 했다. 그들은 거짓되고 과장된 정보를 가지고 있었다고 말했고, 또한 틀렸어도 입증하기 어려운 과학의 모호성(한계성)도 지적했다. 이런데도 과학자라고 무조건 믿으라는 것인가? 신도 의심받는 세상인데 리처드 같은 무모한 과학자를 어찌 의심하지 않을 수 있겠는가?

같은 주제를 놓고도 학자라는 사람들의 주장이 서로 상반되거나 모순되는 일이 많다. 지구 온난화에 탄소가 차지하는 실제 비율은 0.04%에 불과하다. 그럼에도 학자들은 탄소를 지구 온난화의 주범으로 몰아가고 있다는 것이다. 그러면서 석유 원료 연소 중지와 친환경 에너지 사용을 강력하게 주장한다. 한국도 그런 일의 일환으로 원자력 발전소를 일부 없애고 태양광 발전에 주력하다가 엄청난 국가적 손실을 자초했다.

지난 정부 문ㅇㅇ 대통령은 '판도라'라는 영화를 보고, 원자력 발전소가 위험하다는 판단하에 일부 원전 가동을 정지시키고 원자력 발전소 건설을 중단하면서 원전 수출 길을 다 막았고, 현재 그로 인한 국가적 손해가 엄청나다. 관련 학계나 업계를 위축시킨 데다, 태양광 발전을 장려하면서 많은 산을 깎아 자연 훼손, 산사태 부작용을 불렀으며, 전기요금을 50%나 올려놨다. 이는 원자력에 대해 무지한 대통령 한 사람의 판단에 의해 저질러진 일이다. 한전의 운영 적자는 43조 원(2023년 현재), 누적 부채는 약 200조 원으로 늘어났다. 탄소 중립 정책 이행 과정에서 경제 하락률은 0.6%포인트나 될 것으로 분석되었다(《한국경제》 2023.9.26.).

과학자들이 말하지 않고 감추는 것들이 많고 티핑 포인트(Tipping Point)가 얼마 남지 않았다고 일빙직인 위기론만 퍼트리는 현실 속에서는 좀더 지켜볼 일이다. 사실을 알고 본다면 아마도 과학자들이 공포심을 조장해서 무엇인가 다른 목적을 이루고자 하는 것일 수도 있다. 나중에 거짓이 들통나면 좌파 정치꾼들이 흔히 하는 말처럼 "아니면 말고…" 하면 된다.

마거릿 대처 영국 총리는 그의 책에서 환경 위기론을 강조하면서 자본주의 경제 논리가 자연과 인류를 멸망케 한다고 비판하는 이들은 공산 사회주의 건설을 목표로 하고 있다고 지적한다(마거릿 대처 저,《국가경영》). 이에 박석순 박사는 거짓말이 난무하는 과학자들의 세계를 보면서 다음과 같이 충고한다.

> **"이제 우리는 국가의 경제적 자살을 막고 국민의 행복한 삶을 추구하기 위해 기후변화 진실 찾기 범국민 운동을 시작해야 한다. 그리고 인간의 자유롭고 풍요로운 삶이 자연을 파괴하고 지구를 불덩어리로 만든다는 반문명적이고 비과학적인 '인간 악마론'에서 모든 국민은 깨어나야 한다."**

과학의 한계와 생태를 리처드 같은 사람들이 모를까? 아니, 잘 알 것이다. 스스로 오류, 거짓, 착오, 잘못된 계산, 불안한 요소 등이 많음에도, 무지한 다른 차원의 영적 세계를 말하는 데는 주저하지 않는 것은 과학의 오만이다. 그럼에도 이들의 말을 비판 없이, 의심 없이 믿는 사람들이 있다면 존경받는 유명한 학자들이 거짓말을 할 줄은 꿈에도 모르고 있기 때문이다.

의심하라! 끊임없이 의심하라! 특히 리처드같이 이곳저곳을 들쑤시고 다니는 사람들의 말은 더욱 의심하라! 종교가 망상이라면 과학 우월주의야말로 오만한 망상이다. 진화론은 종교보다 더한 증명하지 못하는 수많은 신비한 일들을 믿으라고 하니 말이다. 거짓과 위선, 오류, 자만심이 가장 많은 곳이 과학의 세계라는 것은 나만의 생각이 아닐 것이다. 그래서 과학 기술을 의심 없이 믿고 따르다가 큰 손해를 보거나 목숨을 잃은 사람들이 아주 많다.

비행기, 우주선, 자동차, 기타 대형 사건 사고로 많은 인명 피해를 보는 데는 인간의 과학 기술이 늘 섞여 있다. 특히, 대량 살상을 목표로 하는 군사 무기에 들어가는 기술은 최첨단 과학 기술 집약체다. 요즘 빈번해지는, 귀신이 들린 듯 미쳐 달리는 자동차 급발진 사고는 소비자만 피해를 보고 있는 현실이고, 비행기 사고나 선박 사고 또는 사이버상의 첨단 기술 안에서도 문제점은 얼마든지 나타난다. 과학 기술이 발달한 만큼 새로운 위험이나 부작용이 비례하고,

그로 인해 수많은 사람이 죽거나 재산상의 피해를 입는다. 그중에 특히 진화론이라는 과학은 허술하기가 이만저만이 아니다. 즉, 학자로 불리는 이들의 말을 그대로 믿을 수만은 없다는 게 현실이다.

1930년대 포루투갈의 의사 앤서니 프레더릭 모니즈(Anthony Frederick Moniz)가 발명한 전두엽 절제술(프론탈 로보토미)은 1935년에 처음 도입되었으며, 정신 질환 치료의 한 방법으로 사용되었는데 당시 논란이 많았다. 이 전두엽 절제술은 많은 사람을 바보로 만들어 버렸고 부작용(감정 조절 장애, 인지 기능 저하, 성격 변화 등)과 윤리적 문제로 인해 현재는 거의 사용되지 않는다. 그래서 지능이 모자라거나 정신이 온전치 못한 사람을 일컬어 '로보토미'라고도 한다. 그럼에도 그는 노벨상까지 받았으며, 실패한 증거가 확실한데도 노벨상을 반납하지도 않았다. 이 시대의 신지식인으로 선정된 리처드 역시 자신의 주장에 문제점이 발견되어도 지식인의 타이틀을 반납하지 않을 것이다. 기존의 학설에 심각한 문제가 있어 새로운 이론에 밀려나도 그들은 학문은 그러면서 발전한다며 잘못을 감추고 사과 한마디 없이 넘어가 버린다.

미국의 정치인 엘 고어라는 사람도 환경 위기론에 관한 책을 집필하여 노벨평화상을 받았는데, 이후 그의 환경 위기론은 허구요 빗나간 진단으로 확인되었지만 지금도 멀쩡하게 살고 있다. 도대체 박사요 지식인이라는 이름으로 얼마나 많은 사람이 거짓말을 하고 사는가? 못 배운 사람은 이런 거짓말을 하지 않으며 차라리 모른다고 말할 뿐이다.

전 세계인이 코로나 백신을 접종했지만, 부작용으로 신체적 이상을 겪거나 죽은 이들이 적지 않다. 혹자는 그 부작용이 향후 5년 동안 지속될 수 있다고도 한다. 이렇듯 지금도 다양한 의학, 과학 기술 분야에서 늘 불안한 요소가 있는 것은 영원히 피할 수 없는 사실이다. 그러나 과학은 그런 과정을 거치면서 발전하는 것이므로 과학자들은 스스로 자만할 것이 아니라 자신들의 오류와 불완전함을 인정하고 겸허한 자세로 과학 발전을 위해 정직하게 일해야 할 것이다.

진화론이라고 다르겠는가? 오히려 다른 분야보다 더 많은 문제점을 안고 있는 데다, 다윈의 '종의 기원' 발표 이후 해결된 문제 하나 없이 상상의 나래만 펴고 있지 않은가? 눈에 보이는 자신들의 전문 분야도 다 모르는 자가 영계(종교)를 함부로 진단하고 결론을 내린다는 것은 어불성설이요 코미디가 따로 없다.

6. 그의 종교는 진화론이다

리처드는 철저한 진화론자다. 그는 진화론에서 치명적인 문제가 발견되어도 떠나지 못하고 진화론을 위해서는 목숨도 바칠 자다. 동위원소 연대 측정법도 5만 년 이상은 측정 불가라고 하는 것은 이제 일반인도 다 아는 사실인데 수백만, 수십억 년 전 것을 말하는 것은 무엇인가? 대충 연도를 맞추는 것이 분명하다. 추정하고 상상하는 다윈의 망상이 지금도 계속되고 있는 것이다. 빅뱅이란 이론도 가설이고, 지구의 나이가 46억 년이라는 것도 가설이고, 우주의 나이는 137억~150억 년이란 것도 가설이며, 진화론 역시 가설에 불과하다. 혹시 한두 개는 정확하다 할지라도 별로 달라질 게 없다.

우리 은하계의 별이 몇 개인가? 1,000억~4,000억 개 정도 된다고 한다. 아니, 그 이상이 될 수도 있다. 그런데 무슨 계산법이 수억 개도 아니고 3,000억의 개 이상 차이가 나는가? 그것은 곧 모른다는 말이다. 또 다른 우주의 대충 250만 광년 떨어진 안드로메다은하의 별 숫자는 1조 개 이상이라는데, 2조 개인지 10조 개인지는 알 수가 없다. 대충 그렇다는 말이다. 그러면 빅뱅의 이전은 어땠는가? 모른다. 최초의 생물의 근원은 무엇인가? 모른다. 동물과 인간의 공통 조상은 어떤 생명체였는가? 모른다. 깊이 파고들면 모른다는 소리만 하는 게 진화론이다.

이렇게 자연과학자들이 가지고 있는 다양한 분야의 근원적 지식의 정확도는 극히 일부분을 제외하면 거의 0%에 가깝다고 볼 수 있다. 한마디로 이들은 전혀 모르는 것을 말하고 있는 것이다. 눈에 보이는 단순한 계산도 못 하는 실력으로 더 세밀한 분야를 자신 있게 말하는 이들은 뻔뻔하든지, 아니면 우리와 다른 정신세계를 가진 게 분명하다.

아울러 이런 사람들은 신의 감동이나 영적 감각이 제로다. 신을 느낀 적도 없고, 영혼의 깨달음도 없다. 신의 자리가 그 속에 1%도 없는 물질계로 가득 채워진 사람이다. 보통은 영성이란 게 있어서 영원을 사모하는 마음이 있거나, 막연하지만 '신이 정말 존재하지 않을까?' 하고 고민한다.

이들이 진화론 논증이 형편없이 빈약하고 상상 속의 이론임에도 버리지 못하는 것은, 이미 진화론에 대한 이들의 신뢰가 종교 수준으로 올라가 있기 때문이다.

서울대학교 대학원까지 나온 인재요 울산대학교 교수로 재임 중인 손영광 교수는 학생 시절 교수가 강의 중에 "진화론도 믿음이다"라고 하는 말에 충격을 받고 진화론에 대한 신뢰가 깨져 버렸다고 한다. 학문적 검증으로 말해야 하는 과학 이론이 종교처럼 믿음이 필요하다는 것에 큰 충격을 받은 것이다. 물고기가 변이를 거쳐 인간이 되고, 똑같은 물고기가 기린, 호랑이 혹은 코끼리로 바뀌었다는 것을 이해시키기 어려우니 그냥 믿으라고 하는 것이다. 그러니 진화론도 종교화되어 믿음이 선행되지 않으면 배울 수가 없다는 이야기다. 종교를 비난하더니 자신들의 미개한 지식을 종교화하는 모습이 다른 사람들에게 어떤 모습으로 보이는지 생각지도 못하는 어설픈 자들이다. 현실이 이런데도 진화론을 적극적으로 설파하는 리처드 같은 이들이야말로 정신상태를 의심하지 않을 수가 없다. 그는 이미 과학의 한계를 떠난 신비교 선생이다.

리처드, 그는 물증주의자다. 신 존재의 증거가 있어야 믿겠다고 큰소리친 자가 진화론의 풀지 못하는 난제들은 문제 삼지 않는다. 유인원의 뼈라는 것도 실은 누구 것인지도 모르고, 지나고 보면 UFO 사진처럼 가짜이고 남은 것들도 가짜일 가능성이 높은데 종교를 향해서만 증거를 대라고 하는 것은 심각한 자기모순이다. 남이 하면 불륜이고 내가 하면 로맨스인가? 그런 식으로 말하고자 하면 우리도 할 말이 아주 많다.

내가 말하고 싶은 것은 리처드가 함부로 악으로 규정한 종교 중에서 다른 종교는 모르겠고, 기독교와 성경을 다룬 부분이다. 그는 영계(靈界)는 건드리지 말았어야 한다. 학자라면 자기 영역에서나 인정받으면 됐지, 왜 건방지게 남의 영역에서 활개를 치는가 말이다.

그는 "과학자가 종교를 다루면 안 되는 이유가 무엇이냐?"라며 종교야말로 과학으로 검증해야 하는 분야라고 했다. 그렇다면 목사가 진화론을 말하면 안 되는 이유도 없을 것이다. 그 덕에 나도 진화론을 말할 수 있는 명분이 생긴 것이니 어찌 보면 다행이다.

나는 동물학자(진화론)가 기독교까지 다루는지 몰랐다. 그렇다면 종교에서도 진화론을 다룰 수 있다는 말인데, 우리 종교인 마음대로 진화론을 다루어도 이의가 없을지 의문이지만 나는 내 식대로 진단해 보련다.

나는 리처드에게 오른손 스트레이트 강펀치를 먼저 맞은 목사로서 그에게 최소한 왼손 잽(left jab)이라도 되돌려 주면서 손상된 나의 영역을 조금이라도 복구하려는 일념이다. 싸움을 먼저 시작한 사람은 그니까 맘에 들지 않아도 어쩌랴! 누구의 말이 맞는지, 조금 지나 보면 알 것이다.

04

리처드의 접근 수법은 '의심'이다

"이 책이 내가 의도한 효과를 발휘한다면, 책을 펼칠 때 종교를 가졌던 독자들은 책을 덮을 때 무신론자가 되어 있을 것이다"《만들어진 신》, p. 14).

리처드는 자신의 책에 밝히고 아주 당당하게 책을 만든 목적을 써 놨다. 모든 유신론자를 무신론자로 만들 수 있다는 오만함의 대표주자답게 말이다. 먼저 이 말은 틀렸다고 말해 주고 싶다. 나 같은 독자는 읽으면서 무신론자가 되기는커녕 도리어 진화론의 허접함을 알게 되고 기독교 변증을 펼치게 되었기 때문이다.

그 이유는 그가 펼친 주장이 맞는 구석이 거의 없고 대부분이 추측성 주관적 판단과 엉터리이기 때문이다. 그의 책을 읽고 무신론자가 된 사람이 있다면 그는 분명히 신에 대한 확신이 부족하거나, 리처드란 사람이 얼마나 기독교(종교)에 무지한지 발견하지 못한 사람이다.

● 가정형으로 이어지는 논리

그는 자기 주장의 전개 수법으로 '가정을 해보자', '내 생각이지만', '추측해 본다', '통계 확률' 등을 말한다. 노벨상을 받은 사람 중에는 종교가 없는 사람이 압도적으로 많다는 예를 들면서 신이 없다는 가능성을 말하고 추측한다. 그는 증명할 수 없다고 하면서도 신은 없다는 증거로 이런 예를 보여 주는 것이다.

진화론이나 우주를 말할 때는 더욱 이런 습관을 보인다. 진화론이나 우주론은 본래 가정과 추측으로 태어난 것이다. 극히 일부를 제외하면 대부분 자기 생각에 추측을 더하면서 전개해 나가는 게 특징이다. 이런 가정법은 근거가 없고 확신이 떨어질 때 쓰는 어법이다. 그는 책 시작부터 끝까지 이런 식으로 이어 간다(이 부분은 다음 장에서 좀더 다루겠다).

● 의심하게 만들라!

그가 설득력을 높이기 위해 사용하는 수법의 특징은 먼저 의심의 질문을 툭 던져 놓고 시작하는 것인데, 아무런 의심이 없던 사람도 그의 의문에 동요되어 같은 생각으로 들어가게 하는 것이다. 마치 에덴동산의 하와가 뱀이 던진 의문의 소리를 듣고 생각하다가 넘어간 것처럼 말이다. 뱀이 하와에게 접근하여 다음과 같이 말한다.

> **창 3:1** 그런데 뱀은 여호와 하나님이 지으신 들짐승 중에 가장 간교하니라 뱀이 여자에게 물어 이르되 하나님이 참으로 너희에게 동산 모든 나무의 열매를 먹지 말라 하시더냐

하나님의 말씀에 의문을 던지는 질문이다. 성경을 의심해 보고 다른 생각도 가져보라는 것이다. 이에 하와가 대답한다.

> **창 3:3** 동산 중앙에 있는 나무의 열매는 하나님의 말씀에 너희는 먹지도 말고 만지지도 말라 너희가 죽을까 하노라 하셨느니라

하나님께서 한 나무의 열매는 금지하셨는데 먹으면 죽는다고 하셨다며 다소 확신이 떨어지는 대답을 했다. 그러자 바로 뱀의 공격적 멘트가 이어진다.

> **창 3:4-5** 뱀이 여자에게 이르되 너희가 결코 죽지 아니하리라 너희가 그것을 먹는 날에는 너희 눈이 밝아져 하나님과 같이 되어 선악을 알 줄

하나님이 아심이니라

하나님의 말씀과 정반대의 말이다. 결코 죽지 않으며, 먹으면 하나님과 같이 새로운 능력이 생길 것이라고 하였다. 그 말을 들은 하와는 의심에 더하여 호기심까지 생겼다. '뭐? 죽지도 않고 하나님과 같이 된다고?' 다시 그 나무를 바라보니 평소와는 다른 느낌을 받게 된다. 의심의 소리가 의심을 만든 것이다.

> **창 3:6** 여자가 그 나무를 본즉 먹음직도 하고 보암직도 하고 지혜롭게 할 만큼 탐스럽기도 한 나무인지라 여자가 그 열매를 따 먹고 자기와 함께 있는 남편에게도 주매 그도 먹은지라

죽음의 열매를 보니 탐스럽고 먹음직하고 뱀이 말한 대로 될 것 같이 보인 것이다. 결국 하와는 그 열매를 따 먹게 되고 남편에게도 준다. 의심, 의문, 다른 생각이 이렇게 엄청난 차이를 가져오는 것이다. 우리에게 조금이라도 의심이 들게 한다면 사탄에게는 성공한 것이나 다름이 없다. 리처드는 지금 사탄의 그 수법을 쓰고 있는 것이다.

"신의 존재를 의심해 본 적이 없는가?" "신이 있다면 왜 그런 일이 생기겠는가?" "정녕 처녀가 아기를 낳을 수 있다고 믿는가?" "예수가 3일 만에 부활했다는 게 사실일까? 혹시 다른 의미가 아닐까?" 이렇게 반복적으로 질문하면서 의심을 증폭시키는 것이다.

● 이성을 자극하라!

사람의 기본적인 생각은 이성적이고 현세적일 수밖에 없다. 그래서 이런 질문을 받을 때 훈련이 되지 않은 사람이라면 이성이 먼저 반응하게 된다. "신이 정말 있다고 믿는가?" "그 증거는 무엇인가?" 라는 질문에, "음, 믿기는 믿는데, 신을 본 적은 없지만…" "성경에 있으니 믿는 것인데…" "음, 증거는 없지만…" 하다가 순간, "어? 그러고

보니 그 말도 일리가 있는데…" 하는 생각이 들고 "혹시 모르지…" 하고 그의 의심 섞인 질문을 따라가게 되는 것이다.

신의 존재는 사람의 이성으로 연구한다고 알 수 있는 게 아니다. 리처드는 진화론에 미친 사람이고 영적 세계를 전혀 모르는 사람이다. 그래서 그의 논리는 이성에만 자극을 주면서 밀고 나가는 형식이다. 이렇게 신앙의 성분이 완전히 제거된 사람이 하는 말엔 영적 분야의 긍정적 요소가 있을 리가 없다. 이는 이단들이 접근해 오는 수법과 같은데, 우리가 당연하다고 믿는 부분에 끊임없이 의문과 질문을 던져 경계선을 허무는 것이다. 그렇게 이성적(의심) 공격에 무너지는 것이다. 사탄은 그것을 잘 안다. 그래서 인간들에게 끊임없이 의심과 질문을 던져 이성이 반응하도록 자극한다.

이성과 신앙이 잘 조화를 이루어야 안전한데, 사탄은 그 균형을 깨트려 지나친 이성주의나, 반대로 지나친 신비주의로 넘어가게 할 수도 있다. 의심은 믿음을 약화하고 파괴하는데, 그것은 이성적 질문에서 시작된다. 베드로가 잠시나마 물 위를 걷다가 그만 빠지게 된 이유는 의심이었다. 의심은 거의 이성에서 나온다. 베드로는 주님의 "오라"는 말씀을 믿고 뛰어내려 물 위를 걷게 되었지만, "어? 내가 물 위를 걷다니, 혹시 이러다 빠지면 어쩌지?" 하는 이성적 판단이 의심을 낳고 그 믿음을 약화시켜 물속에 빠지게 된 것이다. 그때 주님이 하신 말씀은 "어찌하여 의심하였느냐?"라는 한마디였다. 순간적으로 의심의 기운이 깃들기 시작하면 믿음이 흔들리고, 그러면 의심은 더욱 커져 불신앙이 되는 것이다.

욥기에 나오는 주인공 욥이라는 사람은 이성의 공격을 신앙의 힘으로 이겨낸 대표적인 사람이다. 부자였던 그는 갑자기 전 재산을 잃고, 자녀 10명이 한날에 사고로 죽고, 몸엔 불치병으로 헌데가 생겨 고통을 당했는데, 그때 아내가 "차라리 하나님을 욕하고 죽으라!"라고 했다. 아내의 말은 지극히 이성적이고도 감정적인 말이었다. 이는 진실하게 하나님을 섬겼는데 이런 고난을 당하는 것은 하나님이 벌을 내린 것이라는 이성적 판단으로 생긴 분노에서 나온 말이고, 동시에 고난 중에 있던 욥의 이성과 감정을 자극하는 말이기도 했다. 그러나 욥은 감정이 아닌 신앙으로 대답한다.

> **욥 1:21** 이르되 내가 모태에서 알몸으로 나왔사온즉 또한 알몸이 그리로 돌아가올지라 주신 이도 여호와시요 거두신 이도 여호와시오니 여호와의 이름이 찬송을 받으실지니이다

이성과 감정을 흔드는 공격에 신앙으로 답한다. 신앙이 확고하면 이성을 이겨낸다. 그러므로 이성의 공격을 이겨낼 만한 신앙심이 있어야 한다. 그 수준에 이르지 못하면 이성적 공격에 무너지기 쉬운 것이다. 사탄은 그 사실을 아주 잘 알기에 이성에서 나오는 질문을 자꾸 하는 것이다. 신앙이 무너지는 원인이 바로 이런 것이다.

신앙생활 잘하던 어느 집사님의 집이 화재로 전소되었다. 집사님은 순간 이런 생각이 들었다. '뭐야? 내가 그리 열심히 봉사하고 믿었는데, 하나님은 이런 것도 막아주지 않고 뭐한 거야? 세상에 이럴수가 있어?' 서운함과 분노가 섞이면서 이성적 계산이 찾아왔다. '신앙생활 잘해도 이런 일이 생긴다면 하나님이 없거나 믿을 필요가 없지.' 그리고는 하나님을 떠나 버렸다. 이성의 영역에서는 신앙을 끝까지 지키지 못한다.

욥의 세 친구도 위로한답시고 찾아와 이성적 판단으로 욥을 조롱하고 괴롭게 했다. "네게 잘못이 있고 의롭지 못하니 벌을 받고 고난을 겪는 것 아니냐? 빨리 회개해라"라고 다그쳤다.

극한 고통 가운데서 욥은 친구들과 논쟁을 하지만 신을 저주하거나 원망하지 않는다. 차라리 자기가 태어난 날을 저주하고 낳아 준 어머니를 원망한다.

> **욥 3:1** 그 후에 욥이 입을 열어 자기의 생일을 저주하니라

예레미야 선지자도 사명을 감당하면서 핍박으로 힘겨울 때, "차라리 어려서 죽었더라면…" 하고 자기 인생을 탄식한다.

렘 20:14, 18 내 생일이 저주를 받았더면, 나의 어머니가 나를 낳던 날이 복이 없었더면…어찌하여 내가 태에서 나와서 고생과 슬픔을 보며 나의 날을 부끄러움으로 보내는고 하니라

이렇게 그들은 신을 향하여 직접 원망하는 것을 피하고자 우회적으로 고통을 표현한 것이다. 신앙의 힘이 이성보다 더 강력했기 때문이다. 특히 육체의 고통에는 이성이 빨리 반응하게 된다. 어떻게 하면 이 고통에서 빨리 벗어날까 하는 생각에 타협점을 찾거나 무리수를 두게 되고, 수많은 사람이 이렇게 믿음을 버리고 하나님과 멀어져 가는 것이다.

● 신을 따르는 사람은 이성에 머무르는 사람이 아니다

이성을 넘어 4차원의 세계를 바라보는 사람이다. 이성을 가지고 있으면서도 영적 세계를 추구하는 사람이라는 말이다. 신앙이 지나쳐 신비주의로만 흐르는 것을 이성이 잡아 주고, 지나친 이성주의로 흐르는 것을 신앙심이 잡아 주는 것이다. 결코 신앙심으로 산다고 이성을 버리는 것이 아니며, 이성과 신앙심의 균형을 잘 유지해야 한다. 다만 신의 말씀이나 우리의 신앙을 해치지 않는 범위 안에서 이성의 논리를 잘 활용해야 한다. 주변 환경의 자극에 이성의 반응이 앞서면 리처드 같은 자들의 논리에 말려들기 때문이다. 주님을 믿다가 떠나는 사람들은 거의 다 이성으로만 반응했기 때문이다.

리처드는 과학자라면서 반종교운동을 하는 일에 더 비중을 두는 종교에 적대적인 인물이다. 그래서 종교에 대하여 한마디도 좋은 소리를 하지 않는다. 오히려 종교가 사라지면 세상은 더 평화로워질 것이라고 부추기며, 오직 이성으로 용납될 수 없는 질문만 늘어놓고 사람의 관심을 끈다.

그는 이성이 아주 발달한 자이며, 사탄 또한 인간의 이성이 얼마나 허약하고 허술한지를 잘 알고 있다. 그래서 이성적 논리를 펼치며 말문이 막히게 의심이 섞인 질문으로 엮어가는 것이다.

● 질문하는 쪽과 대답하는 쪽, 어느 쪽이 불리할까?

　답하는 쪽이 늘 불리하다. 계속 질문을 이어 간다면 답하는 쪽이 점점 궁색해지고 어려워진다. 질문은 쉽고 대답은 어렵기 때문이다. 잘 대답하다가도 막힐 때가 있을 것이고, 질문자는 답이 없거나 왜곡된 질문도 한다. 마치 리처드 같은 자들이 던진 "신이 존재한다면 언제부터 존재했는가?"라는 질문도 그와 같은 맥락이다. 대답을 못 하면 질문자가 답을 대신하며 자기주장을 보완해 나가게 되는 것이다.

　적대적 관계의 두 사람이 좋은 의도로 대화를 할 수 없는 것은, 서로 상대를 곤란하게 할 의도를 가지고 공방하기에 쉬운 질문이 나갈 리가 없기 때문이다.

● 그런 질문에 다 대답할 필요가 없다

　이는 질문의 덫에 걸리지 않기 위해서다. 리처드 같은 자들의 이런 악의적인 질문 나열에 일일이 대응하거나 답하려는 것은 무의미하며 무시해도 괜찮다. 대답을 제대로 하지 못했다고 무능한 게 아니며, 자책할 일도 아니다. 이런 사람을 상대할 때는 말싸움으로 이기려는 것보다는 우리의 견해를 고수하는 데 초점을 두어야 한다. 상대의 질문을 그대로 받아 대응하려는 자세는 결국 말싸움에서 지게 되는 덫에 걸리는 것이다.

　사탄은 우리를 넘어뜨리는 수법으로 신앙에 직접 돌을 던지지 않고 감정이나 이성에 던진다. 신앙심을 직접 건들거나 핍박한다면 우리의 신앙은 오히려 더욱 견고해지고 강화되어 순교의 지경까지 갈 수 있다. 그러나 영성이 아닌 이성에 다가오면 쉽게 흔들릴 수 있는데, 이성은 인간적(현세적, 현실적) 범위 안에서만 작용하기 때문이다.

　지금 우리가 확실한 신앙을 가지고 있는 것은 이성에 머물지 않기 때문이다. 그래서 이성의 논리만 가지고 살아가는 사람은 신앙의 경지에 결코 이를 수 없으며, 성경을 본다 해도 이성의 한계 안에 머물기 때문에 내적 충돌이 생기고 영적 감응이 없는 것이다. 이성은 수용 능력이 저용량일 수밖에 없으며 신앙의 용량에 이르지 못한다. 리처드는 사탄이 써먹은 똑같은 수법을 사용하는 자이며, 사탄은 지금도 우리의 이성에 의심의 돌을 계속 던지고 있음을 명심해야 할 것이다.

신 앞에서 의심하는 자가 얻어 갈 것은 아무것도 없다.

약 1:6-7 오직 믿음으로 구하고 조금도 의심하지 말라 의심하는 자는 마치 바람에 밀려 요동하는 바다 물결 같으니 이런 사람은 무엇이든지 주께 얻기를 생각하지 말라

05

리처드의 논리 전개 방식은 '추측'이다

《만들어진 신》을 읽은 뒤 그의 책 《신, 만들어진 위험》이 또 있길래 이것도 읽어 보았다. 이 책은 《만들어진 신》 제2권에 해당한다. 1권에 비하면 기독교를 비판하는 강도가 더 심하고 노골적이다.

종교가 신이라는 허상을 만들어 사람을 모으거나 잡아두기 위한 수단으로 불지옥을 만들고 협박한다는 것이다(pp. 133-).

《신, 만들어진 위험》이라는 책 제목처럼 내용의 요점은 종교에서 말하는 신의 진노, 저주, 천국, 지옥, 형벌 등도 만들어 낸 요소라는 것이다. 그래서 이를 신도들에게 벌받을까 봐 종교 생활에 열심을 내게 하고 충성심을 유발하는 방법으로 보는 것이다. 그리고 역시 더 센 강도로 비판하기를, 목사는 신의 저주나 불지옥을 들먹이며 협박해서 먹고사는 사기꾼으로, 동네 양아치로 취급한다.

역시 예상한 대로 무신론자답게 단점을 찾으려는 일념으로, 수박 겉핥기식으로 이리저리 미끄럼을 타며 성경을 헤집고 다닌다. 그리 온전한 내용이 별로 없는데, 왜 그의 글을 칭찬하는 사람들이 있는지 모르겠다. 이들은 수준이 같고, 성경을 배우려고 목사를 찾는 게 아니라 절간의 수행자를 찾아가는 꼴이니 한심한 일이다.

내용의 강도는 비교적 센 편이지만, 적극적 무신론자들이나 진화론자들이 늘 말하는 내용이고, 자신들의 입맛대로 성경을 제멋대로 풀고, 추측과 상상력으로 소문을 내는 사람 중 하나인데, 좀 다르다면 리처드의 표현이 더 강력하고 영향력이 크다는 것이다.

하기야 일부에서는 예수님이 동성애자였다고 헛소리를 해대고, 다윗과 요나단의 의형제 우정을 동성애로 말하고, 마리아가 로마 병사와 바람이 나서 낳은 사생아가 바로 예수라고 떠든다. 오래전에는 예수께서 부처의 제자였다는 내용의 소설《인도에서의 예수》도 나왔다. 중국에서는 성경을 가감하는 '시진핑 성경'이 만들어지고 있고, 예수는 자신이 신의 아들이라는 망상에 빠진 광인(狂人)이라고도 한다. 예수님 공생애 당시에도 미쳤다느니 귀신 들렸다느니 헛소문이 나돌아 어머니 마리아와 형제들이 데리러 온 적이 있다.

성경의 영감설을 부정하는 목사가 흔하고, 종북 성향을 보이는 목사들은 예수님도 공산주의자였다는 헛소리를 한다. 또는 성경을 문학 작품으로 보며 성경의 권위를 떨어트리고 종교 혼합주의로 몰아가는 사람도 있다. 하여간 이제는 아무나 덤비며 만만하게 보는 게 성경이다.

송○○, 어느 독자는《만들어진 신》독후감에서 다음과 같이 표현했다.

> "이 책은 냉정한 과학자의 시선이나 객관적으로 서술한 과학 서적이라고 보기는 어렵고, 저자가 특정 목적을 가지고 과학자의 권위를 빌려 일반 대중을 설득하기 위한 주관적 주장을 담은 책이라 생각된다"(과학과 신학의 대화 아카이브/과신대).

그럼에도 내가 이런 글을 쓰도록 동기를 부여한 책이기도 한 것을 보면,《만들어진 신》이라는 제목부터 자극적이면서 종교를 비하하는 강도가 너무 세고, 그로 인해 신도들이나 종교 지도자들에게 전달하는 충격이 적지 않은 것이 사실이다.

리처드의 책은 확실한 것 없이 모두 의심의 명제를 먼저 던져 놓고 시작하면서 자신의 생각을 전개하고 주입하는 식이다. "신의 존재를 생각하고 의심하여 보았는가?"라고 말하면서 신과 종교에 대한 의심의 세계로 유도하여, 결국엔 신이 없는 곳으로 끌고 간다. 진화론이 가설로 출발한 것처럼 말이다. 그러면서 읽어가는 독자에게 반복적으로 의심을 자극하고 무신론의 가능성을 계속 높이다가 애초에 생각해 놓은 결론을 내버린다.

앞에서 언급했지만 이것은 에덴동산의 뱀이 하와에게 접근하여 먼저 하나님의 말씀에 의심을 갖게 하고, 신의 말씀이 거짓일 수도 있음에 대한 확신의 정도를 높이면서 결국 불신앙의 죄를 짓게 하는 것과 똑같다.

> **창 3:1** 그런데 뱀은 여호와 하나님이 지으신 들짐승 중에 가장 간교하니라 뱀이 여자에게 물어 이르되 하나님이 참으로 너희에게 동산 모든 나무의 열매를 먹지 말라 하시더냐

사탄은 늘 하나님의 말씀에 의심을 품게 하는 질문을 하고 결국엔 불신으로 떨어지게 한다. 그 수법을 수천 년 동안 써먹고 있다. 이제는 학자라는 부류들을 통해서 말이다.

뱀은 이어지는 4절에서 결코 죽지 않는다는 말로 하나님 말씀에 대한 의심을 확대한다. 그의 책 《만들어진 신》과 《신, 만들어진 위험》은 바로 그런 책이다.

여자는 금지된 열매를 따 먹고 남편에게까지 주어 공범자가 되게 한다. 하나님의 말씀에서 떠나 불신하게 만든 것이다. 이렇게 아주 조금의 의심은 전체를 부정하게 만드는 아주 효과적인 방법이다. 무신론과 거짓의 아비 사탄이 써먹은 그 방법을 리처드는 아주 잘 사용하고 있다.

진화론이 확실한 증거로 시작된 학문이 아니라는 것은 다 아는 사실이다. 확실한 근거도 없이, '만물은 진화의 결과일 수도 있지 않을까?'라는 막연한 생각(의심)에서 출발한 것이 바로 진화론이다. 또 이런 가설을 세워 놓고 그 증거를 아직도 찾아 헤매는 게 진화론이다. 그 가설은 지금도 진행형이고, 그들이 말하는 증거라는 것도 누가 검증할 수도 없고 자기들만의 확신일 뿐이다. 그럼에도 진화론이 사라지지 않고 유지되는 것은 누구나의 호기심을 자극할 만한 이론이고, 혹시 잘못되었다 해도 일반인들이 잘 알지 못하고 눈에 보이

는 피해가 없기 때문이다.

상당수의 유인원으로 알려졌던 뼈들(오스트랄로피테쿠스, 루시)은 서로 다른 뼈를 조합한 모조품임이 드러났다. 그 사실이 밝혀질 때까지 수십 년의 세월 동안 학교 등 각처에서 가르쳐 왔는데 리처드나 관련 학계에서는 조용히 침묵으로 일관한다. 그래도 학자라는 사람들이 거짓 증거를 가지고 장난치는 것은 가볍게 볼 일이 아니다. 과학이라는 이름으로 자행된 실수와 속임수를 헤아려 보자면 얼마든지 나오리라 본다. 그로 인한 희생자들은 또 얼마나 될까? 최소한 정직한 학자가 되기를 바라지만, 학자나 박사라는 사람들도 거짓말을 제법 한다는 것을 알 수 있다.

요즘에 논의되는 지구 온난화와 관련한 학자마다의 주장이 다른 것을 보면 더욱 그렇다. 어느 과학자는 사실과 다른 거짓 선동을 하며 대중에게 공포와 불안감을 안겨주기도 한다. 그런가 하면 어떤 이는 학자의 양심을 걸고 진실을 말한다.

환경공학자 박석순 박사에 의하면 지구 온난화의 주범은 탄소와 메탄가스가 아니다. 대기 중 탄소의 비중은 0.04%로 미미할 뿐, 주된 원인은 태양과 지구의 상관관계 때문이라는 것이다. 땅속의 화산활동의 영향과 태양 빛을 많이 받으면 더워지고 덜 받으면 추워지는 자연 현상일 뿐이지, 화석연료의 대량 소비로 인한 이산화탄소로만 초점을 맞추는 것은 사기라고 단호히 말한다. 그러면서 탄소를 줄이면 지구 온난화 중단에 큰 도움이 된다는 말을 믿느니 차라리 마술을 믿으라고 역설한다. 과학자 중에 누군가 거짓말을 하고 있다는 것이다. 곧 기후 대재앙이 닥친다고 하는 자들을 일컬어 박석순 박사는 기후 선동가요 사기꾼이라고 부른다. 이처럼 과학자들끼리도 의견 일치가 되지 않는 상황인데 누구의 말을 믿으라는 것인가?

의사들 세계에서도 비타민 한 알 복용하는 것에 대한 판단도 일치되지 않는다. 어떤 의사는 한 번에 1,000mg 이상을 먹지 말라고 하는 반면에, 비타민 박사로 불리는 어떤 의사는 한 번에 5,000mg 이상 섭취해도 이상 없다고 한다.

똑같은 시료를 채취하여 여러 곳에 연대측정을 의뢰한다면 똑같은 결과치가 나올까? 그렇지 않다. 어떤 곳에서는 1만 년, 어떤 곳에서는 100만 년, 또 다른 데서는 280만 년이라고 나온다는 것은 보나마나 한 일이다. 인간의 과학 기술이란 것이 온전하게 없다는 증거다. 동위원소 탄소연대측정 기술도 그 한계점이 있는 불확실한 기술인데, 지구의 나이를 46억 년으로 확정 지은 것은 어떤 기술인가?

종교를 의심과 불신의 눈으로 보는 리처드처럼, 진화론이야말로 의심해야 할 분야다. 137억 9천만 년 전에 빅뱅이 있었다는데 이것을 누가 어떻게 알아냈는지 그게 정확하다면 전 인류의 마음을 모아 상을 주든지, 가설이라면 무시하든지 아니면 사기꾼으로 취급해야 할 것이다.

그런데도 이런 가설이나 진화론에 의심이 들지 않는다면 생각이 아예 없는 사람임이 분명하다. 이러한 내용을 의심하지 않고 믿는다면, 이 역시 리처드의 말처럼 지적 수준이 낮거나 못 배운 탓일 것이다(독자는 내가 이렇게 표현하는 것을 이해하기 바란다. 이는 리처드를 강하게 반박하기 위함이다).

그는 신앙심이 클수록 지능 지수는 떨어진다고 말했다(《만들어진 신》, p. 163). 먼저 의심하고 보는 것은 리처드의 책에서 일관되게 보여 주는 비판의 논리다. 그들의 진화론 증거들, 연대측정이라는 것을 의심하라! 그리고 추론하라! 왜 그런 무모한 소리를 하는지 말이다.

종교인, 불가지론자, 무신론자, 리처드의 책을 읽어 본 사람들이여! 신의 창조를 거부하고 세상의 모든 현상을 진화라고 우기는 자들의 주장을 의심하고 또 생각하라! 그러면 이들의 주장이 무모하고 거짓일 가능성이 매우 높다는 것을 알게 될 것이다.

인간의 학문, 과학이 완벽할까? 그렇다면 인간은 완벽한 존재일 것이다. 그러나 인간은 어떤 분야에서든 완벽할 수 없는 게 사실 아닌가? 온 우주 만물을 향한 자연과학의 인간 지식, 기술이 얼마나 작은 부분일까? 100분의 1? 아니, 2억 분의 1? 1천조 분의 1? 아니, 그보다 더 작을 것이다. 너무나 적어서 그 정도를 아는 사람이 없다. 알아도 지나고 보면 제대로 안 것이 아니고, 수정과 보완을 수없이 반복해야 하는 인간은 영원한 무식자로 남게 될 것이 뻔하지 않은가?

진정한 학자는 공부를 하면 할수록 솔직한 고백이 나온다고 누군가 말했다. "아, 내가 모르는 것이 너무나 많구나!"라고 말이다. 그런 것이 진정한 학자의 마음가짐일 것이다.

리처드가 알고 있는 지식도 불안하고 허술하기는 예외가 아니다. 특히 종교라는 영역은 그리 만만한 게 아닐진대, 그 불완전한 아주 조금의 지식으로 신의 존재를 논한다는 것이 우습고 가소롭기까지 하다. 지금 내가 쓰는 글의 내용도 허술한 면을 부정할 수 없는 것은, 인간은 완벽한 존재가 아니기 때문이다.

《신, 만들어진 위험》이란 책의 특징을 말하자면 어처구니 없는 단어를 자주 발견하게 된다는 것이다. 《만들어진 신》도 같은 흐름이다. 그것을 지적한다면 리처드의 주장을 상당히 약화시키거나 무효화 할 정도다. 그것은 리처드 자신이 만든 함정에 빠지게 하는 것이기도 하다. 비평의 눈으로만 본다면 리처드의 주장에도 허점이 있고 증거 부족이 이만저만이 아니다. 리처드가 종교를 부정적 악으로 보는 것처럼, 의심과 비평의 눈으로 그의 작품을 보면 같은 결과를 가져오게 되는 것은 필연일 것이다.

의심과 더불어 리처드가 즐겨 쓰는 말들은 다음과 같다. "내 생각에는" "아마도" "의심이 든다" "그럴지도 모른다" "생각(추측)해 보았는가?" 이런 말들이 수없이 반복되면서 그는 자기가 잘 모르는 분야를 말하고 있음을 자인하고 있다.

"내 생각에는", "그럴지도 모른다" 이런 말들을 자주 한다는 것은 확신도 없이 모르는 것을 말하고 있음을 보여 주는 것이다. 자기 전문 분야도 문제가 많은데, 종교의 영역을 말하려니 모를 수밖에 없는 것이다. 그렇게 모른다고 하면서도 계속 말을 이어 가는 뻔뻔함을 보인다.

종교를 보는 관점이나 해석하는 것도 엉터리요, 성경의 한 대목을 지적하여 비난할 뿐, 전체를 엮어 이어서 보는 눈이 없고, 구속사적인 눈은 아예 없는 영적 문외한이 방대한 영역을 더듬는 용기가 가상하다. 가끔 그의 지적이 극히 일부 타당성이 있어 보이나 그것도 보이는 것만 말할 뿐, 속의 깊은 내용은 간파하지 못하는 근시안과 같다.

그런 상태로는 기독교를 말할 자격이 없다. 그럼에도 기독교가 더 안전하게 인식되었는지, 테러 위험이 높은 이슬람이나 다른 종교는 피해 가고 기독교 위주로 떠들어 댄다.

만만한 게 성경인지 이제는 유튜브상에서 어중이떠중이들이 성경을 강론하려 드는 지경에 와있다. 일반인이나 다른 종교에서도 성경을 제멋대로 말하고 가르치는 현상은 기이할 정도다. 그로 인해 기독교의 전통적 신앙이 왜곡되고 일반 종교와 다를 게 없는 것으로 취급되고 있다.

그래서 예수님 알기를 자기 수준으로 알고 기독교와 평생 원수 진 사람처럼 악평하며 떠들어 대는 도올 김용옥 교수라는 사람도 별 탈 없이 자유롭게 살고 있다. 예수가 만만하고, 목사들이 만만한 것이다. 리처드, 그도 그런 부류 중의 하나일 뿐이다. 조용히 있으면 중간이라도 갈 텐데, 입이 방정이라 그의 지식이나 인격에 마이너스가 되고 있지만 정작 자신은 알지 못한다.

리처드는 성경의 기사를 신뢰할 수 없는 이유 중 하나로, 너무 오래된 이야기라는 것을 지적한다. 수년, 수십 년이 지나고 수백 년이 지난 이야기는 신뢰도가 떨어진다는 것이다. 그가 보기에는 신뢰도가 현저하게 떨어질 수밖에 없다. 왜냐하면, 그는 사물의 모든 것을 의심으로 접근하고, 역방향의 상상으로 접근하기 때문이다. 일단 사실이 아닌 것으로 보고 신뢰도를 떨어트리려는 목적이 있을 뿐, 내용의 사실 여부와는 상관이 없다.

역사가 수천 년(3,500년)이나 되는 성경은 전래하면서 변질되었을 수 있고, 의도적으로 만들어지거나 첨가되었을 수도 있다는 것을 지적한다. 물론 그럴 가능성도 없지는 않다. 그러나 난지 오래되었다는 이유만으로 변질을 말하는 것은 선입견이며, 그것은 세속적 전설이나 전래동화 같은 수준으로 성경을 평가하기 때문이다. 성경은 각 저자가 신의 개입 속에서 듣고 성령의 감화 속에서 기록되고 보존되어 왔다는 것에 주의할 필요가 있다.

오래된 것이라서 신뢰가 떨어진다면, 현존하는 모든 역사적 자료나 증거물들은 신뢰할 수가 없고, 언젠가 그의 주장도 오랜 세월이 흐르면 의심받아 신뢰할 수 없는 것이 된다. 결국 리처드는 자신의 주장도 오래되면 신뢰할 수 없다는 말을 한 것이나 다름이 없는데, 그의 글을 읽다 보면 어느 부분에서는 학자의 총명함이 없는 듯하다. 독자가 그의 접근법을 미처 몰랐다면 이 책을 다 읽은 후 다시 한번 그의 책을 읽어 보라고 권하고 싶다.

대략 주전 1,500년 전부터 주후 100년까지 약 1,600년 동안 기록되어 66권으로 모아지고 보존된 성경은 하나의 주제로 연결되어 있는데, 바로 메시아 예수 그리스도시다. 시대가 다른 사람들 40여 명이 쓴 책의 내용이 예수 그리스도의 구속사로 이어지고 있다는 것은 쉽게 설명하기 어려운 부분이다. 시대가 다른 40여 명의 사람들이 어느 날 한곳에 모여 그렇게 쓰자고 약속한 것처럼 구약에서는 오실 메시아를 그리고 있고, 신약에서는 그 말씀이 성취된 오신 메시아를 말하고 있다. 그것도 수백 년, 1천 년 전에 예언된 말씀대로 성취되는 것은 성령의 영감이 아니면 불가능한 것이다.

그런데 리처드 같은 사람은 성경의 중심인물이 바로 예수라는 것에는 관심이 없고, 오직 의심과 비난거리용으로만 성경을 인용할 뿐이다. 유물론과 진화론을 신봉하는 자들이 도출할 수 있는 결론은 언제나 하나 곧 무신론과 종교 무용론이다. 진화론에 매몰된 정신을 가진 그들에게는 다른 답이 나올 가능성이 전혀 없다. 이런 자들이 신을 논한다는 것은 계획적 도발일 뿐이다.

그가 인용한 자료들도 사실인지 아닌지, 믿을 만한 것인지 아닌지 누가 어찌 알겠는가? 그가 박사라는 것이 그의 말을 믿어야 하는 이유가 되지는 못한다. 박사요 교수라는 직업이 진실을 보장한다는 뜻은 결코 아니며, 사람의 진실성이란 배운 지식에 비례하는 게 아니기 때문이다. 인간은 누구나 의심의 대상이다.

리처드의 책을 읽고 무신론으로 전향한 사람들이 있다면, 안타깝지만 속은 것이다. 그 책의 영향을 크게 받은 사람은 다시 한번 그 책을 보면서 그의 주장을 생각하며 의심해 보라. 진정 그가 다 알고 말하는지, 모르는 것을 말하는지 말이다. 그러면, '어? 이종봉 저자의 말이 맞을 수도 있겠는데…?' 하는 서광이 비칠 수도 있을 것이다.

나의 글을 정독한 사람이 그 책을 다시 한번 읽는다면 몰랐던 것이 보일 것이고, 그의 최면에서 벗어날 가능성 매우 높아질 것이다. 리처드는 분명 추측과 짐작으로 자기가 모르는 분야를 말하고 있다. 이 글을 끝까지 읽고, 내가 지적한 부분을 염두에 두고 다시 리처드의 책을 읽어 보라! 크게 손해 볼 것 없지 않은가? 분명 처음과는 다른 결과를 얻을 것이다.

다시 말하지만, 그의 주장에서 빼놓을 수 없는 중심 언어는 바로, "내 생각에는" "아마도" "…했을지도 모른다" "의심이 든다" "생각해 보라"다.

이렇게 의심과 추측이 그의 논리이고 전부다. 이것은 자기가 모르는 것을 말하고 있다는 뜻이다. 진화론에서 익힌 그런 습관을 버리지 못하고 자기 생각으로 창조주를 말하고 있는 것이다. 이런 자에게서 무엇을 배운다는 말인가? 구도자여! 성경과 예수를 알고 싶거든, 제발 리처드 말고 교회로 가라!

06

사라진 나의 60년

"**강한 지성을 타고난 사람들은 조금만 도와주면 종교라는 악덕에서 벗어날 수 있다**"(《만들어진 신》, p. 15).

많은 사람이 리처드의 설득에 넘어온다는 자신만만한 소리다. 종교에 빠지지 않거나 탈종교에 성공한 사람은 우월하고 뛰어난 지성인으로 치켜세운다. 그 말에 '아, 나는 우월한 지성인이구나' 하고 자족하며 종교에 빠지지 않은 것을 다행으로 여기는 사람도 있을 것이다.

그러면서 그는 기독교를 '악'으로 규정했다. 이런 위험한 말을 아주 쉽게 하는 것으로 보아, 그는 뒤를 봐주는 힘 있는 사람이 있는 듯하다. 영국 왕립학회 회원이라고 하더니 국왕께서 총애하는 사람인가 보다. 그렇지 않고서야 이런 돌에 맞아 죽을 만한 엄청난 악담을 어찌 그리 쉽게 할 수 있으랴!

우리 기독교에서는 아무 일 없다고 쳐도, 이슬람의 과격한 IS나 탈레반은 가만히 보고만 있을까? 그들에겐 신의 명예를 침해하는 것, 그것도 만인에게 드러내 놓고 멸시하는 것은 정상적 절차도 없이 제거하는 무서운 '명예살인'의 명분이 된다. 리처드가 진단한 결과대로라면 악한 집단인 신과 종교인은 언젠가 명예 회복을 위한 과격 행동을 리처드에게 시도할 수도 있을 것이다.

우리 기독교의 분위기를 보면 그럴 일은 없을 것이다. 이는 나 같은 반론의 글을 조금 쓰는 정도의 사람이 있을 뿐, 최소한 종교는 악하다는 리처드의 분석이 틀렸거나 기독교에는 해당하지 않는다는 것을 증명해 준다. 이것은 기독교가 리처드에게 베푸는 관대함일 것이다.

영국은 과거 기독교 인구가 98%나 되었다는데, 지금은 99%가 불신자일 정도로 곤두박질쳐 버렸다. 이러한 비극은 모두 리처드 같은 사람들이 노력한 결과일 것이다. 그 여파를 몰아 다른 나라에서도 돈벌이 겸 동시에 같은 효과를 얻고자 리처드의 책들을 번역, 출판하였을 것이다.

리처드 같은 자들의 노력으로 지구촌에 기독교 국가는 이제 하나도 없다. 그것은 한국 기독교에 경종이 되면서, 서양의 교회와는 조금 다른 측면이 있는 한국 교회에서는 그 같은 결과를 얻지는 못할 것이다. 서양 교회는 자유, 평등, 교회를 옥죄는 차별금지법에 별다른 반응을 하지 않았지만, 한국 교회는 지금 난리법석이다. 기독교를 차별하는 평등법에 굴복하지 않으려는 목사들과 성도들이 집에서, 성전에서, 거리에서 기도하며 반대의 목소리를 높이고 순교할 각오로 싸우고 있기 때문이다. 서양 교회들도 이랬어야 한다. 싸우지 않은 자가 서 있을 자리는 없다.

리처드가 모든 종교를 '악'으로 규정한 대목에서는 순간 다음 페이지로 넘어갈 수가 없을 정도로 충격이 되었고, 아울러 지나온 내 인생이 크게 흔들렸다. 그 책을 본 사람들이 목사를 볼 때 종교 사기꾼으로 보이지 않겠는가?

그가 그런 말을 하는 순간 내 교회 지도자 인생 40년이 날아가 버렸다. 서너 살 때부터 교회에 다니며 평신도로 생활한 20년을 더하면 60년이다. 내가 섬기는 신은 유일한 창조주요, 공의와 정의와 선악의 기준이 되고, 만물의 시작과 끝이 되신다. 이 같은 믿음으로 신앙생활을 하면서 교우들을 가르치고 은혜를 나누며 그것이 최고의 기쁨이요 선이라고 확신하며 살아왔다.

그런데 리처드가 이런 나의 60년 인생을 순식간에 악덕 인생으로 선고해 버린 것이다. 그 긴 세월 동안 나는 악한 일만 한 사람이 되었다. 그렇다면 나의 이 죄는 얼마나 큰 죄악일까? 한 번의 악한 짓이라도 큰 죄인데, 20년을 악덕에 빠졌고 40년을 그 악한 일의 지도자로 살아왔으니 그 죄는 한 겹씩 쌓는다고 해도 백두산을 넘을 것이다. 다른 종교는 몰라도 최소한 우리 기독교 목회자들은 대역죄인이 된 것이다.

결국 나는 죽일 놈이 되었고, 사형을 당하고도 모자랄 중죄인이 되었다. 나와는 전혀 상관없는 사람, 리처드에 의해서 말이다. 그의 글을 읽고 나를 보는 이마다 나를 악행을 일삼은 자로 보고, 거짓으로 먹고살아온 위선자로 볼 텐데 이 일을 어찌한단 말인가?

그러면 나는 그동안 나를 거쳐 간 모든 사람에게 사죄하고 용서를 받아야 하는데 이 어이 할꼬! 이미 죽고 없는 사람도 있고 대다수는 헤어져 어디에 사는지도 모르는데…. 나와 무슨 상관이길래 그가 내 인생을 이리 흔드는가?

결국 나는 60년 세월의 큰 죄를 용서받지도 못하고 죽을 판이니, 씻을 수도 없는 이 죄를 안고 나머지 인생을 산에 들어가 속죄하는 마음으로 숨죽여 살아야 하리라. 리처드, 그가 나를 그렇게 만들어 버렸다. 보람되게 살아온 나의 60여 년 인생을 악행으로 만들어 버린 리처드!

그래서 나도 한마디 해야겠다.

"깨어 있는 지성인이라면 조금만 생각해도 진화론의 가설에서 벗어나 자신의 영혼을 위해 겸허히 신을 찾게 될 것이다."

종교에서 벗어나는 사람이 강인한 지성인이요, 지능이 높다는 리처드의 주장은 이만저만한 헛소리가 아니다. 무신론자들에게는 악함이 없고 어리석음이 없는가? 진정 자신들이 남들보다 지능이 높고 더 똑똑하다고 자신 있게 말할 수 있는가? 자신들이 배운 지식이 완전한가? 수시로 수정하거나 개선한 적이 없는가? 진화 과학이야말로 시행착오가 가장 심하고, 착각과 실패로 얼룩지고, 그로 인해 시간과 비용을 낭비하는 일이 많지 않은가? 그래서 각종 실험과 신기술, 신형장비를 통해 수없이 반복하여 확인하지 않는가? 그런 일은 앞으로 영원히 반복될 텐데 말이다.

그들이 일시적으로 우월하게 보이는 것은 전문 분야 안에서 단편적인 것뿐이다. 단지 그 특정 분야에 관심이 없고 필요가 없어 배우지 않았다는 차이가 있을 뿐이지, 무신론자가 더 우월하거나 종교인들이 열등하다는 논리는 병적 우월주의에서 나온 허언일 뿐이다. 어찌 보면 리처드는 지나치게 자기 확신에 빠진 심각한 우월증 환자 같다.

뛰어난 생물학자라고 자동차 수리를 할 수 있을까? 농사짓는 법을 알까? 밭농사, 다양한 과수목, 고추, 무, 가지, 배추, 오이, 호박, 약재 같은 특수작물 재배하는 법을 알까? 농사도 배워야 할 것이 아주 많다. 아마도 마트에서 구입하여 먹을 줄은 알아도 재배하라면 못 할 것이다. 이렇게 리처드가 무지한 다른 분야에서 보면 리처드는 지적 수준이 떨어지는 무능한 저능아인가? 그것은 리처드가 저능아라서가 아니라, 자기 전문 분야가 아니고 배우지 않았기 때문이다.

리처드의 책에 자주 등장하는 과학자 그룹 설문 조사에서 유신론자보다 무신론자가 압도적으로 많다는 것은 무신론의 가능성을 높여주는 증거로 사용되었다. 그러나 그것은 그런 성향의 학자들이 주로 모인 그룹일 뿐이다. 그리고 학력이 높은 사람의 판단이 옳다고 말한다면 덜 배운 타인의 인격 모독이요, 양식 있는 학자가 할 수 있는 말은 아니다.

우리 한국에는 창조과학회가 있는데 그곳에서 설문 조사를 한다면 100% 유신론자로 나올 것이다. 그러면 유신론이 정답이라고 인정할 것인가?

리처드가 무신론의 가능성을 높이는 수법으로 그런 예를 든다는 게 좀 유치하고, 그가 진정 학자인지 의심스러울 정도로 어설프고 야비해 보인다. 그래서 주님은 자기 지식의 자만심에 빠진 자들은 신의 은총을 받을 가능성이 아주 희박하다고 말씀하셨다.

잠 16:18 교만은 패망의 선봉이요 거만한 마음은 넘어짐의 앞잡이니라

고전 1:27 하나님께서 세상의 미련한 것들을 택하사 지혜 있는 자들을 부끄럽게 하려 하시고 세상의 약한 것들을 택하사 강한 것들을 부끄럽게 하려 하시며

스스로 교만하고 지식을 자랑하며 겉치레하던 자들은 예수님의

호된 책망을 받았다.

> **마 23:12-13** 누구든지 자기를 높이는 자는 낮아지고 누구든지 자기를 낮추는 자는 높아지리라 화 있을진저 외식하는 서기관들과 바리새인들이여 너희는 천국 문을 사람들 앞에서 닫고 너희도 들어가지 않고 들어가려 하는 자도 들어가지 못하게 하는도다

리처드는 유물론의 시각에서 말하였으니, 나는 유신론 편에서 말하겠다. 그는 성경에 비추어 볼 때 '스스로 높이는 자요, 천국에 자기도 들어가지 않으면서 타인도 들어가지 못하게 하는 자'다. 이 말씀에 딱 들어맞는 사람이다. 자기가 믿기 싫으면 그만인 것을, 어찌 천국에 가는 자들까지 끌어 내리는 요상한 취미를 가졌는지가 의문이다.

> **마 23:27** 화 있을진저 외식하는 서기관들과 바리새인들이여 회칠한 무덤 같으니 겉으로는 아름답게 보이나 그 안에는 죽은 사람의 뼈와 모든 더러운 것이 가득하도다

기독교 기준에서 보면 모두 리처드에게 딱 어울리는 구절이다. 종교를 악으로 규정한 그는 내 인생의 60년을 악행으로 만들었고 나를 씻을 수 없는 대역죄인으로 만들었다.

내 인생의 전부를 무의미하게 만든 리처드에게 책임지라고 따지고 싶다. 보람된 남의 인생을 무용지물로 만드는 그의 행동이야말로 악행이다!

07
싫으면 그만이지 왜 돌을 던지나?

리처드! 당신은 참 고약한 사람이다. 종교가 싫고 신이 싫으면, 안 믿으면 되고 무시하면 되는 것을 왜 돌을 던지나? 신이 믿어지지 않으면 불신자로 살면 그만인 것을 왜 자꾸 남의 집 살림살이는 깨부수냔 말이다. 놀부 심보가 분명하다. 혹시 자신의 책 한두 권으로 세상의 종교나 기독교가 사라질 것이라고 생각했다면 그야말로 망상이다.

모든 종교를 악으로 규정하고, 신이 있다고 해도 악신이 분명하다는 당신은 심술 궂고 고약한 국제 건달로 보아도 이상할 게 없다. 당신은 무신론자라기보다는 신과 종교인을 괴롭히는 직업에 자부심까지 지닌 뻔뻔한 훼방꾼이라고 말하고 싶다. 그러면 당신은 한마디하겠지. "신이 있다는 증거를 가지고 와라!"

당신이 도대체 뭐라고 창조주의 증거를 요구하는가? 신께서 당신의 심사를 받아야 한단 말인가? 당신이 과학자요 나름대로 논리를 가지고 있다고 해도 그것이 당신의 말을 믿어야 하는 이유는 되지 못한다. 도대체 그 누가 당신에게 창조주를 믿으라고 강요하고 협박하던가? 믿어지지 않기는 진화론도 마찬가지 아닌가? 아직도 가설에서 벗어나지 못하고 있는 진화론을 제대로 알고 수용한 사람들이 몇이나 될까?

먼저 오해가 없기를 바란다. 우리는 과학을 전면 부인하는 게 아니다. 과학은 우리의 생활 영역에 큰 도움도 주고 유용하다는 것을 인정한다. 고고학적으로도 기독교에 유익한 면이 많다. 여기서는 종교(기독교)를 전면 거짓이요 악으로 선언한 리처드 혹은 그와 같은 친구들을 향한 반론, 항의성 발언임을 이해하고 읽어주기를 바란다.

우리는 진화론을 신뢰하지 않지만, 그쪽에 맞아 죽도록 짱돌을 던지지는 않는다. 그냥 무시하고 우리는 우리의 길을 가면 그만이다. 그런데 당신은 그럴 생각이 없다. 우리에게 도전장(선전포고)을 보내고, 맞아 죽을 정도로 너무 심하게 짱돌을 던졌다. 그래서 나도 작은 돌 몇 개 정도 던질 생각이다. 그렇다고 진화론에 무슨 일이 있겠는가? 너무 걱정하지 말라.

대부분 진화론에 관한 지식이라면 어린 학창 시절 학교에서 대충 배운 것이 전부다. 그러나 깊이 배우지 않아도 누구나 생각할 수 있는 의문이 있다. 진화론이 시작된 때부터 지금까지 약 166년 동안 정답을 내지 못하고 있는 질문이다.

생물이 되는 최초의 세포 하나가 생겨나 아메바 같은 다세포 동물이 되고, 무척추동물이 척추동물이 되고 적자생존의 법칙을 따라 다양한 동식물이 되고, 그중에서 원숭이류를 거쳐 사람이 되었다는데, 설혹 그렇다고 치자. 그렇다면 처음의 단세포 하나는 어디서 나왔으며 무슨 원인으로 생겼는지 왜 밝히지 못하느냐 말이다. 무생물에서 유생물이 나올 수 없다는 것은 다윈과 동시대를 살았던 파스퇴르의 실험으로 증명되었고, 그 사실은 지금도 역시 불변이다.

이 질문에 이제 와서 답하기를, 최초 생물의 발생은 단회적이라고 결론을 낸다. 증명이 안 되고 할 수가 없으니까, 그런 신비한 일은 단 한 번으로 끝난 일이란다. 그건 답이 아니라 도피다. 진화가 왜 현재형으로는 없느냐는 질문에는, 진화는 이미 완성되어 더 이상의 진화는 없단다. 일관성도 없고 제 맘대로, 편한 대로 결론을 짓고 만다. 진화는 과학이라면서 전혀 과학이 아닌 추측성 발언뿐이다.

돌연변이가 진화의 필수 과정이라면서 지금은 진화가 없다고 하면, 지금 생기는 돌연변이는 또 무엇이란 말인가? 돌연변이는 진화로 가는 길이 아니라, 오히려 도태되는 비정상적이며 건강치 못한 병적인 것임이 밝혀졌는데도 돌연변이가 계속 반복되면 다른 종으로 바뀐다니, 진화론은 앞뒤가 맞아떨어지는 게 하나도 없다.

이들은 결정적인 질문에 '모른다', '우연이다', '긴 세월에 걸친 자연

선택으로 일어나기 때문에 현재형으로 증명하기가 어렵다'는 식으로 얼버무릴 뿐 아니라, 전혀 다른 종 간의 진화는 아예 설명도 못 하고, 무성생식에서 유성생식으로 전환된 것도 설명하지 못한다. 또한 자연계의 정확하고 질서 있는 움직임과 생물체의 정교한 기능이나 다양한 능력은 누군가의 의도가 담겼다는 '지적 설계론'을 낳지만, 이 또한 무조건 부정하면서 혹시 누군가 지적 설계자가 있다면, 그것은 신이 아니라 인간보다 먼저 진화된 우주인일 것이라고 말하는 자가 바로 리처드 당신이다. 우주인을 상상해 내면서도 창조의 신을 생각하지 못한다는 게 신기할 정도다.

그러면 우주인은 증명이 되었는가? 전혀 아니다. 그들이 어디 있는가? 모른다. 그런데도 우주인의 존재를 상상하는 정도를 넘어 이제는 그들이 이 세상을 만들었다는 헛소리까지 해대고 있다. 우주인까지 생각해 내는 자가 창조주가 존재할 가능성은 왜 생각하지 못하는지 당신의 뇌 구조가 의심스럽다.

당신들이야말로 망상에 빠져 이상해진 것이 아닌가 하는 생각이 들 수밖에 없다. 아, 갑자기 불쌍하다는 생각이 밀려온다. 정신 건강을 위해서라도 진화론을 멀리 해야 할 것이다. 진화론은 상상에서 시작하여 상상으로 마무리해야 하는 한계를 가지고 있다.

당신과 같은 사람들이 1859년 이래 지금까지 최초 생명체 출현의 궁극적 원인도 모르면서 상상으로 시작하고 추측으로 과정을 말하고 짐작으로 결과를 말하고 있으니, 이거야말로 소설이 아닌가? 그런데 기독교를 향하여 망상이라니, 지금 누가 할 소리를 하고 있는가?

우주가 어디론가 팽창하고 있다는 사실에 그 팽창의 시작점이 있을 것이라는 추측으로, 약 150억 년 전에 최초의 큰 폭발(빅뱅)이 있었을 것이라고 가설을 세워 놓고 우주 탄생의 스토리를 만들어 낸 것이다. 신의 창조를 믿는 과학자들 단체도 많다. 이들의 전문 지식을 빌리자면 당신 같은 과학자들이 답하지 못하는 뻔한 질문들은 많이 있지만 말하면 무엇하리. 이미 모른다고 다 알려졌는데….

종교의 문제점을 그리도 잘 찾아내는 자들이, 우리 같은 사람도 찾아내는 진화론의 문제점을 모를 리가 없고, 또 그 허점이나 해결하지 못한 문제가 한둘이 아니고 감출 수도 없다. 그럼에도 당신들은 그 일에 평생을 건다. 왜일까? 내 생각을 말해 볼까? 내 맘대로 추측한다고 언짢아하지는 말라. 당신의 책을 읽으며 배운 거니까.

당신은 아마도 신과 창조론을 지구상에서 지워 버리고 진화론만 남는 그날을 꿈꾸고 있을 것이다. 그렇게 되는 날이 오면 아마도 리처드 당신은 진화교 교주 후보 1호가 될 가능성이 아주 높다. 어느 한 가지 사상이 절대 위치를 차지한다면 그것이 곧 종교화되는 것은 시간문제. 원하지 않았을지라도 무신론 확장에 공로가 아주 큰 당신이 남긴 책은 신도들의 교본으로 인정받고, 다른 것은 용납되지 않는 절대 위치를 차지하게 될 것이다. 신의 창조론을 없애 버리기만 한다면 당신은 무신론계의 대부요, 길이길이 영원히 남을 위인이 될 것이고, 자손들의 부귀영화를 보장받을 수 있을 것이다. 세월이 좀더 흘러가면 다윈을 이은 교주로 둔갑하여 숭배받을 수도 있고 말이다.

당신은 진화론을 위해 신을 부정하고 모든 종교는 어리석은 인간들이 만들어 낸 허상이라고 막말을 내뱉었다. "무식하면 용감하다"는 한국의 속담도 있는데, 그게 아니라면 너무 똑똑해서 이것저것 생각하다 보니 정신이 돌아버린 것인가?

얼마나 대담하면 책 제목을 《만들어진 신》(*The God Delusion*, 신은 망상이다)이라고 했을까? 모든 종교인의 비난을 감수하면서까지 그리 제목을 잡은 것은 나름대로 확신과 동시에 맞아 죽을 각오를 하지 않고서는 불가능한 일이다.

장터의 물건을 파는 장사꾼들도 자기 것을 팔아먹으려고 경쟁 상대의 상점을 그리 과격하게 때려 부수고 난장판으로 만들지는 않는다. 그런 면에서 당신은 기본적인 상도덕도 없는 사람에 비유하고 싶다. 내 것은 진짜고 남의 것은 가짜라고 깨부수는 사람이 바로 당신이라는 말이다.

한편으로는 당신의 그 용기가 부럽기도 한데, 믿고 확신하는 것들을 위해서 당신만큼 적극적으로 활동하지 않았다는 면에서 그렇다.

그래서 당신의 주장은 나를 반성하게 하는 측면도 있으니 참으로 어이가 없다.

강조하고 싶은 것은, 신의 존재를 믿을 수 없다면 최소한 돌을 던지지는 말라는 것이다. 어찌하려고 남의 소중한 것들을 향해 마구 돌팔매질을 하느냔 말이다. 자기가 싫어하는 것을 향해 모든 사람이 당신같이 행동하지는 않는다.

당신이 사는 모습이 꼴 보기 싫다고 내가 당신의 집에 돌을 던지고 가족에게 상해를 입힌다면 당신은 나에게 뭐라고 할 것인가? 이런 간단한 이치를 깨닫지 못하고 그런 엄청난 일을 저질렀는가?

당신은 자신의 신념을 끝까지 버리지는 않는다 해도, 최소한 창조의 신과 종교를 함부로 다룬 과격했던 자신의 언행을 반성하고 조금은 미안하게 생각한다는 내용의 작은 책 한 권 정도는 쓰고 떠나야 할 것이다.

"리처드! 당신은 우리가 그리 만만한가?
믿기 싫으면 그만이지 왜 짱돌을 던지는가?"

08

종교인들은 미친 게 확실하다?

"종교인들은 일반적으로 미치지 않았지만, 그 믿음은 절대적으로 미친 것이다"(pp. 141-).

일부 무신론자들은 궁금해할 것이다. 자신들이 무시하는 신을 숭배하고 신을 위해 사는 사람들은 왜 그렇게 되었을까? 왜 그렇게 일평생 종교를 따라 헌신하고 충성하며 살까? 나도 궁금하다. 내게 오신 하나님이 리처드 당신과 당신의 친구들에게는 왜 오시지 않는가?

● 하나님을 만난 사람이 이렇게나 많은데

인간의 지식이나 경험으로는 도저히 알 수 없는 신기한 것들이 있는데, 특히 신을 만난 사람이 있다는 사실에 당신은 어찌 생각하는지 물으면, 아마 발작하듯 반응할 것으로 짐작된다. 그러나 잠시 생각 좀 해보자. 신의 음성을 듣거나 예수님을 만나 대화하며 경험한 사람이 많은데, 무조건 아니라고 할 수는 없지 않은가? 많은 사람이 성경을 통해 하나님을 인격적으로 만나고 큰 깨달음을 얻어 내가 죄인임을 회개하고, 예수님을 나의 유일한 구주로 믿고 새로운 인생을 살아간다.

일부 정신과 의사들이나 당신은 정신 착란이나 환각이라고 하던데 그렇게만 보기에는 너무 많은 사람이 경험했고, 석연치 않은 그 무엇이 있을 것만 같은데 몽땅 환각이고 정신 착란이라고 우겨대기에는 좀 부담스럽지 않은가?

사실 과거에 나는 신을 믿지 않고 하늘을 향해 주먹질까지 한 사람이다. 신이 있다면 나와보라고 쌍욕까지 했다. 그때 신께서 벼락을 치지 않은 게 얼마나 다행인지 지금은 감사뿐이다. 내가 이렇게 신을 숭배하는 성직자가 될 줄은 나도 몰랐다. 당신도 나 같은 은혜를 입었으면 하지만 얼마 남지 않는 당신 인생에 그런 은혜가 임할지는 모르겠다.

신께서 만나주신 사람이 많고 나같이 모자란 인간에게도 큰 은혜를 주셨는데, 그 신께서 왜 당신 같은 사람에게 오시지 않는지가 의문이다. 당신 같은 과학자가 하나님을 만나면 변화되어 신의 영광도 크게 드러날 텐데 말이다. 그 옛날 아브라함이나 이삭, 야곱으로 이어지는 신의 출현은 많은 인생을 변화시키고 우리에게 주는 교훈도 많은데….

세계적으로 보아도 신을 만난 사람은 아주 많다. 인간 세계의 여러 학자, 지미 카터, 링컨을 비롯한 수많은 정치 지도자들, 문인들, 지식인들….

신약의 바울 같은 사람은 예수 믿는 사람들만 잡아 가두고 죽이는 임무를 맡았던 사람이지만, 그들을 체포하러 가는 길에 예수님을 만나고 나서 180도 바뀐 인생이 되었다. 그가 일평생 한 일을 보면 고난의 연속이었고 죽을 고비를 수없이 넘기면서도 신을 향한 충성심은 변함이 없었고 결국 순교까지 했다.

그런 변화가 거짓이나 정신 착란, 심리적 변심으로 인해 일어날 수가 있겠는가? 즉, 이는 주님을 실제로 만난 후 일어난 변화라는 말이다. 성경에서 만나고, 환상으로 만나고, 또 직접 만나 변화된 사람, 혼수상태에서 천국과 지옥을 경험한 사람들은 세계적으로 수없이 많다. 심지어 귀신을 섬기던 무당이 예수님을 만난 후 변화되어 새 인생을 살고 있고, 깡패, 사기꾼, 술주정뱅이 등도 신을 만난 후 새로운 인생을 살고 있다. 이런 모든 일을 환각이라고만 하는 것은 너무 궁색한 답변이 아닌가? 차라리 당신의 교주 다윈처럼 불가지론이나 모르겠다고 말하는 것이 정직한 것이 아닌가?

나 또한 무신론자로 살다가 병을 얻어 6개월이나 치료하고 약을 복용해도 소용이 없었을 때 이웃의 안내를 따라 교회에 다니게 되었고, 지푸라기라도 잡는 심정으로 매일 다니면서 기도한 결과 7일 만에 완전히 치유가 되었다. 그 바람에 신은 없다는 식의 나의 어리석음은 다 사라지고, 예전의 나 같은 사람들에게 이 사실을 외치며 이런 글도 쓰게 된 것이다. 심지어 신점을 보는 무당도 처음에는 죽기보다 싫었더라도 이해되지 않는 영적 경험과 귀신의 강제적 이끌림으로 평생 무속인의 일을 한다. 거짓으로 꾸며진 가상의 귀신을 숭배하며 평생을 보내겠는가 말이다. 눈에 보이지 않는 어떤 영적 존재가 있음이 분명하다.

리처드 당신은 신은 인간이 만든 거짓이라고 보는데, 그 누가 자신이 만든 거짓을 위해 평생을 수고하며 목숨까지 버리겠는가? 당신 같으면 거짓임을 알고도 목숨을 바치겠는가? 단순히 정신이상이나 환각이라는 말로 넘어가기에는 풀어야 하는 그 무엇이 분명히 있다는 생각이 들지 않는가? 당신의 특기대로 추측하고 생각해 보라! 우리에게는 신의 은총이 차고 넘치는데 어찌하여 당신에게는 없는 것인지 그것이 참 안타까울 뿐이다.

● 신께서 리처드에게는 왜 오지 않는가?

> **엡 2:8** 너희는 그 은혜에 의하여 믿음으로 말미암아 구원을 받았으니 이것은 너희에게서 난 것이 아니요 하나님의 선물이라

우리가 예수님을 믿고 숭배하는 것은 신을 만났고 신의 은총을 입었기 때문이다. 신께서 그렇게 말씀하셨기 때문이다. 내가 성경을 자주 인용한다고 언짢아하지 말라. 당신도 성경을 인용하지 않았는가? 비록 엉터리였지만….

"너희는 그 은혜에 의하여 믿음으로 말미암아." 믿는 것도 신의 은총이란 말이다. 내가 믿으려고 결심만 하면 아무 때나 믿을 수 있는 게 아니다. 믿어져서 믿는 것이다. 그 믿어지는 믿음이 바로 하나님께서 주신 선물이라는 사실이다.

"이것은 너희에게서 난 것이 아니요 하나님의 선물이라." 당신이 이것을 모르고 증거만 찾고 있으니 찾을 턱이 없다. 신의 증거를 찾는 일도 신의 인도하심이 없으면 불가능한 것이다. 한 인간이 신께로 가까이 가는데 어찌 신의 인도하심이 없으랴? 신을 찾도록 도우시든가, 아니면 그 눈을 가리어 알 수가 없게 하실 수도 있다. 엘리사의 눈에 보인 천군 천사들이 아람 군사들에게는 안 보인 것이나, 다메섹으로 가는 사울에게 주님의 음성이 들리는데 동행자들의 귀는 막혀 아무것도 들리지 않은 것처럼 말이다.

신을 만나려면 신께서 먼저 내게 오셔야 하며, 그렇지 않으면 결코 만날 수 없다. 객관적인 증거가 나와도 영혼을 뒤흔드는 인격적인 만남이 없으면 믿음은 생기지 않는다.

요 15:16 너희가 나를 택한 것이 아니요 내가 너희를 택하여 세웠나니

수많은 사람이 하나님을 만났는데 왠지 모르지만 리처드 당신에게는 신께서 그런 은총을 허락하지 않으셨고, 유명 인사가 되긴 했어도 하나님을 만나지 못했으니 불행한 사람이 아닌가? 아마도 신께서 당신을 버리신 것일 수도 있다. 그렇다면 당신만큼 불행한 사람이 또 어디 있을까?

그러면 리처드 당신에게는 신의 은총이 전혀 없는 것일까? 그렇지 않다. 엄밀한 의미에서 신의 은총을 입지 않고 사는 사람은 없다. 당신에게도 하나님의 은혜는 일부 허락되었지만, 그것은 제한된 은총이다. 우리와 같은 구원에 이르는 특별 은총은 없는 게 확실하다. 그래서 성경에 이런 말씀이 있다.

요 15:16 너희가 나를 택한 것이 아니요 내가 너희를 택하여 세웠나니
이는 너희로 가서 열매를 맺게 하고

하나님의 선택하심으로 특별한 체험과 은총을 입고 사는 사람들이 그리도 많은데, 리처드 당신은 아니라고 한다. 내가 경험적으로

하나님을 만났다는데 아니라니 정말 어처구니가 없다. 그리고 당신은 《만들어진 신》에서 이렇게까지 말했다.

"종교인들은 일반적으로 미치지 않았지만, 그 믿음은 절대적으로 미친 것이다"(pp. 141-).

미치지 않았다면서 미쳤다고 말했다. 이는 말장난이다. 정신이 온전한데 그 믿음은 절대적으로 미쳤다는 말은 정신과 믿음을 따로 떼어 놓고 본다는 것인가? 그렇지 않을 것이다. 결국엔 미쳤다고 말하고 싶은 것을 직접 표현하기에는 약간 불편하니까 한 번 돌려 말한 것일 뿐, 당신이 전달하려는 의도는 달라지지 않는다. 어찌 보면 사실 우리는 예수님께 미쳤다고 할 수 있다. 리처드 당신이 무신론과 진화론에 미친 것처럼 말이다.

나이아가라 폭포를 보고 온 사람이, 높이가 60미터에 길이가 약 800미터가 넘는 어마어마하게 크고 웅장한 폭포를 보면서 멋진 경험을 했다고 자랑하니, 기껏해야 평생 뒷산 계곡이나 보았을 80대 노인이 가만히 듣다가 자기의 경험과 상식으로는 그렇게 큰 폭포는 있을 수 없다고 우기는 꼴이다. 신을 만난 사람은 부지기수다. 그런데 당신은 신을 만나지 못한 사람으로서 그런 신은 존재하지 않는다고 우겨대고 있다.

분명히 말한다. 신의 존재는 인간이 논할 수 없다. 말할 수 있다고 해도 허락하신 범위 안에서만 가능하다. 더구나 신을 믿지 않고 경험하지 못한 자가 무슨 할 말이 그렇게나 많은가? 내가 나이아가라 폭포를 보고 현장에 다녀왔다는데, 전혀 경험하지 못한 자가 그런 폭포는 존재 불가하다며 핏대를 올리니 진화론을 배우면 신과 원수가 되는 건지, 아니면 신적 존재를 인정하면 안 된다는 내부의 철칙이라도 있는 것인지 궁금하다.

신을 만난 사람들의 증언이 아무리 많아도 당신에게는 환각에 빠진 것에 불과하다. 우리가 볼 땐 당신이 진화론이라는 환각에 빠져 있는 것처럼 보이는데 말이다.

당신이 없다고 하면 없는 것인가? 인간이 신의 존재를 인정해 주어야 신이 존재하는가? 누가 당신에게 그런 자격을 주었는가? 인간이 신의 존재를 믿든지, 불신하든지 상관없이 신은 여전히 존재하는 다른 차원의 존재이다.

신은 인간의 도움이 필요 없고, 인간의 결정에 전혀 영향을 받지 않는다. 아울러 당신이 어떤 말을 하든지 그것은 신의 존재가치와 무관한 것이고, 신께서는 당신의 그럴듯한 주장을 뒤집고자 어떤 시도를 할 필요도 없다. 생각해 보라! 당신이 뭐 그리 대단한 인물이라고 당신에게 입증해 보여야 하고 당신의 말을 신뢰해야 하는가? 당신은 유물론의 한계에 갇혀 있는 사람이다. 그런 자가 영계를 말한다는 게 가능하단 말인가? 종교를 향한 당신의 발언들은 유체 이탈 수준이다.

그것은 마치 광속으로 수백억 년 먼 우주를 다녀온 것처럼 말하는 것보다 더 웃기는 일이다. 당신이 진정한 유물론자라면 신과 영적 분야에 대하여 아무 말도 하지 말아야 한다. 그래야 진정한 유물론자일 것이다. 아마도 당신은 '혹시나 신이 존재한다면 어쩌나?' 하는 걱정에 무모한 도전을 시도한 것일 수도 있다. 유물론자나 진화론자들은 신이 존재하면 안 되기 때문이다. 그래서 종교를 비하하고 무신론 세상을 만들려는 전쟁을 선포하는 무리수를 둔 것으로 보인다.

그리고 단언하건대 당신이 유물론(진화론)에 빠져 있는 한 결코 신은 만나지 못할 것이다. 진화론 최면에 심하게 걸려든 당신이 참으로 불쌍하다. 우리가 믿는 내용이 혹 거짓이라 할지라도 그것이 당신과 무슨 상관이란 말인가? 당신이 진화론자든지 무신론자든지 우리가 상관 할 일이 아니다. 그러나 그것으로 도전해 온다면 우리의 문제가 되는 것이다.

제발 이제는 신성 모독을 그만두라! 당신이 하는 그 일은 신 앞에 죄만 더하는 일이니, 나도 한마디 남기고 싶다.

"진화론이라 쓰고 과학이라고 읽는 그 내용은 황당무계한 소설이다."

09

하나님, 증거가 부족했습니다!

리처드는 만일 신이 있다고 해도, 신 앞에 서면 할 말이 있다고 했다. 신이 "너는 어찌하여 나를 믿지 않았느냐?"라고 물으시면 "증거가 부족했습니다"라고 대답할 것이라고 말했다. 그러면 신께서는 뭐라고 할까? "진화론도 증거가 많이 부족하잖아?" 아니면, "어? 그러니? 그러고 보니 내가 나의 존재를 알 만한 증거를 주지 않았구나! 미안하다"라고 하실까? 바로 말한다면 그런 일은 결코 없을 것이다. 신께서는 말할 것이다.

"네가 보고 듣고 만지고 누린 모든 것이 나를 증명하는 것이다!"

롬 1:20 창세로부터 그의 보이지 아니하는 것들 곧 그의 영원하신 능력과 신성이 그가 만드신 만물에 분명히 보여 알려졌나니 그러므로 그들이 핑계하지 못할지니라

이 말씀 한마디에 리처드는 K.O되는 것이다. 보이는 만물이 창조주를 증거하는 것인데 증거가 없다고? 산천초목 모든 생물의 존재가 창조의 신을 증명하고 있다. 그런데 그는 오히려 보이는 현실은 진화를 증명하는 것이란다. 완성된 생물체가 진화를 증명한다고? 호랑이, 사자, 코끼리, 악어, 사람 등이 진화의 증거라니, 뭔 헛소리인지 모르겠다. 중간 유인원도 아니고 진화의 완성체만 있는데 그것이 진화의 증거라고? 하여간 진화론에 빠지면 정신이 이상해지는 것은 틀림이 없다.

사람에 대한 유인원이라는 중간 단계의 증거도 없을 뿐 아니라,

각각 다른 동물의 중간 단계는 아예 찾을 생각도 없다. 사람의 유인원 증거가 희박하다면, 다른 동물의 중간 진화 생물의 뼈라도 열심히 찾아서 보여 줘야 하는 것 아닌가? 현재의 물소가 되기 전 중간 단계의 생물은 어디 있는가? 사자가 되기 전의 생물은 무엇인가? 현재의 코끼리가 되기 직전의 생물은 어떤 것이며 증거는 있는가? 없다. 아무것도 없다. 중간단계는 아무것도 없다!

오늘날 보이는 각기 다른 종의 다양성을 따라 그 종류대로 번식하는 것을 보면 처음부터 각 종류대로 창조한 증거라고 해야 정상이다. 이렇게 현실적으로 우리 눈에 보이는 증거가 차고 넘치지만 인정하기 싫고, 오직 인간 비슷한 뼈다귀가 어디에 있을 것이라는 데만 심취한다. 그리고 신께서는 한마디 더 하실 것이다.

"성경에도 내가 창조주라는 것을 기록해 놓았다."

진화론이야말로 증거가 충분한가? 그렇지 않다. 가장 확실하다는 영국에서 1912년 발견된 필트다운 유인원의 뼈도 사람 머리뼈에 오랑우탄 턱뼈를 조합해서 만든 위조품으로 드러났고(1953년), 다른 증거들도 의심받고 있다(참고: 교과서 진화론 개정 추진 위원회).

진화론계의 저명한 학자들이 검증한 것이 가짜라니 기가 막히다. 그런데도 리처드는 관련 내용은 일언반구도 언급하지 않았으며 침묵했다. 당시 이 뼈가 잃어버린 고리를 증명하는 확실한 증거라며 대대적으로 홍보하고 관련 학자들이 이구동성으로 찬사와 지지를 밝혔으며, 영국 왕립학회 학자들을 포함한 1차 진상조사위원회 때도 진품이라고 결론을 내리는 등, 이 사건은 한두 사람이 아닌 관련 단체 다수가 조직적으로 가담한 사건으로 의심된다.

여러 번의 가짜 파동으로 진화론은 신뢰도가 뚝 떨어졌고, 모든 학계나 과학자들이 진화론을 100% 인정하는 것도 아니다. 그래서 어느 나라에서는 진화론을 학교 교육 과정에서 빼 버리거나 아예 가르치지 않는다. 진화론에 대한 다양한 견해가 있는 한 진화론은 완성된 이론이라고 할 수 없을 것이다.

리처드는 자신을 과학자라고 강조하면서 증거 앞에서는 자기 생각을 다 버릴 수 있다고 했다. 그런데 종교는 신의 존재 증거가 너무 부족하고, 종교의 내용을 들여다보면 믿고 싶은 마음이 들지 않을 정도로 악한 신들이라고 했다.

특히 기독교의 야훼 신은 사람을 잘 죽이고 이기적이고 질투가 심하여 다른 신을 용납하지 못하는 속 좁은 질투의 화신으로 본다. 하나님은 질투하시며 우상 숭배는 가증하고 용납할 수 없는 것으로 말씀하셨으니, 그의 지적 중 일부분은 맞는 것처럼 보인다. 그러나 그가 성경을 보는 시각은 초등학생 수준도 안 된다.

사물 중에는 육안으로 볼 수 있는 것이 있다. 그러나 어떤 것은 초미세 현미경으로만 보인다. 성경은 아무나 볼 수 있는 책이면서도, 아무나 이해할 수 있는 책은 아니다. 그래서 억지로 엉터리로 풀다가 멸망에 이르고 이단에 이르는 일이 많은 것이다.

> **벧후 3:16** 또 그 모든 편지에도 이런 일에 관하여 말하였으되 그중에 알기 어려운 것이 더러 있으니 무식한 자들과 굳세지 못한 자들이 다른 성경과 같이 그것도 억지로 풀다가 스스로 멸망에 이르느니라

창조주를 경외하는 믿음이 없으면 도저히 이해되지 않는 책이 바로 성경이다. 일반 서적이야 글을 따라 보면 되지만, 성경은 신을 향한 믿음이 선행되지 않으면 온전히 받아들일 수 없는 제한성이 강한 특징을 갖는다.

증명되는 것만 신뢰한다는 리처드가 확신하고 있는 것들이 다 증명이 될까? 신이 없다는 증명을 하라고 하면 어떻게 할 것인가? '신은 없음'으로 결론을 낼 만한 증거가 있는가? 증거가 부족하다는 것은 리처드에게만 그런 것이지, 우리에게는 충분하다.

요즘 인권 이야기를 많이 하는데, 그 인권을 보았는가? 색깔이 있는가? 모양은 어떤 것인가? 도대체 인권이란 게 있기는 한 건가? 각자가 가지고 있는 신념이란 것들이 증명이 된 적이 있던가? 경험되지 않으면 믿을 수 없다는 무신론자는, 스스로 증명할 수 없는 것들을 갖고 산다는 것을 부인할 수는 없을 것이다. 인간의 도덕과 윤리는 어디 있는 것인가? 사랑을 보았는가? 어떻게 생긴 것인가? 우리

인간은 경험이 아닌 무색, 무취, 무형 등 경험할 수 없는 것들을 많이 가지고 산다. 이렇듯 경험주의는 스스로 모순점을 안고 있으면서 문제 삼지 않는다. 그러면서 신의 존재는 증거가 없어서 못 믿겠다고 한다. 보이는 게 다 증거물인데 말이다.

● 성경은 경험적 이성의 논리로만 접근한다면 알 수가 없다

말 한마디로 하늘의 별을 창조하고 바다와 육지의 동물을 만들었다는 게 인간의 이성으로 수용되겠는가? 죽은 자를 살리고 나환자나 앉은뱅이, 불치병 환자를 즉석에서 고치고, 처녀가 임신했다니, 이런 일은 도저히 있을 수 없다는 게 인간의 논리와 이성의 한계다. 인간이 가진 이해 능력이나 수용 능력은 저용량일 수밖에 없다.

신께서 하신 일을 인간의 이성과 지식으로 풀어 간다는 것은 어불성설이다. 그것은 마치 개미가 한국의 123층 555미터 높이의 롯데월드타워를 보면서 "이것을 인간이 만들었다고?" 하며 인간의 작은 두 손으로는 불가능한 일이라고 말하는 것과 같다. 그것은 인간이 가지고 있는 능력을 개미가 모르기 때문이다. 인간에게는 개미가 상상도 못 하는 능력이 있는데, 곧 지식과 지혜 그리고 그것으로 만들어 낸 어마어마한 건설 장비가 있다는 것이다. 하늘을 나는 비행기도 만들고, 파도를 헤치며 바다 위, 물속을 다니는 잠수함도 만들 수 있다는 것을 개미의 이해력으로는 도무지 알 수가 없는 것이다.

● 신의 능력이란 우주를 넘고 인간의 상상을 한참 벗어난다

그래서 신 앞에 붙는 수식어가 '전능자'다. 인간 이성이나 논리로는 담아 낼 수가 없다. 그러므로 신앙이 있는 사람들은 이성과 신앙의 균형을 유지하되, 이성이 신앙을 훼손할 수 없도록 신을 향한 절대 믿음을 가지고 있어야 안전하다. 그런데 인간 이성의 그릇이 얼마나 작은지를 모르고 그저 조금만 연구하면 알 수 있는 줄로 알고 함부로 덤빈다.

그래서 요즘엔 인터넷상에서 혹은 공개적으로 무신론자들이 종교를 논하고, 신의 존재까지 함부로 지껄인다. 공부 좀 했다 치면 종교와 신(성경)을 어찌 해보려고 덤비는 게 가소롭다. 어이가 없어 한마디 해주고 싶지만, 강아지에게 도덕론이나 돼지 목에 진주 목걸이가 어울리겠는가?

마 7:6 거룩한 것을 개에게 주지 말며 너희 진주를 돼지 앞에 던지지 말라 그들이 그것을 발로 밟고 돌이켜 너희를 찢어 상하게 할까 염려하라

하나님께서는 성경을 통해 일하시지만, 또한 성경을 보는 눈을 오도하여 사탄의 역사도 일어난다. 그래서 성경은 리처드 같은 사람이 보면 위험을 초래하며 사탄의 올무에 걸리는 것이다. 기초 공부라도 하고 영적 훈련이 된 자들이 보아야 조금이라도 은혜가 되는 것이다.

리처드는 영적 믿음으로 보아야 할 것을 육안으로만 보니 기록된 글자만 보는 꼴이다. 바닷가에 서서 드넓은 수면만 보는 자가 그 깊은 바닷속을 어찌 알겠는가? 이런 자들에게 성경 강론이 무슨 소용이랴? 멸망할 자들에게는 복음이 어리석게 보일 뿐이다.

고전 1:18 십자가의 도가 멸망하는 자들에게는 미련한 것이요 구원을 받는 우리에게는 하나님의 능력이라

이 책에서는 리처드가 얼마나 종교에 편협하고 무지한지를 우리 관점에서 말하고, 그의 무지한 설득에 넘어가는 사람이 없기를 바랄 뿐이다. 증거가 없으면 신뢰할 수 없다는 리처드는 그 증거 논리에 갇힌 사람이다.

나는 예전에 살던 집 양쪽에 벗나무 두 그루를 심었다. 몇 년이 지나고 보니 제법 컸다. 지금 사는 사람은 내가 그 나무를 심은 것을 알 수가 없다. 증거를 남기지 않았기 때문이다. 만약 내가 찾아가서 10여 년 전 내가 심은 나무라고 말했을 때 지금의 주인이 증거를 대보라고 하면 나는 증거를 댈 수가 없다. 나는 증거를 남기지 않았

기 때문이다. 그 집 주인은 내가 거짓말하는 것으로 의심할 수도 있 겠지만, 그렇다고 내가 심었다는 사실이 바뀌는 것은 아니다. 누군가 심었으니 그곳에 나무가 있는 것이다.

증거가 없어도 존재하는 것들은 많다. 증거가 없어도 누군가에 의해 세워지고 사라지고 존재할 수 있는 것이다. 이 세상 모든 것이 증거를 남기고 존재할 수는 없다. 지구상의 과거 인물들이 살다가 사라진 증거가 얼마나 남았을까? 그 증거를 얼마나 발견할 수 있을까? 5천 년 된 어느 도성 터에서 인골을 10개 정도 발견했다면, 그 지역에 살았던 인구가 총 10명이란 말인가? 리처드의 논리에 의하면 그렇다고 말해야 한다. 비록 증거는 없지만 살다가 간 사람이 분명 많았을 텐데 그는 10명뿐이라고 우길 것이다. 그게 리처드의 한계치다. 그러다 몇 년 후에 또 다른 유골이 5개 발견되면 그 당시 인구는 총 15명이었다고 수정할 것이다. 이렇게 보면 그의 증거 타령은 설득력이 확 떨어진다. 거듭 수정하고 보완해야 하기 때문이다. 그것이 과학의 한계라는 말이다. 그렇다고 증거도 없는데 그 당시의 인구는 10만 명 정도 되었을 것이라고 말한다면 증거 우선주의인 자신의 법칙에도 어긋난다. 자신의 논리에 갇혀 버리는 그는 또 다른 가설을 내세워 빠져나가려 할 것이다. 그 가설이라는 게 과학의 가능성을 말해 주는 것이기도 하지만, 숱한 거짓말도 가능케 하는 것이다. 진화론이 늘 그런 식이 아닌가? 증명할 수 없는 신은 신이 아니라고 하면서, 해결하지 못하는 문제가 가득한 진화론의 세계에는 무한히 관대한 뻔뻔함을 보여 준다.

- 리처드가 신의 존재를 입증하지 못하면 신은 무존재가 되는가?

신께서는 이미 수많은 증거를 보여 주셨다. 산천초목과 저 하늘의 별들이 그를 증명하는 것이다. 다만 리처드가 증거로 채택하지 않을 뿐이다.

롬 1:20 창세로부터 그의 보이지 아니하는 것들 곧 그의 영원하신 능력과 신성이 그 만드신 만물에 분명히 보여 알려졌나니 그러므로 그들이 핑계하지 못할지니라

만물이 창조주의 솜씨를 뽐내고 있는데 그것은 증거가 아니며, 오히려 진화의 증거라고 한다. 신께서 자신의 존재를 인간에게 검증받고 확인받기 위해 어떤 방법을 써야 하는가? 그가 어떤 자격으로 신의 감별사가 되었는가? 기껏해야 유물론에 고착된 자신의 관점을 가지고 우주 만물보다 크신 절대자의 존재 여부를 말하다니 너무 건방지고 주제넘은 것이 아닌가?

학문의 장점이자 한계점은 증거로 말하는 것이지만, 창조의 신께서 리처드 같은 사람에게 인정받으려 증거를 따로 남겨야 할 이유는 없다. 그럼에도 증거가 이미 차고 넘치는데 리처드는 다른 증거를 내놓으라는 것이다.

신께서는 스스로 존재하시며 스스로 충족하신다. 인간의 이성과 논리에 맞추어 움직이지 않으며 자신의 뜻대로 세상을 만들어 간다. 신은 인간에게 물어보고 허락을 받아 일할 이유가 전혀 없고, 자신이 원할 때 말하고 다스린다. 인간은 그분이 허락한 범위 안에서 살며 그분의 손 아래에서 살아야 하는 피조물에 불과하며, 하나님은 하나님 맘대로 일하시고, 맘대로 판단하신다.

엡 1:11 모든 일을 그의 뜻의 결정대로 일하시는 이의 계획을 따라 우리가 예정을 입어 그 안에서 기업이 되었으니

인간은 창조주를 알아야 비로소 인간이 어떤 존재인지를 알게 되는 것인데, 이런 기본도 갖추지 못한 자가 신을 말하고 인간을 말하다 보니 헛소리만 하는 것이다. 의심받아야 하는 것은 만물이 우연히 만들어진 단순한 세포로부터 시작되었다고 믿는 황당무계한 진화론이다. 진화론이야말로 의심을 받을 만한 충분한 이유가 있다.

예를 들어 보자. 겨울이면 눈이 내린다. 밤새 소복이 쌓인 눈 위

에 선명히 찍힌 발자국을 보면 '누군가 이 길을 지나갔구나!' 하고 생각하게 된다.

아침에 일어나니 집 앞에 눈사람 3개가 나란히 세워져 있다. 그것도 얼굴에 눈, 코, 입을 만들고 안경까지 걸쳐 놓았다면 이것이 우연히 된 것일까? 분명 누군가 만들어 놓은 것이다. 저절로 눈사람이 만들어질 가능성은 수십억 년이 흘러도 없고, 그것이 자연의 이치며 진리다. 그런데 우연히 만들어진 눈사람이 오랜 세월을 지나다 보니 움직이는 사람이 되었단다. 원인은? 모른다. 그런 소설을 믿는 게 진화론이다.

우주의 정교한 질서와 수많은 별, 그리고 유독 지구에만 모든 생명체와 식물이 살 수 있도록 완벽한 환경이 갖추어져 있다면, 이것이 우연인가?, 아니면 누군가 치밀한 설계자가 있다고 보아야 하는가? 당연히 누군지는 모르지만 위대한 창조주가 있다고 믿는 게 자연스러운 것이다.

창조주는 인간의 덕을 볼 일이 없다. 인간에게 무엇을 호소할 이유도 없다. 인간이 몰라 준다고 손해 볼 일도 없다. 스스로 완전하고 자족하는 존재이기 때문이다. 그럼에도 신께서 인간에게 오시어 말씀하시는 이유는 아쉬운 것이 있어서가 아니라 순전히 인간을 위함이다. 창조주가 누구인지를 알게 함으로써 인간이 누구인지를 알게 하시려는 것이다.

인간을 다루시는 것도 언제나 신의 뜻이 우선이다. 신은 인간에게 일방적이다. 명령하고 따르라고 하고 순종을 강요하신다. 그것이 절대 주권을 가진 신의 위치이고, 인간은 절대 순종해야 하는 자리에 있는 것이다. 이런 간단한 개념도 없이 신을 평가한다는 게 우습다는 것이다.

무지한 리처드를 누가 그렇게 치켜세웠는가? 누가 리처드를 최고의 지성인으로 만들었는가? 어떤 가설일지라도 대중에게 자신 있게 말하면 인정하고 상 주는 무지한 세상이 아니던가? 한 사람을 죽이면 살인자가 되지만, 많은 사람을 죽이면 영웅이 된다는 말처럼 나도 한마디 남기겠다.

"한 사람을 속이면 거짓말이 되지만, 많은 사람을 속이면 최고의 지성인이 된다."

리처드(인간)는 신을 찾아낼 수가 없다. 무능하기 때문이다. 그래서 신께서 인간에게 오시는 것이고, 인간은 신께서 보여 주시고 가르쳐준 만큼만 알 수 있다. 신이 주지 않은 것은 '모름'으로 끝나야 한다. 인간이 찾을 수 없다고 무존재가 아닌 것을 알면서도 신의 존재는 알 수 없으니 만들어 낸 허상이라고 하는 자들은 스스로 속는 어리석은 자들이다.

요 15:16 너희가 나를 택한 것이 아니요 내가 너희를 택하여 세웠나니

나도 20대 초반에는 리처드 같은 마음으로 신을 부정했다. 하늘을 향해 욕설과 막말을 했다. "신이 있다면 모습을 보여라!"라고 말이다. 신의 존재 증거를 알아보지 못한 나는 내식대로 신을 부정하고 모욕한 것이다.

리처드에게 말하고 싶다. "리처드! 당신은 지금 신이 있다면 증거를 대보라고 외치는 겁을 상실한 하룻강아지 모습을 보이고 있다. 당신이 뭐라고 마치 신 감별사라도 된 듯이 증거를 그리 요구하는가? 당신이 찾지 못하면 없는 것인가? 진화론이야말로 증거를 가지고 말해야 하지만 진화의 증거는 나중에 찾으면 된다고 시작한 학문이 바로 진화론이 아니던가? 지금 있다는 증거로는 진화의 충분성을 말해 주기에는 너무 빈약하지 않은가? 당신이 계속 이런 짓을 하는 것은, 행여나 신의 존재가 증명되면 안 된다는 불안감 때문에 선제적으로 종교를 눌러 버리려는 것이 아닌가? 신의 존재는 당신 같은 인간이 논할 차원의 주제가 아니다. 그래도 당신의 교주 찰스 다윈은 불가지론의 입장을 취했는데, 정확히 모르면 차라리 불가지론으로 남는 게 자신에게 정직하고 현명할 것이다."

10
하늘의 별이 100개는 될걸!

내게는 경배, 강철 두 아들이 있다. 큰아들 경배가 다섯 살 때 함께 밤하늘의 별들을 보다가 내가 말했다. "아들아, 저 하늘에 별이 몇 개나 될까?" 아들이 별을 "하나, 둘, 셋…일곱…" 세다가 말한다. "와, 아빠! 별이 100개는 되겠네!" 아들의 그 말에 나는 웃고 말았다. 아들의 그 말은 유머 소재로 사용할 만큼이나 재미있고 어떤 교훈을 주는 듯해서 32년이 넘은 지금까지 기억한다.

다섯 살짜리 아들은 100 이상의 수를 모른다. 우리의 지식 수준이 그 정도 아니던가? 헤아릴 수 없는 수많은 별이 100개는 될 거라고 말하는 게 과학자들 아닌가? 자신이 가진 지식의 한계치로 우주와 신의 세계를 판단하고 확신하며 타인에게까지 가르치는 자들은 어린 내 아들을 떠올리게 하는 웃기는 사람들이다. 다섯 살짜리가 자기가 분석한 대로 하늘의 별은 100개라고 했을 때 그대로 믿는 사람이 있다면 누굴까? 성숙한 어른은 하나도 없고 똑같은 다섯 살짜리 아이들일 것이다.

우주와 신의 업적 앞에서 과학(리처드)의 나이는 다섯 살이다. 그런데도 그의 말이 사람들에게 잘도 먹힌다. 왜일까? 리처드의 계수 능력은 100인 데 비해, 다른 이들의 계수 능력은 50, 혹은 70 정도밖에 안되고, 심지어 어떤 이는 10 이상 세지 못하는 수준이기 때문이다. 수천억 개가 넘는 별을 100개라고 해도 믿을 수밖에 없는 사람들이다.

이들에게 리처드라는 인물은 자타가 공인한 최고의 지성인이요, 100까지 셀 수 있는 큰 능력을 갖춘 사람이다. 그 누가 이의를 제기할까?

그런데 심각한 문제는 또 있다. 100까지 세는 내 아들의 계수 능력이 의심스럽다는 것이다. "1, 2, 3…" 주춤하다가 "7, 9, 25, 46…"로 뒤죽박죽이고, 아라비아 숫자가 어려우면 다시 센다. "하나, 둘, 셋… 아홉, 서른셋, 스물하나, 마흔둘, 그리고…백!" 아들의 힘겨운 대충 숫자 세기는 또 다른 웃음을 안겨 준다.

모르는 자 앞에서는 거짓 정보일지라도 자신 있게 말하면 다 속는다. 교우들에게 가끔 성경 원어를 들먹이면서 설교할 때가 있다. 혹 내가 헬라어, 히브리어를 틀리게 말해도 그들은 모를 것이다. 아는 만큼 보인다는 말처럼 뭘 알아야 분별하는데, 일반인들은 사기꾼만큼도 모르니 다 속는 것이다. 사기꾼이 별다른가? 거짓으로 이득을 보고 먹고사는 자들이면 다 사기꾼 아닌가? 나도 이미 리처드에 의해 사기꾼으로 낙인찍혀 버렸다. 그가 악이요 거짓으로 보는 종교 지도자로 평생을 살았기 때문이다.

내 어린 아들의 사기성(?) 숫자 세기는 웃음으로 넘길 수가 있지만 지식인의 거짓은 그럴 수가 없다. 남의 인생을 영원히 망칠 수도 있기 때문이다. 리처드의 지식은 그런 수준으로 매우 위험하다.

내가 그들보다 성경을 몰랐다면 내 인생도 진화론으로 망했을 것이다. 다행히 나는 그의 책을 보기 전에 성경을 먼저 보았고, 절대주권을 가지신 창조주를 먼저 만났으니 천만다행이 아닌가?

그래서 무엇이 먼저 내 머리에 들어오는지가 중요하다. 어린 시절 허무주의에 먼저 물들면 허무한 인생이 되고, 향락주의에 물들면 향락적인 인생이 되고, 공산주의에 물들면 공산 사회주의를 위한 투사로 살아간다.

어떤 이는 리처드처럼 진화라는 가설에 빠져 결과 없는 공상을 따라 한평생을 보내고, 허무주의자가 되어 한숨지으며 살아간다. 그래서 나는 지금 엉터리 가설에서 미리 건지신 창조주 하나님께 한없이 감사하고, 또 감사한다. 지금도 다섯 살짜리 진화론(과학)은 형이하학적, 아니 엉터리 숫자 세기를 계속하고 있다.

"하나, 둘, 셋…일곱, 열둘, 스물아홉, 열하나,
그리고 백!"

11

리처드가 신을 믿지 못하는 이유

　리처드 당신이 신을 만나지 못하는 가장 큰 이유를 간단하게 말해 주고 싶다. 당신은 많이 공부하고 지능이 높은 사람 중에 무신론자가 많다고 하였다. 그래서 지식인의 판단이 무식자의 판단보다 우월하다고 은근히 과시하면서 종교를 가진 사람들을 저능아 취급했다.
　많이 배웠으니 우월감을 가질 만도 할 것이다. 그 지식으로 일하고, 승진도 하고, 유명해지고, 돈도 벌었으니 얼마나 자신이 자랑스러울까? 그런데 당신의 그 지식이 당신을 불행하게 하고 있다는 것은 모르고 있으니 안타깝다. 당신이 가진 지식이 신께로 가는 길을 막고 있다는 말이다.
　예수님께서 잠시 이 땅에 계시면서 학자가 아닌 배움이 짧은 서민들이 많이 따라다닐 때, 배웠다고 하는 지도층, 제사장이나 율법사, 바리새인들은 예수님 알기를 죽일 놈으로 알았다.
　결국 배우고 존경받았던 당신과 같은 지도층이 예수를 모함하고 인민재판식으로 졸속 판결하게 하여 십자가에 못 박았다. 예수께서 메시아임을 지식층은 알아보지 못했으나 평범한 서민들은 알았고 겸손히 따르며 그분의 가르침을 받았다는 것은 무엇을 말해 주는가? 신을 알고 만나는 것은 세상 지식과 연관이 없다는 것이다. 돈이 많거나, 권세가 있거나, 많은 지식을 쌓은 사람은 오히려 자만심과 자신감이 강해서 남에게 머리 숙이거나 신을 경배할 마음을 갖기가 어렵다. 그래서 예수께서 하신 말씀이 있다.

요 9:41 예수께서 이르시되 너희가 맹인이 되었더라면 죄가 없으려니 와 본다고 하니 너희 죄가 그대로 있느니라

세상의 전문 지식층은 실상은 꼭 보아야 하는 대상(메시아)을 보지 못하는 맹인이라는 지적이다. 지식 의존형 인간은 메시아(구세주)를 볼 수 없다는 것이다. 다시 말해 신을 이해하고 알기 위해서는 많이 배워야 한다는 착각은 지식 우월주의 계산법이라는 말이다. 일반인보다 자연과학 지식이 많은 리처드 당신은 그 지식으로 신을 진단하고 증거 논리에 빠져 오히려 신께로 가지 못하는 것이다. 인간의 잡다한 지식이 사람을 영적 맹인으로 만들고, 때로는 지식이 사람을 불행하게 한다는 실례는 많이 있다.

우리나라의 명문 대학교인 연세대학교 물리학과 임성일 교수는 당신과 같은 자연과학자이지만 성경을 읽다가 예수님을 경험하고 깨달아 영적 세계(천국)를 사모하며 제자들을 전도하고 목사가 아님에도 교회를 세워 평신도 사역자로 활동하고 있다('새롭게 하소서' 출연). 신을 부정하던 유물론자가 신을 증거하고 전하는 사람이 되었다는 말이다. 이런 일이 어떻게 가능한지 알고 싶지 않은가? 바로 자신에게 먼저 들어온 유물론 지식에 매이지 않고 성경을 보았기 때문이다.

그런데 당신은 요지부동이라 이미 굳어진 자신의 지식을 버리지 못하니 신을 만나기는 틀린 것이다. 당신의 그 지식이 당신을 신으로부터 더 멀어지게 하고 있다는 말이다. 차라리 배우지 못한 사람이었다면 좋을 뻔하였다. 진화론의 지식이 신으로 가는 길을 단단히 가로막고 있다는 것을 알면 좋으련만….

임성일 교수의 말에 의하면 과학자 중 약 50%가 예수님을 믿는다고 한다. 당신과 같은 지식을 배운 자연과학자가 신께 굴복하고 충성하며 살고 있다는 데 대하여 무슨 말을 할지 궁금하다. 아마도 당신은 "그런 자는 의지력이 약하고 저능한 학자다"라고 하겠지만.

대한민국의 초대 건국대통령 이승만은 미국의 명문 대학 워싱턴 대학을 거쳐 하버드를 졸업하고 프린스턴 대학에서 박사학위를 받는 데까지 고작 5년이 걸릴 정도로 천재였다. 미국 본토인도 하기 어

렵다는 일을 해냈으니, 아마 당신보다 더 똑똑하고 자랑스러운 학벌을 가졌다고 할 수 있을 것이다. 그런 천재적 인물이 일평생 신을 숭배하며 기도하는 그리스도인으로 살았다. 대통령 신분으로 사는 자가 뭐가 아쉬워서 날마다 기도하며 살았겠는가? 링컨, 지미 카터 등 그와 같은 세계적인 인물이 아주 많다는 것은 언급하지 않아도 알 것이다.

그들이 전부 당신보다 지능이 떨어지고 못 배워서 신을 숭배하며 살았다고 말하기에는 당신의 주장이 너무 어설프고 궁색해 보이는 것은 어쩔 수가 없다.

● **지식의 양면성**

지식이란 것이 많은 가르침을 주기도 하지만, 때로는 그 지식이 성장하는 데 걸림돌이 될 수도 있다는 지식의 양면성은 바로 당신과 같은 사람들을 두고 하는 말이다. 차라리 다른 분야를 공부했더라면 좋았을 것을…. 그러면 당신의 인생 결과는 완전히 달라졌을 텐데 말이다.

우리나라 좌파 중 친공, 종북세력으로 활동하는 사람들의 특징이 바로 어린 학창 시절에 독재자 김일성을 추종하는 주사파 서적이나 공산 사회주의 이념이 담긴 불온서적을 탐독했다는 것이다. 어린 시절부터 불량한 사상에 먼저 물들다 보니 민주 사회의 혜택을 다 누리면서도 민주주의를 거부하는 이념적 편식이 병적으로 발전된 것처럼, 때로는 기껏 배운 지식이 인간을 망치고 병들게도 하는 것이다. 그래서 당신이 종교라는 말만 들어도 발작하듯 반대하고 나서는 것 아니겠는가? 당신이 그리 된 것이 지식 때문이라는 것은 지식의 아이러니를 그대로 보여 준다.

냉정하게 본다면 리처드 당신은 지식 시대가 낳은 대표적 피해자라고도 할 수 있을 것이다. 실제로 진화론이나 그와 같은 수준의 지식이 많은 사람의 인생을 바꾸고 착각 속에 살게 하였다.

기껏 배운 지식이 신께로 가는 길을 막고, 심지어 모든 종교를 향하여 짱돌을 마구 던져대는 폭력배가 되게 한 것이다. 세상에 돌고 있는 쓰레기 같은 지식과 정보가 얼마나 많은지, 그것들이 많은 사람을 불행하게 하게도 하고, 망하게도 하며, 죽음에 이르게도 하는 것은 우리 모두가 잘 알고 있지 않은가?

그런즉 지식을 쌓는다는 것은 고상한 일이기도 하나, 다른 면으로는 거짓되고 사악한 악마가 계속 살게 하는 수단도 되는 것이다. 지식 속에는 악마의 생존 전략이 들어 있어서 무지한 인간들을 농락하고 평생을 끌고 다니며 그 영혼을 다 먹어 치우면 또 다른 영혼에 죽음의 지식을 전달하여 사냥하는 것이 바로 거짓된 지식 세계라는 말이다. 악마의 움직임은 지식 속에서 더욱 활발하다.

실례로 일본의 저명한 의사 곤도 마코토는 《의사에게 살해당하지 않는 47가지 방법》이라는 책에서 양심선언하듯 말한다. "당신이 알고 있는 모든 의학 정보를 의심하라!" "병원에 자주 가지 말라. 자주 갈수록 불필요한 약을 많이 복용해 오히려 해롭다." "건강 검진이나 과잉 진료도 문제다." "암은 방치하는 게 더 나을 수도 있다."

항암제는 독이니, 암이라고 무조건 사용하는 것은 위험하다는 것이다. 기존의 의학 상식을 깨는 말을 너무 많이 해서 그는 의학계에서 요주의 인물로 취급되기도 했다.

또 로버트 러프킨(Dr. Robert Lufkin) 박사는 그의 저서 《내가 의대에서 가르친 거짓말들》이란 책을 통해 말한다. 의사들도 모르는 잘못된 의학 전문 지식이 있다는 것이다. 그래서 자신도 그동안 학생들에게 잘못 가르쳤다는 것을 고백하며 다음과 같이 말했다.

"의대에서 배운 것 중의 절반가량이 5년쯤 지나면 쓸모가 없거나 완전히 틀린 것으로 밝혀진다. 그러나 그 누구도 말해 주지 않는다."

학문의 발전에서 오해와 잘못 전달되는 것은 피할 수가 없다. 그래서 의심하고 검증해 보고 비교해 보는 과정이 필요한 것이다.

특히 나는 다른 분야는 몰라도 진화론을 의심하라고 강력히 충고해 주고 싶다. 신을 의심하고 불신하는 것은 충분히 했으니, 이제는 진화론에 대한 지식을 의심하고 다시 한번 생각해 보라. 그것이 진실인지, 오류는 없는지, 과장됨이나 억지는 없는지, 진짜 과학인지 가설인지를 의심해 보라는 말이다. 그렇게 해서 진화론을 완전히 떠난 학자들도 적지 않다는 사실은 당신의 그 지식에 심각한 문제가 있다는 것을 말해 주는 것이 아니겠는가? 당신을 보면 인간이 지식을 이용하는 게 아니라, 때로는 지식이 인간을 이용할 수 있다는 것을 깨닫게 한다.

12

인격 모독죄는 있는데 왜 신성 모독죄는 없는가?

이슬람법 '샤리아'에는 신성 모독죄가 있다. 그들은 종교에 관련된 명예를 중히 여기는데, 무슬림의 신 알라를 버리고 타종교로 개종한다거나, 불량한 발언으로 신이나 가문의 명예, 부모의 명예를 훼손한다면, 정당한 법적 절차도 없이 가족이나 마을 집단을 사형에 처한다. 이것을 '명예살인'이라고 한다.

여성이 히잡을 쓰지 않고 외출하거나, 부모의 허락 없이 연애해도 죽임을 당할 죄에 해당한다. 이런 현상은 이슬람 국가 중 파키스탄이 특히 심하다. 2022년 한 해 316명이 명예살인을 당한 것으로 발표했지만, 감추는 경우가 많아 실제로는 더 많은 수가 죽임당하는 것으로 알려져 있다(《아시아경제》 2024.4.1.).

외국인이나 이방인이 이슬람을 비난하거나 부정적인 일을 들추어도 명예 훼손으로 테러를 당하기도 한다. 실제로 외국의 어느 방송인은 이슬람의 문제점을 취재하는 도중 테러를 당해 죽었고, 사우디의 반체제 인사이며 튀르키예로 망명한 언론인 자말 카쇼기는 비슷한 이유로 시신이 잔인하게 분리된 채 사라져 국제적 분노를 샀다.

실제로 이슬람 과격단체 IS는 일반인들을 잡아 목을 베고 팔다리를 자르는 모습을 촬영해 공개하고, 적국의 조종사를 체포하여 화형에 처하는 장면을 그대로 보여 주며 공포심을 조장했다. 그들의 복수심이나 잔인성은 온 세상이 다 아는 일이다.

타인에 대한 인격 모독이나 명예 훼손은 현대 사회에서 예민하게 다루어지고 있다. 이제는 남녀 평등을 넘어 성평등의 사회로 전환하였고, 동물의 권리도 급격히 신장되어 사람의 수준까지 올라와 있다. 동물을 거칠게 다루거나 구타하고 유기하는 것, 음식을 제때 제공하지 않는 것도 처벌 대상이다. 기르던 강아지를 소홀히 했다고 벌금을 내거나 감옥에 가는 시대가 될 줄 누가 알았겠는가?

그런데 세상 나라들 법에는 인간 중심의 법만 있을 뿐 신을 존중히 여기는 법은 없다. 우리 대한민국도 그렇다. 동물 보호법이 생기고 동성애 반대를 표현해도 혐오 발언으로 취급되는데, 신의 명예를 훼손하거나 종교를 향한 막말 수준의 발언을 해도 제한이 없다. 해당 법이 없기 때문이다.

리처드 같은 사람이 신과 종교에 대하여 악담하며 강연을 다녀도 오히려 인기만 올라가고 해를 당하지 않는다. 리처드와 같은 한국의 대표적 인물이 바로 도올 김용옥 교수다. 이 사람을 말하지 않을 수 없는 것은, 도가 지나쳐 예수님을 자기 수준으로 말하는 아주 불손하기 짝이 없는 자요, 신성 모독의 대표주자이기 때문이다. 인생 끝에는 창조주 앞에서 모두 심판을 받으며 예수님, 성직자, 신도들을 모독한 것도 죄일 텐데, 현재로서는 처벌하는 법이 없으니 맘 놓고 신을 모독하는 것이다. 이 사람으로 인해 마치 빌라도 법정에 서신 예수님의 초라한 모습을 오늘에도 보는 듯하다.

인권이란 이름으로 일어나는 일들은 때로 상상을 초월한다. 그것은 동성애, 양성애, 성전환으로 나타나고, 성적 자기 결정권을 주고 낙태를 자유롭게 할 자유까지 제공한다. 타고난 성을 무시하고 남녀 구별을 없애 버린다. 인격 차별에 해당하기 때문이란다. 남자가 여성 경기에 출전하여 우승하는 그런 일이 한국에서도 일어나고 있다. 평등을 보장한다면서 평등을 깨고 있는 이상한 사회가 되어 버렸다.

인권이 그렇게 중요하고 명예를 그리도 중하게 여기는 사회에서 기독교와 신을 모독하고 조롱하는 데는 주저함이 없다. 지식인이요 학자라고 하면서 남의 인격이나 신앙을 짓밟으며 거짓 집단으로 매도하고 책까지 만들어 자랑스레 배포하는 리처드 같은 자들이 한둘이 아니며, 신을 마구 폄훼하고 비웃는 일은 그 종교의 신도들을 조롱하고 혐오하는 것인데도 제재받지 않고 무사 평안을 누릴 수 있게 하는 사회가 기가 막힐 뿐이다.

인격 모독죄는 있는데 신성 모독죄가 없다는 게 창조의 신이 저급한 취급을 받는 이유가 되는 것이다. 법이 무서우면 그런 짓을 하지 않을 텐데 말이다. 인권, 명예를 제일로 여긴다는 자들이 종교인의 인권을 짓밟고 신의 이름을 모욕하는 것을 보면, 그들이야말로 얼마나 거짓된 위선자들인지 알 수 있다.

인권이 강화될수록 신의 권리는 사라지고 있다. 우리 기독교만이라도 이에 대해 대비하거나 목소리를 내야 할 것이다. 최소한 성경이나 예수님을 함부로 모독하지 못하는 분위기를 만들어야 할 텐데, 언제 그런 날이 올까?

2024년 10월 27일 서울 전역의 110만 명이 모여 치른 기독교 총연합 집회처럼, 이제는 할 수 있는 한 모든 것을 동원하여, 특히 정치권에서 기독교를 함부로 취급하지 못하도록 대외적 방어 능력도 갖추어 놓아야 할 것이다. 그렇게 하려면 먼저 사분오열되어 있는 기독교 단체를 연합하는 일치 운동이 반드시 가시화되어야 할 것이다.

그렇지 않으면 리처드, 종북 주사파, 반정부 단체나 퀴어(QUEER) 세력 같은 반기독교 적대 세력이 우리를 못살게 구는 행태를 지속할 것이며, 자유를 사랑하는 국민과 교회가 설 자리는 점점 줄어들 것이다. 하나님 무서운 줄 모르는 사람들이 여기저기서 도발하는 것은 기독교가 그만큼 쉬운 상대가 되었다는 증거이며, 그것은 우리의 책임이다. 우리가 단결하지 않으면 더 노골화된 신성 모독의 죄악이 만연하게 될 것이며, 순수 복음은 지킬 수 없을 것이다. 인격 모독죄도 클진대 신성 모독죄는 그보다 무한 배로 큰 죄악이다. 세상 끝날에 절대자 앞에서 신성 모독에 대한 진노를 어찌 다 감당할지, 가련한 인생이로다!

"아, 오늘만 사는 무지한 백성이여! 그대의 내일은 어디에 버렸는가? 사람이 사람인 줄 깨닫지 못하니, 거짓 선생을 따라 짐승이 되었구나!"

시 49:20 존귀하나 깨닫지 못하는 사람은 멸망하는 짐승 같도다

13

신이 나쁜가, 신도가 나쁜가?

리처드는 미국 연방 교도소 수감자들의 종교 분포도를 말하면서 종교가 없는 수감자들 0.07%인 데 비해 종교를 가지고 있는 사람들은 750배나 많다고 지적한다. 이처럼 유신론자의 범죄 가능성이 압도적으로 높다며 종교가 행동에 미치는 영향을 부정적으로 보았다 《신, 만들어진 위험》, pp. 137-). 종교가 범죄율을 높인다고 말하고 싶은 것이다.

지구상 80억 인구 중에 종교를 갖고 있는 사람의 비중은 71억 명, 약 90%에 달한다(참고: 한국 선교 연구원). 이것은 무엇을 말해 주는가? 리처드식으로 말한다면 유신론자가 압도적으로 많으니 신은 존재한다는 증거가 되는 것 아닌가? 물론 이 조사도 정확하지 않을 수 있다. 그러나 리처드의 주장에 대한 반론에 이용할 만한 통계치인 것은 분명하다.

어떤 집단 중 종교인들의 비중이 높다는 것은 어디서나 그럴 가능성이 있다. 선행과 구제를 많이 하는 사람들을 조사한다면 종교를 가진 사람들이 훨씬 높게 나타날 것이다. 길거리 자선냄비에 돈을 넣는 행인들을 무작위로 조사해도 종교인들이 더 많이 나올 것이다. 무신론자가 적으니 어디서나 적은 통계치가 나오는 것이다. 그것은 교도소라고 다르지 않을 것이다. 종교를 가진 사람에게 문제가 있다고 종교나 그 신까지 나쁜 존재로 몰아 가는 것은 언어도단이다.

어느 집 자식이 밖에서 싸우다가 상대에게 중상을 입혔다고 하자. 그렇다고 그 집 부모나 형제까지 싸움꾼으로 취급한다면 누가 더 나쁜가? 어떤 덤프트럭이 인명 사고를 내고 도주했다고 치자. 그렇다고 모든 덤프트럭을 뺑소니차로 몰아간다면 말이 될까? 하나로 백을 판단하는 자가 바로 리처드다.

여기서 한 가지 짚고 넘어갈 것이 있다. 사람이 종교를 가진다고 다 성인이 되는 것은 아니다. 리처드는 이 사실을 건너뛰고 말한다. 사람은 누구나(유신론자나 무신론자) 죄를 짓고 실수를 하며 사고도 친다. 그것은 그 사람의 잘못이지 신을 모욕할 일은 아니다. 예수님을 믿는 사람에게 돈을 꾸어 주고 받지 못했다고 했을 때, 예수님 믿는 모든 사람, 혹은 예수님까지 돈 떼먹은 자로 취급한다면 그건 억지요 모함이다.

이처럼 지극히 개인적인 일인데 그 하나의 예로 전체를 싸잡아 버리는 리처드식의 문제 풀이는 문제가 있어도 너무 많다. 그러니 종교를 가진 사람들이 싸움을 하거나 전쟁을 하면 그 신까지 욕하고 비난하는 것이 아닌가? 그중에는 거짓되고 위선적인 종교인도 있고, 신의 이름을 도용하고 남용하는 인간도 있을 것이다. 인간들의 이기심, 욕심으로 일어나는 수많은 싸움과 사건 사고 속에 종교인들이 많다고 강조하는 그런 계산법은 늘 종교를 악으로 규정하고 싶은 사람이 좋아하는 방식일 뿐이다. 반대로 종교의 선하고 긍정적인 면을 말하자면 끝이 없을 텐데 말이다.

종교를 가지면 천사가 되어 성질도 부리지 말아야 하고 싸움이나 욕설도 하지 말아야 한다는 것은 순전히 리처드의 생각이다. 다시 말하지만 종교를 가졌다고 천사가 되지는 않는다. 좀더 신의 뜻을 따라 바르게 살려고 노력할 뿐 여전히 연약한 인간이다. 반대로 종교가 없는 리처드 같은 사람이 모두 천사 같거나 바른 양심을 소유했다는 근거도 없다.

감옥에 들어간 자들만 범죄자일까? 감옥 밖의 들키지 않은 죄인이 더 많지 않을까? 무신론자들은 사고 치는 일이 없을까? 강도나 살인자가 없을까? 모두 같은 인간이요, 공통의 탐욕을 지닌 특별할 것 없는 허물 많은 존재다.

그리고 하나 더, 종교인들도 전쟁할 수 있고, 필요하다면 사람을 죽이는 데 가담하거나 다치게 할 수도 있다. 정당한 싸움(전쟁) 말이다. 개인적으로 억울한 일을 당하거나 감정 조절을 못 하면 싸우거나 주먹질도 할 수 있는 것이다. 유신론는 절대 다투거나 싸우면 안 된다고 못 박는 것은 자칫 바보로 취급될 여지가 아주 많다. 우리가 비난받는 것은 순전히 그런 식으로 말하는 사람들의 기준에 맞지 않는다는 이유다.

리처드가 우리 기독교를 망상 환자 집단으로 규정해도 우리는 반론 한마디 못 하고 가만히 있어야 착한 종교인이 되는 것인가? 그가 한 것처럼 똑같이 반응하면 불량한 것인가?

우리는 잔인한 독재 공산당 북한이나 중국과 인접하고 있다. 6·25 전쟁 때 그들로 인해 300만 명이나 죽는 엄청난 피해와 고통이 있었고, 지금도 그 후유증이 가시지 않고 있다. 저들이 또 우리를 침략해 온다면 우리는 앞장서 싸우고 적을 향해 총을 쏠 것이다. 그것은 종교가 있든지 없든지 상관없다. 적의 공격이 확실시된다면 선제공격할 수도 있다. 종교인이라는 이유로 다툼이나 전쟁을 할 수 없다는 것은 순전히 리처드의 생각이다.

또한 용감히 싸우다 보면 전쟁에서 보듯 적을 무참히 죽일 수도 있고, 민간인들이 피해를 볼 수도 있을 것이다. 그것은 종교의 문제로 따질 게 아니다. 욕심에 눈이 멀어 늘 싸움과 문제를 일으키는 인간들의 문제이지, 종교가 있고 없고 따질 일이 아니다.

반대로 무신론자나 포악한 독재자에게 기독교인이 누명을 쓰거나 온갖 핍박을 받았다는 얘기는 왜 안 하는가? 단순히 예수님을 믿는다는 이유로 사자 밥이 되고 목이 잘리는 기독교 수난의 역사는 왜 모르는 체하는가? 원수를 사랑하라는 주님의 말씀을 따라 그들을 축복하고 용서하며 비폭력으로 대응한 그리스도인의 숭고한 일들은 아는 게 없는가? 속지 말라! 그의 글을 보면 그는 학자가 아니라 고약한 성질의 고집 센 놀부로 보인다.

그리고 리처드는 성경의 기사 중, 신께서 노아 시대의 대홍수 같은 재앙으로 다량의 사람을 죽이고 전쟁을 주도하는 모습을 지적하면서 기독교인들이 믿는 신은 누군가의 희생을 좋아하는 잔인한 신으로 보고 있다.

그럼 한번 물어보자. 흉악범을 재판하는 판사가 사건이 너무 잔혹하여 피고를 사형에 처했다고 하자. 그러면 판사가 나쁜가, 범인이 나쁜가? 리처드의 식대로 판단하면 흉악범보다 사형을 선고한 판사가 나쁘다는 것이다. 판사는 법에 따라 징역 10년, 50년, 무기징역, 사형을 선고할 수 있다. 판사가 법과 양심에 따라 죄의 무게대로 판결을 내렸는데 감히 누가 비난하는가?

리처드는 창조주 되시는 신께서 세상을 심판하는 자격을 가졌다는 사실을 모른다. 신께서 세상을 만들었다면 그 세상을 자신의 기준에 맞게 다스리는 절대 주권도 갖는 것 아니겠는가? 우리 인간도 자신이 원하는 작품이 나오지 않을 때 애써 만든 작품을 찢어버리거나 깨트려 버린다. 다른 이들이 볼 때는 쓸 만한 것인데 작가의 눈에는 가치가 없기 때문이다. 예술가도 그렇고, 농사짓는 농부도 그런 결정권이 있다. 씨앗을 심고 가꾸어 열매를 기다렸는데 열매가 시원치 않고 병이 들고 수확량이 형편없거나, 시장값이 너무 떨어져 원가에도 미치지 못할 때 농부는 결단을 내린다. 즉, 땀 흘려 가꾼 밭을 가차 없이 농기계로 갈아엎어 버린다.

혹자는 그 장면을 보고 욕할 수 있다. "애써 가꾼 농작물을 저렇게 갈아엎다니 한심한 농부구먼! 미친 거 아냐?" 그러나 그 누가 이 농부를 비난할 수 있을까? 그것은 자기 밭이요, 자신의 작물이며, 자신이 책임져야 할 일인데, 다음 작물을 생각하면 그대로 둘 수는 없으니, 차라리 다음 농사를 위한 밑거름이라도 되라고 쓰린 가슴을 안고 갈아엎는 것이다. 창조주는 온 세상 만물의 주인이다. 주인이라는 사실을 잊지 말라! 주인의 기준에 맞지 않으면 자르고 불에 던져 버리는 것이다.

지식 우월주의자들은 인간이 최상의 포식자라고 확신한다. 인간 그 이상의 존재가 없으니, 인간이 원하는 것들만 만들어 간다. 그래서 도덕성도 떨어지고 방탕한 일들, 부끄러운 일들을 자랑하는 사회를 만들어 간다. 인간 그 이상을 넘는 도덕이 없기 때문이다. 그래서 무엇을 하든지 두려움이 없고, 신이 제외된 인간만의 세상을 만들어 가는 것이다. 그러나 이 땅의 주인은 결코 인간이 아니다!

마 3:10-13 이미 도끼가 나무 뿌리에 놓였으니 좋은 열매를 맺지 아니하는 나무마다 찍혀 불에 던져지리라…내 뒤에 오시는 이는 나보다 능력이 많으시니…그는 성령과 불로 너희에게 세례를 베푸실 것이요 손에 키를 들고 자기의 타작 마당을 정하게 하사 알곡은 모아 곳간에 들이고 쭉정이는 꺼지지 않는 불에 태우시리라

이 말씀대로 추수 때는 주인(창조의 신)이 알곡은 곳간에, 쭉정이는 영원한 불에 던지시는 것이다. 죽이고 살리는 일은 주인만 할 수 있는 일이다. 그저 사람이 많이 죽었다는 데만 초점을 둘 게 아니라, 그 일을 누가, 왜 했는지, 그가 어떤 존재인지를 알아야 하는데 그런 데는 관심이 없다. 이것이 성경을 1차원적으로 보는 리처드의 한계치다. 천체 망원경으로 보아도 아주 조금 보이는 우주의 모습을 육안으로만 보고 말한다. "와, 저 하늘에는 별이 100개는 되겠네!"라고 하는 유아 수준의 사고를 하는 자가 그 같은 사람이다. 그럼에도 후안무치(厚顔無恥)를 보인다.

리처드 같은 사람들이 보는 수준의 성경이라면 60년 성경을 본 내가 먼저 알았을 것이다. 그러나 나는 성경을 볼 때마다 신의 음성을 듣고 영감을 얻는다. 그럴수록 내세의 확신은 더욱 깊어져만 간다.

사람들은 때로 신비한 체험을 하고 예수님을 직접 만나기도 하고 성경을 통해 깊은 깨달음을 얻어 순교하기까지 충성하기도 한다. 이들은 어떤 이유로 신께 평생을 바쳐 헌신하는 인생이 되었을까? 이 질문에 그가 뭐라고 답할지 뻔하다. 종교에 빠진 어리석은 사람들, 혹은 착각, 환각, 거짓에 속은 가스라이딩(gaslighting) 정도로 말할 것이다. 생각의 한계치가 그 정도니 말이다.

고전 1:18 십자가의 도가 멸망하는 자들에게는 미련한 것이요 구원을 받는 우리에게는 하나님의 능력이라

그래서 신의 은총을 입는 일이 그리 쉬운 일이 아니라는 말이다.

신은 인간의 노력으로 찾아낼 수 있는 존재가 아니다. 인간의 노력과 연구로 찾아낼 수 있는 것이 몇 가지나 될까? 보이는 물질계도 다 알지 못하는 인간이 보이지 않는 신의 세계를 말하는가? 그것도 신의 도우심이 없이 말이다.

자신의 무식함을 발견하는 자가 진정 배운 지식인이다. 세상의 박사들, 하나를 배워 1,000가지를 말하는 박사들, 그대들이 바로 리처드가 아닌가? 벼는 익을수록 고개를 숙인다는 속담이 있는데, 이런 기본적 인성도 갖추지 못한 자가 박사가 되면 리처드를 닮아 가는 것이다.

책 한 권 읽은 사람이 1,000권 읽은 사람을 이긴단다. 목소리 크고 우김질하면 이기는 줄 아는 것이다. 진화론의 생존 방식이 그런 것 아닌가? 무식하면서도 아는 척하고, 조금 아는 것 가지고 전체를 평가하니, 상대가 '너 잘났다' 하고 피하는 것인데 무식한 자는 자기가 이긴 것으로 착각한다. 그러고는 다른 곳에 가서 똑같은 짓을 반복한다. 지금까지 기독교를 악으로 규정한 리처드에게 집요하게 따지는 사람이 없었다면 바로 그런 이유일 것이다. 상종 못 할 사람 말이다.

종교를 가진 사람들이 잘못하면 그들이 섬기는 신이 대신 욕을 먹는 일은 흔하다. 교회에 다니는 부부가 주일 아침에 다툰 일로 화가 나 예배에 참석하지 않는다. 화풀이를 하나님께 하는 꼴이다. 어떤 이는 교회 중직자가 어른들께 무례한 언행을 하는 것을 보고 신앙생활을 그만두고, 어떤 이는 목사의 부도덕한 일을 보고 신을 섬기는 일을 그만둔다.

정확히 말하면, 그리스도인은 사람을 신앙하는 게 아니라 하나님을 신앙하는 것이다. 사람의 허물을 보고 신을 버리는 것은 참으로 어리석은 일이다. 신께서 잘못한 것이 아님에도 신께 화풀이하는 것이다. 초점이 왜곡되어 사람에게 갈 화살이 자기가 섬기는 신에게 가는 것이다. 그래서 실족하기도 하고, 전도의 길을 막기도 한다.

리처드 역시 그런 시각을 가지고 있다. 종교를 가진 자들의 나쁜 행실을 보고 곧 그 신을 나쁜 것으로 생각한다는 것이다. 자식들이

나가서 절도 행각을 벌였다고 그 부모까지 같은 취급을 하는 것은 절도보다 더 못된 짓이다. 부모가 바로 가르치고 훈계하여도 자식이 범죄를 저지르는 일은 흔하다.

유신론자들이 문제가 많다고 그 종교의 가르침이나 신이 잘못 된 것처럼 싸잡아 비난하는 것은 악의적이고 의도적이다. 그런 면에서 리처드야말로 아주 불량한 자에 속한다. 반대로 진화론자들이 도덕적, 인격적으로 문제를 일으켜 비난받게 된다면 그들은 진화론을 버릴까? 나의 잘못으로 내 부모까지 욕하는 것은 참기 어려운 일이다. 혹 나의 생활에 문제가 있을 때 나를 비난할지언정, 내가 섬기는 신을 모독하지는 말라.

인간의 잘못을 보고 신을 욕하는 것은 심각한 왜곡이며, 신을 향한 적대감 외에 아무것도 아니다. 인간이 나쁠 수는 있어도, 결코 창조의 신이 나쁠 수는 없다.

14

창조냐, 진화냐?

모든 동식물이 신에 의해 설계된 창조냐, 자연 진화냐? 창조론은 교회에서 가르치고, 진화는 학교에서 가르치고 있다. 진화론도 나름대로 이유와 증거를 가지고 말하겠지만, 그 증거라는 게 믿을 수가 없는 자기들만의 논리이고, 공개된 간단한 질문에도 답하지 못하는 게 현실이다. 화석 증거라는 것도 밀실 연구소에서 한 사람 또는 몇 사람이 결정하여 발표하는 수준이다. 유명한 과학자가 거짓을 말할 가능성은 없는가? 성과에 목말라하는 사람이 아무도 모르게 일종의 뼈를 인간이 유인원이었던 증거라고 발표할 수도 있고, 실제로 그런 일들이 있었던 것도 사실이다. 우리나라 황○○ 박사가 줄기세포를 만들어 불치병도 치유하는 길을 만들었다고 빅뉴스가 되고 상당한 국고 지원을 받으며 세계적인 관심도 받았지만 결국 거짓으로 밝혀진 것처럼 말이다.

그 거짓이 한동안 발각되지 않고 수십 년 혹은 한평생 유지될 수도 있었을 것이다. 거짓이라고 다 드러나는 것은 아니니 말이다. 일개 지식인을 어떻게 100% 믿겠는가? 같은 부류들이 모인 단체는 믿을 수 있을까? 어림없는 소리다. 신이 주신 말씀도 의심을 받는데 어찌 인간의 파편적 지식을 의심 없이 믿을까? 욕심에 눈이 멀어 거짓과 과장을 일삼는 자들은 어디에나 있는데 말이다.

인간이란 결코 인격적으로 혹은 도덕적으로 완전한 존재가 아니다. 자기가 전공한 분야도 다 모르거나 오류투성인데 말하면 뭐 할까? 의사라고 인체를 다 알까? 전혀 아니다. 의사도 모르는 게 더 많다. 환자에게 이 약을 써보고, 안 되면 다른 약을 써보고, 그래도 안 되면 포기한다. 병원에서 죽어 나가는 사람이 제일 많은 것을 보면 모르겠는가? 《내가 의대에서 가르친 거짓말들》의 저자 로버트 러프킨은 이렇게 말한다. "일반인들은 의사를 건강 전문가로 인식하지만, 의사들에게 건강에 대한 전문 지식은 없다. 그들은 질병에 대한 약물 전문가일 뿐이다."

계속 파고들면 결국 인간은 모른다는 게 정답이다. 그래서 겸손해야 하고, 이미 나온 지식도 후에 나온 것으로 검증하며 고치고 보완해 나가는 것이다. 인간 기술이 아무리 발전한다고 해도 늘 수정 보완이 필요하고 완전할 수 없다는 것은 자명하다. 진화론이라고 다를까? 오류와 착각, 검증이 가장 많이 필요한 것이 바로 진화론이다.

과학자들끼리도 의견의 일치를 보지 못하는 부분이 많고, 혹 의견의 일치를 보았다고 해도 시간이 지나면 틀리는 그런 일들이 어디 한두 가지인가? 우리가 매일 쓰는 원유의 생성 과정도 확실하게 모르고 수십 년 전에는 공룡들의 시체가 썩는 과정에서 만들어졌다고 하더니, 이제는 바다의 퇴적층에 쌓인 미생물에 의한 유기적 원인이 크다고 하면서 한편으로는 무기적 원인의 가능성도 있다고 횡설수설하는데, 그것마저도 추측성 가설이다. 학자라는 사람들은 왜 이렇게 한결같이 모르는 것을 말하면서도 확신에 찬 모습인지 모르겠다. 그런 면에서는 모두 리처드를 똑 닮았다.

나는 리처드와 같은 사람들이 가진 지식이 100% 틀렸다고 말하진 않겠다. 일부 과학자들의 공로도 있기 때문이다. 우리 기독교 입장에서도 고고학이나 생물학 지식이 도움이 되는 것은 사실이다. 그러나 인간이 만드는 과학 기술이 벗어날 수 없는 수많은 오류와 거짓이 개입될 가능성을 보면, 과학 지식은 지속해서 의심을 받아야 마땅하고 안전하다. "그들이 알아서 잘하고 있겠지…" 하는 생각은 더 많은 거짓과 오류를 만들 뿐이다.

나는 진화론을 믿는 것보다 창조론을 믿는 게 더 쉽고 타당하다고 본다. 증거가 차고 넘치기 때문이다. 진화론은 증거라는 것도 희귀하고 너무 오래되어 연대 측정도 엉터리요, 신뢰도가 높지 않다 보니, 혹 누가 사람의 뼈와 비슷하다는 이유 하나만 가지고 유인원이라고 발표하면 일반인은 "그런가 보네!" 하고 받아들인다. 과학자가 그렇다고 하면 일반인은 확인할 방법이 없기 때문이다.

뭐라도 비슷하면 인간이 진화한 증거라고 우겨대는 게 진화론자들이다. 원숭이 혹은 오랑우탄, 침팬지 골격이 인간과 비슷하다고 그것들이 유인원인가? 마네킹도 인간과 아주 흡사하다. 그러면 그것도 인간인가? 그냥 닮은 것뿐이지 인간은 아니다. 어느 뼈가 인간과 비슷하다고 유인원이라고 우기는 것은 바보이거나 우리를 바보로 취급하는 것이다.

비슷하다고 같은 종으로 취급한다면 비슷한 배나무, 사과나무, 감나무 등도 같은 종인가? 포도와 머루는 크기만 다르지 맛이나 생김새가 거의 같다. 그러면 포도가 머루인가, 머루가 포도인가? 비슷하다고 같은 종으로 취급될 수는 없다. 포도는 머루가 아니다. 완전히 다른 종일 뿐이다. 들소와 젖소는 아주 비슷하다. 그러나 같은 종이 아니다. 완전히 다른 종이다.

친인척이 아니더라도 비슷한 사람이 많은데, 생김새가 비슷하다고 같은 집안 식구라고 우겨대면 누가 동의하겠는가? 중고등학교 시절 학교에 나와 90% 이상 똑같이 생긴 후배가 있었다. 친구들이 나로 착각할 정도였다. 그러나 그는 내가 아니고, 우리 집안 식구도 아니고, 먼 친척도 아니다. 그저 다른 사람이다. 그런데 닮았으니 친형제요 조상이라고 우겨댄다면 환장할 일이 아닌가?

사람과 동물의 어느 부분이 비슷해 보일 수는 있을 것이다. 유성생식이나 손으로 잡는 행위나 도구를 이용하는 능력 등이 비슷하다고 진화의 같은 선상에 있다고 하는 것은, 하늘을 나는 비행기를 보고 독수리가 진화되었다고 우겨대는 것처럼 한심한 일이 아닐 수 없다.

지구 지질학을 배우고 지구의 나이를 46억 년이라고 강조하는 어느 정치인(김ㅇㅇ 의원)이 청문회 때 "내가 지구의 나이가 46억 년이라고 믿는 것은 책으로 그렇게 배웠기 때문이다"라고 하는 말에 나는 그만 폭소를 터트리고 말았다. 책에 있으니 그대로 믿는다는 것은 종교적 수준의 믿음이 아닐 수 없다.

과학은 종교가 아니고 학문이다. 그럼에도 책에 쓰여 있는 이론만 믿고 석박사가 되고 선생이 되는 게 현실이다. 가설을 세워 놓고 그걸 배워 가르치며 또 다른 바보를 만들어 내는 것이다.

아마도 수세기가 흘러 지구 나이를 다시 계산한다면 46억 년이 아니라, 100억 년이나 아니면 1만 년으로 바뀔 수도 있을 것이다. 그것은 지난 지식이 틀렸다는 것임에도 오히려 과학의 발전이라며 자랑하겠지만 인간의 과학 수준이라는 것이 바로 그렇다. 모든 과학이 다 그런 것은 아니겠지만, 가설 없이는 말할 수 없는 진화론은 별것 아니라는 생각이 들 뿐이다.

기적과 신비가 많은 종교는 신을 향한 믿음이 우선이지만, 과학 진화론은 증거와 검증이 우선시되는 학문인데, 책에 쓰여 있으니 그냥 믿는다는 것은 그것이 거짓이나 오류일 수도 있다는 측면에서 위험한 것이고, 검증 없이 믿는다면 그것은 학문이라기보다는 사이비 종교라고 해야 어울린다.

그러나 창조론은 보다시피 온 세상이 증거투성이다. 그것은 증명할 필요도 없이 현재형으로 보여 주고 있다. 사람이 사람을 낳고, 소가 소를 낳고, 개가 개를 낳는다. 말이 말을 낳고, 코끼리가 코끼리를 낳는다. 이보다 더 확실한 증거가 어디 있는가? 각 종류대로 번식하고 있다는 게 바로 신께서 처음부터 각 종류대로 창조하였다는 증거임에도, 이것을 부인하고 어디서 온 줄도 모르는 세포 하나에서 모든 생물이 나왔다니, 이런 판타지 소설이 어디 있는가?

> **창 1:24-25** 하나님이 이르시되 땅은 생물을 그 종류대로 내되 가축과 기는 것과 땅의 짐승을 종류대로 내라 하시니 그대로 되니라 하나님이 땅의 짐승을 그 종류대로, 가축을 그 종류대로, 땅에 기는 모든 것을 그 종류대로 만드시니 하나님이 보시기에 좋았더라

동물의 각 종류는 그 고유한 모양과 습성까지 유전되고 복제된다. 특히 사람이 사람을 낳는 것은 진화가 아닌 처음부터 사람의 모양으로 시작(창조)되었다는 사실을 그대로 보여 주는 것이다. 그럼에도 근원도 모르는 단세포가 생겨서 다세포가 되고 무척추동물을 거쳐 척

추동물이 되고, 물고기가 양서류가 되고 포유류가 되고, 원숭이가 사람이 되었다는 가설을 믿는다는 것이 얼마나 우스운 일이란 말인가? 그럼에도 진지한 저들의 모습을 보노라면 그 정신세계가 궁금하다.

> **창 1:21** 하나님이 큰 바다 짐승들과 물에서 번성하여 움직이는 모든 생물을 그 종류대로, 날개 있는 모든 새를 그 종류대로 창조하시니 하나님이 보시기에 좋았더라

초목도 역시 처음부터 각 종대로 번식해 왔음을 말해 준다. 각각의 종마다 고유한 번식을 보면 진화의 과정을 끼워 넣을 공간이 없다. 이것이 증거지 뭐가 증거란 말인가?

> **창 1:11-12** 하나님이 이르시되 땅은 풀과 씨 맺는 채소와 각기 종류대로 씨 가진 열매 맺는 나무를 내라 하시니 그대로 되어 땅이 풀과 각기 종류대로 씨 맺는 채소와 각기 종류대로 씨 가진 열매 맺는 나무를 내니 하나님이 보시기에 좋았더라

아주 작은 씨 하나가 자라고 성장하여 똑같은 나무가 되고 똑같은 열매를 맺는 것은 그렇게 프로그램이 되어 있기 때문이다. 씨앗의 유전자가 그런 과정을 거쳐 똑같은 결과를 가져오도록 처음부터 설계가 되었다는 것을 증명해 주는 것이다. 감자씨를 심었는데 오랜 시간이 흐른 뒤에 사과나무가 되었다는 소리는 해도 해도 너무한 헛소리다. 그들의 입장에선 오랜 세월이 지나면 완전히 다른 생물이 된다니, 우리 인간이 오랜 세월 뒤에는 또 어떤 생물로 변해 있을지 궁금하다.

오래전 누구의 뼈인지도 모르는 물건을 가지고 중간 유인원이라고 우기는 것보다, 자연과 생활 현장에서 증명되는 각 생물의 번식을 보면 더는 답을 찾을 필요가 없는데, 굳이 이 엄연한 사실을 부정하고 없는 것을 찾아 헤매는 진화론자들은 환상을 좇는 사람들이 분명하다.

보이는 증거를 부정한다면 답은 하나다. 상상하고 만들어 내는 것이다. 그러니 아무도 알 수 없는 수억 년 전, 수십억 년 전의 것들을 말하는 것이다. 수백만 년 전의 오래된 일들을 누가 감히 따지고 검증하겠는가? 그래서 사실 여부를 떠나 그냥 넘어가 주는 것이 아닌가?

리처드는 '만들어진 신'이라고 했는데, 진화론이야말로 인간(찰스 다윈)이 만들었다. 각 종류대로 번식하는 현존하는 증거를 버리고, 진화의 가능성을 상상으로 시작한 것이 아닌가? 그 증거가 지금까지 시원치 못하고, 심지어 가짜 증거까지 만들어 들이대는 것을 보면, 진화론이야말로 책에만 존재하는 의심스러운 것이다. 찰스 다윈의 그 상상력을 이어받아 지금도 허공을 휘젓는 사람들이 있을 뿐 지금도 달라진 것은 없다.

침팬지의 DNA가 인간과 98% 닮았다는 이유가 진화론을 더 확산시켰을 것이다. 그러다 보니 인류의 직계 조상이 침팬지라고 대중에 전달되면서 이것이 사실화되어 버렸다. 사실상 인간과 침팬지의 일치율은 과장된 것으로 밝혀졌다. 이처럼 지나고 보면 틀린 게 한둘이 아니다. 그런데 이제는 그것도 바뀌었다. 즉, 침팬지가 사람의 직계 조상이라고 하더니, 이제는 그게 아니라 공통 조상의 자손이라고 한다. 다시 말해 침팬지하고 사람은 직접적인 관련이 없다는 말이다. 이렇게 자기들이 오랫동안 주장해 온 내용을 슬그머니 바꾸어 가는데, 그 이유가 무엇일까? 모르기 때문이다. 이들은 지금까지 모르는 것을 말하고 있는 것이다. 또 어떤 내용이 바뀔지 기대가 된다. 궁극의 질문에 답하지 못하는 진화론은 반대하는 측과 토론한다면 불리할 수밖에 없다는 빈약한 논증이며, 그래서 맞토론을 제안해도 답이 없는 비겁한 오명도 안고 있다.

아마도 이들 진화론의 목표는 확실한 검증을 보이는 게 아니라, 학교 교과서에 실리게 하는 것이었을 수도 있다. 어려서부터 창조론이 배제된 진화론만 배운다면 자신들의 세력을 늘리고 무신론자를 자동으로 키워내는 효과도 있기 때문이다. 우리나라만 해도 공적 교육은 무신론에 기반하여 진행되고 있다. 더 정확하게 말하면 진화론을 바탕으로 교육되고 있는데, 확실하지도 않은 가설을 학교에서 가르친다면 창조론도 같이 가르쳐야 한다고 말한 안창호 국가인권 위원장의 발언은 지극히 합리적인 주장이지만, 오히려 이슬람 과격 세력 탈레반이라는 엄청난 비난만 받았다. 창조론을 말하면 탈레반 취급을 받는 이상한 사회임을 보여 준다. 창조론을 비난하면서 확실하지도 않은 진화 가설을 가르치는 것은 분명 차별 교육인데, 차별 없는 세상을 만들자면서 차별을 만들어 가는 것은 우리 사회가 얼마나 모순덩어리인지를 보여 주는 것이다.

그러면 정규 교과 과정에 있다고 신뢰할 수 있을까? 중국은 한반도를 과거 자신들의 지방 정부로 거짓되게 기록하고 있고, 대한민국의 사회, 국사 교과서는 좌익의 전유물이 되어 역사가 왜곡되어 있으며, 국정 교과서는 유명무실하여 건국 대통령 이승만이 역적이 되고 김일성이 영웅이 되는 종북, 주사파의 가르침이 학생들에게 주입되고 있다. 천벌과 같은 에이즈의 주범인 동성애를 아름다운 사랑으로 가르치는 덕분에 해마다 1,000명의 에이즈 환자가 느는데도 예방 교육은 아예 하지도 못해 청소년 에이즈 환자가 늘어나는 한심한 세상이 되어 버렸다.

진화론자라고 그런 불량한 생각을 하지 않을까? 진화론자는 다 진실한가? 진화론자는 우리보다 진실하고 양심이 선한가? 진화론자들이야말로 반종교의식으로 무장하여 적대감을 보이고, 그들의 반기독교 정서가 발작 수준인 것을 보면, 그들은 창조론을 상대할 만한 무기로 공산주의와 진화론을 내세워 전쟁하듯 저렇게 밀어붙이고 있는 것으로 보인다.

● 창조론의 증거는 차고 넘친다

창 1:27-28 하나님이 자기 형상 곧 하나님의 형상대로 사람을 창조하시되 남자와 여자를 창조하시고 하나님이 그들에게 복을 주시며 하나님이 그들에게 이르시되 생육하고 번성하여 땅에 충만하라, 땅을 정복하라

진화론의 증거보다 창조론의 증거는 과거나 현재도 비교가 안 될 정도로 차고 넘친다. 창조론이 더 쉽다. 원인도 없는 단세포 출현으로 다양한 동물이 되고 침팬지류가 되고 인간이 되었다는 진화 스토리는 이미 사이비 판타지 소설이다. 최초의 단세포 하나가 어디서 어떻게 생겼는지도 밝히지 못하면서, 아미노산, 단백질 같은 몇 가지 영양소의 결합으로 생물이 만들어질 수 있다고 하지만 그것도 증명이 안 되는 가설일 뿐이다. 근원도 모르고 증명도 안 되는데 같은 이야기와 모른다는 것을 반복하는 것이 이젠 지겨울 정도다.

그래서 《만들어진 신이란 무엇인가》를 쓴 유성오 선생은 진화론을 학문이 아니라 '진화교'라고 시종일관 명하였다. 진화의 증거들을 충분히 가지고 있다는 리처드의 주장도 신뢰할 수 없다. 그의 말대로 증거가 확실한지 우리 일반인들은 모른다. 오직 리처드 부류의 주장만 있을 뿐이고, 또한 모든 학자가 이를 지지하는 것도 아니고 근거를 가지고 강하게 반대하는 학자도 많다. 또한 현재형 진화의 증거도 없다. 진화가 사실이면 지금도 진화는 일어나야 한다. 그런데 그런 증거는 없다. 인간뿐 아니라 모든 종에서 나타나야 하는 진화의 중간 단계가 지금은 전혀 없다는 것은 진화의 허구를 더 확실하게 밝혀주는 것이다.

억지로 우겨대면 증거가 될 만한 것들이 있기는 하다. 영양실조나 각종 질병의 원인으로 기형의 모습을 보이는 선천적 장애아를 보고 진화의 증거라고 우길 수도 있을 것이다. 그러면 그 아이들은 또 어느 종으로 진화한단 말인가? 돌연변이 또한 소진화론의 증거로 삼고 싶겠지만 그것도 가설이요 추측일 뿐, 전체를 바꾸는 대진화의 근거가 되지 못한다는 것은 그들 자신도 잘 아는 바다.

돌연변이가 반복된다면 그 종은 진화(발전)되는 게 아니라 도태되어 버린다는 게 정설이다. 변종이 나오고 돌연변이가 되는 것은, 건강에 심각한 문제가 있다는 것인데, 오히려 발전하여 다른 종으로 변한다니 이 무슨 궤변이란 말인가?

현재형 진화의 증거를 대라고 계속 추궁하자 내놓은 것이 항생제 내성을 가진 세균의 출현이다. 세균이 송충이나 지렁이로 변이된 것도 아니고 내성이 좀 생겼다고 진화의 증거란다. 이 정도면 이들은 정상적으로 상대할 부류가 아닌 게 분명하다.

자기들 편한 대로 해석하고 붙인다. 그러면 운동을 반복하여 빨리 달리고, 손발의 근육이 커지고 강해지는 것도 진화요, 근육으로 다져진 운동 선수들은 진짜 진화하고 있는 것이고, 주먹 단련으로 굳은살이 생기는 것도 진화요, 박치기왕 김일 선수는 일반인보다 강력한 머리뼈를 가졌는데 진화를 거치는 중에 사망한 것인가? 이런 일들은 단련을 통한 신체 반응의 일시적인 현상이고 자극이 없으면 본래대로 돌아간다. 이런 것은 진화가 아니라 반복되는 환경에 몸이 반응하는 일시적 현상일 뿐이라는 것은 상식이다.

순전히 자기들끼리의 해석이요, 역시 가설일뿐이다. 그러면 반대로 인간이 항생제 내성이 떨어지고, 면역력이 저하되고, 소화력이 떨어지고, 머리가 빠져 대머리가 되는 것은 원시인으로 퇴화하는 증거인가?

조금의 변화만 보이면 진화의 증거라고 들이대는 이들을 어쩌면 좋을지 모르겠다. 이것을 의심 없이 믿는 자가 학자요, 최고의 지성인으로 불린다. 이렇게 보면 진화론이야말로 사람을 저능아로 만드는 신비한 능력이 있는 게 확실하다.

우주, 진화 생물학의 세계란 알고 보면 99% 가설이고 상상 이론이다. 빅뱅 이론도 우주의 기원설로 50여 년 동안 그럴듯한 대우를 받았지만, 이제는 의심받는 신세가 되었다. 빅뱅 이전에 또 다른 우주가 있을 것이라는 다중 우주론 또는 빅뱅이 만들어지기 위한 블랙홀의 선행된 작용을 말하는 새로운 이론이 나왔기 때문이다. 그런데 이것도 가설이란다. 온통 가설뿐이다.

과학이란 어떤 현상을 풀기 위해 필연의 가설을 세우고 접근하기 때문에 그 증거를 찾기까지는 추론에 불과한 것이다. 이렇게 우주의 궁극적 근원도 모르는데 한참 뒤에 나온 지구의 생물 진화를 말한다는 게 공상이 아니고 무엇인가? 종교인들보고 망상가라고 하면서 자신들은 더 심한 증세를 보인다.

올바르게 판단하기 위해서 진화론을 많이 공부할 필요도 없다.

진화론 하면 떠오르는 간단한 질문에 여전히 대답을 못 하기 때문이다.

성경에서 말하는 오병이어의 기적이나 베드로가 물 위를 걸었다는 내용을 부정하는 자들이 진화라는 더 심한 기적을 만들고 믿음이 선행되지 않으면 입문할 수 없게 했다. 무슨 학문이 신을 믿는 종교적 수준의 믿음이 필요한가? 그래서 유성오 선생이 지적한 '진화교'가 맞는 말이다. 그 신의 이름은 '오랜 세월 우연히'요, 우리는 자연선택을 입은 행운아란다.

그들에게는 일반적으로 인류의 조상은 약 300,000년 전에 아프리카에서 출현한 호모 사피엔스(Homo sapiens)로 여겨진다는 확신 없는 다윈의 가설만 있다. 최초의 유인원으로 약 300만 년 전쯤에 살았다는 '오스트랄로피테쿠스(Australopithecus)'가 원숭이로 판명이 되고 논란이 있자, 네 발 보행과 두 발 보행을 병행한 유인원이라고 둘러댔다. 그렇게 두 발 또는 네 발 보행을 병행하는 동물은 지금도 미어캣, 캥거루, 원숭이, 고릴라, 침팬지 등 얼마든지 있는데 이들도 곧 인간이 된다는 것인가? 곰도 가끔은 두 발로 걷던데 이들도 진화 중인가?

거듭 말하지만 유인원 '필트다운 인'(Piltdown Man)은 교과과정에 50여 년이나 수록되어 가르쳐졌다. 그러나 완전한 거짓으로 밝혀져 진화론계의 거짓된 모습을 보여 주었다. 이런 일들로 그들은 억울하다며 다른 확실한 증거가 많다고 하지만, 그 나머지도 어느 날 가짜로 밝혀질지 누가 알겠는가?

단세포 원시 생물이 인간의 조상이라고 믿는 것은 정상적 사고가 아니다. 사이비 종교의 광신도만 위험한 게 아니다. 사이비 지식도 위험하긴 마찬가지다.

기분 나쁘지 않은 그럴듯한 가설과 상상으로 살아가는 리처드 같은 인사들이 생각보다 많다. 그래서 우주과학이나 가설로 만들어진 진화론은 오직 책으로만 배우고 확신한다. 그래서 그런지 그들은 실증(實證)할 수 없는 수많은 새로운 가설을 내는 것을 좋아하는 듯하다.

어느 과학자는 새로운 이론에 의해 기존의 학설이나 견해가 거듭 바뀌는 것은 오히려 흥미 있다고 말한다. 시작부터 가설이기 때문에 자꾸 바뀔 수밖에 없는 것이고, 새로운 이론에 자리를 내주는 것은 관련자들의 호기심을 더욱 자극하기 때문이다. 그래서 자기들끼리는 기존의 학설이 바뀌고 수정되는 것을 불안하게 여기지 않고 발전하는 것으로 과장한다. 우리가 볼 때는 가설 위에 또 다른 가설을 더하는 것일 뿐인데 말이다.

우주의 기원이나 진화론은 상상과 추론의 영역이 분명하다. 그 누구도 함부로 결론을 내릴 수 없는 인간 불가촉 영역이기 때문이다. 영원히 답을 찾지 못할지라도 인간들은 계속 새로운 가설을 세워 접근을 시도할 것이다. 우주의 기원이나 생물의 기원을 밝히려는 일이 인간의 최고의 관심사이고 도전해 볼 만하고 시간 보내기 딱 좋은 주제인 것은 확실하다.

이들의 주장을 보면 우주나 진화론을 연구하는 자들은 신을 배제해야 한다는 암묵적 규칙이 있거나, 신이 존재하면 안 된다는 절대 원칙을 만들어 놓고 있는 듯하다. 우주나 생물의 기원을 정확히 알 수 없다고 하면서도, 더 어려운 신의 존재에 관해서는 확실하게 없다고 부정하는 모습은 코미디가 아닐 수 없다.

힌두교의 기초를 이루는 '베다 경전'(veda-고대 인도에서 성립된 종교적 문헌)은 우주의 기원은 알 수 없다면서 신은 우주가 생긴 이후에 존재했다고 말한다.

우주 선재론은 무신론자 진화론자들이 아주 좋아할 만한 대목일 것이다. 이것도 가설에 불과하지만 신보다 우주가 먼저 있었다는 말은 그들로서는 아주 반갑고 환영할 만한 내용다. 신의 선재성이나 절대성을 떨어뜨리는 재료로 이용하기 좋기 때문이다. 그래서 이 부류들은 온 세상을 다니며 자기들이 이용할 만한 자료를 찾아 수집하고 있다. 그 자료가 전설이든지 가설이든지 상관없이 말이다.

생각은 자유다. 그러나 창조의 신을 제외한 인간의 지식만으로는 결코 심오한 답을 찾지 못할 것이다. 결국 그 해답을 얻는 날은 과학이 창조론 앞에 무릎을 꿇는 날이다. 그렇지 않다면 우주 공간을 헤매듯 가설의 영역에서 계속 헤맬 것이다. 우주의 기원은 우주에서 결코 찾을 수 없으며, 창조의 신을 만나야 비로소 해결되는 신비의 영역이다. 이것이 유물론의 한계다! 마치 공산주의 낙원이 책 속에만 있듯이, 진화론 영역의 한계치도 가설에 머물 것이고, 유물론에 근거한 모든 학문은 신의 존재를 부정하는 상상의 놀이터로 계속 이용될 것이 뻔하다.

진화론은 종교를 비판하면서도 이미 종교의 성질을 아주 많이 닮아 있다. 과학은 증거와 검증을 바탕으로 말하는 학문이다. 증거와 원인을 찾아내지 못하면서 가르친다면 그것은 과학이 아니라 사기다. 분야의 특성상 가설을 먼저 세워 놓고 연구할 수밖에 없는 것이라면, 겸허한 자세라도 갖추든지 최소한 가설의 벽은 넘어선 후에 고개를 들어야 한다. 그런데 오히려 종교 분야까지 넘보는 뻔뻔함은 너무 지나친 것이다. 지질학을 배웠다는 그 정치인의 말이 내 귓전에서 또 울린다.

"내가 그렇게 믿는 것은 책에서 배웠기 때문이다."

이래서 진화론은 학문이 아니라 종교라는 말이 나오는 것이다. 그것도 아주 반인간적인 사이비 종교 말이다.

리처드는 종교를 가진 사람은 지능이 떨어진다고 말했다. 그러면 물고기가 코끼리로 변하고 사자로 변했다는 것을 믿는 자들은 바보가 아닌가? 그가 어쩌자고 기독교를 건드리고 신의 존재를 논하였는지 안타까울 뿐이다.

15

가장 오래된 별, 지구

우주의 나이가 150억 년이니 수십억 년이니 하는 말은 다 가설을 확신하는 측에서 만든 것이다. 이들이 말대로 한다면 지구의 나이는 46억 년, 수많은 별 중에 거의 막내 별에 속한다. 물론 이것도 추측이다. 정말 지구는 다른 별보다 나중에 생겼을까? 파편적 지식을 가진 꿈쟁이들의 소리는 뒤로 던져 버리고 우리가 보는 성경으로 말해 보자. 성경은 우리의 신앙과 생활의 기준이 되는 창조주의 말씀이기 때문이다.

● 지구의 최초 존재 시점은?

하늘과 땅에 만물이 구체적으로 채워지기 전에 이미 지구는 존재하였다.

창 1:1 태초에 하나님이 천지를 창조하시니라

창세기 1장 1절은 하나님이 만물을 창조하신 대전제를 말해 준다. '천지 만물을 하나님이 창조하셨다' 하고 2절부터 구체적인 내용으로 들어가는 것이다. 먼저 지구의 상태를 설명한다.

창 1:2 땅이 혼돈하고 공허하며 흑암이 깊음 위에 있고 하나님의 영은 수면 위에 운행하시니라

이 구절은 이미 만들어진 지구가 있었음을 말해 준다. 아무것도 없이 물로 가득 찬 지구가 있었는데, 최초의 지구는 땅은 정리 정돈된 것이 하나도 없고, 물로만 덮여 있으며, 깊은 어둠으로 싸여 있고 하나님께서는 수면 위로 다니셨다는 것이다. 삭막하고 깜깜한 분위기의 모습이 바로 신께서 처음으로 만드신 지구라는 백지다. 이 백지에 그림을 그려 나가려는 것이다. 이 시점은 우주에 아무것도 없는 시점이며 오직 지구라는 덩어리 하나뿐이다. 이런 상태로 얼마나 있었는지, 백 년인지 천 년인지는 모른다. 오직 물로 가득한 지구라는 땅덩어리가 어둠 속에 준비되어 있었다는 것으로 시작한다.

그래서 지구의 나이가 창조 사역을 시작한 첫째 날의 시점보다 더 오래되었다고 볼 수도 있을 것이고, 아니면 말 그대로 첫날에 생긴 일로 보아도 무방할 것이다. 분명한 것은 지구가 별 중에 가장 오래된 별이라는 사실이다.

하늘의 다른 별들의 존재 시점은 언제인가? 넷째 날이다. 신께서 온 세상을 창조하신 기간은 6일이다. 그중에 지구를 제외한 다른 별들은 4일째 되는 날에 만들어졌다.

창 1:14-19 하나님이 이르시되 하늘의 궁창에 광명체들이 있어 낮과 밤을 나뉘게 하고 그것들로 징조와 계절과 날과 해를 이루게 하라 또 광명체들이 하늘의 궁창에 있어 땅을 비추라 하시니 그대로 되니라 하나님이 두 큰 광명체를 만드사 큰 광명체로 낮을 주관하게 하시고 작은 광명체로 밤을 주관하게 하시며 또 별들을 만드시고 하나님이 그것들을 하늘의 궁창에 두어 땅을 비추게 하시며 낮과 밤을 주관하게 하시고 빛과 어둠을 나뉘게 하시니 하나님이 보시기에 좋았더라 저녁이 되고 아침이 되니 이는 넷째 날이니라

이 구절에 보면 지구 외의 다른 별들은 지구보다 후에 생긴 것이다. 즉, 지구의 존재 시점은 다른 별이 생기기 전이다. 첫째 날에는 빛과 어둠을 만드셨고, 둘째 날에는 하늘의 궁창을 만들어 궁창 위의 물과 아래의 물로 나누어지게 했다. 이는 곧 대기권을 말한다. 셋

째 날에는 바다와 육지를 구분하시고 각종 열매나 씨를 맺는 초목이 나게 하셨다. 즉, 해와 달과 별이 만들어지기 하루 전 지구에는 다양한 초목이 먼저 생긴 것이다. 그리고 넷째 날에 해, 달, 별들을 만드신 것이다.

> **창 1:10-13** 하나님이 뭍을 땅이라 부르시고 모인 물을 바다라 부르시니 하나님이 보시기에 좋았더라 하나님이 이르시되 땅은 풀과 씨 맺는 채소와 각기 종류대로 씨 가진 열매 맺는 나무를 내라 하시니 그대로 되어 땅이 풀과 각기 종류대로 씨 맺는 채소와 각기 종류대로 씨 가진 열매 맺는 나무를 내니 하나님이 보시기에 좋았더라 저녁이 되고 아침이 되니 이는 셋째 날이니라

지구의 시작은 창조 첫째 날일까? 아닐 수도 있다. 첫째 날에는 빛과 어둠을 만드셨다고 되어 있고, 지구라는 덩어리는 그전 어느 시점에 만들었는지 확실하게 알 수는 없지만, 땅은 이미 존재한다는 전제하에 첫날 창조의 일을 시작하신 것으로 보면, 지구의 나이는 분명 창조 첫째 날의 시점보다 훨씬 오래되었다고 볼 수 있고, 아니면 첫날에 지구와 빛 둘 다 만들었다고 볼 수도 있을 것이다.

진화론자를 포함한 우주과학자들은 138억 년 전에 시작된 빅뱅으로부터 수많은 별이 생기고, 지구라는 별은 빅뱅으로부터 약 90억 년 후에 생긴 것으로 추정한다. 우주과학은 온통 추정이고 상상이고 우연으로 이어진다. 그러나 신께서는 우주의 시작은 지구로부터 시작되었다고 가르쳐준다. 따라서 지구의 나이는 정확하게는 모르나 별 중에 첫 번째로 지어졌으며 최고령이다.

리처드! 이제 뭘 좀 알겠는가? 죽어도 무신론을 외치는 과학자들은 거꾸로 다른 별들이 먼저 생겼다고 추정하니 온전한 답을 찾을 수 없는 것이다. 그것은 빅뱅과 우주 팽창론에 빠졌기 때문이다. 실제로 2016년 미 항공우주국에서 우주 팽창 속도를 계산했더니 초당 73.2km씩 멀어지고 있다는 결과를 얻었다("우주의 가속팽창", 두산백과 두피디아).

'우주가 팽창하는 것으로 보아 어디선가 출발한 지점이 있을 텐데' 하고 역으로 계산하니 약 138억 년 전에 빅뱅(대폭발)으로 인해 생긴 팽창 이론이 나온 것이다. 그러니 우주 팽창이 꼭 빅뱅을 의미하는 것은 아닌데도, 그들은 어디선가 대폭발(출발점)이 있었다는 것을 증거로 삼았는데 이것도 역시 가설이다. 가설을 **빼면** 우주과학이나 진화론에서는 남는 것이 무엇일까?

● 지구를 완벽하게 만드신 기간은?

물과 어둠으로 가득 찬 지구를 완전하게 만드시는 데는 인간 창조를 끝으로 6일이나 걸렸다. 하늘의 수많은 별을 창조하신 시간은 단 하루, 네 번째 날이다. 하루 만에 하늘의 모든 별과 우주라는 드넓은 공간을 창조하셨다니, 그런 하늘을 볼 때마다 경외심이 절로 든다. 인간은 도저히 상상도 할 수 없는 일을 창조주께서 하신 것이니, 우리가 경배하는 그분은 창조주라는 말 외에는 그 어떤 말로도 설명이 불가한 존재임이 틀림없다.

창조주, 인간의 머릿속에 담을 수 없는 존재가 확실하다.
창조주, 그는 신이라고 할 수 없는 그 이상의 존재다.
창조주, 나는 이제 그를 신이라고 부를 수가 없다.
창조주, 그를 향한 적절한 인간의 단어가 없으니 어찌하랴!
그래서 주님께서 가르쳐주신 호칭이 있으니 '여호와', '아버지'다. 우리를 낳으시고 기르시는 목자 되시는 아버지. 창조주께서 내 아버지라니! 그를 아버지로 부르라니 이런 은총이 또 어디 있을까?

● 그런데 자연 창조는 왜 5일 이상 걸렸는가?

이 땅에 사람이 살 수 있는 조건을 만들어 놓기 위함이다. 인간이 살 수 있는 자연환경 조성을 위해 5일 동안 빛과 어둠을 나누시고, 하늘의 궁창, 바다와 육지, 식물 등을 만드신 뒤, 6일째 전반에는 육상동물 등을 단계적으로 만드신 후 최후에 인간을 등장시킨다(창 1장).

사 45:18 대저 여호와께서 이같이 말씀하시되 하늘을 창조하신 이 그는 하나님이시니 그가 땅을 지으시고 그것을 만드셨으며 그것을 견고하게 하시되 혼돈하게 창조하지 아니하시고 사람이 거주하게 그것을 지으셨으니 나는 여호와라 나 외에 다른 이가 없느니라

다시 말하면 인간이 살기에 충분한 환경을 만드시고자 6일이라는 시간을 들인 것이다. 경외심과 아울러 창조주의 세심한 배려를 느끼게 된다. 이는 사람 중심의 지구를 만드시면서, 모든 피조물 중 인간을 가장 비중 있게 보신다는 것을 창조 역사를 통하여 보여 주시는 것이다. 인간의 존재 시점은 여섯째 날이다. 가장 완벽하고 안전한 날이기 때문이다.

창 1:27-28 하나님이 자기 형상 곧 하나님의 형상대로 사람을 창조하시되 남자와 여자를 창조하시고 하나님이 그들에게 복을 주시며 하나님이 그들에게 이르시되 생육하고 번성하여 땅에 충만하라, 땅을 정복하라, 바다의 물고기와 하늘의 새와 땅에 움직이는 모든 생물을 다스리라 하시니라

그리고 식물도 주신다. 인간의 식물은 이미 셋째 날에 준비되었다.

창 1:29 하나님이 이르시되 내가 온 지면의 씨 맺는 모든 채소와 씨 가진 열매 맺는 모든 나무를 너희에게 주노니 너희의 먹을거리가 되리라

인간이나 동물도 먹거리가 있어야 하므로 식재료까지 준비해 놓으시고 그 안에서 살게 하신 것이다. 그런 준비를 위해 5일 반이라는 시간이 필요했다. 그리고 신께서는 매우 흡족해하셨다.

창 1:31 하나님이 지으신 그 모든 것을 보시니 보시기에 심히 좋았더라 저녁이 되고 아침이 되니 이는 여섯째 날이니라

이렇게 보면 우주의 중심은 다른 데 있지 않고 지구가 되는 것이다. 진화론이나 빅뱅 이론 측에서 보면 어이가 없어 깔깔 웃어대겠지만 상관없다. 과학자의 말을 믿을 것인가, 하나님의 말씀을 믿을 것인가? 지구가 우주의 중심이 되는 것은 지구가 먼저 있었기 때문이고, 지구에만 생명체가 있으며, 지구에서 바라보도록 우주를 만드신 것이기 때문이다. 그러기에 모든 별 중 가장 나이가 많은 별은 당연히 지구다. 우리 그리스도인들은 그렇게 알고 있어야 한다. 그것이 하나님의 말씀이기 때문이다.

인간의 과학 기술과 성경의 내용이 꼭 일치되어야 할 이유는 없다. 과학이 모든 문제의 해답을 찾아주는 게 아니기 때문이다. 오류와 착오와 가설이 가장 많은 곳이 바로 우주과학이며, 진화론은 더욱 그렇다. 지구는 가장 오래된 별이라고 주님이 말씀하신다. 당신은 리처드와 하나님, 둘 중 누구의 말을 믿을 것인가?

16

지구의 실제 나이와 측정값 나이가 다른 이유

닭이 먼저냐, 알이 먼저냐? 논쟁이 있을 만한 주제다. 인간끼리의 논쟁에서는 답을 찾을 수가 없다. 그러나 처음 창조를 알면 답이 쉽다. 닭이 먼저다. 그 이유를 성경에서 찾아보자.

성경으로 보면 지구의 나이는 약 6~7천 년 정도다. 성경이 보여 주는 창조 시점이 그렇기 때문이다. 그런데 문제는 실제 지구의 나이가 수십억 년으로 나온다는 것이다. 지질학자들은 약 50억 년 이상으로 보는데, 물론 그것도 가설이지만 최소한 지구의 나이가 수천 년은 넘어 그 이상으로 보이는 게 사실이다. 이 지점에서 우리는 망설여진다. 혹시 지구를 만드시고 그 안의 동식물을 채워 가시는 6일 중, 태양을 만드신 4일째 이전의 3일은 태양력이 아닌 다른 차원의 시간대였을 수도 있다는 가능성이 있다. 태양이 없었다면 하루가 24시간이 아니었을 수도 있기 때문이다.

창 1:2 땅이 혼돈하고 공허하며 흑암이 깊음 위에 있고 하나님의 영은 수면 위에 운행하시니라

첫날에 땅(지구)을 만드셨는데, 이 공허한 상태의 지구가 얼마 동안을 그렇게 있었는지 알 수 없다. 아주 오랜 시간일 수도 있고, 아닐 수도 있다. 그리고 3절에서 비로소 하나님께서 창조 사역을 시작하신다.

창 1:3-5 하나님이 이르시되 빛이 있으라 하시니 빛이 있었고 빛이 하

나님이 보시기에 좋았더라 하나님이 빛과 어둠을 나누사 하나님이 빛을 낮이라 부르시고 어둠을 밤이라 부르시니라 저녁이 되고 아침이 되니 이는 첫째 날이니라

어찌 되었든지 확실한 게 한 가지 있다. 지구의 나이가 실제로 수천 년이라 해도 측정값은 더 많게 측정될 수 있다는 것이다. 그것은 다음과 같은 사실 때문이다.

아담이 처음 만들어졌을 때의 나이는 몇 살일까? 하루 된 아기의 모습일까? 아담이 창조된 그날의 아담의 나이를 측정한다면 최소한 20대 이상으로 나올 것이 뻔하다. 그를 키워 줄 부모가 있는 게 아니기 때문이다. 최초의 인간은 스스로 생존하고 번성할 수 있어야 했기에 성인이었어야 한다.

창 1:27-28 하나님이 자기 형상 곧 하나님의 형상대로 사람을 창조하시되 남자와 여자를 창조하시고 하나님이 그들에게 복을 주시며 하나님이 그들에게 이르시되 생육하고 번성하여 땅에 충만하라, 땅을 정복하라

신께서는 남녀 인간을 창조하신 후 부부로 맺어 주시고 명하시기를 생육하고 번성하라고 하셨다. 최초의 인간은 갓난아기가 아니라 결혼하여 자손을 볼 만한 성인이었다는 사실을 보여준다. 인생 첫날인데 20대 청년이었다는 것은 많은 가능성을 가르쳐준다.

짐승도 마찬가지로 처음 만들어졌을 때 이미 성체였을 것이다. '닭이 먼저냐, 알이 먼저냐?' 이 질문에 성경대로 말한다면 닭이 먼저라고 해야 정답이다. 처음에 알이나 새끼 강아지로 창조되었다면 스스로 살 수 없고 다 죽었을 것이다. 그러므로 처음 창조되었을 때는 생육하고 번성할 만한 성체로 창조되어야만 성경의 설득력(성취력)이 있는 것이다. 동물을 만드시고, 생육하고 번성하라고 하신 말씀은 사람에게처럼 성체 상태의 동물에게 하신 말씀이다.

창 1:22, 25 하나님이 그들에게 복을 주시며 이르시되 생육하고 번성

하여 여러 바닷물에 충만하라 새들도 땅에 번성하라 하시니라…하나님
이 땅의 짐승을 그 종류대로, 가축을 그 종류대로, 땅에 기는 모든 것을
그 종류대로 만드시니 하나님이 보시기에 좋았더라

각종 채소나 나무들도 역시 씨앗이 아니라 다 자란 채소와 나무로 창조하셨다. 씨를 맺을 만한 채소와 열매를 맺을 만한 나무를 각 종류대로 말이다. 이것도 역시 창조 첫날에 나이를 측정했다면 수년에서 수십 년의 수령을 가진 나무들이었을 것이다.

창 1:11-12 하나님이 이르시되 땅은 풀과 씨 맺는 채소와 각기 종류대로 씨 가진 열매 맺는 나무를 내라 하시니 그대로 되어 땅이 풀과 각기 종류대로 씨 맺는 채소와 각기 종류대로 씨 가진 열매 맺는 나무를 내니 하나님이 보시기에 좋았더라

이렇게 열매를 맺을 만한 다 큰 나무로 만들어야 하는 또 하나의 이유는 아담과 하와의 식물이 되어야 하기 때문이다. 그렇지 않으면 자라서 열매를 맺기까지 몇 달, 혹은 몇 년을 기다리는 동안 인간은 굶어야 하고 생존할 수가 없다.

창 1:29 하나님이 이르시되 내가 온 지면의 씨 맺는 모든 채소와 씨 가진 열매 맺는 모든 나무를 너희에게 주노니 너희의 먹을거리가 되리라

아울러 짐승들도 먹이가 있어야 산다. 먹지 못한다면 먼저 동물들이 굶어 죽게 된다.

창 1:30 또 땅의 모든 짐승과 하늘의 모든 새와 생명이 있어 땅에 기는 모든 것에게는 내가 모든 푸른 풀을 먹을거리로 주노라 하시니 그대로 되니라

그래서 식물이 될 만한 것들은 셋째 날에 먼저 만드시고, 동물과

사람은 다섯째, 여섯째 날에 창조하신 것이다. 이처럼 처음부터 각각의 종류대로, 동물이든 식물이든 다 성체로 창조되었음을 알 수 있으며, 이로써 진화는 애초에 허용되지 않는다. 성경은 처음부터 성체요 열매를 맺는 나무로 시작했음을 분명하게 보여 줌에도 진화론의 집요함에 어느 정도 설득을 당하다 보니, 일부에서는 타협점을 찾아 진화(유신)창조론을 만들어 내었을 것이 뻔하다.

그러나 진화창조론은 학문적 비중을 높이다 보니 신을 인정하면서도 진화론을 따라 성경을 벗어난 가설일 수밖에 없다. 요즘에 성경을 역사 문헌이나 문학 작품으로 보는 견해를 가진 신복음주의가 나온 것처럼 말이다. 그러나 진리를 두고 조금이라도 타협하는 것은 있을 수 없다. 성경은 만물이 어떻게 시작되었는지 분명하게 보여 준다는 면에서 흐리멍덩한 진화론보다 선명하고 이해하기 아주 쉽다.

● 지구의 나이가 많은 이유는?

아담이 창조된 첫날의 나이가 하루 된 아기가 아니라 성인 20~30대 나이였던 것처럼 지구의 나이도 역시 그런 시각으로 보아야 한다. 지구 창조 첫째 날에 측정했을 때 지구의 나이를 한 살이 아니라 수만, 수억 혹은 수십억 년이 된 것으로 만들어 놓아야 인간들이 그 안에서 다양한 자원을 활용하면서 살 수 있기 때문이다. 그런 계산까지 하고 만물을 만드는 것은 창조주께 그리 어려운 일이 아닐 것이다.

그러므로 지구의 나이가 성경대로는 약 6천 년 정도이지만, 수억, 수백만 년으로 나온다고 해도 전혀 이상할 게 없는 것이다. 지구의 나이가 처음부터 수만 년, 수억 년으로 시작해야 하는 것은 설계자의 입장에서는 당연히 고려해야 하는 일이었을 것이다. 아담과 하와를 처음부터 성인으로 만드신 것처럼 말이다. 그만큼 신께서는 세밀한 설계와 배려를 한 것이며, 그것은 인간을 향한 창조주의 사랑과 세심한 배려를 보여 주는 것이기도 하다. 지구의 나이가 성경의 실제 나이와 측정값의 나이 사이에 차이가 나는 것은 바로 그런 이유다. 모든 생물의 시작도 같은 원리를 적용하면 되는 것이다.
 애초부터 완벽한 상태로 시작되었다는 창조론이 아니면, 서서히 아주 오랜 시간 동안 다양하게 발전했다는 진화론을 가지고는 도저히 설명될 수 없는 것이다.

17

진화론이 말하는 인간론

"인간도 동물처럼 수억 년의 진화가 만들어 낸 산물이다"(《신, 만들어진 위험》, p. 165).

진화론은 사람을 동물로 보며, 그 모든 생물은 몸도 두뇌도 판단력도 계속 진화한다고 믿는다. 진화의 관점에서 보면 현재의 인간은 완성형이라고 할 수 없다. 아마도 리처드가 상상하는 우주인 수준이 되어야 인간의 완성이라고 여길 것이다. 그러나 우주인도 진화된 존재로 보기에 완성형 인간이란 영원히 불가능한 것이 아닌가 한다. 아니, 어쩌면 현존하는 동물 중 인간보다 더 진화하여, 영화 '혹성탈출'이나 '유인원'에서처럼 원숭이가 인간을 다스리고 사육하는 날이 올지도 모르겠다. 어찌 됐든지 진화론은 창조론과는 정반대의 하등 인간론을 만들어 낸다는 것은 피할 수 없는 사실이다.

● 진화론으로 보는 인간

1. 사람과 동물의 구별이 없다

'인간도 동물과 같은 진화의 산물'이라는 시각은 문제가 있어도 너무 많이 있다. 나는 사람으로서 리처드의 그런 인간론에 반기를 들 수밖에 없다. 그가 나를 동물로 취급했기 때문이다. 나는 사람이다. 염소, 당나귀와 차원이 다른 고차원의 사람 말이다. 자기 혼자 그렇게 여기고 살면 누가 뭐라 하는가? 온 세상 사람들을 동물의 일종으로 선언하는 그의 주장은 비난받아 마땅하다. 그것은 사람이 동물이고, 동물도 다른 종의 사람이라는 말과 다르지 않다.

그의 말대로라면 나는 개, 돼지, 굼벵이 수준 그 이상도, 그 이하도 아니다. 모두가 진화라는 물질 활동에서 생겨난 동일 선상의 생물체이기 때문이다. 인간이라고 다른 동물보다 더 특별하지도 않으며, 월등한 대우를 해주어야 할 이유도 없다. 만물의 으뜸은 더욱 아니다. 그저 수많은 동물 중 한 종류일 뿐이다. 바로 이게 진화론이 가르쳐 주는 인간론이다. 그렇다면 지금 인간은 자신들이 최고인 줄로 착각하고 사는 것이다. 그저 지적 능력이 조금 앞서 있을 뿐, 역시 물질 활동의 결과로 살아가는 생명체일 뿐이다. 그들에게는 돼지 한 마리나, 사람 한 마리나 그 가치는 다르지 않다.

나의 시각으로 본다면 이들의 이론은 학문이라기보다는 황당무계한 소설에 가깝다. 진화론은 인간에게서 자신이 동물과 다른 고귀한 존재라는 차별성을 앗아가는 위험한 학문이며, 창조론에 감히 비할 바 못 되는 하등 인간론을 만들어 내는 백해무익한 것이다.

이에 따르면 사람을 헤아릴 때, 한 명, 두 명, 세 명이 아니라, 한 마리, 두 마리라고 해도 이상할 게 없다. 반대로 동물을 셀 때, 강아지 한 사람, 강아지 두 사람, 또는 돼지 한 사람, 돼지 두 사람, 이것이 가능한 게 진화론이라는 말이다. 사람과 동물은 진화가 만들어 낸 같은 선상의 생명체일 뿐 구별이 없기 때문이다.

2. 쓸모없이 만들어진 무가치한 존재다

창조주가 없는 진화론은 인간을 포함한 모든 생물이 목적 없이 우연히 생겨났다고 믿는다. 존재 목적이 없다는 것은 곧 무가치하다는 말이다. 존재할 이유가 없이 생겨났으니, 그것은 아무짝에도 쓸모가 없는 존재인 것이다. 아울러 지금 인간이 가지고 있는 여러 가지 정신적, 철학적, 이념적 가치는 어울리지 않는다. 우연히 생겨난 동물에게는 적자생존의 본능으로 살아가는 게 제격일 뿐이다. 본능을 따라 자신의 우월함을 과시하며 타인을 밟고서라도 더 나은 미래 생존을 향해 가면 그만이고, 열등한 존재는 도태되면 그만이다. 자연계는 그렇게 돌아가고 유지되는 것이 이상할 것 없이 자연스러운 것이다. 이것이 진화론에서 말하는 인간을 포함한 모든 생물의 생존 전략이다. 다른 개체보다 강하고 빠르고 생존 능력이 좋으면 우량종으로 인정받고, 약하고 무능한 개체는 짓밟혀도 어쩔 수 없다. 오히려 약하고 무능한 존재는 빨리 사라질수록 인간 사회에 유익하다고 여긴다. 진화로 만들어진 인간은 그런 삶이 잘 어울리며, 고상한 척해 봤자 본능에 충실한 동물일 뿐이요, 강아지에게 신을 신기고 옷을 입힌다고 사람이 되는 줄 아는 모자란 종(種)이라는 말이다.

3. 현세(現世)가 전부다

동물은 미래가 없으며 내세도 없다. 영적 가치도 모른다. 이 땅의 욕심만 가지고 살아가게 하는 진화론은 인간의 삶을 동물 수준으로 끌어내림으로 이 땅 그 이상의 가치가 없고, 내세의 소망이나 보이지 않는 추상적 가치는 아예 없어도 된다. 오직 이 땅에서 잘 먹고 잘 입으면 된다. 진화론의 존재론에서는 그럴 수밖에 없고, 그래야 정상이다. 동물이 그렇게 산다. 고상함이라는 것은 찾아볼 수가 없다. 배부르고 등 따시면 그만인데 그 이상 뭐가 있겠는가? 영혼, 천국, 지옥이라는 개념이 아예 없으므로 허무하게 삶이 끝나는 동물과 다르지 않다. 그러니 하루살이 인생이 아니고 무엇이겠는가?

이렇게 진화론은 인격이 사라지고 정신적 가치나 영적인 가치를 아예 삭제해 버리고, 인간을 오늘만 보고 사는 하등 동물로 끌어내리는 반인륜적 학문에 해당한다.

그러나 창조주를 믿는 사람은 그렇게 살지 않는다. 특별한 의도로 창조된 자신의 가치를 알아, 신 앞에 인정받고 가까이 가고자 좀더 나은 삶이나 동물과는 다른 품격 있는 생활을 추구하며, 땅의 것을 전부로 믿고 사는 불신자들과 달리 차별화된 고상한 인격적, 영적 삶을 추구한다. 아무리 어려운 고난이 와도 신을 의지하며 천국에 대한 영적 소망으로 이겨내려고 힘쓰며, 심하면 순교 정신(신앙)으로 이겨낸다.

4. 결국 인생은 허무로 끝나는 것이다

그리고 진화론은 비관주의에 빠지거나 자살로 삶을 끝낼 가능성을 높인다. 어차피 동물처럼 죽으면 그만인데 뭐 하러 고상한 인격, 철학, 이념, 정의, 신을 찾겠는가? 그저 현재에 만족하면 그만인 하루살이 인생을 만드는 것이다.

길원평 부산대학교 물리학과 교수는 중고등학교 때 유물론(진화론) 관련 서적을 읽다가 인간은 물질에 불과하다는 결론에 이르면서 한동안 허무주의에 빠져 자살할 생각도 했다. 진화론은 인간을 허무한 물질로만 보게 하는 게 사실이기 때문이다. 자연의 일부로 살다가 죽으면 그뿐인데 고상한 인간이 어디 있으며, 그것이 또 무슨 소용인가? 이렇게 유물론(진화론)은 삶의 의욕을 떨어트리고 생의 의미를 상실케 한다.

그러나 한 번뿐인 인생 조금 더 살아 봐야겠다는 일념으로 열심히 공부하여 서울대 물리학을 전공하고 미국 유학까지 했다. 하지만 인생이 허무하게 끝난다는 게 너무 어이가 없다는 생각은 변함이 없어, 혹시나 하고 29세 때 성경을 열심히 읽게 되었고, '진짜 신이 있는 것인가? 죽으면 끝이 아니라, 혹 다른 세계가 있는 것 아닌가?'라는 생각에 30세가 되어 난생처음 심각한 마음으로 기도했다. "하나님이 있다면 저에게 깨닫게 해주시고 가르쳐 주세요." 그 후 성령의 강한 임재와 큰 깨달음을 얻었는데, '하나님은 실존하신다' '인간은 죄인이다' '하나님은 죄인을 사랑하신다'라는 세 가지를 확신하고 지금은 창조주 하나님을 섬기며 열심히 전도하는 그리스도인으로 충실히 살고 있다. 진화론으로 인해 허무주의에 빠져 죽고 싶었던 사람을 성경이 살린 것이다. 진화론 때문에 허무주의 빠진 이들이여! 삶의 의욕을 찾고 싶다면 성경을 보라! 당신의 가치는 천하보다 귀하다는 것을 알게 될 것이다.

신의 창조 섭리를 깨달으면 동물하고는 차원이 다른 나를 발견하고 자신이 천하보다 귀한 존재임을 알게 된다. 무신론자는 모르는 영적인 만족과 깨달음, 신을 숭배하면서 얻는 은총과 기쁨, 즐거운 인생을 누리게 되고 사랑, 정의, 봉사, 용서 등으로 가득한 고귀한 인생을 추구하게 된다. 아울러 그것은 사람을 현세주의나 허무주의로부터 보호하고 소망과 긍정의 인생을 만들어 주는 효과를 가져온다.

그러나 진화 인생론은 인간 존재의 계획, 목적, 의미도 없으며, 인간은 그저 우연히 생겨난 자연의 일부로 살다가 자연으로 돌아가는 것일 뿐이기에 배부르고 등 따시면 그만이다. 인간이 80~100년을 산다 해도 물질 활동 그 이상도, 그 이하도 아니며, 말 그대로 인간의 삶을 허무한 인생으로 끝내 버린다. 이렇게 인간에게서 창조의 목적과 영혼을 빼 버리면 개, 돼지와 다를 바 없는 허무한 하등 인생이 되는 것이다.

그래서 진화론에서는 사람과 동물의 가치가 똑같은 것이다. 진화로 보는 생명체는 차별이 없고, 우열도 없다. 그저 어쩌다 보니 인간으로 혹은 강아지로 진화된 것이기 때문이다. 한마디로 사람이 붕어, 말미잘, 너구리 같은 동물의 일종이 되는 것이다. 아무리 생각하고 비교해 봐도 진화론은 우리의 삶에 훨씬 불리하고, 인간의 가치와 삶의 질을 떨어트리는 게 확실하다. 그러나 그들은 허무한 하등 인간론을 감추고 모른 척하며 진화론만 강조하고 있다.

그러면서도 이들의 적대적 종교 활동은 도를 넘어 주공격 목표가 기독교인 것을 보면, 반종교 단체 조직으로 볼 수밖에 없다. 과학이라는 이름을 빌려 이런 일을 선동하는 자들은 이제 순수 과학자로 볼 수 없게 되었다.

진화론은 창조론이 말하는 차별화된 고귀한 인간론을 버리고 천한 인생을 만드는 반인륜적 학문이다. 그러나 리처드는 말할 것이다. 그래도 인간은 고상하고 특별하다고. 무계획, 무목적, 무의미로 생겨난 존재가 도대체 무엇이 특별하단 말인가? 무의미, 무목적으로 생겨난 존재는 살아갈 이유가 없는데 말이다.

진화론은 인간을 물질에 불과한 동물로 만들어 목적도 없이 살다 죽게 한다. 이로써 당신과 나는 살아갈 이유를 제거당한 것이다. 그래서 우리는 진화론을 마음껏 비난할 수 있다. 진화론은 악마가 건넨 잠재적 살인 도구라고.

18
진화론의 심각한 부작용

지식이나 이념은 사람의 생각과 행동에 지대한 영향을 미치며, 정치나 국가의 향방을 결정한다. 인생관이나 세계관, 사고(思考)에도 큰 영향을 끼치고 공산, 사회주의 이념에 물든 남한 내 종북 주사파들이 시끄럽고 사회 통합을 어렵게 만드는 이유도 그렇다. 진화론도 부작용이 적지 않은데 조금만 생각하면 그 심각성을 쉽게 알 수 있다. 그 부작용은 두꺼운 책 한 권 정도의 분량이 되지만 본 장에서는 최대한 요약해서 말해 보고자 한다.

먼저 진화론이 늘 가지고 있으면서 해결하지 못하는 많은 문제점 중 몇 가지만 다시 한번 간단히 짚어보고 가자.

- **최초 생명체의 기원을 설명하지 못하고 모른다고만 한다:** 순수한 물에서 생겼다는 최초의 세포가 어떤 원인으로 생겼는지를 모른다. 원인이 없는데 결과가 있다고 하니 기가 막힐 뿐이다. 과학이라면서 과학의 대원칙을 무시하고 그냥 우연히 생겼다는 말만 반복한다. 가장 중요한 이 부분을 증명할 수 없는 한 진화론은 영원히 인정받을 수 없다. 증명할 수 없는 이 문제로 골치 아프니, 이제는 그런 신비한 일은 최초에 단회적으로 끝났다고 얼버무린다.

- **화석 기록의 불완전성:** 진화론은 화석 기록을 통해 생물의 진화 과정을 설명하지만, 화석이 발견되지 않거나 불완전한 경우가 많아 모든 과정을 명확히 설명하지 못한다. 심지어 잘못 알았거나 모조품도 있다. 인간 유인원뿐 아니라 다른 동물의 진화 과정의 증거도 없다.

- **복잡한 구조의 기원:** 이종(異種) 간의 변화나 눈, 날개 등 복잡한 생물 구조가 어떻게 진화했는지에 대한 설명이 불가능하다. 종마다 진화된 초기, 중기 과정의 증거가 없으며, 어떻게 이러한 구조가 점진적으로 진화할 수 있었는지에 대한 의문은 전혀 해결되지 않는다.
- **무성생식에서 유성생식으로의 전환:** 처음에는 무성생식이었는데 중도에 유성생식으로 전환한 이유나 과정을 설명하지 못한다. 왜 무성에서 유성으로 전환했는지 모른다. 그래서 "진화된 줄로 믿습니다"라는 믿음이 필요한 것이다.
- **현재 진화의 증거가 없음:** 진화가 사실이라면 현재형도 나와야 마땅하다. 그런데 전혀 없다. 오직 연대측정도 불가능한 수백만, 수십만 년 전의 불확실한 뼈들만 나열해 놓고 유인원이라고 우기는 꼴이니 신뢰성만 떨어진다. 유인원 증거뿐 아니라 코끼리, 사자, 하마 등 수많은 동물의 중간 진화의 증거도 있어야 하지만 없다. 그 흔하게 발견되는 암모나이트 화석은 완성체만 있고 초기나 중간 단계는 전혀 발견되지 않는다.
- **지적 설계론의 타당성 거부:** 복잡하고 다양한 모든 생명체나 DNA의 구성과 유전성, 완벽한 지구환경, 그리고 우주의 정교함과 신비스러운 움직임 등은 아무리 봐도 우연히 만들어졌다고 하기보다, 누군가 지적 설계가가 있다는 가능성을 더 확인시켜 주고, 지적 설계의 타당성이 있어 보이나, 이 이론을 조금이라도 허용하면 유신론으로 흘러갈 가능성이 아주 높기 때문에 거부한다. 그들은 신의 창조론만 제외한 모든 가능성을 말한다.
- **자연선택의 한계:** 자연선택이 모든 생물의 변화와 적응을 설명할 수 있는지에 대한 설명이 없다. 아주 조금씩 진행된 유전자 변이 같은 다른 요인만 말한다. 돌연변이는 종을 발전시키는 게 아니라, 돌연변이가 거듭될수록 도태된다는 것은 상식인데 발전 과정이라고 우긴다.
- **종의 정의:** 종의 경계가 모호할 때가 많아 진화론의 적용에 어려움이 있다. 특히 교배가 가능한 종과 그렇지 않은 종을 구분하는 것이 그렇다.

- **진화의 속도:** 진화가 일어나는 속도에 대한 이론이 다양하여, 점진적 진화와 급격한 변화 간의 논쟁이 있다. 이제는 진화가 끝났다고 보는 이도 있으니, 자기들끼리도 의견의 일치가 안 되는 엉성한 이론이다.
- **대진화를 설명하지 못함:** 같은 종의 소진화(약간의 변종)는 그렇다 치고, 이종(異種) 간의 대진화는 종교적 믿음이 없이는 수용할 수 없는 수준이다.
- **종교적 신념과의 갈등:** 일부 창조론을 믿는 종교와 충돌하는 경우가 많은데, 그것은 진화 과학이 종교 영역을 함부로 말하며 침범하기 때문이다.

이렇듯 대충 짚어보아도 진화론은 해결하지 못한 미완의 가설이다. 그럼에도 이제는 어떤 이념(사상)처럼 굳어지고 종교화되어, 혹시 학교 교사가 다른 이견이라도 가르치면 비난, 불이익, 퇴직 수준의 처분을 받을 게 뻔하다. 미완의 학설을 의무교육 과정에 넣고 가르친다면 창조론도 겸하여 가르치는 게 타당할 것이다. 앞 장에서 진화론의 문제점을 잠시 다루었지만, 그 부작용에 대하여 좀더 살펴보자.

- **진화론의 심각한 부작용**

진화론의 부작용은 아무리 강조해도 지나치지 않다.

1) 인간 존엄성 하락

진화론은 인간의 가치를 뚝 떨어트린다. 진화론에서는 인간도 동물이라는 것 외에 아무것도 제공해 주지 못한다. 그러나 창조주께서는 인간을 피조물 중 가장 우월한 존재로 창조하였고, 인간을 모든 피조물보다 크게 보신다. 만물을 창조하시고 유독 인간에게 쏟는 사랑은 다른 피조물에 비교가 안 된다. 심지어 그 외아들 예수님을 이 땅에 보내시어 십자가에 죽게 하기까지 죄인인 인간을 사랑하셨다.

그만큼 인간의 가치는 피조물 중 으뜸이라고 할 수 있다.

> **요 3:16** 하나님이 세상을 이처럼 사랑하사 독생자를 주셨으니 이는 그를 믿는 자마다 멸망하지 않고 영생을 얻게 하려 하심이라

인간을 그리도 특별하게 사랑하신 이유는 다음과 같다.

> **창 1:26-27** 하나님이 이르시되 우리의 형상을 따라 우리의 모양대로 우리가 사람을 만들고 그들로 바다의 물고기와 하늘의 새와 가축과 온 땅과 땅에 기는 모든 것을 다스리게 하자 하시고 하나님이 자기 형상 곧 하나님의 형상대로 사람을 창조하시되 남자와 여자를 창조하시고

다른 동물과는 달리 인간만 신의 형상을 따라 지으셨다. 신의 형상이란 신의 속성을 말하는데 지, 정, 의를 갖춘 인격체를 말한다. 다시 말하면 하나님께서는 자신에게만 있는 절대적, 비공유적 속성인 전지, 전능, 무소부재, 영원성, 무한성, 불변하심, 유일하심과 인간에게도 주어진 공유적 속성, 즉 생각, 의지, 결단, 지식, 사랑, 감정으로 인간을 영적(영혼) 존재로 창조하셨다는 것이다. 동물에게는 이런 속성이 없다.

창조주의 마음은 온통 인간을 향해 있다. 자기 아들의 목숨까지 내어주실 정도로 인간을 소중하게 보신 것이다. 이렇게 그분에게는 인간이 천하보다 더하다.

> **벧전 1:18-21** 너희가 알거니와 너희 조상이 물려 준 헛된 행실에서 대속함을 받은 것은 은이나 금같이 없어질 것으로 된 것이 아니요 오직 흠 없고 점 없는 어린 양 같은 그리스도의 보배로운 피로 된 것이니라 그는 창세 전부터 미리 알린 바 되신 이나 이 말세에 너희를 위하여 나타내신 바 되었으니

그러나 진화론은 인간의 가치를 뚝 떨어트린다. 신께서는 인간을

그토록 사랑하시고 내세의 영광까지 마련하셨지만, 인간은 그것을 거절하고 진화론을 따라 한낱 미물이 되는 길을 선택했다. 지렁이나 두더지, 돼지와 같은 물질적 존재에 불과하다고 하니 인간의 가치를 얼마나 추락시킨 것인가? 신께서는 인간을 피조물 중 최고의 자리에 두시고 인간에게만 사명을 주신다.

> **창 1:28** 하나님이 그들에게 복을 주시며 하나님이 그들에게 이르시되 생육하고 번성하여 땅에 충만하라, 땅을 정복하라, 바다의 물고기와 하늘의 새와 땅에 움직이는 모든 생물을 다스리라 하시니라

피조물 중에 인간 이상인 존재는 없다. 그래서 세상 모든 동식물을 다스리고 정복하라는 사명을 주신 것이다. 인간은 창조주를 만났을 때 비로소 그 가치를 깨닫게 되는 것이다. 그런데 진화론은 인간의 가장 소중한 가치인 인격과 영혼을 빼 버린다. 인간은 물질로만 구성되었다고 믿으며, 인간을 영생이나 천국, 지옥도 없이 이 땅이 전부인 줄로만 알고 살다가 사라지는 동물로 만들어 버렸다.

2) 그렇다면 인간은 동물이다

진화론에서는 인간이라고 해서 다른 동물보다 특별한 존재가 아니다. 인간도 진화된 수많은 종(種)의 하나일 뿐이다. 그가 자신의 저서 《이기적 유전자》에서 말한 것처럼, 인간은 적자생존의 법칙에 따라 생존한 이기적 유전자로 가득 찬 수많은 동물 중 하나인 것이다. 송충이, 물고기, 닭, 뱀, 굼벵이 등과 우리는 다르지 않다.

> **마 16:26** 사람이 만일 온 천하를 얻고도 제 목숨을 잃으면 무엇이 유익하리요 사람이 무엇을 주고 제 목숨과 바꾸겠느냐

창조주께서는 인간을 천하보다 소중한 존재로 보시며 노아 홍수 이후부터는 동물을 식용으로도 허락하신다. 진화론의 시각으로 보

면 동물 식육 행위는 다른 부족을 잡아먹는 꼴이다. 사람이 다른 종의 사람을 잡아먹는 것이라고 해도 틀린 말이 아니다. 그래서 보신탕이란 우리의 식문화를, 동족을 잡아먹는 야만적 행위로 보고 그리도 반대하는지도 모른다. 심지어 어떤 여자는 발가벗고 돼지우리에서 일주일을 지내며 지극한 동물 가족의 순애보를 보여 주기도 했다.

이렇게 진화론에서는 인간을 동물의 한 종류로 전락시키고, 인간이 다른 동물보다 우월한 존재로 특별 대우를 받아야 할 이유를 제공하지 못한다. 그러나 예수께서 말씀하셨다.

눅 12:7   너희에게는 심지어 머리털까지도 다 세신 바 되었나니 두려워하지 말라 너희는 많은 참새보다 더 귀하니라

반복되는 많은 주님의 말씀을 보면 우리는 분명 수많은 참새(동물)보다 귀한 존재임이 확실하다.

3) 사람 하나 죽이나, 동물 하나 죽이나 다르지 않다

진화론으로 인간의 가치가 동물과 같아졌다면 그 차이는 뭘까? 지능 지수가 높다는 것 하나 말고는 없다. 신체 기능은 오히려 동물들이 월등하게 우수하다. 하늘을 나는 비둘기나 참새는 인간보다 자유롭다. 물고기는 인간의 잠수 능력의 천 배, 만 배를 가졌다. 맹수의 이빨과 발톱은 인간 능력의 수십 배가 넘는다. 악어의 치악력은 매우 강력한데, 인간의 약 20배 정도나 된다. 인간의 치악력은 약 200파운드(90kg)인 반면, 악어의 치악력은 약 3,700파운드(1,678kg) 정도다. 높은 데서 뛰어내리는 착지나 점프 능력도 동물이 월등하다. 달리는 치타, 개들은 인간이 도저히 따라갈 수 없다. 독수리의 움켜쥐는 힘은 인간의 10배에 달하고, 개의 후각은 인간보다 약 1만 배에서 10만 배 더 뛰어나다. 개는 후각 수용체가 약 2억 개 이상 있지만, 인간은 약 500만 개 정도다. 이러한 차이가 깊이 숨겨놓은 마약

도 찾아내는 뛰어난 후각 능력으로 나타나는 것이다.

이렇게 진화론의 세계에서는 인간이 초라한 신세다. 단지 지식과 언어능력으로 그 단점을 보완하며 살아간다. 그러다 죽으면 짐승과 다를 게 없다. 인생의 의미나 특별한 가치도 없다. 먹기 위해 살다가 늙어 죽는 것이다. 그런 정도는 딱 동물이 사는 수준이다. 다른 게 무엇인가? 결국 같은 길을 가는 자연의 일부인 것이다.

그런데 그동안 이렇게 진화론이 말하는 인간의 가치를 제대로 가르쳐 주는 선생님을 보지 못했다. 그저 인간이 진화되었다는 말만 반복할 뿐, 그것이 우리 인간 존재의 고귀함을 얼마나 짓밟는지에 대해서는 침묵해 왔다. 인간은 결코 자연의 일부가 아니다. 자연 속에 살지만 자연 그 이상의 특별한 존재임이 틀림없다.

그러나 진화론(유물론)의 세계관에서는 사람이나 개나 존재가치가 다르지 않다. 진화된 생물이 그 가치가 더하고 덜한 게 있겠는가? 이렇게 진화론은 인간의 가치를 바닥으로 추락시키는 비인간적이며 반인간적인 이론이다.

공산 정권의 한결같은 잔인성은 바로 유물론에서 비롯된 것이다. 신을 부정하기는 진화론과 하등 다를 바 없는 공산주의 사회에서, 인간은 물질 그 이상의 가치가 없기에 사람의 목숨을 파리 목숨처럼 여기고 쉽게 죽이는 것이다. 스탈린, 모택동, 폴포트 같은 수많은 공산, 사회주의 무신론자들이 바로 그런 짓을 했다. 진리, 영혼, 내세, 천국, 지옥, 신의 심판을 의식하는 사회에서는 결코 그럴 수 없다.

4) 본능에 충실한 동물로 만든다

여기서 진화론의 부작용의 범위는 엄청나게 확대된다. 영혼의 가치를 상실한 인간이 오직 물질계의 즐거움만 추구하게 만드는데, 두려워할 신도 없고 천국과 지옥도 없으니 이 땅에 있을 때 마음껏 즐기며 살자는 현실주의를 부추긴다. 이렇게 진화론은 인간이 가치를 잃고 허무주의 아니면 비양심, 쾌락주의, 폭력 사회 같은 극단적 사회를 만드는 원동력이 되는 것이다.

성 개방, 성적 지향, 성전환, 성적 자기 결정권, 행복 추구권 등의 말로 낙태를 자유롭게 하고, 쾌락의 한계를 없애며 방탕한 세상을 만들어 가고 있다. 나의 즐거움을 위해서라면 낙태도 쉽게 하며, 아기 갖는 것을 포기하고 대신 강아지 몇 마리 기르는 쪽을 선택한다. 심지어 100여 마리 가까운 개들을 돌보며 힘겨운 인생을 사는 사람도 보았다. 진화론에서는 사람이나 동물이 다르지 않기 때문에 동물을 데려다 키우는 것을 부모를 잃은 어린이를 입양하는 것과 같은 것으로 보며 응원해 준다.

신이 없고 내세가 없는 무신론의 세상에서는 고상한 도덕성보다는 동물적 본능에 충실한 현세주의 중심의 세상을 만들어 가는 게 어울릴 뿐이다.

5) 무신론의 세상을 만든다

리처드는 신이 없을 가능성이 99%라고 말한다. 그것을 어떻게 아느냐는 질문에는 모른다고 말한다. 그냥 책에 적어 놓았다고 한다(영화 '추방: 허용되지 않은 지성' 중). 그는 모르는 게 아주 많다. 만물(생물)이 어떻게 시작되었느냐는 질문에도 모른다고 답할 뿐이다.

그의 말을 따라 지금 많은 나라의 공교육이 무신론을 바탕으로 진행되고 있으며, 진화론으로 무장된 세력이 공교육을 이끌어 가고 있다. 우리 기독교인도 어려서부터 공교육을 통해 리처드(다윈)가 만들어 놓은 무신론 교육을 강제적으로 받으며 자라는 것이다. 이것은 불공평하다. 진화론이란 가설을 가르친다면 창조론도 동시에 가르쳐야 하는데 세상 교육은 신의 가능성조차 말하지 못하게 한다. 그래서 기독교 건학 이념을 담은 사립 학교가 필요한 것이다.

리처드와 그 무리는 진화라는 가설로 신이 없기를 바라는 사람들의 마음을 훔쳐 허무한 유물론의 세상을 구축하고 있다. 이것은 사탄이 아주 좋아할 만한 수단이고, 그렇게 인간에게서 영생의 소망을 앗아 가는 것이다.

6) 동물을 사람 수준으로 우대한다

사람과 동물의 동격화는 동물을 사람과 다르게 대우할 수 없게 하고, 동물을 사람으로 착각하게도 만든다. 그래서 사람과 같은 대우를 해주려고 다양한 노력과 입법 활동을 한다.

진화론에서는 동물을 또 다른 인종으로 볼 가능성이 충분하다. 동물을 흑인, 백인, 동양인, 서양인처럼 수많은 인종(부족)의 하나로 본다면 어쩌겠는가? 사람을 동물의 일종으로 본다는 것은 반대로 동물을 사람의 일종으로 볼 수 있다는 역설을 허용하는 것이다. 내가 억지인가? 진화론은 시작부터 억지가 아닌가?

지금 한국에는 애완동물을 기르는 가구가 2020년 말 기준으로 약 30%로 604만 가구나 된다. 애완동물의 숫자가 1천5백만 마리나 된다. 강아지, 고양이, 토끼, 햄스터, 조류에 파충류나 곤충, 굼벵이 등까지 합치면 헤아리기 조차 어렵고, 그로 인한 소비 물품은 이제 아기를 양육하는 비용을 초과할 것이다. 애완동물은 소비성만 부추기고 가계 경제에 큰 부담으로 작용할 것이며, 유기견과 전염성 질병이 많아지는 등 각종 사회문제를 증가시킬 것이다. 사람 사이의 사랑은 점점 식어 가는데, 애완동물을 향한 인간의 배려는 동물의 왕국을 만들고 있다. 그로 인한 사회적 비용과 사건 사고도 늘어나면서 1년에 2,000건의 개 물림 사건이 일어나고 있고, 2016년에서 2019년 사이에 개 물림 사고로 병원에 실려 간 환자가 8,448명이나 된다(《시사매거진》 274호, 2021.4.5자).

우리나라도 2025년부터 보신탕 취식을 금지함으로써 그 개체수는 급속히 늘 것이고, 동물의 법적 지위도 구체화되어 갈 것이다.

독일에서는 동물과 사람은 동등하다고 법으로 규정했으며, 스위스에서는 애완동물을 기르려면 4시간 수업을 듣고 필기시험에 합격해야 하고, 호주에서는 매일 동물과 함께 산책하지 않으면 벌금 4,000달러(한화 560만 원)를 내야 하며, 프랑스에서는 동물을 학대하거나 버릴 경우 4,000만 원의 벌금이 부과된다(KB금융지주 경영연구소).

자기 자녀와 매일 놀아주지 않으면 벌금을 내야 하는 법은 세계

어느 나라에도 없다. 그런데 동물과 매일 산책하지 않으면 벌금을 내야 한다. 아기 부모가 되는 필수교육이란 것은 없는데, 동물 기르는 교육과 자격시험을 치러야 한단다. 동물은 이미 사람 대우 수준을 훌쩍 넘어 버렸다. 가족 숫자에 동물까지 포함하는 게 당연하니, 이제 곧 5천만 인구수에 1천5백만 마리의 동물까지 포함하여 세는 날이 올 것이다. 이것이야말로 사람과 동물을 다양한 종의 하나로 보는 진화론의 세계에 걸맞은 현상이며, 리처드가 춤을 출 일들이 아닌가?

동물은 사람이 될 수 없다. 동물도 함께 생활하면서 가르치고 사랑을 쏟으면 사람처럼 느끼고 생각하리라는 것은 순전히 인간의 착각이다. 그래서 무방비로 있다가 동물의 야수성이 발동하는 순간 큰 사고가 일어나는 것은 이제 흔한 일이다.

사건은 2009년 2월 16일 미국 코네티컷주에서 트래비스라는 이름의 침팬지가 주인 샌드라의 친구인 샤를라 내시를 공격하여 심각한 중상을 입히는 사건이 발생했다. 트래비스는 원래 광고와 TV 프로그램에 출연할 정도로 유명한 침팬지였으며, 사람들과 잘 어울리던 동물이었다. 1995년 입양된 후 14년 동안 사람과 똑같이 생활하고 배우고 유치원까지 다니면서 사람 교육을 받았다. 그러나 어느 날 갑자기 평소에 친했던 주인의 친구를 공격하여 얼굴의 형체와 시력을 손상시키고 일부 신체는 먹어 버리는 심각한 중상을 입혔다. 침팬지의 성체 몸무게는 100kg 정도 되며, 사람의 두 배 정도의 힘을 가지고 있다. 주인 샌드라의 통제도 소용없었고, 결국 경찰이 출동하여 권총 4~5발로 트래비스를 사살하게 되면서, 이 사건은 많은 사람에게 충격을 주었다(《조선일보》 2022.1.19.). 간신히 살아남은 피해자 내시가 방송에 나와 말했다. 사람과 동물은 결코 친구가 될 수 없다고….

이런 비극적 사건은 애완동물 사건 중 빙산의 일각일 뿐이다. 야생 동물을 애완동물로 키우는 위험성은 아무리 강조해도 지나치지 않다. 동물을 데려다 그런 정성으로 키우느니, 차라리 부모 잃은 고아를 데려다 양육하라. 그러면 세상은 더욱 밝아지고 진정한 인간 사회가 될 것이다.

그 사건 뒤에 피해자의 증언으로 밝혀진 것이지만, 그 침팬지의 주인은 남편과 딸이 사망한 이후 침팬지와 한 침대를 쓰는 연인 관계였다는 것이다. 동물에게 아무리 많은 사랑을 쏟으며 부부처럼 산다고 해도 동물은 사람이 아니며, 사람이 될 수도 없고, 사람 비슷하게도 되지 못한다. 이런 사실을 모른다면 그는 또 다른 피해자가 되어 짐승에게 쏟은 수고와 노력을 크게 후회할 가능성이 아주 높다. 처음에는 단순히 애완용으로 키우지만 시간이 지나면서 애정이 깊어져 가족, 아들딸이 되고, 사람으로 착각하여 목줄을 풀고 소위 개 모차에 태우고, 침대를 같이 쓰며 뽀뽀하고 겸상하여 먹으면서 사람과 동일한 존재로 착각하게 된다.

이런 일들은, 사람은 사람을 사랑하며 살아가도록 하신 하나님의 창조 섭리를 알지 못하는 인생들의 삶의 부작용을 보여준다. 그래서 사람에게 실망하여 동물들하고만 지낸다는 사람들은 불행한 것이다. 사람은 사람을 사랑할 때 진정한 삶의 즐거움과 보람을 얻게 된다는 것을 모르게 하는 그 누군가의 거대한 계획대로 세상은 흘러가고 있다.

7) 결국 동물이 사람인 줄 안다

동물이나 사람이나 대등하다는 인식을 심어주는 역할을 하는 분야가 바로 진화론이다. 급기야 진화론이 꽃을 피우는 때가 왔는데 바로 동물도 사람과 대등하다는 인식과 함께다. 이는 이미 현대 문화 속에서 잘 나타나고 있다. 이제는 동물들도 구원의 대상이라는 어처구니없는 동물 신학까지 나돌고 있으니, 앞으로 무엇인들 안 나오겠는가?

조금만 생각해 보면 진화론처럼 인간다움을 파괴하는 게 없다. 애완동물이 죽으면 부고장을 돌리고 장사를 지극 정성으로 지내 주며, 화장하고 납골당에 모셔 둔다. 심지어 극락에 가라고 49재까지 지내 주는 사람도 있다. 이 정도면 동물은 사람이 된 것이다. 이제는 주민세처럼 동물 보유세를 부과하자는 소리가 높아지고 있는 데다 이미 동물 복지 예산이 국고에서 계속 늘어나고 있으니, 동물 우대는 피할 수 없는 당연지사처럼 되어 버렸다.

나와 가까운 사람의 외동딸이 결혼했지만, 자식을 일부러 낳지 않고 대신 강아지 세 마리를 자식 삼아 키우고 있다. 손주를 보고 싶다는 아버지의 유언 같은 말에 들은 척도 하지 않고, 강아지를 손자처럼 생각해 달란다.

동물이나 사람이나 똑같이 내 자식이라고 인식하는 것을 단순한 문화 현상으로만 볼 수 없는 것은, 애완동물에 대한 지나친 애착이 인구 감소를 부추기는 원인이 되고, 자녀를 낳지 않는 대용으로 짐승을 키우는 것은 결코 건강한 사회를 만들 수 없기 때문이다. 이런 간단한 식견을 가진 정책 입안자가 없다는 게 신기할 정도다.

2023년 6월 속초시를 방문했다가 갑자기 양수가 터진 임산부가 산부인과 분만실을 찾아 두 시간을 헤매다가 결국 헬기를 불러 200km 떨어진 서울까지 가서 분만했다는 실감 나는 기사가 있었다 《농민신문》 2023.6.9.). 아기를 낳지 않으니 산부인과 병원이 사라지고 동물병원만 들어서는 고장 난 사회가 된 것이다. 우리 아이들이 있어야 할 자리에 동물들이 대신 자리 잡고 있는 비참한 현실을 누가 알고 슬퍼할까?

이 사회는 분명 병들어 가고 있다. 사람을 향한 사랑과 관심이 식어지는 만큼, 그 빈자리를 동물이 차지하고 있는 것은 반인간 사회를 만들어 가는 불행한 징조일 뿐이다.

동물보호는 자연사랑 차원에서 해도 충분하다. 그러나 이제는 사람의 자리에까지 올려놓고 사람 대우 해주느라 많은 수고와 비용을 아끼지 않으며 눈물과 애정을 쏟는 사람들이 애처롭다. 이렇듯 인간과 동물을 같은 선상에 놓은 진화론이 가져온 부작용의 심각성을 그 누가 제대로 알까? 사람 대용으로 애완동물을 우대하는 정책은 인구 감소를 더욱 가속화할 게 뻔하고, 동물과 사람의 구별을 없애고 평등한 관계를 당연시한다면 진화론은 더욱 힘을 얻어 창조론을 짓밟고 우뚝 설 것이다.

동물의 권리를 강조하는 '동물 신학'은 황당하기까지 하다. 동물 신학은 동물도 하나님의 피조물로서 살아갈 권리와 자격이 있음을 말하면서, "한 나라의 위대함과 도덕적 수준은 그 사회에서 동물이 대우받는 것으로 가늠할 수 있다"라고까지 말한다(앤드류 린지, 《동물 신학의 탐구》).

사람이 아닌 짐승을 대우하는 수준으로 그 나라의 도덕성이 결정된다는 주장은 결국 동물 상위 시대를 부를 것이다.

대부분 동물을 보호하고 잘 관리하자는 데는 이의가 없을 것이다. 그러나 단순히 동물보호 차원이 아니라 동물의 영혼 구원까지 언급하면서 사람과 동물의 구별을 흐린다는 게 논란의 여지를 부른다. 이 신학은 사람과 동물의 차이를 인정하면서도 차별하는 것은 안 된다며, 사람과 대등한 대우를 해주어야 한다는 논리를 유지해 간다.

심지어 인간은 동물보다 우월하지 않다고까지 말한다. 인간은 더러운 죄를 짓지만 동물은 그런 죄를 짓지 않기 때문이라는 것이다. 일리가 있는 말 같지만, 그렇게 본다면 쉽게 말해 인간은 짐승보다 못하다는 말이 되는 것이다. 인간은 죄인이고 동물은 무죄하니, 동물이 더 깨끗하고 거룩한 존재가 되는 것이다.

정말 그럴까? 정말 죄 없는 동물보다 죄 있는 인간이 열등한 것일까? 또 동물 차별은 아니라도 구별은 있어야 하지 않을까? 언젠가 나도 동물 관련 책을 따로 써서 독자를 만나고자 한다. 그 정도로 할 말이 많은 주제다.

지나치면 모자람만 못하다는 말이 있는데, 마치 성 개방 운동가들이 남녀의 성 구별을 못 하게 함으로써 성 정체성에 혼동을 주는 것처럼, 애완동물의 인간화는 둘 사이의 구별의식을 사라지게 하면서 상당한 부작용을 가져올 것이지만, 이 사회 분위기는 그런 것까지 심사숙고할 만큼 성숙하지 못한 듯하다. 그저 애완동물 한두 마리 정도는 안고 다녀야 현대인의 자격이 주어지는 듯한 분위기를 역행하기가 어렵게 되었다.

하나님께서 죄인 된 인간을 다루시는 것을 보면, 동물하고는 완전히 다른 차원으로 대하시는 것을 볼 수가 있다. 온 만물을 창조하시고 다스리시지만, 하나님의 관심은 모두에게 똑같이 적용되지 않으며 오히려 사람에게 집중된다. 그 이유는 인간은 다른 동물과는 다른 차원의 존재로 창조하셨기 때문이다.

하나님께서 모든 만물을 창조하셨으나 다르게 창조하신 피조물이 하나 있는데 바로 사람이다. 하나님의 형상을 따라 창조주와 교제가 가능한 영혼이 있는 인격적 존재로 창조된 게 바로 사람이다. 이는 세상 모든 동물을 다 주어도 한 사람과 바꿀 수 없다는 말이다. 하나님께서 이 땅에 자주 오시어 자신을 보이시고 계시하시는 이유도 인간들 때문이다. 그만큼 인간은 육체뿐인 동물과 다른 차원의 위치를 차지하고 있다는 것을 보여 주는 것이다.

예수께서 이 땅에 오신 것은, 순전히 인간을 구원하시기 위함이다. 죄 없는 동물을 구원하기 위해 오셨다는 것은 상상할 수 없다. 오직 인간의 구원을 위한 대속의 역사를 완성하고자 오신 것이다. 이렇게 보면 인간은 동물과 비교할 수 없는 다른 차원의 존재임이 확실하다.

마 20:28 인자가 온 것은 섬김을 받으려 함이 아니라 도리어 섬기려 하고 자기 목숨을 많은 사람의 대속물로 주려 함이니라

이렇게 사람을 위해 오셨다고 분명하게 말씀하시고 있지 않은가? 그리고 죄인 된 인간을 버리지 않고 계속하여 그 종을 보내시고 회개를 촉구하며 설득하시는 일들을 보면, 죄인이라고 인간의 가치가 동물 아래로 떨어지는 것이 아니라, 변함없이 인간의 소중한 가치를 알게 하시려는 하나님의 끊임없는 수고를 알 수 있다. 즉, 하나님께서 분명 동물과 사람을 차별하여 상대하신다는 사실은 의심의 여지가 없고, 인간은 죄인이지만 여전히 동물과는 다른 차원의 존재라는 것은 변함이 없다.

동물은 구원의 대상이 아니며, 인간과 대등하지도 않다. 하나님께서 동물을 만드시고 다스리시지만 인간과 같은 수준으로 사랑하거

나 눈물과 희생을 치를 정도는 아니라는 것이다. 하나님께서는 오히려 동물을 우리의 식물로 주시기까지 했다. 주님께서는 우리가 죄인이기에 더욱 안타까이 여기시며 우리를 건지시는 수고를 아끼지 않으신다. 나는 지금 동물보호를 하지 말라는 것이 아니다. 사람과 동물은 다른 차원의 존재임을 말하는 것이다.

아무리 사랑스럽다고 할지라도 동물은 사람이 아니며, 사람이 될 수도 없다. 동물에게 사람 수준의 대우를 제공하는 것은 오히려 인격 모독이다. 동물이 사람 대우를 받을수록 동물의 격이 높아지는 게 아니라 오히려 인간의 격이 떨어져 동물의 수준으로 내려가는 것이다.

동물 우대 현상은 동물애호가들이나 진화론자들에게는 환영할 만한 일이지겠지만, 그리스도인이라면, 아니 다른 일반인도 한 번쯤은 곰곰이 생각해 봐야 할 일이다.

창 1:28 하나님이 그들에게 복을 주시며 그들에게 이르시되 생육하고 번성하여 땅에 충만하라, 땅을 정복하라, 바다의 물고기와 하늘의 새와 땅에 움직이는 모든 생물을 다스리라 하시니라

이처럼 하나님께서 창조하신 동물을 자연의 일부로 소중히 보고, 때론 식용으로 쓴다고 할지라도 잘 다스리고 보호해야 하는 것은 분명하다. 그러나 동물 사랑이 지나쳐 사람과 동격으로 인식하는 현상은 심히 우려하지 않을 수 없다.

오늘날은 사람과 동물을 구별하지 못하게 하거나, 구별하는 것을 차별로 보는 분위기다. 이는 동성애나 다양한 성적 지향을 나름대로의 이유를 가지고 반대하는 측을 혐오자로 몰아 가는 것과 같다.

차별 금지를 생활의 모든 분야에 적용하는 것이다. 그것은 유물론이나 진화론에서는 환영할 만한 일이고 장려할 사항이겠지만, 사람과 동물의 구별을 없애 버리는 게 무엇을 의미하는지와 그 부작용은 말해 주지 않는다.

이제는 개모차에 편안히 앉아 있는 강아지를 보고, "어머, 개잖아!"라고 했다가는 혼쭐이 나는 세상이다. 아들이요 딸인데 개 취급하는 것은 용납이 안 되는 것이다. 우리는 지금 짐승을 사람과 동격으로 인정해야 하는 비정상적인 사회를 살고 있다. 이 또한 혼합주의가 다방면으로 전이되고 있다는 증거지만 이를 제대로 아는 사람이 별로 없다.

혼합주의는 모든 구별을 없애려는 목표를 가지고 있다. 평등(차별금지)이라는 이름으로 하나님과 우상을 구별하지 못하게 하고, 남자와 여자를 구별하지 못하게 하며, 엄마 아빠도 없애고 부모 1번, 부모 2번으로 불러야 한단다. 공산주의와 자유 민주주의 이념을 차별하지 못하게 하여 공산당의 자리를 만들어 주고, 이제는 동물과 사람도 구별하지 못하게 하는 일들로 사람과 동물을 대등한 존재로 보게 하여 둘 사이의 결혼도 자연스러운 새로운 세상으로 몰아가고 있다.

나는 구별이 사라진 그런 세상이 심히 우려된다. 이것은 분명 인간을 저급하게 만드는 일이다. 인간의 비인간화, 그것은 혐오라는 말로 구별을 없앤 평등주의와 진화론의 합작품이라고 말하고 싶다.

이런 현상도 진화의 현상이라고 하면 순순히 받아들여야 할까? 진화의 세상은 정해진 게 없으니 무엇인들 되지 못하겠는가. 그래서 동물의 일종인 우리는 지금 짐승과 하나 되는 것을 그리도 좋아하는가 보다.

성공회와 천주교에서는 이제 진화론을 수용하고 동물도 구원의 은총이 필요하다며 함께 미사를 드리고 세례까지 받게 한다. 이런 현상은

이제 교회까지 들어와 목회 현장을 어지럽힐 것으로 보인다. 몇 가지 실례를 들어본다.

어느 목사님이 설교 중에 보신탕 먹는 이야기를 했더니 교인 두 사람이 도중에 나가 버렸다. 어떻게 야만인처럼 강아지를 먹을 수가 있느냐는 것이다. 그러면 돼지나 소, 닭, 물고기 등을 잡아먹는 것은 왜 문제가 되지 않는지 모르겠다.

또 어떤 목사님은 강아지를 안고 집에 놀러 온 이웃에게 "안고 있는 강아지는 건넛방에 두고 식사하세요!"라고 했더니, 한참 동안 야단을 치고 삐져서 갔단다. 식사 시간에도 늘 함께하는 자식인데 건넛방에 두라고 했다는 것이다.

어느 교인은 강아지가 죽으니 목사님께 장례 절차를 부탁하더란다. 그러면 뭐라고 기도해야 할까? "주여! 강아지의 영혼이 천국에 가도록 은총을 베풀어 주시옵소서!"라고 해야 할까? 아니면 "마지막 때 부활하게 하소서!"라고 해야 하나? 나한테도 그런 부탁이 들어오면 어쩌나 싶어 고민된다.

또 어느 집 결혼예식 때 보니 결혼 예물을 강아지가 물고 나오더란다. 동자 역할을 강아지가 하는 세상이다. 어린이가 없으니 그렇게라도 하는 건가?

우리나라에서 유모차보다 개모차가 더 잘 팔린단다. 하나에 150만~200만 원이나 한다는데 강아지 아들딸을 위해서라면 무엇이 아깝겠는가! 부모 생일 용돈은 10~20만 원도 아까워하면서….

산책하다가 공원 구석에 싼 아들(개)의 배설물을 치우러 기어들어가 집어서 나오는 희생정신은 감동이다. 부모 잃은 고아를 데려다 그런 정성으로 키우면 하늘도 감동할 텐데 말이다.

식사도 제대로 못 한다. 개 배설물을 치우고 단속하느라…. 강아지가 사람을 자기 시종으로 오해할까 봐 걱정된다. 늙으신 부모님도 그렇게 돌봐드릴 수 있을까?

강아지 간식은 꼬박꼬박 잘 챙겨 주면서 남편이 라면 좀 끓여 달라면 째려보는 아내. 늙으면 강아지만도 못한 인생이 바로 우리인가 보다.

강아지가 그렇게 좋으면 강아지랑 나가 살라는 신랑 말에 화가 나서 가출한 여자…. 나는 입 꾹 다물고 살아야겠다.

강아지랑 겸상하는 게 보기 싫어 저리 치우라는 말에 째려보고 강아지랑 따로 밥 먹는 아내… 이제는 직장 상사 눈치보다 강아지 눈치를 더 보게 되는구나 싶다.

부부 싸움 하다가 화가 난 남편이 강아지를 11층 아파트 베란다에서 던져 버리자 따라 뛰어내린 부인(중국). 강아지가 자기 목숨보다 귀한가 보다.

교회에 애완견 놀이 시설이 없어서 교회 못 나오겠다는 사람. 이젠 교회에 강아지 놀이 시설과 관리인까지 두어야 할 판이다. 이제 우리 교회 간판에 써 붙여야겠다. "우리 교회는 강아지를 우대합니다. 고양이도 환영!" 이러다가 '아멘!' 소리보다 '멍멍!' 짖어대는 개판 예배가 될까 봐 걱정이다.

명절에 부모님 댁에 가야 하는데 강아지가 감기 기운이 있어서 못 가겠다고 통보하는 자식들…. 부모의 순위는 언제나 강아지 다음이라더니….

손자 손녀 기다리는데 강아지를 데리고 와서 안겨주는 자식들. 리처드가 우리 조상은 동물이요, 동물과 친척이라더니 이제는 동물을 손주로 삼아야 하나 보다.

강아지와의 우선순위 경쟁에서 뒤로 밀려난 어느 50대 가장은 상담까지 했단다. 아내가 종일토록 개를 품고 다니면서 남편은 뒷전이 되어 질투심이랄까, 자괴감이랄까, '이게 뭐지?' 고민하는 힘없는 이 남자에게 누군가 말했단다. "강아지가 사랑받는 이유는 잔소리가 없어서야!"라고. 강아지만큼 사랑받으려면 아무 말도 하지 말아야 하는 건가….

강아지가 상전이 된 이상한 세상에서, 우리 앞집 늙은 영감님 개 돌이는 나이가 많고 시력도 안 좋아서 멀리 가지 못하고 우리 집 앞에다 자주 대소변을 보시는데, 진화계 족보로 따지면 나의 할아버지 아니면 삼촌뻘이 될지도 모르겠다. '만나면 인사라도 해야 하나…?' 고민 중에 그 개돌이 어른께서 돌아가셨단다. 조의금을 해야 하나,

말아야 하나?

이런 일들이 다 사람과 동물의 구별을 없애버린 진화론(유물론)에서 나오는 부작용임을 그 누가 알랴? 우리 그리스도인만이라도 정신을 똑바로 차렸으면 좋으련만….

8) 우주인을 찾아 헤맨다

약 50년 전부터 외계인과의 교신을 위해 신호를 보내고 자료 송신하고 있다는 것을 과학자들은 자랑삼아 말한다. 그런데 이런 일을 하는 과학자의 대다수가 바로 진화론 편에 있는 자들이라는 것이다.

인간에게는 신께서 주신 생각하는 능력이 있다. '드넓은 우주에 수많은 별이 있는데 생명체가 지구에만 있을까?' 하며 그것은 공간 낭비요, 그럴 리가 없다고 상상한다. 아마도 인간보다 더 진화된 생명체가 있을 것이라는 상상은 확신으로 넘어갔고, 이제 곧 그들과 교신하는 일만 남았다고 기대하며 거금을 투자하고 그들을 맞이할 준비로 호들갑이다.

외계인이 타고 다닐 것으로 보이는 UFO(미확인 비행물체)까지 보고, 외계인을 만났다는 스위스의 라엘이라는 사람도 있다. 이들에게는 이것이 하나의 종교같이 되어 버렸다. 이것은 마치 하늘에 막연하나마 어떤 신이 있을 것이라고 상상하고 누군지도 모르는 그 대상을 향해 절하며 빌어대는 꼴이니, 결국 사이비 종교의 구성 요건을 다 갖추고 있는 셈이다.

외계 생명체가 있다는 증거는 없지만, 있을 것이라고 확신한다. 증거는 없지만 믿고 보는 것이다. 누가 망상 환자인지 진단을 해봐야 할 판이다. 이런 데 빠진 사람들은 죽을 때까지 외계인이 밝혀지지 않는다면 허무한 일로 후회하는 게 아니라, 후손들에게 그 일을 계속하라고 유언을 남기거나, 자신의 방법이 틀렸으니 다른 방법으로 찾으라고 할 사람들이다. 이렇게 외계인을 향한 믿음은 의심 없이 대를 이어 가는 것이다. 이렇게 보면 진화론과 함께하는 외계인에 대한 확신은 신의 계시나 아무런 근거도 없이 먼저 믿고 보는 사이비 지식, 하등 종교를 꼭 닮았다.

과학이란 충분한 근거를 가지고 말하는 분야가 아니던가? 그런데 일부 과학은 그 몇 단계가 생략되거나 중간중간이 끊어져 꿰맨 누더기 가설이다. 특히 진화론과 맥을 같이하는 우주과학이나 자연과학 분야 일부가 그렇다. 진화론과 같이 외계인의 실존을 말하는 이들을 보면 우선 믿고 시작하는 사이비성이 크다는 것이다. 아무런 근거는 없지만 분명히 있을 것이라 확신하고 언론이나 방송에 나와 당당히 말하는 것은 과학을 더욱 신뢰할 수 없게 만든다.

그래서 나는 일부 학자들의 허무맹랑한 주장을 보면 학문이 아니라 사이비라는 생각이 떠나지 않는다. 사이비 종교만 위험한 게 아니라 사이비 지식도 위험하긴 마찬가지다. 그런데 그들은 우리가 믿는 창조과학이 사이비 지식이란다.

이들은 화성에 계곡이 보이고 물이 있던 흔적이 보이는 것으로 다른 생명체가 있었거나, 있을 가능성이 높다고 보면서, 그것은 곧 외계인의 존재 가능성을 연상하게 만든다고 말한다. 물이 있으면 생물도 있다고 믿는 것이다. 순수 물에서는 생물이 나올 수가 없는 것은 과학이요 진리다. 그럼에도 그들은 이런 과학의 대원칙을 스스로 어기고 있다. 물이라고 그 속에 무조건 생명체가 있는 것은 아니다. 생명체에서 생명체가 나오는 것이며, 순수 물에서 생물이 나온다고 말할 수 있는 증거가 전혀 없음은 이미 증명되었고, 그 사실은 지금도 역시 변함없다. 최초의 단세포 하나가 아무것도 없는 빗물 속에서 생겨났다고 하는 것은 몽상가들의 추론일 뿐 과학은 아니다. 이러다 달에 방아 찧는 토끼가 있다고 하던데 토기를 찾으러 달에 가 보자는 학자가 나올 것만 같다.

물은 생명을 유지해 주는 매우 중요한 물질이기는 하나 생명체는 아니며, 순수 물만으로 생명체를 만들 수는 없다. 그래서 진화론은 시작부터 잘못되었다는 지적을 받는 것이다. 아무것도 없을 때 우주가 저절로 생겨났다는 것도 가설인데, 생명체라고는 아무것도 없는 물질(수분) 속에서 살아 움직이는 생명체 세포 하나가 생기고, 그것이 수많은 생물로 발전했다고 하는 것은 너무 심한 공상이라고 볼 수밖에 없다. 그래서 과학적으로는 말이 안 되니 '우연'이라는 말로 대체하는 것이다. 이유는 모르지만 우연히 오랜 세월 동안 자연선택으로 생겼다고 우긴다. 그럴수록 인간은 더욱 저급해지는데도 말이다.

생명체는 생명체에서만 나온다는 것이 진리라는 것을 알면서도 자신들의 과학 원리를 파괴한다. 그렇다면 답은 하나밖에 없다. '없음'에서 '있음'이 될 수 있는 길은 오직 하나, 창조다. 즉, 창조주가 바로 생명의 시작이며, 모든 생명체의 근원이 된다. 모든 생명체가 신에게서 나온 것이다. 그게 아닌 '우연'이라는 말은 모른다는 뜻의 또 다른 말일 뿐이다.

그러나 꿈쟁이들은 신을 인정하기 싫어서 자신들의 모순이나 풀지 못하는 문제가 산적해 있지만 포기하지 않는다. 그 세계는 진실의 여부를 떠나 평생 먹거리가 나오고 즐길 만한 상상의 놀이터이기 때문이다.

9) 인간의 도덕성이나 인격은 아무런 의미가 없다

진화론의 부작용은 알면 알수록 어이가 없다. 인간에게 도덕과 윤리가 있고, 사랑과 배려, 인간다움, 신앙, 내세의 소망을 배우며 살고 있는 것은 인간이 동물과 다른 존재임을 가르쳐 주는 것이다.

그러나 우연이라는 자연법칙에는 윤리나 도덕이 있을 수 없다. 동물들에게 도덕이 있는가? 예절이 있는가? 만약 인간이 계획도 없고, 설계도 없고, 목적도 없이 생겨났다면 다른 동물처럼 자연법칙을 따라 살면 된다. 그래서 그런지, 요즘 세상에서 일어나는 것을 보면, 정치적으로나 사회적으로 인간성이 많이 상실된 모습이 보이는데, 그저 인간의 동물적 본능을 따라 살게 해달라고 아우성치며 미친 평등법을 만들기 위해 전쟁터를 만들고 있다. 이것은 본능을 따라 사는 '진화 나라' 무신론자들이 아주 좋아할 만한 현상이다.

리처드는 "종교를 버리면 자유로워진다"라고 말한다. 그것은 종교적 계율, 천국, 지옥 형벌 같은 것들이 인간을 억압하고 힘들게 한다는 의미일 것이다. 그래서 종교(신)를 버리고 자유로워지라는 것이다.

창조주께서는 인간에게 가장 소중한 자유를 주셨지만, 그 자유를 바르고 공의롭게 사용하기를 원하셨다. 그런데 지금의 인간들은 오히려 자유를 가지고 신께 도전하고 있지 않은가? 그러면서 무조건 제한 없이 즐기는 자유가 좋은 것이라고 무한 대중을 속이고 있다.

자유로운 성적 낙원, 자유로운 인권, 자유로운 낙태, 자유로운 성전환, 자유로운 성적 취향, 자유로운 이념 활동, 자유로운 아무 말 대잔치, 자유로운 공산 사회주의 활동 등등.

미국 뉴욕시에 등록된 성(性)의 종류만 31종이나 되고(https://lifeonandon.co), 미 인권위에 등록된 성의 종류는 38종류나 된다고 하는데, 그 정도로 끝나지 않을 것이다. 퀴어 운동을 하는 자들은 다음과 같은 약자를 사용한다. 'LGBTQ+'. 곧 'L'은 'Lesbian'으로 여성 동성애, 'G'는 'Gay'로 남성 동성애, 'B'는 'Bisexual'로 양성애자, 'T'는 'Transgender'로 성전환자, 'Q'는 'Queer'로 이상 성욕자 모두, '+'는 그 외 다양한 성의 종류가 더해질 수 있음을 뜻한다.

다행히 미국의 트럼프가 대통령이 되면서 남성, 여성 두 종류 성만 인정하겠다는 환영할 만한 발표를 했지만, 우리나라에서는 그런 올바른 정신을 가진 용기 있는 지도자가 나올지가 의문이다.

이제 인간이 갖는 성의 종류는 무한대를 향해 달려가고 있다. 각자가 생각하는 성이 바로 그 사람의 성이 되니 말이다. 우리나라에서도 벌써 수년 전부터 성전환 수술을 하지 않아도 정신적 성을 인정해 주는 판결이 여러 건 있었다. 타고난 성보다 정신적 성 정체성을 더 중히 보는 것이다. 그것도 저들의 입장에서는 진화하는 인간의 모습이라고 볼 수 있겠지만…. 진화론은 신이 없는 곳이라면 어디에나 붙어 사는 기생충 같은 존재다.

이제는 인간이 신종 동물화되어 가는 새로운 종의 시대를 맞이하게 된 것인가? 진화론의 눈으로 보면 이상할 게 없다. 생물이 정해진 것이 없이 어디론가를 향해 계속 변해가는 것이 진정한 진화 세계의 모습이니. 혹 대중이 미쳐가는 것도 진화의 한 과정이 아닐까? 하여간 진화론을 들여다볼수록 느끼는 것은 '그 안에서는 정신이 온전할 수가 없겠구나!' 하는 것뿐이다.

10) 적자생존의 법칙을 따른다

적응력이 없는 자들은 도태되는 것이다. 진화론의 절대 법칙은 적자생존(適者生存)이다. 이는 환경에 적응하는 유능한 생물은 살아남고, 적응하지 못하면 사라지는 자연법칙을 말한다. 자연의 진화 법칙대로 본다면 사회에 적응하지 못하는 사람은 죽어 마땅하다. 그것이 냉정한 진화의 세계다. 그리고 실제로 그런 일이 있었다.

히틀러 나치 시절 하다마르(Hadamar, 독일) 수용소에서는 약 16,000명이 살해되었다. 소위 쓸모없는 인간, 즉 장애를 가지고 있어 스스로 살아갈 수 없는 문제를 안고 있는 사람들을 골라 대량 살상한 것이다. 히틀러가 이런 일을 자행한 이유는 다윈이 쓴 진화론을 보며 '강자만이 살아남는다'라는 약육강식의 원리를 따른 것으로 확인된다(다큐 〈허용되지 않은 지성〉 중).

히틀러는 다윈의 진화론을 읽으며 사회를 구성하고 지상 낙원을 건설하는 데 우량종만 남기고 무능한 잉여 인간은 죽여도 된다는 판단을 내린 것이다. 그렇게 다 죽여서 질병이 없고 장애가 없는 이상적 세계를 건설하려던 것이었다.

그가 무참히 죽인 유대인만 약 600만 명이 넘고, 게르만족의 도태를 막고 자신들이 살아 남기 위해 남의 땅을 침략하여 전쟁으로 죽인 사람들까지 헤아리면 역사상 그만한 살인마가 없다. 그가 이런 살인마가 되는 데 큰 역할을 한 것이 있다면 바로 진화론이다. 그러나 리처드와 그 친구들은 이런 부작용은 감추고 딴소리만 한다.

진화론으로 무장된 적자생존의 사회를 만든다면 이와 같은 참담한 일들을 불러올 수도 있는 것이다. 아니라고 누가 장담할 것인가? 이래도 진화론의 부작용을 가볍게 볼 것인가? 전부는 아니겠지만, 한 사람이라도 진화론 혹은 무신론을 근본으로 삼는 자가 권력을 잡으면 히틀러만큼 잔인하거나 사악해질 가능성은 근현대사만 봐도 충분히 알 수가 있다.

그러므로 인간은 이제 각자가 살아 남기 위한 수단과 방법을 찾아야 한다. 아니면 내가 죽는다. **남을 짓밟고서라도 살아야 한다.** 대량 살상을 해서라도 살아 남아야 하는 이유를 제공하는 게 바로 진화론이다. 생존 능력이 클수록 그는 유능하고 우량한 종으로 대우받고 인정받는 것이다. 이게 진화론에서 가르쳐 주는 약육강식의 생존 법칙이다.

리처드가 《이기적 유전자》에서 말하는 것처럼, 인간은 이기심으로 가득 차서 살아가는 존재이기에 살기 위해서는 무슨 짓을 해도 이상할 게 없다. 혹 그래서 리처드는 자신들이 살아 남기 위해 종교를 그토록 죽이려 드는 건가?

진화론의 원리로 세상을 만들어 간다면, 약하고 무능한 장애인 같은 사회적 약자를 가두거나 죽여버리는 무섭고 살벌한 세상이 될 것이 뻔하다. 그들은 종교의 부정적인 측면만 강조하며 없어져야 한다고 하지만, 진화론의 부정적 측면이야말로 이만저만이 아니다. 적자생존의 살벌한 세상을 막고, 그나마 도덕성과 인간애를 보여 주는 것이 종교임을 누가 부정하겠는가? 실제로는 종교의 순기능이 더 많다.

세상에 리처드 같은 사람이 가득하다고 생각해 보자. 똑똑하고 많이 배운 자들은 못 배우고 순진한 사람들을 지배하고 군림하게 될 것이다. 각종 장애가 있거나 지능이 떨어지는 사람들을 진화 생존 법칙을 따라 무용지물로 남아도는 잉여 인간 취급할 것이다. 이들은 제2, 제3의 히틀러가 될 가능성이 아주 높다. 이런 자들에게 영향력 있는 자리나 큰 권력이 주어지지 않도록 해야 할 것이다.

진화론자와 함께할 수 있는 자로 토머스 멜서스(Thomas Malthus, 1766~1834)를 들 수 있다. 영국의 경제학자이자 인구학자였던 그는, 자신의 가장 유명한 저서인 《인구의 원리》(An Essay on the Principle of Population)에서 인구 성장과 자원의 한계에 대한 이론을 제시하면서 필요 이상의 인구를 막기 위해 결혼 연령을 늦추고 출산을 제한해야 한다고 역설했다. 먼저 태어난 자들의 살아 남기 위한 횡포가 시작된 것이다. 그런 현상의 대표적인 게 바로 낙태다. 내가 편히 살기 위해 태아를 죽이고 아예 출산을 거부하는 것이 바로 적자생존의 법칙인 것이다. 진화의 논리로 만들어지는 세상은 무엇이든 안 될 게 없다.

진화의 논리로 무장된 자들은 그런 세상을 만들어 가고 있지만 일반인들은 전혀 생각지도 못한 채 진화론(무신론)이라는 블랙홀에 아주 서서히 빨려 들어가고 있다. 이래도 진화론으로 흘러가는 세상을 가볍게 볼 것인가?

11) 우생학적 시도를 낳았다

19세기 후반과 20세기 초반에 인기를 끌었던 우생학(優生學, eugenics)은 인간의 유전적 특성을 개선하고 인류의 품종을 향상시키기 위한 과학적 접근 방식이다.

- **유전적 선택:** 우생학은 특정 유전적 특성을 가진 개인의 출산을 장려하고, 반대로 원치 않는 유전적 특성을 가진 개인의 출산을 억제하는 것을 목표로 한다. 정자와 난자를 은행에 넣어 놓았다가 우월하고 지능이 높은 사람의 것을 선별적으로 구입하여 인공적으로 임신하는 것은, 인간 등급을 매기는 데 이용되고, 대리모 정도가 아니라, 이제는 산모의 자궁과 같은 인공적 환경을 조성하여 열 달을 키우는 것이 곧 가능할지도 모른다. 우생학적 시도는 아직 완성되지 않았으며 포기되지도 않았다. 이렇게 인간이 상품화되는 시대는 머지않은 이야기다. 인간을 생물학 관점에서만 보는 진화론에서는 얼마든지 가능하다.

- **정신적 및 신체적 특성:** 우생학자들은 지능, 신체적 건강, 성격 등 다양한 특성을 기준으로 '우수한' 유전자를 가진 사람들을 선별하고, '열등한' 유전자를 가진 사람들의 출산을 제한하려고 했다. 실제로 미국에서 우생학 실현을 위해 5만여 명을 제거했다(《추방: 허용되지 않은 지성》 중).

이것 또한 진화론과 아주 밀접하다. 이런 일은 나치 독일 다카우 수용소에서도 자행되었다. 우수한 인간의 혈통을 얻기 위해 유대인, 동성애자, 장애인을 대상으로 인종 청소 수준의 만행을 저지른 것이다.

더 우수한 인간을 만들어 인류 발전을 이루고 게르만족의 우수성을 남기고자 했던 것이다. 히틀러는 미쳤다기보다는 우수한 인종을 남기고자 열등한 사람을 죽이는 그 일이 옳은 일이라고 확신했을 것이다. 그를 그렇게 만든 것은 인간을 등급으로 나누는 진화론이다.

진화론의 생존 법칙은 우수한 종자만 남는다는 것이다. 그것을 인간에게도 적용하여 실현하고자 했다. 이렇게 진화론은 인간을 개량할 수 있는 품종으로도 보이게 한다. 그래서 비인간적 실험도 서슴지 않는 것이며, 경제적 측면에서 도움이 되지 않는 사람은 도태시키며, 리처드의 생각처럼 아직 태어나지 않은 태아를 죽여도 된다는 악마의 심보를 만든다. 약육강식이 횡행하고 인간 등급이 매겨지는 사회가 바로 진화론의 진짜 얼굴이다.

12) 학문의 자유를 빼앗아 간다

지금 과학의 세계에서 일하는 학자들은 생계를 위해서 양심을 버리거나 소신 있는 발언조차 할 수 없다는 게 현실이다. 〈추방: 허용되지 않은 지성〉의 끝부분에서 한 과학자는 이렇게 말한다. "지시가 아닌 독립적으로 연구하는 학자가 많아지기를 바란다." 이 말은 학자들이 누군가에 의해 억압받으며 학자의 양심이 자유롭지 못한 억압된 상황에 처해 있다는 것을 말해 주고 있다. 과학자들이 자유롭지 못한데 어찌 제대로 된 지식이 나오겠는가? 특히 진화론과 조금이라도 다른 길을 가는 학자들은 살아갈 길이 막히는 것은, 모두 리처드 같은 부류들이 벌이는 일일 텐데 말이다. 현실이 이럴진대 악마의 또 다른 얼굴이 있다면 바로 진화론이 아닐까?

13) 그리고 대중은 리처드 같은 자들에게 계속 속을 것이다

엄밀히 말하면 리처드는 학자라기보다 무신론을 위해 싸우는 반종교 운동가라고 보는 게 더 타당할 것이다. 그가 하는 일을 보면 과학자로 가장한 반기독교 운동가라는 확신을 주기 때문이다.

그는 세상(생물)의 시작이 어떻게 시작되었는지 모른다고 주저 없이 말하면서도, 그 모르는 부분을 신께서 하신 것일 수도 있지 않느냐는 집요한 질문은 끝까지 의도적으로 회피한다. 그러면서도 만약 누군가에 의해 세상이 만들어졌다면, 그는 신이 아니라 인간과 같이 진화의 과정을 거친 외계의 월등한 지적 생명체일 것이라고 말한다 (《추방: 허용되지 않은 지성》 중). 우주의 모든 것이 진화된 것이니 우주에 생명체가 있다면 그 또한 진화된 생명체라고 보는 것이다. 신의 존재는 증거가 없어서 믿지 못하겠다고 하는 자가 우주인의 존재는 증거가 없어도 믿을 수 있다고 하니, 이들을 가까이하는 것은 정신 건강에 심히 해로운 것이 확실하다.

그는 초월적인 존재인 신을 믿느니 차라리 진화된 외계인을 믿겠다는 것이다. 진화론을 확신하는 모든 학자는 외계인이 지적 설계자의 주인공이 될 가능성을 더 높이 보고 있다. 그들에게는 무조건 신이 존재하면 안 되는 다른 이유가 있다는 확신이 들 정도로 신을 거부하는 정도가 병적이다. 말하자면, 진화론은 사람을 **뻔뻔하게** 하고 심각한 정신 부조화 환자로 만들어 버리는 신비한 능력이 있다는 것이다.

대중의 망상을 종교라고 한다면, 과학자의 망상은 뭐라고 불러야 하는가? 사기꾼? 바보? 정신병? 공상 과학 시나리오 작가? 아니, 그보다는 소설가가 가장 적당할 듯하다. 그것도 공상소설가.

19

사람과 동물의 가치 차이

사람과 동물의 가치는 얼마나 차이가 나는 것일까? 진화론으로 보는 인간은 하찮기만 하다. 이것을 두고 볼 수만은 없다. 일반적인 시각으로 보더라도 **진화론에서는 인간의 존엄성이란 찾아볼 수가 없는 게 사실이다. 인간이 다른 동물보다 소중하고 고귀한 존재라는 내용이 한 가지도 없다.** 어쩌면 이럴 수가 있을까? 정말 아무것도 없다.

진화된 모든 자연만물과 함께 인간도 무계획, 무작위, 무목적, 무의미로 만들어졌으니 무엇을 찾을 수 있겠는가? 인간이 무엇인지 할 말이 원천적으로 없다. 이에 따르면 나란 인간이 이렇게 허무할 수가 없다. 그래서 **진화론에 심취하면 허무주의와 삶의 회의에 빠지기 쉬운 것이다. 이런 허무한 인생을 바꾸려면 창조론이 아니면 답이 없다.**

성경은 인간의 가치가 동물과는 차원이 다르다고 말한다. 마가복음 5장에는 예수께서 거라사 동네 무덤가에서 사는 귀신 들린 한 사람을 치유해 주시는 내용이 나온다. 군대 귀신으로 불릴 만큼 많은 귀신이 한 사람의 몸에 들어가 괴롭히고 있어 그 누구도 그를 결박하거나 제압할 수 없었다.

예수께서 가시자 귀신이 자기를 괴롭게 하지 말라고 애원하지만, 예수님은 "더러운 귀신아! 그 사람에게서 나오라" 하고 명하신다. 귀신은 할 수 없이 근처에 있는 돼지 떼를 염두하고 "우리를 돼지 떼에게로 들어가게 하소서" 하고 간구한다. 예수께서 허락하시자 귀신들이 즉시 돼지 떼로 옮겨 들어가고 돼지들은 갑자기 미친 듯이 바다를 향해 내리달아 몰사하고 귀신 들렸던 사람은 온전해졌다.

막 5:13 허락하신대 더러운 귀신들이 나와서 돼지에게로 들어가매 거의 이천 마리 되는 떼가 바다를 향하여 비탈로 내리달아 바다에서 몰사하거늘

사람에게 붙어 있던 귀신들을 추방하는 일로 인해 돼지 2천 마리가 몰사한 것이다. 요즘 값어치로 따지면 약 10억 원의 재산 피해다. 한 사람을 살리는 데 동물 2천 마리를 희생시킨 것이다. 그 동네 사람들은 예수가 떠나기를 간청한다. 또 다른 재산 피해를 우려했기 때문이다. 도대체 한 사람이 무엇이길래 예수님이 이렇게 큰 피해를 허락하셨을까?

이런 기사를 보면 리처드란 사람은 다른 데 초점을 두고 말할 게 뻔하다. 그냥 고쳐주면 될 것을 누군가 돼지 2천 마리나 되는 손해를 보게 되었는데 그게 말이 되느냐면서 이해할 수가 없다고 비난할 것이다. 그래서 리처드 쪽 사람들은 성경을 보면 안 된다는 것이다. 돼지 주인의 큰 손해가 있었으나 그것은 사사로운 차원이다. 좀 더 크게 보면 그 모든 것이 창조주의 것이니 예수님이 사람을 살리기 위해 베푸실 수도 있고, 거두실 수도 있는 것이다. 그래서 성경은 창조론을 수용하지 않으면 볼 수 없는 책이다.

이 사건은 한 사람이 짐승 2천 마리를 쉽게 포기할 정도로 중요하고 가치 있는 존재라는 것을 보여 준다. 아마도 2천 마리가 아니라 2만 마리가 있었다 해도 예수님은 똑같이 행하셨을 것이다. 아니, 나중에는 죄인의 대속을 위해 자신의 생명까지 내놓으시는 분이시니, 돼지 2천 마리가 뭐 그리 대수로운 일이겠는가?

이 기사는 예수께서 귀신도 순종해야만 하는 위치에 계시며, 한 사람이 동물보다, 아니 만물보다 귀한 존재라는 것을 가르쳐 주는 것이다. 인간과 비교한다면 동물은 가치가 없다. 가치가 있어 봤자 사람이 다스리는 필요 소모품 정도다. 존재 가치는 비교할 수가 없을 정도로 차이가 난다. 이렇게 말하면 나를 비난할 사람이 많을 것이다. 그러나 동전 한 개도 나름대로 가치가 있지만 지구 전체와 비교하겠는가?

나는 지금 내 개인적인 의견을 말하는 게 아니다. 주님께서 사람을 어떤 존재로 여기시는가를 냉정하게 말하고 있다. 분명 사람은 짐승과 다른 피조물인 것이 확실하다. 창조주께서 동물과 사람을 차별 대우 하시는 것을 보면 분명해진다. 한 영혼이 천하보다 귀한 것은, 예수께서 친히 이 땅에 오시어 죄인을 위해 죽기까지 사랑하시고 수많은 동물을 희생시키신 것으로 증명되었는데 무슨 설명이 더 필요한가?

> **요 10:15** 아버지께서 나를 아시고 내가 아버지를 아는 것 같으니 나는 양을 위하여 목숨을 버리노라

이 구절에서 '양'은 사람을 비유할 때 자주 쓰는 말인데, 이것이 사람이 아니라 동물을 의미한다고 생각하는 사람은 동물 구원을 믿는 사람들뿐일 것이다. 예수께서 오직 사람의 구원을 위해 오신 것은 의심의 여지가 없다. 다음 구절은 우리를 더욱 확신케 한다.

> **요 13:1** 유월절 전에 예수께서 자기가 세상을 떠나 아버지께로 돌아가실 때가 이른 줄 아시고 세상에 있는 자기 사람들을 사랑하시되 끝까지 사랑하시니라

● **동물은 사람을 위한 소모품으로 이용되게 하셨다**

구약의 이스라엘 백성은 제사 때마다 동물을 잡아 제물로 드렸는데, 절기 때마다 혹은 속죄용으로 온 백성이 제물을 드려야 했다. 소, 양, 염소, 또 가난한 자는 비둘기나 고운 가루까지 드리며 제사해야만 했다. 전 국민이 이런 제사를 드려야 했으니 얼마나 많은 짐승이 죽었을까? 해마다 한 번씩만 제사해도 수백만 마리가 죽어 나갔을 것이다. 그렇게 하도록 창조주께서 허락하신 것이다. 짐승은 인간을 위한 소모품이라고 보아도 지나친 것이 아니다.

사람과 짐승은 결코 같은 조상의 자손이 아니며, 동등한 권리를

지닌 것도 아니다. 진화론을 주장하는 자들이여! 당신들이 무슨 짓을 해왔는지 아는가? 사람을 동물이라고 가르치고 있다. 우리는 어린 학창 시절에 모르고 배웠고 속은 것이다. 이제는 당신들의 그 소설책을 찢어버리고 싶을 뿐이다. 당신들은 오래전부터 나의 신분을 짐승 수준으로 격하시켜 왔으며, 그것도 모자라 이제는 창조주를 향해 도전장을 내밀었으니, 그것은 당신들의 실체가 무엇인지 드러내는 것이 아닌가? 무엇인지도 모르는 동물의 족보에 나를 올려놓은 당신들의 수작은 불쾌한 정도가 아니라 나를 분노하게 만든다. 그동안 진화론의 정체도 모르고 농락당했다는 기분까지 든다. 알면 알수록 속았다는 사실에 분노가 치미는 것은 진화론의 진짜 얼굴을 몰랐기 때문이다. 이 글을 읽는 대다수가 그럴 것이다.

이제는 당연시되는 진화론의 자리를 빼앗아야 할 때다. 알고 나면 많은 사람을 불쾌하게 만들고 농락하는 그들에게 이제 조용하도록 일침을 가해야 할 때다. 진화론을 학교에서 가르치는 한, 이제부터라도 창조론도 겸하여 가르치는 것이 당연한 순리일 것이다.

● 동물은 식용으로도 허용하셨다

창 9:3 모든 산 동물은 너희의 먹을 것이 될지라 채소같이 내가 이것을 다 너희에게 주노라

이 말씀은 동물과 인간의 차이를 단호하게 가르쳐 준다. 하나님께서는 노아 홍수 직후부터 육식을 허용하셨다. 비록 정한 동물과 부정한 동물로 구별하셨지만, 육지 동물이나 수중 동물, 공중의 새까지 먹을 수 있는 동물이 많았다.

이 말씀은 동물과 인간의 존재가치를 실감 나게 체험적으로 가르쳐 준다. 창조주께서 정하신 먹고 먹히는 관계 설정은 인간과 동물의 관계가 비교 불가하다는 것을 말해 주는 것이다. 누가 감히 동물과 인간의 권리가 동등하다고 하는가? 동일한 것은 하나님의 피조물이라는 사실뿐, 그 이상은 아니다.

사람과 동물의 권리나 신분은 하늘과 땅 차이다. 그것은 다른 피조물과 비교해서 사람은 극상의 차별 대우를 받는 것으로 나타난다. 짐승은 사람의 비교 대상이 될 수 없다. 적어도 우리 그리스도인은 사람과 동물의 차이점을 성경에서 배워야 할 것이다. **동물은 사람의 관리나 다스림의 대상일 뿐, 결코 인간의 자리를 내주어야 할 만큼 격 높은 존재가 아니다. 나는 성경으로 비추어 볼 때 동물이 사람과 같은 대우를 받는 것은 인격 모독에 해당한다고 말하고 싶다.**

　그러므로 인간은 동물 앞에서 우월감을 가져도 된다. 필요에 따라 부려 먹어도 되며, 사냥을 하거나 물고기도 잡아먹을 수 있다. 황소에 멍에를 지우고 쟁기질을 시키거나, 우마차를 끌게 할 수도 있다. 지금껏 그렇게 해왔으며, 그것이 회개할 일은 더욱 아니다. 그것은 창조주께서 허용한 일이고 수천 년을 이어 온 일이다.

　동물애호가들이 하는 말처럼 동물은 떠받들어 가며 매일 함께 한두 시간씩 놀아주도록 할 강제적 의무감을 부여할 만큼 그리 대단한 존재가 아니다. 그것은 개개인이 알아서 해도 되고, 안 해도 되는 자유로운 부분이다. 개인적으로 좀 불편한 것은 오늘날 잠시 유행인지는 몰라도 동물의 격을 너무 올려놓아 심지어 어느 부분에서는 사람과 동물을 구별하지 못할 지경이라는 것이다.

　오해하지 말라! 나는 지금 동물과 인간을 냉정하게 비교하는 것뿐이지, 동물을 괴롭히라거나 필요 없다고 말하는 게 아니다. 나도 지금 강아지 3마리를 기르며 고양이, 햄스터, 앵무새, 닭, 토끼까지 기른 적이 있다. 지금도 넓은 마당과 환경만 조성된다면 다양한 동물을 모아놓고 손자들과 함께 즐거운 시간을 갖고 싶다.

　그것과는 별개로 인간과 동물을 비교함에서는 내가 조금의 망설임 없이 말할 수 있을 정도로 그 차이점이 분명하다는 것이다. 인간은 동물과 비교 불가다. 그것은 창조주께서 그리 만드셨으며 구별하신 것이다. 유기 동물이나 병든 동물을 살피고 돕는 일을 비난 할 사람은 없다. 사람과 자연이 어울려 서로 도움을 주고받으며 사는 것이 아름답고 건강한 세상이 아니겠는가?

　동식물 나름대로 존재 목적이 있고 의미가 있더라도 동물은 사람이 될 수 없고, 사람은 동물이 아니다. 이 둘을 구별할 수 없게 만드는 것은 인간에게는 불행에 가깝다. 부작용이 한둘이 아니기 때문이다. 그것은 곧 진화론 세상을 확대하는 것이기 때문이다. 사람과 동물은 모두 진화가 만든 동물의 일종이라고 보는 그런 세상에서 인간의 가치는 떨어지게 되어 있다.

● 진화론은 결코 사람의 격을 높이지 못한다

진화론이 사람의 격을 저급하게 낮추거나 혹은 동물을 사람 수준으로 끌어올려 놓고 대우하는 것은 말도 안 되는 비인간적 행태다. 결혼해도 일부러 자녀를 낳지 않는 대신 짐승을 자녀 삼아 기르는 것은 자손을 복으로 주신 하나님을 거스르는 것이요 시대의 비극이다.

창 1:28 하나님이 그들에게 복을 주시며 하나님이 그들에게 이르시되 생육하고 번성하여 땅에 충만하라

자식은 하나님이 주신 복이다. 인간에게 주신 복 중에 가장 첫 번째로 주신 복이라는 말이다. 그런데 이제는 자식이 웬수요, 짐 덩어리요, 내 삶을 불행하게 하는 존재가 되어, 나의 편리를 위해 출산하지 않으며, 낙태하고 동물로 자녀를 대신하는 것은 이기적인 본능과 진화론이 가르쳐 주는 적자생존의 법칙이다. 그래서 진화론에서는 사람의 격이 자꾸 떨어지는 것이다.

● 사람은 동물과 다른 차원의 존재로 창조되었다

창 1:26-27 하나님이 이르시되 우리의 형상을 따라 우리의 모양대로 우리가 사람을 만들고 그들로 바다의 물고기와 하늘의 새와 가축과 온 땅과 땅에 기는 모든 것을 다스리게 하자 하시고 하나님이 자기 형상 곧 하나님의 형상대로 사람을 창조하시되 남자와 여자를 창조하시고

동물은 말 그대로 물질에 불과한 존재이며 죽으면 그만이다. 그래서 동물에게는 구원의 복음이 필요 없으며, 예수님 대속의 희생이 필요 없다. 그러나 사람은 하나님의 형상을 따라 창조된 영혼이 있는, 지(知), 정(情), 의(意)가 있는 인격적 존재이면서 사라지지 않는 영원한 존재로 창조되었다. 그래서 하나님은 유독 인간과 교통하시고 그 뜻을 계시하시며, 인간은 그를 숭배하는 신앙심이 가능한 것이다. 사람은 결코 동물과 같은 선상에 있지 않은 고귀한 존재임이 틀림 없다.

동물은 사람을 위해 만들어진 존재라고 해도 지나치지 않다. 사람의 필요에 따라 소비되는 소모품 같은 것이다. 그렇다고 물론 동물을 마구 학대해도 된다는 말이 아니다. 사람과 동물의 근본적 존재 이유와 차이를 말하는 것이다. 사람은 창조주를 경배하며 높이고, 동물은 사람에게 다스림을 받는 게 각자의 위치다.

- **예수님은 사람을 위해 오셨으며 십자가에 죽으셨고 부활하셨다**

사람은 동물과 다른 차원의 존재임이 틀림없다. 사람은 동물의 가치와 비교한다면 절대적 가치를 지닌다. 짐승과 사람이 사는 세계는 차원이 다르다. 한마디로 예수님이 오직 사람을 위해 오셨다는 사실은 동물과 인간의 차이점을 극적으로 보여 주는 것이다. 그래서 동물들은 주어진 본능과 자연 순리를 따라 살고, 사람은 인간의 덕목과 창조주의 말씀을 따라 그를 경배하며 산다. 짐승은 땅의 먹을 것만 찾으며 살고, 사람은 좀더 나은 정신적, 도덕적, 영적 가치를 추구하며 산다. 하나님은 인간을 엄청나게 사랑하신다는 사실은 성경의 수많은 곳에 기록되어 있다.

마 9:13 나는 의인을 부르러 온 것이 아니요 죄인을 부르러 왔노라 하시니라

요 10:10 내가 온 것은 양으로 생명을 얻게 하고 더 풍성히 얻게 하려는 것이라

한마디로 사람이 동물과 다른 차원의 존재인 것은 창조주께서 인간을 특별하게 만드시고 대우해 주시는 것 때문이다. 하나님의 관심과 사랑이 오직 사람을 향하고 그들을 천국 백성 삼으시는 것에 있다는 이 사실이 우리를 더욱 구별되게 하고 존귀하게 만드는 것이며 논란의 여지가 없다.

사람과 동물은 각자의 존재 이유와 가치가 다르기 때문에 사는 방식도 다르고 추구하는 것도 다른 것이다. 사람도 진화된 동물의 일종이라면 사람만 이렇게 큰 차이가 날 수는 없다. 혹 육식 또는 초식을 하든가, 혹은 잡식성이든지 조금 다를 수는 있을지언정, 사람과 짐승이 이렇게 완전히 다른 차원의 모습을 갖는 것은 신의 차별적 창조가 아니면 불가능하다는 답을 제공한다. 답을 시원하게 찾지 못하는 저들은 우연이라는 말만 되풀이할 뿐 다른 대안이 없다. 그만큼 진화론에는 인간에게 유의미한 것이 없다는 말이다.

시 49:20 존귀하나 깨닫지 못하는 사람은 멸망하는 짐승 같도다

이제 선택하라! 둘 중 하나가 당신의 가치를 결정한다.

<u>"당신은 진화론이 만든 인간인가,
창조주가 만든 인간인가?"</u>

20

진화론의 폭력성

　미국 국립과학협회는 창조설을 허용하지 않는다. 학교나 관련 기관에서 지적 설계론(창조론)을 조금이라도 지지하거나 언급하면 파면당한다. 과학은 종교와 연계하지 않다는 철칙이 있는 것이다. 영국의 왕립학회나 리처드가 자랑스레 인용한 미국의 국립과학협회도 역시 무신론의 성격이 강한 단체일 뿐이다.

　2008년 미국에서 방영된 다큐 영화 〈추방: 허용되지 않은 지성〉은 충격적 내용을 고발하고 있다. 진화론계에서는 지적 설계론을 말하는 자에게 중징계를 내리면서 퇴직을 명하고, 어디서나 취업하지 못하도록 요주의자 명단에 올려 버린다.

　고대 박물관에서 편집자로 일하던 리처드 스턴버그는 어느 논문의 지적 설계가 담긴 내용 일부를 올렸다가 파면당했다. 그가 느낀 바는 자신을 마치 테러리스트처럼 취급했다는 것이다. 진화론에 테러를 가한 강력 범죄자로 말이다. 그만큼 다른 의견을 가질 수 없는 철벽이 만들어진 것이다.

　이런 취급을 당하는 일들이 한두 건이 아님이 밝혀지면서 진화론계에서는 학문의 자유를 허용하지 않는다는 사실이 밝혀졌고, 진화론에 의문을 제기하는 것조차 징계의 대상이라는 것이 현실이다.

　이런 심각한 문제를 알게 된 벤 스타인(Ben Stein)이라는 사람이 다큐 영화를 제작하여 상영하기에 이른 것이다. 미국의 일부 과학계는 오직 진화론이 아니면 취업할 수 없고, 진화론 외에는 말도 할 수 없는 게 현실인 것으로 밝혀졌다.

　어느 천문학 교수는 말한다. 이런 과학계에서 출세하려면 기독교

창조론이나 지적 설계론을 말하면 안 된다고 말이다. 진화론은 이제 철권을 휘두르면서 진화론 외에 다른 말은 아예 못 하도록 입을 봉해버리고 있다. 이 다큐가 2008년도에 나왔으니 학문의 자유가 사라진 지 벌써 오래되었다는 이야기다. 학문의 세계가 이렇게 강압적 분위기라는 사실을 일반인들은 모른다. 이 정도라면 다른 분야는 몰라도 진화를 추종하는 자연과학계는 학문 분야가 아니라 폭력 집단과 다를 바가 없다.

미국뿐 아니라 한국에서도 학교 선생님이 창조론을 조금이라도 언급했다가는 심한 비난과 협박을 받거나, 또는 자리를 유지하기 어려우리라는 것은 안 봐도 뻔한 일이다. 세상은 이미 가설로 엮어 놓은 진화론으로 기울어진 지 오래되었다.

창조론은 물론 지적 설계론조차 아예 말도 꺼낼 수 없는 게 현실이니, 생물에 관한 다양한 학문 발전의 가능성은 사라진 것이다. 알고 보니 일부 과학이라는 세계가 이렇게 살벌하고 편협한 세계였다. 학문의 자유를 보장하는 것은 다양한 연구를 통해 토론과 비교를 해가면서 수정하고 성장하려는 것인데, 완성된 이론도 아닌 진화론계의 폐쇄성과 강압성, 폭력성이 있는 한, 학문의 자유를 통해 인간의 지성을 넓히고 성장해 가는 것은 불가능하다.

반대로, 창조론계에서 진화론이라는 말도 하지 못하게 조직적으로 괴롭히고 협박하거나 직장에서 해고한다면 뭐라고 말할 것인가? 창조론에 의문만 제기해도 승진에서 탈락시키고 학계의 주의할 인물로 따돌린다면 그들이 어떻게 나올지 궁금하다. 자신들이 당한다면 도저히 참을 수 없는 일을 타인에게 가하고 있는데도, 진화론계 내에서 그런 일을 하지 말자고 목소리를 내는 양식 있는 학자도 없다. 자칫 하다가는 처량한 신세가 되는 게 두려운 것이다. 오히려 이들은 지적 설계나 신의 창조론을 잠재우기 위해서 더욱 힘을 모으고 있는데, 이것이 비단 미국에서만 있는 일은 아닐 것이다.

이런 일을 하는 진화론계는 이제 교주 하나를 위해 존재하는 폭력을 겸비한 사이비 종교 집단과 다르지 않다. 이런 현실을 보는 리처드와 그의 동료들은 자신들의 힘이 강력해졌음에 미소를 띠며 진화론의 세상이 왔다고 자축할 것이다. 이들은 더 나아가 지적 설계론(창조론)을 학교에서 가르치는 것은 학생들의 지적 성장에 방해가 되며 오직 진화론만이 유익하다고 강조한다.

학문의 자유를 파괴하는 이 같은 부류들은 이제 학자가 아니라 폭력배와 다르지 않다는 것을 다 알지만, 살아 남기 위해 침묵하거나 진화론 편에 서 있어야 하는 학자들은 양심을 팔면서 호구지책으로 살아간다.

그래도 그들 중 양심이 살아 있고 인격이 성숙한 학자 몇 명은 남아 있기를 기대하지만, 많은 학자가 살아남기 위해 관련 인터뷰도 두려워하며 숨거나 침묵하는 법을 배우는 중이다. 이제는 학문의 세계가 순수학문으로 사는 게 아니라, 조직적으로 움직이며 다양한 미디어를 통해 선동하며 위협적으로 대중에게 다가가고 있다.

그들이 말하는 지적 설계를 허용하면 안 되는 이유는, 그것을 받아들이면 다음엔 기도회를 허용하고 그다음엔 창조주 하나님을 말할 것이기 때문이란다. 즉, 그들이 지적 설계론을 그리도 반대하는 가장 큰 이유는 지적 설계론이 타당성이 없어서가 아니라, 유신론으로 연결되는 게 싫은 것이다.

동네 건달은 금새 알아보고 피할 수 있지만, 지식 세계의 건달은 한참이 지난 다음에야 알게 된다는 것이 문제다. 하여간 진화론은 신이란 존재가 그리도 싫은 것이다. 신이 있다고 해도 별것 아닌 존재로 끌어내려야 하고, 나약하거나 사악한 신으로 만들어야 하는 운명적 덫에 걸려 있다. 거듭 말하지만, 진화론 과학계는 순수한 학문이 아니라 반종교단체, 반기독교 단체로 보아야 할 때가 왔다. 과학으로 시작해서 반종교단체 일원이 되도록 하는 게 진화론이라는 생각이 강하게 든다.

그래서 《만들어진 신의 의미는 무엇인가》의 저자 유성오 선생은 자신의 글에서 시종일관 이들의 학문을 '진화교'라고 호칭한다. 종교적 믿음이 없이는 입문할 수 없기 때문이다. 증명도 안 되고 알지도 못하는 진화의 과정을 의문도 갖지 못하고 무조건 믿어야 한다고 강요하는 진화론은 이제 학문이 아니라 살벌한 사이비 종교 집단과 다르지 않다. 실력 있고 저명한 학자들이 진화론에 의문을 제기하거나 지적 설계론을 거론하기만 해도 해고하고 블랙리스트에 올려 버리는 이들의 행태는 비난받아 마땅하다. 우리나라 진화론 학계 분위기는 좀 다르기를 바랄 뿐이다.

리처드는 진화론을 믿지 않는 사람은 미쳤거나 바보요, 신을 숭배하는 사람들도 어리석은 망상가라고 서슴없이 말한다. 그러나 미국의 조나단 웰스(Jonathan Wells)라는 과학자는 해결하지 못한 문제가 많은 진화론이 오히려 더 해롭다고 말한다(《추방: 허용되지 않은 지성》중).

이제는 종교인뿐 아니라 일반인들도 순수하지 못한 진화론계를 향해 목소리를 내야 할 판이다. 누구의 것인지도 모르면서 사람의 것과 비슷하기만 하면 유인원이라고 우기는 그들은, 종교와 연결 짓지 않는다면서도 기독교를 함부로 언급하고 증오하는 일을 감추지 않는다. 이들이 속한 곳은 과학계가 아니라 반종교단체요, 이들의 목표는 모든 종교를 어리석고 바보 같은 거짓이라고 선동하여 종교를 아예 사라지게 하는 것으로 보인다. 그 행동대장이 바로 리처드 도킨스다.

그렇다면 이제 진화론계의 이런 과격한 도전은 종교와의 전쟁이라고 해야 할 판이다. 진화론계 안에서 다른 의견을 내면 불이익을 가하고, 취업도 못 하게 만드는 일은 횡포요 건달들이나 하는 일인데 보고만 있을 수는 없지 않은가?

실제로 리처드는 자신의 저서 《만들어진 신》이 **"오랫동안 준비해 온 종교를 향한 전쟁이라"**고 밝혔다(《추방: 허용되지 않은 지성》중). 이들은 일찍이 종교를 향해 전쟁하듯 활동해 온 것이다. 창조론을 믿는 우리는 진화론자들이 그렇게 종교를 향해 도전적이고 적대적 의도를 가지고 활동하는지 알지 못했다. 이제야 왜 책이나 인터뷰에서 그의 종교를 향한 발언이 전투적이고 거칠었는지 이해된다. 그렇다면 우리도 전투적 태세로 전환할 필요가 있다. 전쟁이라면 체면이나 신사적인 대우는 기대할 수 없다. 적을 향해 할 수 있는 공격은 다 할 수밖에 없다.

이들이 이런 충돌적 성향을 보이는 것은 진화론의 문제라기보다는 세계관의 문제이기도 하다. 무신론자나 종교에 적대적인 자가 진화론으로 무장되면 무신론의 확신이 더욱 견고해지고, 그 진화론을 종교를 향한 전쟁 무기로 사용할 수밖에 없는 것이다. 그런 면에서 진화론의 세계관은 적자생존의 원리에 충실한 거친 인생들을 양산할 것이다.

리처드가 바로 그런 성향을 보이는 대표적인 사람이다. 그의 언행으로 보면 상당한 적대감이 드러나 보이는 게 사실이다. 그는 종교를 언급할 때마다 이빨을 드러내고 으르렁거리는 맹수와도 같은 살벌함을 발산한다. 그렇다고 과학을 하는 사람들이 다 무신론자는 아닐 것이다. 진화론자라 할지라도 종교에 적대적이지 않거나 불가지론의 입장을 취하는 이도 있을 것이고, 창조를 지지하는 과학자나 물리학자, 생물학자도 많다. 단지 리처드 같은 자들의 언행이 도를 한참 넘어 우리의 영역을 훼손하는 지경에 이르러 심각성을 더하는 게 문제다.

다큐 영상을 제작한 벤 스타인은 이렇게 말한다. "진화론에 대한 무조건적인 헌신이 과학에 악영향을 끼치고 있다." 그렇다. 진화론의 미완성을 인정하지 않고 배타적인 그들의 태도가 과학계를 어렵게 하는 것이기도 하다. 그리고 그들은 적극적인 반종교적인 모습을 여실히 보여 주면서 그들이 꿈꾸는 세상은 종교가 없어진 세상이라는 것을 감추지 않는다. 그래서 그들은 그날이 빨리 오기를 바라며 진화론과 함께 반종교 운동도 함께 하는 것이다. 진화론자들의 이런 행태는, 종교가 그대로 남아 있는 한 자신들의 입지가 불안하고, 과거 중세 시대처럼 신의 전성기가 또 온다면 자신들의 입지가 사라질 수도 있다는 심리적 압박감 때문일 것이다. 그래서 먼저 종교의 부정적인 면을 들추어 대며 선제적으로 공격하는 듯하다. 그러나 이들이 이런 노력은 달걀로 바위를 깨려는 시도에 불과할 뿐이다.

창조론자들은 언젠가 진화론이 사라진다고 믿거나, 일부에서 논쟁은 있을지언정 진화론을 제거하려는 목적의 시도는 하지 않는다. 이 세상의 인간들은 앞으로도 각자가 다양한 생각과 지식을 따라 살 것이기 때문이다. 우리가 이렇게 진화론을 언급하는 이유는 그들이 신의 창조를 믿는 우리에게 도전하며 우리를 거짓 집단으로 몰아가기 때문이다.

이렇게 계속 논쟁한다고 달라질까? 일부에서 어느 한쪽이 유리한 고지를 차지한다 해도 그것이 무슨 결정적인 영향력이 있겠는가? 인간의 세상은 제각각 제 잘난 맛에 살면서 이대로 어느 끝을 향해 갈 것이 분명한데 말이다.

그러나 한 가지 분명한 것은 공산주의처럼 진화론이 점점 우리를 향하여 폭력성을 드러내는 것을 간과해서는 안 된다는 것이다. 어찌겠는가, 전쟁하고 싶지는 않지만 도전해 온다면 대응할 수밖에.

논쟁이 끝이 없겠지만 정면 대결한다면 오히려 진화론이 풀지 못하는 문제가 많고, 책 속에만 있는 가설이라는 것을 무심했던 대중도 다 알게 될 것이다. 더 나아가 일반인들이 진화론의 반인륜적 실체와 하등 인간론을 아는 날이 오기를 기대한다.

이 나라, 이 사회가 종북 공산 세력들의 만행에 성한 곳이 없듯, 전쟁하듯 도전해 오는 이들의 만행에 우리 목사들이 적절하게 대응하지 못한다면 주님의 양들을 무수히 잃고 말 것이다. 우리의 유일 신앙을 비웃고 조롱하는 자들이 우후죽순처럼 늘어나는 시대에 한국 교회와 지도자들이 깨어 행동할 것을 촉구하는 《도올의 기독교관을 비판함》의 저자 필명 안티다윈 강동선 목사의 글을 인용한다.

"한국 교회와 신학 선생이란 자들과 교계 지도자란 인사들은 무얼 하고 있는가? 교회의 녹을 먹으며 유명세를 누리고 있다면 교회 성도들의 영혼을 노략질하는 악설을 비판해서 혼란을 막아야 하는 것 아닌가? 벙어리요, 짖지 못하는 개가 되어 제 살기에 급급하다면 밥값도 못하는 인사들 아닌가?"(p. 20)

그래서 나도 반성하며 밥값이라도 하고자 시골교회 목사로는 적지 않은 비용과 시간을 들여가며 이 짧은 글을 펴내는 것이다. 우리를 향해 떠드는 자들의 망발과 나의 유일한 구주 예수님을 조롱하는 자들로부터 선량한 양들을 지키려는 일념으로 미약하나마 내 힘을 보태며 밥값이라도 하고 싶다.

목사들이여! 주님의 양들을 물어뜯는 이리 같은 자들을 보고서도 가만히 있다면, 그야말로 그는 밥값도 못 하는 한심하고 무능한 종이 아닌가? 리처드와 같이 기독교를 무너트리는 것을 즐기며 이곳저곳을 마구 파헤치고 있는 도올 김용옥 교수의 "목사들아, 덤빌 테면 덤벼 봐라!" 식의 막말과 "한국 교회가 사라져야 나라가 산다"는 미친 듯한 요설에, 도리어 "도올이야말로 사라져야 할 것이라"며 성경 중심의 유일 신앙으로 통쾌하게 받아치는 그의 글은, 내가 알기론 도올의 만행에 정면으로 맞서는 국내 유일한 책이다. 쉽지 않지만, 누군가 꼭 해야 할 일을 강동선 목사가 한 것이다. 신학교 교수가 아니라 목회 현장을 지키는 목사가 그런 책을 저술했다는 측면을 강조하고 싶다. 매일 목회 현장에서 교우들을 상대하는 목사가 해야 할 일들이 바로 이런 것이 아니겠는가? 불량한 사회문제에 대한 적절한 답을 주면서 성경적 길 안내자 역할을 해야 그나마 밥값을 조금 하는 것이리라.

오래전부터 도올의 악담에 분개하면서도 적절한 대응을 하지 못하는 나 자신을 보면서 무력감까지 느낄 정도였다. 《도올의 기독교관을 비판함》, 나는 이 책을 만나는 순간, 오래도록 기다리던 선물을 받은 느낌이었다. '드디어 이런 책이 나왔구나!' 하고 단숨에 읽었다. 주께서 내게 주신 선물이었다. 아울러 최소한 우리 목사들은 꼭 읽어야 하는 필독서로 추천한다.

21

진화론에 숨겨진 또 하나!

앞서 말했듯 진화론은 사탄이 사용하는 주요 무기 중 하나다. 모든 생물이 진화되었으니, 인간도 동물의 한 종일 뿐이다. 인간이라고 고상하거나 특별한 것도 없으며, 영혼도 없고 천국 지옥도 없으니 죽으면 끝나는 허무한 인생이 되는 것이다. 그래서 진화론이 주는 메시지는 '하등 인간론', 즉 동물의 수준으로 끌어내리는 저급한 인간론이다.

- ● 그리고 또 하나, 가장 중요한 원죄가 없다

사탄은 존귀하게 창조된 사람을 영적·정신적 가치를 모르고 먹을 것만 있으면 만족하는 돼지처럼 살게 만들어 놓는다. 진화론을 가만히 들여다보면 반인간적이며 반사회적이고 반문명적인 것으로 가득하다. 지금도 온 세상은 진화의 원리로 돌아가고 있으며, 또 어리론가를 향해 진화되고 있을 것이다. 진화론은 태생적으로 반인간적이다. 고상하고 차별화된 인간이 아니라 무엇인지 모르는 벌레에서 시작된 동물의 일종이니 말이다. 이런 걸 과학이라는 이름으로 포장하고 있으니 진화론을 외면하는 학자들이 늘어나는 것 아닌가?

그리고 진화론은 신의 존재를 부정하는 큰 함정을 만들어 온 인류를 몰아넣고 인간만의 세상을 만들어 준다. 그리고 신은 없다면서 신(기독교)을 공격한다. 사탄은 창조주가 제거된 인간 공동체를 만들어 신을 거역하는 도구로 이용하는 것이다. 이런 일에 공산주의자들은 신이 날 것이다. 기독교가 사라지는 날 진화론과 공산당은 손을 잡고 춤을 출 것이다.

진화론의 도표를 따라 올라가 보면, '인간 → 중간 유인원 → 침팬지 → 개구리 → 도마뱀 → 수생동물 → 무척추동물 → 아메바 → 최초의 단세포' 이렇게 끝이다. 애초에 아담과 하와라는 시조는 없고, 어떻게 생겨났는지도 모르는 단세포가 인간의 시조라고 한다. 이렇게 되면 인간의 중요한 부분이 제거된다. 바로 원죄다.

아담과 하와 이후 모든 사람은 죄인이라는 것이 하나님의 선언이며, 그로 인해 각종 고통과 사망이 따르게 되었다. 그래서 인간은 나면서부터 죄인의 신분으로 살며 하나님의 영광에 이르지 못하는 것이다.

롬 3:23 모든 사람이 죄를 범하였으매 하나님의 영광에 이르지 못하더니

롬 5:12 그러므로 한 사람으로 말미암아 죄가 세상에 들어오고 죄로 말미암아 사망이 들어왔나니 이와 같이 모든 사람이 죄를 지었으므로 사망이 모든 사람에게 이르렀느니라

그런데 진화론에서는 원죄 성립이 안 된다. 원죄의 시조 아담과 하와가 없고, 존재도 세포 한 개뿐인데 세포가 무슨 죄가 있겠는가? 동물과 인간은 이 단세포의 후손이니 원죄가 성립되지 않는다. 사탄은 진화론으로 인간의 원죄를 원천적으로 제거하여 죄인의 신분에서 해방시켜 주었으니, 기독교의 인죄(人罪)론에서 벗어나게 한 고마운 존재가 된다. 원죄뿐 아니라 죄라는 개념도 없애준다. 진화 과정을 거친 동물들에게 무슨 죄가 있겠는가? 모든 인간은 죄인이라는 게 부담스러운 불만이었는데, 사탄은 그 죄를 없애주는 방법으로 진화론을 던져준 것이다.

신을 부정하거나 신이 없기를 기대하고 천국도 지옥도 없기를 바라는 사람들에게 희소식이다. 그래서 진화론이 환영을 받는 것이다. 우리가 볼 때 이처럼 진화론은 시작부터 끝까지 사탄의 작품이라고 할 수 있다. 하나님의 말씀과 반대되는 말만 하기 때문이다. 그래서 리처드가 반기독교운동을 그렇게 평생 하는지도 모른다.

원죄가 성립되지 않으니, 인간은 이제 자유의 몸이 된다. 창조주도 없고 죄도 없으니, 인간은 무엇을 하든지 걸릴 게 없다. 창조주가 제거된 인간 세상은 동시에 절대 기준도 사라진다. 신의 계명이 없으니, 인간이 법을 만들고 지우고 또 다른 법을 만들어 인간 편의 세상을 만들어 가면 그만이다. 인간은 이제 무서운 것도 없고, 성경의 도덕률에는 더욱 신경 쓸 것도 없다. 신을 의식하지 않아도 되는 시대를 다윈이 열어 주었으니 이 얼마나 고마운 일인가?

진화론은 모든 종교의 굴레에서 사람을 자유케 하는 새로운 길을 열어 준 셈이다. 이 자유를 누리기 위해 인간들은 합세하여 성경을 짓밟으며 신을 조롱한다. 그 자유로 인해 인간은 더욱 방탕하고 완악해지고, 그 영혼과 정신이 피폐해져 갈 것이다. 결국 인간은 사탄의 손에 한꺼번에 쓸려 어둠에 버려질 것이지만, 인간은 이를 알지 못한다.

그래서 리처드는 "다윈이즘(Darwinism)은 신이라는 망상에서 해방되는 자유를 제공한다"고 말한다(p. 13). 무신론자가 되면 정말 자유로울까? 그 말은 법이 없으면 자유롭다는 말과 같이 참으로 어리석은 말이다. 국법이 없으면 행복할 것이라는 단세포 자손다운 수준의 발언이다. 신의 법이 없으면 자유로울 것 같지만 천만에. 그것은 겉으로는 고상한 척 보이나, 실은 금단의 열매를 먹고자 기회를 노리는 자들의 속임수다.

● 창조주가 말씀하시는 진정한 자유란?

> 요 8:32 진리를 알지니 진리가 너희를 자유롭게 하리라

인간이 가져야 하는 진정한 자유는 바로 죄에서의 자유다. 그 자유는 오직 진리이신 예수 안에서만 가능한 것이며, 그가 세상에 오신 이유도 바로 인간에게 죄에서 해방되는 자유를 주시기 위함이었다.

> 요 8:36 그러므로 아들[예수]이 너희를 자유롭게 하면 너희가 참으로 자유로우리라

롬 6:17-18 하나님께 감사하리로다 너희가 본래 죄의 종이더니 너희에게 전하여 준바 교훈의 본을 마음으로 순종하여 죄로부터 해방되어 의에게 종이 되었느니라

롬 8:21 그 바라는 것은 피조물도 썩어짐[죄]의 종노릇한데서 해방되어 하나님의 자녀들의 영광의 자유에 이르는 것이니라

사탄이 진화론에 숨겨놓은 것 중의 하나가 바로 죄를 없앤 것이다. 창조주를 없애고 원죄까지 없앴으니, 인간은 이제 자유다. 이 자유는 바로 신의 눈치를 보지 않고 어떤 죄도 맘껏 지을 수 있는 자유다. 리처드가 말하는 자유라는 것은 그런 자유일 수밖에 없다. 신이 배제된 인간 사회는 선이 나올 수 없으며, 인간은 선이 될 수가 없고, 선이 무엇이며 악이 무엇인지 기준이 없으니 구별할 능력도 없다. 자연의 산물에 선과 악이 어디 있겠는가? 그러므로 진화론은 인간에게서 원죄를 없애주고 인간은 모든 죄와 무관하다고 말하는 것이다. 쓸데없는 죄의식에서 벗어나게 해주는, 적지 않은 인간들이 바라고 바라던 메시지인 것이다.

진화론에서 보는 죄란 종교적 의미일 뿐, 그 밖에서는 죄가 될 수 없다는 것이다. 진화론에서는 죽고 죽이는 것조차 적자생존의 자연현상이니, 그렇게 보면 죄란 인간들이 조화롭게 살기 위한 질서요 규칙일 뿐, 죄라는 개념의 실체는 사실상 없는 것이나 마찬가지다.

자유란 인간을 인간답게 하는 참으로 소중한 것이지만, 제한이 없으면 방탕하여 동물같이 천하게도 만드는 것이다. 그래서 나라마다 사회마다 법을 만들고 제한하는 것이다. 그러므로 진정한 자유란 규제를 없애는 게 아니라, 죄를 멀리하고 신이 주신 소중한 가치를 지키며 사는 것이다. 사탄은 인간이 하나님과 멀어질 수만 있다면 무엇이든 제공한다.

벧전 2:16 너희는 자유가 있으나 그 자유로 악을 가리는 데 쓰지 말고 오직 하나님의 종과 같이 하라

리처드의 말에 절대 속지 말라. 신을 없애고 자유롭기만 한 인생은 위험한 것이다. 신을 제거해 버린 공산주의 세상을 보면서도 모르겠는가? 종교를 없애고 인간만의 세상을 만들어 놓으니, 권력을 잡은 인간이 그 자리를 대신 꿰차고 백성을 노예처럼 부리는 지옥이 되지 않았는가? 무신론의 땅이 그렇게 좋아 보이는가? 하긴 지옥에 있는 사람들을 구제하겠다고 자청해서 지옥으로 들어가겠다는 미친 자도 있으니 말하면 무엇하랴! 신의 율례뿐 아니라 아예 나라의 국법도 없애버리자고 하라! 그러면 더 자유롭고 행복하지 않겠는가?

신을 없앤다고 낙원이 되는 게 아님은 세계 역사가 증명해 주고 있다. 우리는 종교 대신 진화론(무신론)이 그 자리를 대신한다면 세상이 어찌 될까를 생각해 보아야 한다. 정말 자유로운 낙원이 될까? 오히려 동물의 왕국이 될 가능성이 아주 높다. 힘 있고 권력 있는 자들은 두려워할 신이 없다는 생각에 독재를 휘둘러 폭력과 억압을 일삼고, 나라는 인권이 사라져 한숨과 눈물만 남은 무신론의 땅 북한처럼 포악한 자들의 놀이터가 될 확률이 높다.

종교가 사라진 세상이 정말 더 아름답고 평화로울까? 리처드는 더 살기 좋아질 것이라고 장담하지만, 그의 말을 의심 없이 신뢰할 근거는 없다. 그저 자기의 생각을 말하는 것뿐이다. 우리는 동물이 아니다. 사람이 도덕성을 잃으면 더는 사람이 아니다. 인면수심이란 말이 괜히 생긴 게 아니다. 자유를 누리되 적당히 절제할 줄 아는 게 진정으로 자유를 누릴 줄 아는 것이며, 자유의 참 의미를 아는 것이다. 제한 없이 누리는 자유는 자유가 아니라 방종이고 타락이며, 결국은 불행으로 끝나는 것이다. 아무리 이리 보고 저리 보아도 사람을 동물로 취급하는 진화론은 책 속에만 있는 낙원으로 유혹하는 공산주의와 별다를 게 없는 위험하고 반인륜적인 사상이 틀림없다.

창조주의 법을 따르겠는가, 아니면 사탄이 주는 자유를 따르겠는가? 한 가지 분명한 것은 창조주가 없는 자유만 가지고는 인간은 동물의 일종일 뿐이고, 인간다움은 결코 지켜질 수 없다는 것이다.

22

지능이 낮을수록 신을 찾는다?

 리처드는 신의 존재 가능성이 적다는 이유로 다음과 같은 예를 들었다. 영국 왕립학회 회원들을 조사한 결과, 3.3%만이 신의 존재를 인정하고, 78.8%는 강하게 부정한 데다, 노벨상 수상자 중에서도 비종교인 비중이 아주 높으며, 미국 국립과학아카데미 회원 과학자 중에서도 약 7% 정도만 신을 믿고, 압도적 다수가 무신론자로 조사되었다는 것이다. 미국 국민의 약 90%가 신의 존재를 믿는 것과는 반대로 나온 것이다(《만들어진 신》, pp. 159-).
 참 어처구니가 없다. 도대체 이런 조사로 무엇을 말하겠다는 것인가? 왕립학회 회원들의 다수가 신을 부정한다는 게 뭐 어쨌다는 건가? 그들이 신의 존재 여부를 결정할 수 있다는 말인가? 노벨 수상자 중에 무신론자가 많다는 것이 창조주 존재 여부와 무슨 관계가 있다는 말인가? 학자 중에 무신론자가 많다는 것을 신이 없다는 증거로 말하고 싶은 것인가? 그러면서도 미국인의 90%는 신의 존재를 믿는다는 말을 하고 있다. 절대다수가 신의 존재를 믿고 있다는데 이것으로 신의 존재 가능성은 90% 입증된 것 아닌가?
 그러나 리처드는 과학자들의 수치만 강조하면서 신이 없을 가능성을 99%로 본다. 자기 주장에 유리한 통계 수치만 들이대는 객관성 없는 편집증 환자 수준의 적용이다. 마치 대형마트에서 내 취향에 맞는 물건만 골라 담고서, 자기가 골라 담은 것이 제일 좋다고 떠드는 꼴이다.
 영국의 과거를 보자. 현재는 기독교인이 1%라고 하지만, 한때는 98%가 기독교 신자였다. 그러면 과거에는 분명히 신이 존재했는데 지금은 없어진 건가? 한때나마 기독교인이 많았다는 것을 신이 존재한다는 근거로 받아들일 것인가? 학자라는 사람이 그렇게 수치로만 따지면, 수치가 변동될 때 전혀 다른 말을 해야 한다는 사실을 모르는 것 같다. 과학계에서 기독교인이 다시 늘어난다면 없어졌던 신이 다시 생긴 것으로 인정할 것인가? 진정 신의 존재 여부가 인간이 지지하는 수치에 달려 있다고 믿는 것인가? 아무리 봐도 이 사람은 학자 수준이 아닌 듯하다.

그런 수치를 보고 지능이나 교육 수준이 높을수록 종교를 가질 가능성이 낮다고 분석했다(《만들어진 신》, p. 163). 즉, 똑똑할수록 신을 찾지 않는다고 말하고 싶은 것이다. 그렇다면 지능 높은 무신론자의 세상이 덕스럽고 살기 좋은 세상을 만드는지 살펴보자.

소련의 스탈린은 공산주의 확산에 큰 업적을 남긴 자이며 무신론자였다. 그런 그가 무슨 짓을 했는가? 폭정과 전쟁으로 8천만 명 이상을 죽이고, 사람 죽이는 일을 취미로 여겼다. 중공의 모택동은 어떤가? 역시 무신론자였던 그는 공산 독재 국가를 이루면서 대약진 운동, 문화혁명이라는 이름으로 역시 수천만 명의 자국민을 죽였으며, 색마라 할 정도로 여색을 밝히다 지독한 성병에 걸려 고생하다 죽었다. 이런 역사를 리처드처럼 적용한다면, 무신론자는 모두 살인마요 악당이라고 말해도 된다.

무신론자였던 캄보디아의 폴포트는 무슨 짓을 했는가? 집권 3년 반 만에 자국민 200만 명 이상을 잔인하게 죽였다. 북한의 김일성은 또 어떤 인물인가? 리처드처럼 기독교를 경멸하여 북한의 교회를 다 없애버리고 자신의 동상을 마을마다 세워 우상화했으며, 기쁨조를 만들어 유희를 즐겼고, 수많은 측근을 죽였다. 리처드처럼 모두 무신론자들이다. 이런 예를 들어 리처드도 그런 무리에 든다고 평가해도 될까?

독일의 히틀러는 이 외에도 진화론이 만들어 낸 대표적인 악마적 인물이 아닌가? 거짓과 부도덕, 프리섹스와 연관된 무신론(진화론)자나 비종교인 정치가가 수두룩하다.

그의 말대로 설혹 종교인들이 지능이 떨어진다고 해도, 차라리 이보다도 신을 경외하며 이웃과 어울리며 평범한 사람으로 정을 나누며 사는 게 더 낫지 않을까?

리처드에게 단도직입적으로 묻고 싶다.

당신은 무슨 학자라는 사람이 그렇게 편향되어 있는가? 당신은 학자가 아니라 지적 깡패라고 해야 어울린다. 당신의 언변은 거칠고 뻔뻔하고 폭력적이다. 최소한의 학자다운 소양이 보이지 않는다는 말이다. 신을 부정하고 두려워하지 않는 사람 중에는 이렇게 잔인하고 살벌한 악마 같은 괴물이 많다는 것을 역사가 증명해 주지 않는가?

이렇게 보면 무신론자들의 지능이 더 뛰어나다는 당신의 말을 수용한다 치더라도, 무신론자들의 잠재적 악마 수준의 잔인성도 인정해야 하지 않는가? 인간 그 이상의 초월적 존재가 없다는 확신은 무서울 게 없는 살인마로 만드는 촉매제가 되기에 충분하다. 진화론이나 유물론은 막가파식 인간을 만드는 기본 조건을 충족시킨다는 사실은 무신론의 폐해를 보면 쉽게 알 수 있는 것이다.

신을 두려워하지 않는 자는 못 할 일이 없다. 유물론자는 신에게 맞추려고 노력하는 높은 도덕성이나 영성이 필요가 없기 때문이다. 그래서 리처드 당신도 신을 조롱하고 멸시하며 종교인들을 미친 자들이라고 공포할 수 있는 용기가 생긴 것이다.

당신 같은 사람에게는 신이 없어서 높은 도덕성이 요구되지 않을 것이다. 그저 인간적으로서 기본 조건만 갖추면 그만이요, 겉과 속이 다른 위선을 떨거나 교만이나 미움, 거짓이 가득해도 타인에게 드러나지 않으면 그만이고, 신앙 양심도 필요 없고, 신을 의식한 인격 도야도 필요 없다. 당신의 언행을 보면 무신론자의 거친 심성을 보여 주는 예로 삼기에 충분하다.

신의 존재를 믿거나 나중에 신 앞에서 심판받을 것을 안다면 좀 더 조심하고 절제하며 성숙한 인성을 갖추고자 노력 정도는 하게 된다. 나도 신의 존재를 믿지 않는다면 남에게 직접적인 피해를 주지 않으면서 내 식대로, 내 욕심대로 살고, 동성애나 양성애, 성전환, 간통 정도는 지지할 것이다. 그리고 적자생존의 법칙을 따라 철저한 이기적 인생을 만들어 가는 데 주저함이 없었을 것이다.

그러므로 이 땅에 창조주를 믿고 사는 사람이 많다는 것이 사회 안전에 큰 도움이 되고 다행스런 일이라는 것을 알아야 한다.

리처드! 무신론자들의 지능이 더 높다고 했는가? 세계적으로 대표적인 무신론자들의 위선과 부도덕, 미련함, 잔인성, 독재와 폭력성은 감추고 말하지 않는 당신이 우리 눈에는 그저 위선자로 보일 뿐이다. 그런 어설픈 설득력으로 기독교인을 전향시킬 수 있다고 큰소리쳤는가? 그래서 당신은 학자가 아니라 종교 사냥꾼이라는 것이다.

유신론자의 문제점을 말하는 자가 무신론자들이 하는 못된 짓은 왜 모르는 척하는가? 지능이 높고 무신론을 따른다면 무슨 짓을 해도 당신에게는 용서가 되는가? 오직 자신의 주장에 유리한 예만 잔뜩 늘어놓은 당신은 이미 객관성을 잃은 사이비 학자다. 그것은 아마 우리를 어리석게 보는 자만심 때문일 것이다.

23

진화론보다 성경이 더 쉽다

　진화론은 가설이다. 진화론의 논쟁거리는 무수하고, 과학계의 지지도 역시 일부에 해당한다. 진화론의 허구는 진화의 중간 과정이 없고, 유인원이라는 원숭이류가 인간을 가장 많이 닮았다는 이유로 인간의 조상일 것이라는 가설에 그럴듯한 옷을 입혀 내놓은 것이다.
　유인원의 증거로 내보이는 유골도 거짓이거나 꾸며진 것으로 밝혀지고 있다. 인간의 뼈와 비슷한 것은 모두 유인원이라고 우긴다. 비슷하면 모두 유인원이 되는가?
　직립 인간의 시조라고 말하는 '오스트랄로피테쿠스'의 뼈 조각은 모두 여기저기에서 모아 상체는 원숭이 것, 하체는 사람의 것으로 조립하여 조작한 것으로 드러났다. 그리고 그 뼈가 400만 년 전의 것이라고 했지만, 현대의 탄소연대 측정 기술로는 약 5만 년 전 이상의 것은 측정 불가하다. 방사성 탄소연대 측정도 오류가 많아서 10년 된 용암을 280만 년 전 것으로 측정하는 헤프닝도 있었다고 한다. 같은 시료를 가지고 여러 곳에 의뢰하면 연구소마다 다른 결과가 나올 텐데 어느 하나를 그대로 신뢰한다면 코미디가 따로 없는 것이다.
　1922년에 발견된 유인원의 이빨이란 것도 한참 뒤에 알고 보니 돼지 이빨이었다. 루시라는 유인원은 원숭이 상체 뼈와 사람의 하체 뼈를 조합해 만든 조작품이었다. 이런 사실이 밝혀지기까지는 수십 년이 흐르는데, 그 사이에 이미 사실로 가르쳐진 뒤다. 이런 사기가 반복적으로 밝혀지면서 진화론을 의심하는 과학자가 늘어나고 있으며, 진화론은 점차 신뢰를 잃고 있다. 그만큼 진화론은 허구로 가득하다는 말이다. 그래서 일부 국가나 미국의 일부 주에서는 진화론을 가르치지 않는다. 그러나 일본이나 한국은 그 문제점을 알면서도 진화론을 계속 가르치고 있으니 한심한 일이다. 누구의 것인지도 모르는 오래된 유골을 또 가져와 그림을 그려 놓고 보여 주면서 유인원이요, 진화의 몇 번째 단계라고 교육한다. 그것도 알고 보면 조작되었을 가능성이 아주 높다. 진화론은 그 어떤 분야보다 의심스러운데도 그 의심을 시원하게 풀어주지도 못하면서 어린 학생들의 머리에 마구 집어넣고 있다.

진화론은 중요한 몇 가지 중요한 근원적 질문에 대답하지 못한다. 가설로 만들어진 이론이기 때문이다. 그런데도 이제는 종교 영역까지 넘보고 무신론을 설파하며 기독교에 전쟁을 선포했으니, 이 얼마나 무모하고 어리석은 일인가?

● **이종(異種) 간 진화의 증거는 그 어떤 종에도 없다**

동일 종의 진화도 마찬가지다. 동종(同種)의 기형 현상은 있다. 즉, 인간의 몸이 크기도 하고 작기도 하며, 혹은 어떤 유전적 이유로 지능이 떨어지거나 장애를 가진 기형이 태어나기도 하지만, 그렇다고 그것이 진화의 증거는 아니며 수많은 개인 차이거나 질병이라는 게 정설이다.

건강하지 못해 몸의 일부나 골격이 남다른 모양을 하거나 원숭이 골격과 유사하다고 그것을 유인원으로, 혹은 진화의 중간 단계로 단정 짓는 것은 어리석음의 극치. 추론할 수밖에 없는 상황을 놓고 확실하다고 단정하는 것은 사기꾼이나 하는 짓이다.

거듭 말하지만, 진화가 사실이면 지금의 모든 동물은 계속된 진화의 과정에 있어야 하는데, 현재 진화의 중간 단계로 보이는 그 어떤 종도 없다는 것이다. 이 부분은 아무리 반복해 따져 물어도 지나치지 않다.

대답하기 곤란한 지경이다 보니 이제는 진화의 단계는 끝났다는 쪽으로 의견을 모으고 있다. 한편에서는 어이없게도 항생제 내성을 지닌 세균이 현재형 진화의 증거라고 들이대지만, 이것도 역시 추론일 뿐이다. 진화론이 온통 추론, 가설로 이어질 수밖에 없는 이유는 태생이 가설(假說)이기 때문이다.

● 진화론은 궁극적인 질문에 답하지 못한다

우연히 단세포가 생기더니 다세포가 되었다가 무척추동물로 변이되고, 다시 그것이 척추동물로 진화되고, 그러다가 이런저런 다양한 종으로 진화되면서 수생동물에서 수륙 양서 동물이 되고, 육지 동물이 되고, 원숭이가 나오고, 그 원숭이가 진화되어 사람이 되었다고 마치 전 과정을 다 본 것처럼 말한다. 말로는 무엇을 못 할까? 그러나 실증할 수가 없다. 모든 생물의 기원이 되는 처음의 단세포 하나가 어디서 어떤 원인으로 생겼는지도 모르면서 그냥 우연히 생겼다고 치고 시작한다니 정말 웃기는 동화가 아닌가?

처음의 시작이 없는데 그다음의 이야기가 성립되는가? 이렇게 비이성적이고 비논리적인데 과학이란다. 그래서 진화론이 소설 중의 소설이라는 소리를 듣는 것이다.

진화론과 같은 선상에 있는 우주의 기원설 또한 마찬가지 수준이다. 태초에 빅뱅(big bang, 우주 생성의 초기, 백수십억 년 전에 일어난 대폭발이 1948년에 제창되었는데 우주는 그때부터 팽창하기 시작하였다고 함)이 있었다고 하는데, 그 빅뱅은 어디서 왔는가? 어떻게 빅뱅이 시작되었는지, 원인과 기원을 말하라고 하면 '모른다', '그냥 그럴 것이다'라고 가정하고 시작하는 것이다.

종교와는 달리 가장 이성적이고 논리적이어야 할 분야가 가장 비이성적이고 비논리적으로 상상의 나래만 펴고 있는데, 이것이 어떻게 다수를 설득하게 되었는지 희한한 일이다.

한계를 모르는 인간은 이제 우리 은하를 넘어 다른 은하계를 보겠다고 설레발이다. 가까운 안드로메다라는 은하까지는 광속으로 약 250만 광년을 가야 한다고 하더니, 이제는 300만 광년이라고 하는데 그것도 가설이다. 그 은하의 별 숫자는 약 1조 개 이상이라고 하는데, 그것도 가설에 불과하다. 우리 은하계 별의 숫자는 약 1,000억 개에서 4,000억 개가 된다고 하는데, 그것도 가설이다. 대충 그럴 것이라는 추측이다. 우주에 관한 것은 정확한 게 거의 없고 대충 추측하는 것뿐이다. 그런데도 그들은 학자로 불리며 극진한 대우를 받는다. 만약 다른 분야에서 그렇게 대충 말하고 틀려도 책임지지 않는 식으로 했다면 욕을 먹어도 한참 먹었을 것이다.

날씨를 예보하는 어느 기상 통보관은 날씨 예보가 틀릴 때면 시민들한테 죄송하고 미안해서 비가 와도 자신은 우산을 쓰지 못한다고 고백한다. 예보가 틀린 데 대한 반성과 책임감 때문일 것이다. 그런데 저들은 새로운 이론이 나오고 기존의 학설이 틀리면, 새로운 발견이라고 떠들면서 자축하며 자랑한다. 그것은 우주나 진화론에 대한 자신들의 지식이나 결정된 사항이 얼마나 성급하고 조잡하게 만들어졌는지를 보여 주는 일인데도 부끄러워하거나 잘못 알려진 것에 대한 겸허한 태도가 없다. 이렇게 지적하면 그들은 뒤돌아서서 아마도 이렇게 중얼거릴 것이다. "이 정도 대충 아는 것도 어딘데!"

이제는 또 다른 우주가 있다고 주장하는 과학자도 나왔다. 일명 '다중 우주론'이다. 우주가 한 개가 아니라, 그 밖에도 수없이 많다는 것이다. 우리가 속한 수많은 은하를 포함하는 138억 년 된 우주 말고, 다른 공간에 또 다른 우주가 얼마든지 있다는 것이다. 우리 은하계도 다 모르면서 다른 은하도 아니고 그것을 넘어 다른 우주를 또 만드는 경지에 이른 것이다.

우주과학계에서는 누군가 새로운 학설을 내는 게 유행인가 보다. 주목을 받고 자기 실력을 과시하려는 욕심인지는 몰라도 이런 과대망상의 발언은 진화론과 맥을 같이한다. 확인한 바 없고 아무도 확인할 수 없는 영역을 이리도 자신 있게 말하는 자들이 과학자란다. 기독교에서 사후 천국과 지옥을 말하는 것을 비웃는 자들이, 현 우주도 모르면서 그 밖의 다중 우주론을 말한다는 것은 참으로 어이가 없다. 그들이 말하는 증거는 무엇인가? 없다!

확인도 안 된 우주와 우주인을 말하는 이들이야말로 망상으로 먹고사는 사람들임에 틀림없다. 증거로 말하는 게 과학이라면서 증거도 없이 사실인 양 마구 내뱉으며 겸손함이란 찾아볼 수가 없다.

온통 추측인데 많은 사람이 의심 없이 믿고 있다. 이유가 뭘까? 그것은 깊이 연구하지 않아도 쉽게 알 수 있다. 선생이라고 하는 자들이 그렇게 말하고 가르쳤기 때문이다. 교수요 박사라고 하면서 가르치면 그 분야에 무지한 학생이나 일반인들은 다 그런 줄 안다. 교과서에 있는 대로 믿고 따라가는 것이 거의 사이비 종교 맹신 수준이다. 다른 분야는 몰라도 학문에도 사이비가 있다면 바로 진화론이라고 말하고 싶다.

나보다 더 많이 공부한 박사요 교수가 말하면 다 옳고 맞는 말인 줄 아는 게 대중이다. 그 말이 사실인지 고민이나 의심도 안 해보고 따라간다. 배우는 학생들의 입장은 그런 면에서 더욱 취약하다. 그래서 대중을 선동하고 움직이는 게 생각보다 그리 어려운 게 아닌 것은, 대중의 순진하면서도 단순한 부분을 이용하기 때문이고, 그런 일은 정치권이나 공산주의에만 있는 게 아니다. 지식계에 사이비 학자가 왜 없겠는가? 그럴 가능성이 가장 높은 것이 바로 진화론 아니겠는가?

진화론이 2세기 가까이 살아남을 수 있었던 이유는 과학이라는 이름표를 달고 있기 때문이다. 심오한 과학이라고 하니 대부분의 사람은 감히 아니라고 말하지 못한다. 진화론이 진정 과학인가? 일부에서는 '진화교'라는 별칭도 붙였다. 진정 과학이라면 시작부터 끝까지 증거와 검증이 가능하고, 중요한 질문에 모른다는 대답이 없어야 하는 것 아닌가?

현재 인간이 연구하고 배운 지식은 상당수가 거짓이거나 과장되었거나 왜곡되어 있다고 보아도 지나치지 않다. 인간 지식의 역사가 그것을 증명해 주고 있기 때문이다. 지나고 보면 잘못된 것이 한둘이던가? 진화론이 스스로 안고 있는 큰 문제들을 풀지 못하는 한 신뢰할 수 없다는 우리의 지적은 정당하고 합당하다.

● 창조론이 더 쉽다

　각자의 종들은 처음부터 같은 종끼리 번식하며 생명력을 이어 왔다. 그것은 지금도 증명되고 창조론의 가장 확실한 증거다. 이보다 더한 증거는 없다. 개는 개를 낳고, 소는 소를 낳으며 돼지는 돼지를 낳는다. 이것은 진리이며 더는 증명해 낼 필요가 없는 진실이다. 진화론의 어설픈 가정보다 종마다 고유한 종을 번식하고 있는 현실은, 진화가 허구요 거짓이라는 것을 자연스럽게 증명해 주는 것이다. 사람이 사람을 낳는 출생의 현실이 인간은 진화의 산물이 아니라 인간만이 인간을 낳는다는 불변의 진리를 보여 주는 것이다. 그런데 어찌 이 엄연한 사실을 부정하고 종의 기원이 다른 데 있다고 말하는 것일까? 망상 환자는 우리가 아니라 리처드와 그 친구들이 아닌가?
　진화론이 사실이라면 인간의 DNA 속에 진화의 흔적이나 역추적이 가능한 게놈 같은 지도를 가지고 있어야 할 것이다. 그런 근거도 없고 증거도 없는데 온 세상이 진화론을 따르는 현상은, 비정상적인 이론도 나름 발전할 수 있음을 보여 준다. 진화의 허점은 많은 정도가 아니라 시작부터가 가설이니 그다음은 말할 가치도 없다. 지금도 가설의 수준을 벗어나지 못하고 있고, 앞으로도 영원히 풀지 못할 것이다. 진화론은 스스로 풀 수 없는 가설을 만들어 놓고 고민하는 함정에 빠져버렸다. 그 함정에서 나오려 하지도 않고, 오히려 나오라는 소리를 어리석게 본다. 마치 지동설의 진리를 모르고 천동설이라고 우기던 그 시절과 같다. 인간의 이성으로는 인간 이상의 가치(세계)가 있다는 것을 알 수가 없다. 그럼에도 다 아는 것처럼 물질계의 시작과 끝을 점치며 추측한다. 인간이 우주의 시작과 끝을 알 수 있을까? 우리 은하계에 속한 별의 단순한 숫자 세기도 못 하면서 더 어려운 우주의 기원과 끝을 말하고, 138억 년의 역사를 가진 우주 말고 또 다른 우주가 어딘가에 무수히 있다고 하니, 이런 코미디가 따로 없다. 혹시 있다고 해도 그것이 증명될 때까지는 없는 것이다. 과학은 종교가 아니다. 추측으로 나온 이론을 믿게 하는 것은 과학의 범위를 벗어난 것이다. 좋은 말로 상상이요, 정직한 말로 망상이다.

나도 그들에게 말하고 싶다. "이제는 제발 추측 말고 증거로 말하라! 증거가 없으면 겸허한 모습이라도 보이든지!"

● 차라리 모르겠다는 불가지론이 솔직하다

진화론의 설득력은 진화의 과정에 대한 충분한 증거와 검증이 있어야 생겨난다. 그러나 진화론은 그 증거가 너무 빈약하고, 증거라는 것도 일방적 브리핑 수준이다. 진화론을 반박하기 위해 깊이 배울 필요는 없다. 많이 배워야 말할 수 있는 분야가 아니기 때문이다. 상식적인 수준에서 얼마든지 반박할 수 있고, 힘써 밝히지 않아도 이미 진화론에 그 허구성이 내포되어 있다.

진화론은 자기 스스로 밝히지 못하는 질문을 품고 있는 억지 이론이다. 거듭 말하지만, 진화의 시작이 되는 근본 원인도 밝히지 못한 채 여러 가지 변명을 내놓겠지만 그것도 가설에 불과할 것이 뻔하다. 가설로 시작했기에 추가적인 가설이 자꾸 따라올 수밖에 없다. 마치 거짓말을 감추기 위해 또 다른 거짓말을 지어내야 하는 것처럼 말이다.

우리가 진화론을 쉽게 반박할 수 있는 것은, 지구상의 모든 종은 고유한 종을 따라 번식하고 있는 과거와 현실의 생생한 증거가 차고 넘치기 때문이다. 거듭 말하지만, 돼지는 사람을 낳을 수 없다. 돼지는 돼지를 낳는 것이다. 사자가 사자를 낳고, 고양이가 고양이를 낳는 것이다. 그것은 현실로도 증명이 되는 사실이다. 이 간단한 사실을 외면하고 엉뚱한 상상 속에 머물러 있는 것이 진화론이다. 진화론은 엄연히 존재하는 창조의 사실을 부정하고 상상의 세계로 우리를 유도하는 것이다. 물고기가 육지로 올라와 돼지가 되고, 호랑이가 되었단다. 그렇다는데 무슨 무슨 대화가 되겠는가? 상상의 세계를 거니는 사람과 대화하는 사람은 없다. 그냥 떠들게 놔둘 뿐이다.

영화 한 편을 보고 악당 역할을 한 배우를 진짜 악당으로 여긴다면 그는 모자란 사람이다. 다윈이라는 공상가가 진화론이라는 공상 영화 한 편을 만들었는데, 그것을 본 사람들이 사실로 인식하고, 오히려 거기에다 다른 요소들까지 더해 다양한 후속편을 만들어 대중을 몰고 다니고 있는 꼴이다.

진화론이라는 분야는 방대하여 쉽게 접근하기 어려운 학문으로 인식하고, 전해주는 대로 그런 줄로만 알고 지냈고, 일반인은 감히 평가할 수 없는 대단한 분야로 오해하기도 했다. 그러나 가만히 생각해 보니 진화론처럼 허술한 게 없다.

진화론의 허구를 발견하기 위해 교수나 박사가 될 필요는 없다. 보통은 진화론을 대단한 학문으로 오해하지만, 실상은 사상누각의 지식이다. 축구 선수가 아니더라도 공을 잘 찰 수 있다. 직업 가수가 아니더라도 가수보다 노래를 잘할 수 있다. 특히 진화론의 허점을 말하는 데는 다년간의 공부도 필요 없다. 그만큼 진화론은 스스로 갖는 문제점과 대답할 수 없는 허점을 많이 안고 있으며, 이런 허점은 멀리서도 잘 보이기 때문이다.

진화론을 믿느니 차라리 창조론을 믿는 게 더 쉽다. 신께서 종류별로 모든 생물을 만드시고, 사람을 남녀로 만드셨다고 믿는 게 더 합리적이고 설득력이 있다. 창조론은 다양한 동식물이 존재하게 된 이유를 선명하게 일러준다. 그래서 창조론에서는 진화론처럼 종류마다의 기원을 증명하려고 애쓸 필요가 없다. 처음부터 각 종류대로 창조되었으며, 그 증거가 주변에 널려 있기 때문이다.

그래서 창조론에는 다른 이유나 궁금증이 있을 수가 없다. 그러나 진화론은 스스로 증명해야 할 것이 너무 많고, 증명하지도 못한다. 증거라는 것도 자기들의 주관적 수준이고 다른 누가 검증할 수도 없다. 누군가가 이것이 유인원의 뼈라고 발표하면 그런 줄 아는 게 그들의 세계다. 그래서 가짜를 만들어 놔도 잘 모르는 것이다. 진화론의 설득력은 더는 나아질 수 없을 것이며, 그럴수록 창조론은 더욱 힘을 얻게 될 것이다.

- 진화론은 신을 거부하는 자들이 만든 가설이다

진화론처럼 근거나 증거가 빈약하고 허술한 학문이 어디 있는가?

만일 의과대학에서 대충 추측과 가설로 가르치면서 의사를 배출한다면 비난을 면할 수 없을 것이다. 대다수의 사람은 작은 실수에도 잘못을 시인하고 사과를 하는데, 저들은 가설을 말하면서도 너무 뻔뻔하다는 게 우리와 다른 점이다.

저들은 자신들이 안고 있는 문제점을 영원히 해결할 수 없다는 것을 알기에, 진화론을 증명하는 데 집중하기보다는 종교를 공격하여 신과 창조론을 깨버리는 쪽을 선택한 것으로 보인다.

그래서 이들은 객관적 자세를 잃고 무신론을 더 강조하면서, 심하면 리처드같이 신은 망상이라는 망발까지 하게 되는 것이다. 이제 진화론은 순수학문이 아니며, 종교를 향해 노골적으로 적대감을 드러내며 도전한다. 진화론은 과학이 아니라 반종교운동 단체로 전환했다. 제발 진화론 측의 누군가가 리처드 같은 막말 운동가들에게 한마디만 해주었으면 좋겠다. 제발 그만하라고 말이다. 나 같은 평범한 목사까지 펜을 들어 진화론을 논하게 만드는 게 무엇이 유익할까? 행여 뒷담화는 할지언정 서로에게 피해를 주는 전면전은 피하려고 하는 것인데, 리처드의 전쟁 선포는 결코 묵과할 수 없는 일이다.

시 14:1 어리석은 자는 그의 마음에 이르기를 하나님이 없다 하는도다
그들은 부패하고 그 행실이 가증하니 선을 행하는 자가 없도다

신을 부정하는 적극적인 무신론자는 진화론을 확대할 수밖에 없다. 신의 창조론을 인정할 수는 없으니, 자연적으로 생겨났다고 하는 것이다. 스스로 막다른 골목을 만들어 놓고 고민하는 모습이라니, 가여운 마음마저 든다. 아예 말하지 않는다면 모르겠는데 모든 동식물의 기원을 말하려다 보니 진화라는 상상력을 구체화할 수밖에 없는 것이다. 창조론을 대신할 다른 대안이 무엇일까? 오랜 세월 동안 우연히 생겨났다는 억지 주장 외에는 없다. 그것은 마치 롯데타워 125층 555미터 높이의 빌딩이 저절로 생겨났다는 말보다 더 심한 말이다. 그런데도 그 말을 믿는 사람이 있을까? 유감스럽지만 있다. 그것도 아주 많이 있다. 종교마다 경전에는 신비한 기적적인 일

이 기록되어 있다. 성경에도 노아 홍수 사건이나 홍해가 갈라진 사건, 예수님의 동정녀 탄생, 죽은 자를 말 한마디로 살린 기적 등이 있다.

그런데 진화론은 이것보다 더하다. 아주 미세한 세포 하나가 모든 생물의 조상이라고 하는 것은, 예수님이 물 위를 걸었다거나 부활했다고 하는 것보다 더 신기하고 기가 찬 주장이기 때문이다. 예수님의 처녀 탄생을 믿지 못하겠다고 하는 자들이 세포 하나에서 수만 종의 생물이 나왔다고 하는 것은, 진화론이 과학이 아니라 사이비 종교라는 확신을 더해 줄 뿐이다. 아울러 그것은 그들이 우리보다 더 심각한 망상 환자임을 보여 준다.

● 종교화되어 버린 진화론

종교마다 신앙의 중심이 되는 교리와 규범이 있고 경전이 있다. 진화론 역시 그렇다. 진화를 말하는 책에서 배운 것을 그대로 믿는 것이다. 실증이 있어서가 아니라 누군가 진화론을 강조하는 그럴듯한 내용과 그림을 첨부하면 그만이다.

종교란 이성을 초월한 신비적 요소가 포함되어 있기에 다 실증할 수 없어도 신의 음성으로 믿고 따른다. 그러나 진화론은 과학 분야에 속한다. 철저한 과학적인 증거와 검증이 있어야 신뢰할 수 있는 것인데, 진화론은 검증할 수 없고, 아주 오래된 뼛조각 몇 개로 유인원이라고 단정한다. 이빨 하나 발견한 것으로 유인원이라고 확신하고, 그 이빨 하나로 유인원의 모습이나 체격, 생김새까지 유추해 그려내지 않았던가? 정말 대단한 능력이다. 그런데 알고 보니 그 이빨이 멧돼지 이빨이란다(한국창조과학회 "네브라스카인의 재조명").

지나고 보면 증거라는 것이 거짓이고 조작품이라는 게 들통이 나는데도 저들은 진화론을 떠나지 못하고 있다. 호구지책(糊口之策)인가? 차라리 종교라고 하면 이해가 된다. 진화론을 믿는 사람들은 그 신뢰 수준이 종교 수준이다. 기독교인들이 성경의 내용을 그대로 믿는 것처럼 말이다. 진화는 진실이라고 자기 최면을 걸고 다른 가능성은 조금도 생각하지 않는다. 다른 가능성의 문을 열어 놓는 순간 창조론으로 흘러가 버리기 때문이다. 찰스 다윈 이래 그동안 진화론에 힘을 쓰고 대단한 학문처럼 지켜 왔는데, 진화론을 의심하는 순간 자신들의 설 자리가 없어지는 것이다.

거듭 말하지만 루시 같은 유인원의 뼈들이 조작된(원숭이 뼈와 사람 뼈의 조합 또는 인조 뼈로 조작) 거짓이었다는 사실이 다 드러났듯이 앞으로도 계속 거짓의 역사는 드러날 가능성이 있다.

"침팬지와 인간의 유사성은 85% 이하임을 보여 준다. 돌연변이는 새로운 유전정보와 유전자들을 만들어 내지 못한다. 그 둘이 98% 유사하다는 주장은 사실이 아니었다. 시카고 대학교에서 진행된 리처드 렌스키(Richard Lenski) 박사의 유명한 대장균 번식 실험은 실험실에서 발생하는 진화를 관찰하도록 설계되었다. 이 실험은 우리 눈앞에서 일어나는 진화를 엿볼 수 있게 해주었다고 말해 준다. 그러나 5만 세대가 지난 후에도, 대장균에서 여전히 대장균이 나옴을 알 수 있다."(한국 창조과학회 참고)

그래서 학교에서 배우는 것들 상당수가 그렇게 포장된 허위 지식일 가능성이 높은 것이다.

1860년 독일의 네안데르탈 계곡에서 발견한 등이 굽은 인류의 뼈 화석을 두고 네안데르탈인이라고 하는데, 비슷한 화석이 유럽은 물론 아시아, 아프리카, 이스라엘 등에서도 발견되었다. 그러나 네안데르탈인의 등이 굽은 이유는 중간 단계의 인간이라서가 아니라, 비타민 D 결핍으로 뼈의 발육 상태가 좋지 못해서였다. 지금도 세상에는 등이 굽은 사람이 많이 있다.

비슷하면 유인원이고, 비슷하면 증거라고 우긴다. 그럼 비슷하게 생겼으면 전부 형제요 친족인가? 세상에는 서로 닮은 꼴이 많고, 목소리까지 닮은 사람도 있다. 그러나 서로 전혀 상관없는 사람이다. 원숭이가 사람과 조금 닮았다는 것이 진화의 증거라고? 그래서 사람의 조상이라고? 이는 마치 복숭아랑 사과가 비슷하게 생겼다고, 같은 줄기에서 나왔다고 우기는 것과 같다. 도라지랑 인삼은 아주 닮았다. 그러나 비슷하게 생겼을 뿐 다른 종이다. 비슷한 것은 결코 같은 것이 아닌데 우겨대는 데는 어쩔 수가 없다. 침팬지와 사람이 뭔가 비슷하다고 같은 족보에 올리는 것은 과학이 아니라 헛소리다.

● 창조주가 없다면 인간이 신이 된다

이제는 인간이 신을 대신하고 인간 그 이상의 존재는 사라졌다. 그래서 인간만 좋으면 그만인 세상을 만들고 있고, 이제는 그 정도가 지나쳐 남녀 평등을 넘어 성평등을 이루고, 동물과 평등한 인간으로 새로운 키메라(Chimera, 신종 괴물) 세상을 만들어 가고 있다.

말세라고 할만한 현시대는 유물론을 바탕으로 진화론과 함께 인권 제일주의라는 괴물을 만들고, 인간만을 위한 거짓된 유토피아를 만들고 있다. 공산주의 낙원이 이론상으로만 존재하는 것처럼, 인권 만능주의도 실상은 지옥이 될 것이다. 인권 만능주의야말로 인간을 비인간화하는 신종(新種) 인간 사회를 만들 것이다. 서양에서 이미 인권 만능을 앞세운 평등법을 만들어 여자인데 남자가 되고, 남자인데 여자가 되거나, 혹은 남자도 여자도 아닌 정신 이상의 세계를 실감 나게 보여 주고 있다. 이런 현상도 진화의 과정인가? 그렇다면 진화의 끝은 어디란 말인가?

세계적인 무신론자 리처드는 신이 없는 세상을 그리도 강조하면서 인간 중심의 동물농장을 만드는 것이다. 사탄은 이렇게 인간을 최우선으로 여겨주는 척하면서 결국은 비인간화 하는 것이다. "잘한다! 잘한다!" 치켜세우다가 업어치기 한 판으로 잡아먹는 것이다.

진화라는 공상 소설을 믿느니, 차라리 증거가 차고 넘치는 창조론을 믿는 게 더 쉽고 안전하다.

24

유신진화론(진화창조론)은 타협이다

● 유신진화론의 견해

유신진화론은 진화론도 인정하면서 유신론도 인정해 주는 절충안과 같다. 그러나 기독교 신앙을 가진 사람이 절충안을 선택하는 태도는 신의 말씀인 성경과 배치된다. 이 이론은 다음 두 가지로 요약된다.

첫째, 이신론(Deism, 자연신론)이다. 신께서 자연에 개입하지 않는다는 이론이다. 자연 스스로 움직이고 발전해 나가는 것이다. 신의 역할은 전혀 없으며, 별도로 신을 인정해야 하므로 무신론자들이 약간의 거부감을 가질 수 있으나 진화론 유지에는 지장이 없으니 큰 반발은 없는 이론이다. 아마도 이 주장은 신의 존재를 완전히 부정할 수 없다는 판단하에 어쩔 수 없이 절충해 만든 것이 아닌가 싶다.

이와 비슷한 주장을 한 사람이 바루흐 스피노자(Baruch Spinoza, 1632년 네덜란드에서 태어난 유대인 철학자)다. 그는 현대 철학에도 영향을 끼친 인물 중 하나로, '자연신론'을 주장했는데 그 결이 약간 다르다. 신과 자연이 동일하다는 것, 즉 신은 초자연적인 존재가 아니라 자연의 본질이라고 보았다. 그러나 자연과 신을 동일시하여 사실상 자연만 있고 신은 없는 것과 다름이 아니다. 진화론에서는 거부할 이유가 없는 이론이다.

자연이 곧 신이라는 개념은 신(新)다원주의라고 할 수 있는데, 이전에는 무목적, 무작위로 진화했다면, 이제는 설계자가 없는 자연 설계를 추가한 것이다. 즉, 지적 설계자는 없지만 자연 스스로 설계하여 진화하였다는 것이다.

　자연 선택이라는 말이 이전에는 자연 스스로 진화했다는 단순한 의미라고 한다면, 이제는 자연 선택이라는 단어에 지적 능력을 부여하는 의미다. 즉, 자연 스스로 살아갈 것을 판단하고 선택하는 능력 말이다. 쉽게 말해 환경에 적응하려면 어떤 종으로, 어떤 모습과 어떤 능력을 갖추어야 하는지 자연 스스로 판단하고 설계하고 진화했다는 말이다. 이런 주장은 자연을 지적 능력이 있는 신으로 여겨 숭배의 대상으로 격상시키는 데까지 나아간다.

　이것은 마치 리처드 도킨스가 세포 하나하나에 지적 능력이 있는 것처럼 묘사한 《이기적 유전자》와 맥을 같이하는 것이다. 이들은 자연 스스로, 혹은 세포 속에 우리가 모르는 어떤 지적 감각이 있는 것처럼 말한다. 하여간 진화론자들의 상상력은 끝이 없다. 더 큰 문제는 이런 상상 이론이 과학이라고 불리며 시간이 지나면 기정사실처럼 여겨진다는 것이다.

　그러나 모두 말장난이다. 다윈의 초기 진화론에 기초한 후기 진화론자들이 이제는 자연에 지능을 더하여 자연 스스로 판단하여 나쁜 것은 버리고, 좋은 것은 남기고 발전시킨다는 인격체로 만들어가는 것이다. 이것은 스피노자의 주장처럼 신이 따로 있는 게 아니라 자연이 곧 신이라는 개념과 일치하여 리처드 부류가 굳이 거부할 이유가 없다. 즉, 이들은 자연을 숭배할지언정 그 외의 다른 신을 숭배할 마음이 없으며, 진화론만 유지할 수 있다면 그 어떤 새로운 이론도 상관없다.

　둘째는 신께서 자연 진화되도록 설계하고 개입했다는 진화창조론이다. 신의 존재를 인정함과 동시에 신은 진화에 지대한 공로가 있으니, 이신론(자연신론)보다는 조금은 기독교와 가까워진 것으로 보인다. 하나님을 부정하는 것도 아니고 진화론을 무시하지도 못하는 사람들이 취할 수 있는 이론이다.

　오늘날에는 다른 부분에서도 기독교인들의 이런 식의 절충안이 많아지고 있다. 종교 다원주의가 그렇고, 동성애가 그렇고, 공산주의에 대한 태도가 그렇고, 인권운동이란 것도 그렇다. 우리 것을 그대로 두면서 모두 수용할 수 있다는 신자유주의(신 복음주의), 혼합주의를 따라 서로가 좋은 절충안이 환영받는다. 그러나 이것은 순수 복음을 훼손하고 우리의 창조신앙을 크게 훼손한다. 하나님께서 진화를 설계하고 진행했다는 진화창조론은 사탄의 교묘한 속임수에 해당한다. 이에 따르면 성경의 상당 부분을 부정하고 수정해야 하기 때문이다.

● 이에 대한 진화론(무신론)자들의 시각

하나님을 인정하면서도 진화론을 수용했으니, 양쪽을 다 만족시킬 수 있는 것일까? 특히 진화론자들이 조금이라도 반기리라 생각하겠지만 천만에다. 이들에게 신은 한마디로 만물의 진화 과정에 공이 없는 무능한 신으로 취급된다. 특히 이신론에서는 만물이 자연적으로 진화되고 발전하는 동안 신은 구경꾼이었기 때문에 신을 존중할 이유가 없다.

진화창조론 측에서는 자연 진화도 신의 계획이요, 신께서 그렇게 되도록 자동 시스템을 만들어 놨으니, 진화도 신의 은총 안에서 진행된 것이라고 말하고 싶겠지만, 철저한 무신론자들은 자연 진화에 더 무게를 두고 신의 개입을 철저히 차단하는 데 중점을 둘 것이다.

이들에게는 신이 있으나 없으나 결론이 한결같다. 신을 아예 무시한다는 측면에서 그렇다. 진화창조론을 조금 인정해서 신의 존재를 인정한다고 해도 그 신은 숭배받을 자격이 없다고 할 것이다. 한마디로 진화론에서는 신이 언급되는 것이 용납되지 않고, 신이 존재해서도 안 되는 것이다. 혹시 있다고 해도 우주의 기원이나 생명체의 형성 과정에서 신의 역할을 배분해 주지 않을 것이다.

혹 신께서 진화 설계를 했다 치더라도, 왜 처음부터 온전히 창조하지 못하고 그 오랜 세월을 거치게 했으며, 이왕 만들 거라면 고통이 없는 세상을 만들 것이지 능력이 부족해서 그런 거냐며 그 또한 시빗거리가 될 것이다.

진화라는 상상 이론은 신의 존재나 역할을 부정하는 대전제가 있어서 유신진화론 안에서도 신의 비중은 그리 커지지 않는다. 그래서 이들에게는 유신진화론도 그리 반가운 것이 아니며 신을 향한 경외심을 얻기에는 역부족이다. 이렇게 신의 존재를 끔찍이 싫어하는 것을 보면, 진화론은 과학이라는 이름을 빙자하여 무신론을 위해 존재하는 반종교 집단이라고 보는 것이 합당하다.

● 기독교 전통 신앙의 견해

1) 유신진화론(진화창조론)은 성경과 충돌한다

성경에는 수십억 년의 세월을 거친 진화의 가능성이 아예 없다. 창세기 1, 2장에는 분명히 처음부터 각 종류대로 창조하셨다고 기록되어 있다.

> **창 1:11** 하나님이 이르시되 땅은 풀과 씨 맺는 채소와 각기 종류대로 씨 가진 열매 맺는 나무를 내라 하시니 그대로 되어 땅이 풀과 각기 종류대로 씨 맺는 채소와 각기 종류대로 씨 가진 열매 맺는 나무를 내니 하나님이 보시기에 좋았더라

처음부터 풀, 씨 맺는 채소, 열매 맺는 나무를 만드셨다. 애초에 각 종류대로 완성품을 만드셨다고 분명히 밝히고 있으며, 여기에 진화의 가능성은 전혀 없다. 동물을 만드신 것도 마찬가지다.

> **창 1:20-22** 하나님이 이르시되 물들은 생물을 번성하게 하라 땅 위 하늘의 궁창에는 새가 날으라 하시고 하나님이 큰 바다 짐승들과 물에서 번성하여 움직이는 모든 생물을 그 종류대로, 날개 있는 모든 새를 그 종류대로 창조하시니 하나님이 보시기에 좋았더라 하나님이 그들에게 복을 주시며 이르시되 생육하고 번성하여 여러 바닷물에 충만하라 새들도 땅에 번성하라 하시니라

바다의 물고기, 새들을 종류대로 만드셨다. 이것도 처음부터 각기 다른 종류대로 창조되었다. 그럼에도 진화를 끼워 넣은 것은 성경을 훼손하는 것일 뿐 일고의 가치도 없다.

> **창 1:27-28** 하나님이 자기 형상 곧 하나님의 형상대로 사람을 창조하시되 남자와 여자를 창조하시고 하나님이 그들에게 복을 주시며 하나님이 그들에게 이르시되 생육하고 번성하여 땅에 충만하라, 땅을 정복하라, 바다의 물고기와 하늘의 새와 땅에 움직이는 모든 생물을 다스리라 하시니라

사람도 창조 직후, "생육하고 번성하여 땅에 충만하라"라고 말씀하신 것은 진화 창조가 아니라, 애초부터 성인으로 만드셨다는 증거가 된다. 어디를 보아도 수억, 수백만 년의 진화 기간이나 그 가능성은 보이지 않는다. 이렇게 분명한 말씀이 있는데 진화창조라니…. 신의 존재를 인정해 주기만 하면 진화론이라도 괜찮다는 것인가? 기독교 내의 유신진화론자들은 무신진화론자들과 별다를 게 없는 사람들이다.

2) 예수님도 창조론을 말씀하신다

예수님의 말씀엔 더 분명히 나와 있다.

> **막 10:6-8** 창조 때로부터 사람을 남자와 여자로 지으셨으니 이러므로 사람이 그 부모를 떠나서 그 둘이 한 몸이 될지니라

조금씩 진화된 것이 아니라 "창조 때로부터", 즉 창조 처음부터 남자와 여자를 만드셨으며, 창조 후 즉시 두 남녀를 부부로 짝지어 주셨다고 하신다. 이처럼 진화창조의 가능성은 아예 없다. 하나님께서 진화의 오랜 과정을 통해 창조하셨다는 거짓은 사탄의 또 다른 수법일 뿐이다. 우리는 이런 분명한 말씀을 근거로 우리의 창조신앙을 확고히 해야 할 것이다.

3) 유신진화론은 새로운 소설

유신진화론은 창세기 1-2장뿐 아니라 성경의 내용을 전면 부정하는 것이다. 이 이론에서 아담과 하와는 최초의 인간이 아니라 비유이고 은유적 표현이다. 어느 정도 진화가 진행되어 사람이 1만 명 정도 되었을 때, 하나님께서 그중 남녀를 1명씩 택하여 이스라엘 민족을 세우셨다는 의미라는 것이다. 즉, 아담과 하와는 이스라엘의 대표이지 전 인류의 대표가 아니라는 완전히 새로운 소설이다. 성경의 내용이 몽땅 다른 의미가 되고, 새로운 성경을 만들어야 하는 성경 리모델링 수준의 이야기다(유신 진화론 비판. 상-부흥과 개혁사 간).

유신진화론이나 무신진화론이나 진화론에 가까이 갈수록 이런 황당무계한 소설을 쓰게 되는 것은 공통적인 증세다. 물론 이런 주장의 근거는 없다. 하나님과 진화론 둘 다 수용하려니 이런 추측과 가설을 지어낼 수밖에 없는 것이다. 기독교인이 이런 소설을 쓴다는 것이 놀랍고 기가 막히며, 진화론을 기독교 내부로 끌어와 접목하려는 시도가 어이가 없다. 그렇게 되면 성경은 점점 신뢰할 수 없는 책이 되는 것이고, 창세기를 아예 없애 버리거나 성경 전체를 대폭 수정해야 하는데, 그 작업을 누가 어떤 자격으로 해내겠는가? 하여간 진화론에 물들면 상상의 나래를 펴는 데 한계가 없어진다.

타협의 장을 만들어 자기들끼리 평화의 쇼를 하려는 것인지 몰라도, 이런 이론은 기독교에서 비중 있게 취급할 것이 못 된다. 그저 신다윈이즘의 한 부류로 취급하는 게 좋다. 분명한 것은, 유신진화론의 하나님은 기독교의 하나님이 아니라는 것이다. 이는 창조론보다 진화론을 더 비중 있게 보는 자들이 만들어 낸 가설에 불과하다. 하여간 진화론과 엮이면 가설 없이는 말할 수가 없다는 게 이들의 태생적 한계다.

나는 이것도 혼합주의의 한 부류로 본다. 창조론과 진화론을 섞어 하나처럼 만들어 버리는 유신진화론은 기독교 내부에 두어서는 안 될 사탄의 또 다른 얼굴이다.

● 하나님의 창조 역사를 과학적으로 증명할 수 없기 때문 이라고?

기독교인이면서 유신진화론을 말하는 자의 주장을 들어보면 어이가 없을 정도다. 혹자는 말한다. 창세기 1, 2장의 기록은 과학적으로 증명된 적이 없고, 증명할 수도 없기 때문에 창조론으로 볼 수 없고 대신 진화론의 관점에서 보아야 한다는 것이다. 과학적으로 증명할 수 없는 것은 인정할 수 없다는 말은 리처드의 말과 똑같다. 창조주가 하신 일을 어찌 인간의 지식으로 다 증명한다는 말인가?

유신진화론자들에게 질문하고 싶다. 창조론만이 아니라 성경의 다른 기사도 과학적으로 증명되지 않으면 부정할 것인가? 그렇게 과학적 증거를 강조하는데, 당신들이 믿는 하나님은 과학적으로 증명이 되어서 믿는 것인가? 한 가지 더 질문한다. 당신들이 받아들인 유신진화론은 과학적으로 증명이 다 끝났는가? 참으로 어이가 없다. 또 당신들은 신의 존재 여부를 증명할 만한 기술을 보유했는가? 창조주가 하신 일을 인간 지식 범위에 가둬 놓고 진단한다는 게 가당한가? 이들은 기독교인이라면서 성경 위에 과학을 올려놓고 성경보다 과학을 더 신봉하는 모습을 보인다. 하나님께서는 인간에게 허가를 얻어 창조 역사를 시작한 게 아니다. 그것은 신의 영역에 해당한다. 그래서 인간의 기술로는 창조 역사를 증명해 낼 수가 없고, 단지 창조된 세상을 볼 뿐이다. 창조주는 자신이 창조주라는 사실을 알아 달라고 증거를 남기며 인간에게 호소할 필요가 없다. 보이는 것으로도 충분하기 때문이다.

하여간 내부의 적이 더 문제인 것은 틀림이 없다. 하나님도 믿고 진화론도 믿고 그러면 둘 다 좋은 것이 아니냐고⋯ 이들이 앞으로 또 어떤 이론을 들고나올지 모르겠다. 이래서 혼합주의가 무서운 것이다.

● 그러면 우리에게 창조의 충분한 증거는 무엇인가?

우리가 창조의 신을 확신하는 이유는 과학적 증거 때문이 아니라 따로 있다. 창조의 진위를 알기 위해서 인간의 과학적 기술이 꼭 필요하지는 않다. 인간의 지식이나 기술은 오류와 착각을 늘 내재하고 있기 때문이다. 눈에 보이는 것도 제대로 모르는 오류투성이 인간 지식으로 뭘 얼마나 증명하겠는가?

과학적 증거가 없음에도 우리는 신의 창조를 확신할 수 있다. 그 이유는 다음과 같다.

창조가 사실임을 증명하는 길은 딱 하나다. 창조주의 계시가 있으면 된다. 창조주께서 직접 우리에게 오시어 가르쳐 주시는 계시의 말씀이 있다면, 그 말씀이 진짜 증거가 된다. 그렇지 않은가? 창조의 장본인께서 직접 가르쳐 주시는데 그보다 더 확실한 증거가 어디 있겠는가? 그 계시의 말씀이 바로 성경이다. 하나님께서 수많은 사람에게 오시어 자신이 누구인지 가르쳐 주시고 기록하게 하신 성경이 답이다. 약 40여 명의 사람에게 가르쳐 주시고 기록하게 하신 책이 바로 신구약 66권으로 모아진 것이다.

딤후 3:16 모든 성경은 하나님의 감동으로 된 것으로 교훈과 책망과 바르게 함과 의로 교육하기에 유익하니

성경에 분명히 처음부터 각 종류대로 창조하셨다고 기록되어 있다. 성경은 성령의 감동으로 기록되고 계시된 말씀이다. 그러나 리처드 무리는 이 사실을 믿지 않고 오히려 성경이 꾸며진 내용이라고 비난하며 더 황당한 진화론을 말한다. 창조론을 증명하는 성경과 각 생물의 종류대로 번식하는 현실적 증거도 부정하고, 오직 진화론이라는 가설에만 고정된 그의 시선이 안타깝다.

인간이 꾸민 책은 성경이 아니라 리처드의 책이요, 진화론이다. 유명한 교수가 쓴 책이라는 것이 우리가 그를 믿어야 하거나 성경을 버릴 만한 이유가 되지 못한다. 그가 성경을 무시하듯이 우리도 그의 책을 무시하면 그만이다.

그리고 이 말씀을 그대로 믿는 우리의 믿음이 또 하나의 증거다.

히 11:1-3 믿음은 바라는 것들의 실상이요 보이지 않는 것들의 증거니 선진들이 이로써 증거를 얻었느니라 믿음으로 모든 세계가 하나님의 말씀으로 지어진 줄을 우리가 아나니 보이는 것은 나타난 것으로 말미암아 된 것이 아니니라

성경은 창조주의 말씀이다. 이 말씀이 증거요, 이보다 더 확실한 증거는 없다. 이 말씀을 그대로 믿는 믿음은 또 하나의 증거가 된다.

과학 기술이 만능이 아닐진대 과학으로 증명할 수 없어서 창조론을 믿을 수 없다는 것은 곧 과학의 허락 없이는 안 된다는 말과 같다. 과학이 만능인가? 오히려 과학에 오류와 실패가 더 많지 않은가?

그러면 예수님의 동정녀 탄생이나 예수님이 물 위를 걸은 일, 죽은 나사로를 말씀 한마디로 살린 일, 오병이어의 기적, 물이 포도주가 된 기적, 나병환자와 귀신 들린 자를 고친 일, 죽은 지 3일 만에 부활 승천한 일 등은 과학으로 검증이 가능할까? 당연히 불가능하다.

진화창조를 믿는 기독교인들은 과학의 검증을 얻지 못하면 성경을 고치거나 신뢰를 떨어트리는 엄청난 짓을 저지른 것이다. 교회 집사이면서 유신진화론자인 어느 과학자는 창조론을 믿는 창조과학계를 일컬어 '사이비 지식'이라고 단언한다. 과학이라는 틀 안에 기독교를 가두어 버린 것이다. 이 정도라면 이들은 과학이 우상이든가, 진화론 측에서 기독교를 파괴하라고 보낸 스파이가 아닌가 하는 생각이 들 정도다. 이런 자들이 교회 안에서 버젓이 함께 신앙생활을 하고 있다는 것이 놀랍고 기가 막힐 뿐이다.

● 유신진화론은 허용할 수 없는 심각한 문제가 있다

과학이 성경 위에 있게 되고, 성경의 영감이나 신뢰성에 큰 흠집을 내게 되며, 결국엔 진화론의 논리를 따라 아담과 하와가 아니라 무엇인지도 모르는 생물체가 짐승과 인간의 공통 조상이 되며, 아울러 모든 인간은 자범죄는 있을지언정 원죄가 사라진다. 이런 주장은 창세기 6일 창조론뿐 아니라 성경 전체를 던져 버리고 새로운 가설

을 만들어 낸 것이다. 그렇게 되면 예수님의 십자가 대속의 필요성도 확 떨어지는 것이다.

단세포에서 시작된 생물은 무척추동물을 거쳐 척추동물, 수생동물에서 양서류를 거치고 육상동물이 되면서 다양한 종으로 번식되다가 그중의 일부가 사람이 되었다는 것인데, 다른 동물과 같은 과정으로 진화된 게 인간이라면 인간에게 영혼이 있을 가능성이 없다. 동물은 하나님의 형상대로 만든 인격적 존재가 아니며 구원이 대상도 아니기 때문에 영혼도 없으며, 죽으면 끝이다. 혹 인간에게만 영혼이 있다면 어떤 이유로 생겼는지를 묻고 싶다. 똑같이 진화되었는데 유독 인간에게만 영혼이 생기고, 구원이 인간에게만 적용되는 이유는 뭔가? 또한 진화되는 인간에게 영혼이 형성된 때는 유인원 어느 단계인지 궁금하다. 유인원 1단계인가? 3단계인가? 소설을 쓰려면 치밀하게 쓰든지 이렇게 허술할 수가 없다. 어려운 수학 문제에 답이라고 자신 있게 적어 놓았지만 풀이 과정을 설명하라면 근거도 없이 횡설수설할 것이 뻔하다. 유신진화론은 너무 어려운 문제에 뛰어들어 일을 더 복잡하게 만들어 놓았고, 성경을 분탕질하는 것 외에 아무것도 아니다.

● 성경을 두고 타협은 있을 수 없다

우리의 판단 기준은 성경이다. 세상일이야 절충안도 좋고 다른 대안도 있겠으나, 창조주의 말씀을 두고 절충적인 소설을 쓰며 다른 말을 하는 것은 신을 부정하는 것과 다름이 없다. 현시대는 성경대로 믿지 않는 목사나 유신진화론을 지지하는 기독교인들이 문제다. 종교 평등론을 따라 유일 신앙을 벗어나, 오래전부터 사탄이 주로 써먹고 있는 혼합주의 수법이 대세를 이루고, 여호와 하나님을 우상과 나란히 놓고 잡신 수준으로 전락시키려는 일이 많아지고 있다. 솔로몬이 그런 짓을 하다가 나라가 두 쪽이 나고, 결국 망하게 된 것 아닌가?

그래서 세상의 종교나 반기독교 세력은 모든 종교와 신들이 평등하고 차별이 없는 세상을 만들자고 외치는 것이다. 그것(평등법)이 기독교의 독주를 막고 기독교의 독특성이나 구원의 유일성을 무력화하기에 적합하다는 것을 사탄이 잘 알고 있기 때문이다. 이렇게 우리 기독교의 유일 신앙의 가치는 일부에서 훼손되어 가고 있지만, 오직 예수의 십자가 대속의 복음(유일 신앙)을 지키는 우리가 있는 한, 하나님께서 음부의 권세가 이길 수 없도록 교회를 지키시고 보호하실 것을 믿는다.

> **마 16:18** 또 내가 네게 이르노니 너는 베드로라 내가 이 반석 위에 내 교회를 세우리니 음부의 권세가 이기지 못하리라

그리스도인은 성경이 신앙과 생활의 기준이다. 비록 내가 온전하지 못하고 하나님이 하신 일을 자세히 알지 못한다 해도 성경을 왜곡하거나 일부라도 부정하는 일은 하면 안 된다.

유신진화론의 '이신론', '진화창조론' 같은 타협은 있을 수 없다. 저들은 그것조차도 완전한 창조의 능력이 없는 무능한 신이라고 비난하는 구실로 이용할 것이고, 하나님께서 진화되도록 설계하고 직접 관여했다는 주장 역시 성경과 충돌하여 성경의 영감과 권위를 감소시킬 뿐 아니라, 성경을 인간의 문학작품이나 전설 혹은 교훈을 담은 비유 정도로 만드는 상상 이론일 뿐이다. 그러므로 유신진화론은 어느 면으로 보더라도 기독교 신앙을 크게 훼손하는 허용할 수 없는 반성경적 주장이며 사탄의 영역에 해당한다.

"유신진화론은 악마가 내민 더러운 손이다."

25

태아는 죽여도 된다?

리처드가 점점 무서워지는 대목이다. 태아에 대한 그의 관점을 보면, 태아 죽이는 일을 단순히 찬성하는 정도가 아니라, 죽여도 된다는 논리가 살벌하기 때문이다(pp. 445-).

리처드는 진화론의 종합 선물 세트 같은 인물이라는 생각이 든다. 다양한 그의 얼굴을 볼 수 있기 때문이다. 부분적으로 알았던 진화론의 조각을 리처드를 통해 한눈에 볼 수 있다는 느낌이 들 정도로 그의 글은 진화론을 다방면으로 보여 준다.

● 배아(태아)에게는 사람의 자격을 부여할 수 없다

그는 태아를 사람으로 보지 않는다. 배아는 온전한 인간이 되지 못했으므로 아직 사람이라고 할 수 없다는 논리를 펼친다. 이로써 미숙아, 선천적 장애자 등에게는 사람의 자격을 줄 수 없다는 그의 생각을 알 수 있다. 그의 글을 읽다 보면 '이 사람이 정말 사람인가?' 의심이 들 정도다. 태아에 대한 연민은 조금도 없다. 태아를 죽였다고 사람을 죽인 도덕률을 적용해서도 안 된다고 말한다.

그래서 리처드는 태아 죽이는 일을 비난하지 않는다. 오히려 낙태를 반대하는 사람을 비난한다. 그는 노벨 평화상 수상자 테레사 수녀가 낙태를 반대했다는 이유를 가지고 "비뚤어진 판단을 내리는 여자", "위선자"라고 악평했다. 노벨 평화상이라면 버림받고 소외된 불쌍한 아이들을 평생 돌본 여인이 받을 만한 상이 아니던가? 그런데 리처드의 눈에는 낙태를 반대하는 일이 비난받을 이유가 된다.

진화론의 시각으로 본다면 낙태하는 것도 진화론의 생존 논리에 해당할 것이다. 의사나 부모가 태아를 죽이는 것도 살아남기 위한 자연 선택이라고 보아야 하는 것이다. 냉엄한 자연계에서 살아남기 위한 인간의 다양한 악행도 약육강식 적자생존의 수단이니 큰 문제 삼지 말아야 한다는 게 진화론의 논리다.

동성애에 대한 그의 시각도 남에게 해가 되지 않는 사사로운 일로 넘겨 버린다. 남에게 해가 되지 않는다면 그냥 두어야 한다고 말한다. 동성애가 죄가 되는 것은 종교적 잣대일 뿐이라고 하면서 사실상 동성애를 지지한다. 그러나 하나님께서는 타인에게 해가 되는 것과 상관없이 죄를 금하신다.

살인, 강도, 도둑질도 이기적 유전자의 활동으로 인한 자연 선택의 현상으로 보아야 하고, 대단위 전쟁도 생존을 위한 약육강식의 이기적 활동이 아닌가? 그들 말대로 자연 선택은 언제나 위대한 결과를 낳는 대단한 지능을 가지고 있기 때문에, 그냥 놔두면 자연이 알아서 진행하고 적절한 결과를 가져다준다는 믿음이 바로 낙태나 살인을 보통일로 볼 수 있게 하는 것이다.

그렇다면 십자군 전쟁이나 이슬람의 정복 전쟁도 비난할 게 뭐란 말인가? 인간이 살아가는 진화적 관점에서 보면 모두 먹고 먹히는 생존을 위한 자연스러운 적자생존의 현상으로 볼 수 있는데 말이다.

따라서 진화론에서는 낙태가 그리 대단한 사건이 아니다. 그저 이겨내지 못하고 도태되는 자연 선택의 순리로 이해되며, 살아 남기 위한 치열한 경쟁 속에서 일어나는 자연스러운 현상일 뿐이다. 태아는 먼저 된 어른들의 이기적 유전자에서 나오는 생존 본능에 의해 사라지는 무능한 개체에 불과하다. 이렇게 내가 살기 위해 죽이거나 사냥하고 갈취하는 일은 모든 종의 진화 과정에서 일어나는 자연스러운 현상일 뿐이다.

이렇게 인간 사고(思考)가 진화론의 관점으로 형성되고 그런 사회 구조가 만들어진다면 인간 세계는 살벌한 동물의 세계가 되는 것이다. 낙태에 대한 리처드의 논리를 읽어 가노라면 살기가 느껴진다. 마치 무표정하고 담담한 표정으로 사람을 무참히 죽이는 사이코패스(psychopath)의 얼굴을 보는 듯하다. 살벌한 진화론의 생존방식을 거부하는 사람들이 기독교 분야에 많다는 것이 얼마나 다행인가? 리처드가 낙태되지 않고 지금까지 살아온 것은 아마도 한때나마 번영했던 영국의 기독교 정신 환경 때문일 것이다. 그렇지 않고 태아를 혹 덩어리 수준으로 취급하고 낙태의 자유를 여성 인권의 확보로 여기는 요즘에 잉태되었다면 뱃속에서 사라졌을 인물이다. 낙태는 출생 후 그가 이루었을 업적과 그 후손까지 제거하는 엄청난 살인 행위가 된다.

차라리 창조론으로 무장하라! 신을 경외하며 창조의 순리를 따라 사는 게 그나마 인간성을 조금이라도 지켜내는 길이다.

● **태아는 고통을 느끼지 못한다**

그는 태아는 죽임을 당할 때 고통이 없을 것이라고 강조한다. 태아는 아직 신경 조직이 완벽하게 형성되지 않았기 때문이란다. 혹 고통을 느낀다고 해도 아주 적을 것이라며 그 짧은 페이지에서 자주 강조하는 것을 보면, 고통이 없고 의식이 없으니 죽여도 된다는 논리를 주입한다. 그러면 살인할 때 고통없이 죽이면 죄가 가벼워진다는 말인가? 수면제를 먹이거나 마취를 하고 죽이면 살인이 정당하고 합리적인가? 학자의 사고가 이런 지경이라는 게 놀랍고, 그가 사람의 심성을 가졌는지 의심스럽다.

● **뱃속에 있는 태아를 진화의 관점으로 본다**

인간이 되어 가는 단계인 태아는 아직 미완성이니 죽이면 약간은 미안하겠지만 살인죄와 같을 수는 없다는 것이다. 그는 태아를 죽이는 것과 출산 이후의 인간을 죽이는 것을 같은 비중으로 보지 않는다. 완성된(출산) 인간만이 인간 존재의 가치를 지닌다는 논리다. 그러면 완성형 인간의 모습은 어떤 것인가? 키, 지능, 언어능력 등이 어느 정도 수준이라야 완성된 인간이란 말인가?

세상에 태어났다고 해도 장애아(미숙아, 신체장애, 정신장애)로 태어난다면 완성형 인간이 아닐 텐데 그런 인간은 몇 등급으로 분류될까? 죽여도 될까? 나는 책을 읽으면서 내가 잘못 이해했나 싶어 이 부분을 몇 번이나 반복해 읽었다. 그가 왜 이런 사고를 갖게 되었는지 그 이유는 어렵지 않게 알 수 있다. 바로 진화론이다.

모두가 그와 같지는 않으리라 기대하지만, 특히 리처드의 이런 언행을 보면 진화론은 매우 위험한 학문임이 분명하다. 진화론의 관점에서는 기존의 도덕률이 무용지물이 된다.

● 도대체 진화론에서 말하는 100% 인간은 어떤 사람인가?

진화론의 시각으로 본다면 현존하는 모든 것이 진화되었고, 아직도 모든 생물과 인간은 진화 중이라고 해야 한다. 생물계의 진화, 산천초목과 우주의 진화, 인간 사회문화적 진화 등 모든 게 진화다. 현존하는 인간은 또 다른 종으로 진화될 가능성이 아주 크다. 그러면 진화의 끝은 어딜까?

그들은 인간 임신 열 달이라는 기간도 진화의 과정을 축소하여 보여 주는 좋은 예로 생각할 것이다. 그래서 태아와 같은 완성형 인간이 아니면 인위적으로 도태되고 사라질 수 있다는 게 그의 논리다. 사람마다 지능지수나 감성지수, 신체 건강의 차이가 천차만별인데, 어느 정도가 온전한 인간인지 궁금하다. 인간이지만 정신적, 육체적, 기능적으로 미숙하고 문제가 있다면 아직 진화가 덜 된 유인원으로 분류해야 할까? 고통을 느끼지 못하는 태아는 죽여도 된다는 그의 논리는 미숙아나 다양한 장애인을 죽여도 된다는 잔인성을 부르는 일인데, 이런 사람이 사는 세상은 미쳤다고 볼 수밖에 없다. 이런 미친 세상도 진화에서 나오는 현상인가?

그러면 리처드에게 인정받는 완성형 인간이되려면 무엇을 얼마만큼 갖추어야 할까? 리처드 정도의 지능이 되어야 100% 인간인가? 칠삭둥이, 팔삭둥이는 70~80% 정도만 인간인가? 예정일을 다 채우고 태어나면 100% 인간이고, 예정일 10일 전에 태어나면 97% 인간인가?

인간을 차별하는 일이 그런 논리라면 리처드도 분명 모자란 면이 있을 텐데, 그렇다면 그는 몇 등급의 인간이 될까? 나도 그의 특기인 추측으로 말한다면, 리처드는 종교계를 함부로 침범하고, 기독교를 악으로 비하하고, 낙태를 쉽게 말하는 것으로 보아 대략 50% 인간(5등급) 정도로 보인다. 올바른 인간애를 지닌 성숙한 인간은 영적 세계나 태아의 생명을 그렇게 함부로 취급하지 않기 때문이다.

요즘은 작은 벌레나 강아지의 권리까지 챙겨 주는 시대인데, 태아에겐 안전하게 태어날 권리가 없는가? 오히려 낙태하는 것이 여성의 인권을 보호하는 것이라고 큰소리치는 세상이니 놀라움을 금할 수가 없다. 뱃속의 우리 아기들은 강아지만도 못한 신세가 되었다. 인권을 그리도 강조하는 자들이 태아가 안전히 출생할 권리를 짓밟고 있는 모습은 사람이 아닌 악마를 보는 듯하다. 그 태아를 죽이는 악마들이 지금 미소를 지으며 예쁜 강아지를 사랑스레 안고 있으니 기절할 일이다.

● 리처드처럼 한국에도 낙태를 찬성하는 자들이 많다

여성 권리 운동을 한다는 자들은 유독 낙태할 권리를 강조한다. 임신 6개월이든 9개월이든, 곧 출산하기 직전이라도 출산을 거부(낙태)할 권리를 달라는 것이다. 일부에서는 출산한 이후라도 원치 않으면 신생아를 죽일 수 있는 권리까지 요구한다. 지옥에서나 볼 만한 일들이 현실에서 벌어지고 있다. 세상은 점점 미쳐가는 게 확실하다. 이런 현상도 진화의 연속성에 놓고 보아야 할까? 인간의 진화란 육체뿐 아니라 정신, 감정, 지적인 부분도 포함될 텐데, 리처드 같은 자들은 태아를 자유롭게 죽이는 잔인함도 현명한 자연 선택의 현상으로 볼 가능성이 크다. 종교인들의 싸움이나 전쟁으로 많은 희생이 있었음을 비난하는 자가 태아를 죽이는 일에 앞장서는 모습을 어찌 보아야 할까?

저출산 고령사회 위원으로 임명된 한 인물은 "출산할 권리보다 낙태할 권리에 더 관심이 많다"라고 했다. 낙태를 옹호하고 낙태권을 보장해야 저출산 문제를 해결한다는 말도 안 되는 소리도 했다(《중앙일보》 2018.2.03.).

장관급에 해당하는 여러 위원이 모여 저출산 문제의 대책을 세우는 기관이 내놓은 대책이 '동거 등록제'라는데, 이는 곧 동거하며 사생아를 많이 출산하라는 것 아닌가? 기껏 이런 정도의 대책을 내놓는 것을 보면 저출산에 대한 진정한 고민도 없고, 국가 재정만 축내는 이런 위원회는 차라리 없는 게 낫지 않을까 싶다.

한 해만 최소 수십만 건의 낙태가 자행되는 현실에서 낙태를 엄격하게 금해야 할 텐데, 오히려 낙태권을 보장하라는 소리를 하는 자가 저출산 대책위원이라니, 임명하는 자나 임명된 자나 문제가 심각하다. 혹 저출산 대책위원회라는 게 출산을 장려하는 기관이 아니라 출산을 막는 기관이 아닌가 의심이 들 정도다.

나 같은 일개 시민도 저출산으로 인한 인구 감소 해결책은 낙태를 줄이는 것이 가장 빠른 길이라고 판단되는데 장관급 인사들의 머리에서 그런 대안이 나오지 않는 것은 의도적이거나 복지 예산만 늘리면 된다는 안일한 마음가짐을 보여 준다.

● 낙태를 10~20%만 줄여도 인구 감소 문제는 쉽게 해결된다

2019년 2월 13일 KBS 뉴스 보도에 따르면, 전년도 임신한 여성 10명 중 4명이나 낙태를 경험했다. 이는 경제적 이유 때문으로 나타났는데, 이것은 모자보건법에 있는 낙태 사유에 해당하지 않는 불법행위다. 해마다 낙태 건수는 2000년 이전의 약 150만 건보다 많이 줄어든 게 사실이지만, 아직도 많이 있다. 보고되는 통계치가 약간씩의 차이가 있지만, 2017년 약 5만여 건으로 설문 조사되었으나 신고된 건수는 10분의 1에 해당한다. 실제로는 약 50만 건 이상(《조선일보》 2019.4.11)으로 보고 있고, 많으면 70~80만 건으로 추산된다. 그렇다면 낙태의 10% 이상만 줄여도 인구는 늘어난다. 출산 장려 운동과 함께 낙태 반대 정책과 대안도 나와야 하는데, 오히려 낙태 자유

화를 외치는 현실이 문제다. 그런데 이상하게도 여성가족부나 인권위원회가 오히려 출산률을 떨어트리는 낙태나 동성애, 성전환을 합법화하는 데 관심이 더 많은 것은 무슨 이유인지 모르겠다.

정치권이나 사회 분위기는 낙태를 줄이는 쉬운 방법을 외면하고 오히려 낙태를 장려하여 인구 절벽의 현상을 심화하고 있다. 이름만 저출산 대책이지, 인구 감소 문제 해결 의지가 없을 뿐 아니라, 오히려 낙태의 가능성을 확장함으로 나라를 어렵게 하려는 반국가 세력이 아닌지 의심이 들 정도다. 그게 아니라면 인구 감소의 가장 큰 원인이 되는 낙태를 더 확대하라는 운동을 하는 자들을 관련 요직에 임명할 수는 없는 것이다.

군인들의 인권 보장을 위해 군대 내 동성애를 합법화하라고 외치는 자들 역시 군 인권을 말하지만, 실상은 우리 군의 체력이나 정신 상태를 해이하게 만들어 국가 안보를 무너트리려는 세력으로 보이는 것은 나만이 아닐 것이다.

모자보건법의 기준대로 낙태를 찬성하는 비율이 83%나 된다. 확실히 반대하는 사람은 6.7% 정도다(한국 리서치 조사-2024년 3월 8~11일). 이처럼 낙태를 찬성하는 사람이 압도적으로 많다. 낙태 허용 범위를 더 엄격하게 하지 않으면 인구 절벽 현상은 해결하지 못할 것이다.

낙태 옹호론자들은, 낙태를 혹 덩어리 또는 미완성 원시 생물을 떼어내는 정도로 말하는 리처드를 환영하고 아주 존경할 것이다. 태아는 아직 인간이 덜 된 배아 조직 덩어리일 뿐이라고 보기에, 진화론으로 형성된 인간론(세계관)의 부작용은 매우 큰 것이다.

● 인간에게 등급을 매기는 우생학이 왜 나왔는가?

'태아는 원시 생물이나 배아 조직일 뿐이며, 신생아도 아직 완성형 인간은 아니다.' 이런 시각은 성인이 될 때까지 인간을 등급으로 나누게 된다.

진화론에서 힌트를 얻어 20세기에 행해진 잔인한 우생학은, 인간을 유익한 종과 해로운 종으로 나누어 유력하고 강한 유전자와 우월한 생물학적 조건을 가진 인간을 골라 생산하고, 상대적으로 열등한 인간을 도태시켜 더 나은 세상을 만들 수 있다는 망상을 가진 자들의 만행을 불렀다.

인간을 생물학(동물학) 관점에서만 접근하는 실험실에서부터 얼마나 많은 인간을 골라내고 죽였던가? 건강하고 지능이 높은 자를 살리고 그렇지 못한 자(신체장애, 정신장애 등)는 제거하는 일을 서슴지 않은 자들에게 더 나은 세상으로 진화되기 위해 몇 명 정도 죽이는 게 뭐 그리 대단한 일이겠는가? 그것이 바로 진화론에서 가르쳐 주는 교훈인데, 그렇게 골라낸 우월하고 유능한 인재들이 많은 세상이 살기 좋은 세상이라고 누가 보장할 수 있을까?

오래 살아남는 것은 늘 강하고 유능한 종이라는 진화론의 성장 원리는 인간 세계를 계급화하고 상품화하여 자신들의 우월함을 과시하는 체계를 더욱 확고히 할 것이다. 일부에서는 이제 진화의 과정은 끝났다고 한다. 진화의 현재형이 없으니 만들어 낸 답이다. 반대로 진화가 계속된다면 아마도 리처드 도킨스처럼 인간은 우주의 지적 생명체인 월등한 우주인 수준으로 진화될 것이라고 믿고 있을 것이다. 진화가 끝났든지 계속되든지 간에 그것은 헛소리며, 아무도 따지지 않는 우리 일반 대중을 3등급 바보로 본다는 확실한 증거다.

태아가 사람인 것은 예수께서 마리아의 몸에 막 잉태되었을 때, 엘리사벳이 성령의 감동으로 이를 알아보고 "내 주"라고 고백한 사실로도 증명된다. 예수께서는 마리아의 몸에 잉태되어 있을 때도 구주이셨다.

눅 1:43 내 주의 어머니가 내게 나아오니 이 어찌 된 일인가

26

기독교는 종교가 아니다

나는 시종일관 성경과 창조주 하나님을 중심으로 말하고 있다. 그러나 리처드는 기독교를 모든 종교와 하나로 묶어서 말한다. 다른 종교는 내 알 바 아니다. 리처드가 기독교를 다른 종교와 하나로 묶어 놓고 말하는 것이 또 하나의 불만이기도 하지만, 종교를 보는 수준이 그러하니 어쩌겠는가? 기독교는 단순히 세상살이 문제 해결을 위해서나 복을 비는 대상으로 신이 필요한 게 아니다.

무속, 미신을 비롯한 대부분의 하등 종교에는 인간의 근원적 문제에 대한 관심이나 궁극의 목표도 없다. 그저 취미 생활이나 혹은 심리적 안정감을 위해, 또는 이 땅의 다양한 문제를 해결하려는 용도로 종교가 이용되고 있다. 하등 종교나 귀신을 섬기는 미신에서는 인간을 그저 동물보다 조금 나은 존재 정도로 인식할 뿐이다.

무신론을 바탕으로 한 자연과학자들은 인간을 물질적 존재 그 이상으로 보지 않는다. 인간은 자연계의 소모품일 뿐이다. 그러나 그것이 얼마나 인간의 가치를 떨어뜨리는 것인지는 감추고 언급하지도 않는다. 하등 종교보다 더 저열한 등급이 바로 인간을 물질로만 보는 진화론과 공산주의다.

진화론을 '진화교'라고 직설적으로 표현한 책,《만들어진 신이란 무엇인가》(유성오 저)에 이런 글귀가 있다.

"인간은 내가 누구인지를 알기 위해서 신을 필요로 한다"(p. 122).

그렇다! 기독교의 가장 큰 주안점이 바로 이것이다. 창조의 신을 알아야 인간이 누구인지를 알 수 있고, 내가 누구인지를 알려면 창조주를 알아야 한다. 인간 존재의 근원을 모르는데 아무리 많은 말을 한들 맞는지 틀리는지 그 누가 알겠는가? 창조의 신을 알면 인간의 모든 근본적인 궁금증이 해결된다. 이런 점에서 기독교는 사람이 누구며 무엇인지, 어디로 가야 하는지를 가르쳐 주는 인생의 정답이다. 그 창조주가 바로 '여호와'다.

호 6:3 그러므로 우리가 여호와를 알자 힘써 여호와를 알자

호 4:6 내 백성이 지식이 없으므로 망하는도다 네가 지식을 버렸으니 나도 너를 버려 내 제사장이 되지 못하게 할 것이요 네가 네 하나님의 율법을 잊었으니 나도 네 자녀들을 잊어버리리라

하나님을 안다는 것은 내가 누구인지를 알고 나를 찾는 것이다. 그것은 곧 인간의 근원을 찾아가는 것이며, 만물의 원천이 되는 창조주께로 돌아가는 것이다. 그러므로 기독교는 단순히 종교라고 할 수 없으며, 인생의 근본을 알게 하는 무엇이다. 기독교는 창조주에 의한, 창조주를 위한, 창조주의 백성들이다. 종교 이상의 무엇이지만 한마디로 말하기 어려운 것은 정의된 인간의 언어가 적절하지 못할 수 있기 때문이다. '기독교'(基督敎)라는 말은 그리스도교의 한자 표기지만 그 뜻을 알고 말하는 불신자는 없다. 그래서 기독교 역시 흔한 종교 중의 하나로 취급하는 것이다.

그런데 진화론은 인간을 포함해서 모든 생물은 무작위, 무계획, 무목적으로 생겼다고 봄으로써 인간의 인생을 무의미하게 만들어 버린다. 즉, 내가 누구인지, 어떤 목적을 가지고 살아야 하는지, 어떤 삶이 가치 있는 삶인지 모르며, 알 필요도 없다. 그냥 생겨났으니 사는 것이다. 그것은 곧 인간을 개, 돼지와 다를 바 없는 존재로 끌어 내린다.

이렇게 진화론은 인간을 창조주로부터 점점 멀어지게 함으로써, 인간이 어디서 왔고 누구인지 알 수 없도록 점점 미궁으로 끌어가

는 것이다. 영적으로 보면 진화론(유물론)은 사탄이 아주 좋아하는 수법이며, 창조주를 인간의 머리에서 지워 버리는 특효 수단이다.

● 내가 누구인지를 알면 인생관, 세계관이 바뀐다

신께서 인간을 왜 만들었는지를 알면 인간의 삶의 목적과 이유를 알게 될 것이다. 성경은 그것을 정확하게 가르쳐 준다.

> **사 43:21** 이 백성은 내가 나를 위하여 지었나니 나를 찬송하게 하려 함이니라

인간의 존재 이유는 크게 한 가지로 말할 수 있다. 바로 창조주를 영화롭게 하는 것이다. 그것만이 사람을 사람 되게 하는 유일한 길이다. 내가 집을 짓거나 작품을 만들 때 나의 만족과 필요를 위해 만드는 것처럼, 인간을 비롯한 만물을 만드신 창조주도 자신의 만족을 위해 그 모두를 만들었다. 그래서 성경은 "지으신 그 모든 것을 보시니 보시기에 심히 좋았더라"라고 밝히고 있다.

> **창 1:31** 하나님이 지으신 그 모든 것을 보시니 보시기에 심히 좋았더라 저녁이 되고 아침이 되니 이는 여섯째 날이니라

인간이 그 좋은 곳에서 살도록 배려하신 분이 바로 하나님이다. 하나님이 보시기에 좋은 것이라면 인간에게도 좋을 수밖에 없다. 그럼에도 인간은 하나님이 좋아하는 것은 우리가 싫어하는 것이라며 만족하지 못하고 오히려 탐욕으로 불평하고 창조 섭리를 거역하고 있다. 동성애나 양성애, 성전환, 혼외 간음, 살인, 무신론, 진화론, 우상숭배, 낙태 등은 창조 섭리를 거스르는 악하고 가증한 것에 해당한다.

인간 존재의 근본적 이유는 그를 잊지 않고 기억하도록 규율을 주심으로 창조주를 경배하게 하려는 것이다. 인간 최고의 즐거움과 가치는 창조주를 경배하고 창조주와 끊임없이 교제하는 데서 생겨

나는 것이다.

장로교 요리문답은 1문 "사람의 제일 되는 목적이 무엇인가?"에 "하나님을 영화롭게 하고 영원토록 그를 즐거워하는 것이다"라고 정확한 답을 제시한다. 그런 면에서 진화론은 창조주를 정면으로 거역하는 죄악이요 신의 진노와 저주를 부르는 일이 아닐 수 없다.

> **고전 10:31** 그런즉 너희가 먹든지 마시든지 무엇을 하든지 다 하나님의 영광을 위하여 하라

> **롬 14:8** 우리가 살아도 주를 위하여 살고 죽어도 주를 위하여 죽나니 그러므로 사나 죽으나 우리가 주의 것이로다

사람이 자기를 낳아주고 길러주신 부모를 몰라본다면 배은망덕한 자요, 짐승만도 못한 자다. 하물며 사람에게 생명을 주시고 살아가도록 완벽한 지구 환경을 만들어 주신 창조주를 무시하고 살아간다면, 그는 사람의 삶을 사는 게 아니라 진화론 수준, 즉 동물의 삶을 사는 것이다. 창조주와 끊어진 인생은 동물과 다르지 않으며, 진화론 인생은 그저 목적 없이 우연히 생겨나 살다가 사라지는 무가치하고 허무한 존재가 되고 마는 것이다.

분명히 사람의 주인은 창조주다. 인간의 최고 가치는 창조주를 알고 그를 영화롭게 하는 것이며, 그를 자랑하다 가는 것이다. 그것이 사람다운 삶이다. 그런데 창조의 신비를 모르니 사람다운 삶이 무엇인지 도무지 알 턱이 없고. 그저 동물처럼 육신의 감각으로만 살다 떠나는 짐승이 되는 것이다.

내가 누구인지, 인생의 참 가치를 알고 싶다면 진화론을 던져 버리고 만물의 근본인 창조주 앞에 무릎을 꿇어야 할 것이다.

1) 인간은 피조물이다

창조론은 인간이 어쩌다 우연히 목적도 없이 생긴 동물이 아니

라, 신의 계획에 의하여 창조된 목적이 있고 가치가 있는 피조물이라는 것을 알게 한다. 그것은 곧 인간의 의미나 가치를 새롭게 하고 어떤 인생을 살아야 하는지를 가르쳐 준다.

인간은 피조물 중 최고의 자리를 차지하고 있는 고귀하고 소중한 존재다. 그것은 바로 인간만이 유일하게 신의 형상을 따라 창조되었기 때문이다.

> **창 1:27-28** 하나님이 자기 형상 곧 하나님의 형상대로 사람을 창조하시되 남자와 여자를 창조하시고 하나님이 그들에게 복을 주시며 하나님이 그들에게 이르시되 생육하고 번성하여 땅에 충만하라, 땅을 정복하라, 바다의 물고기와 하늘의 새와 땅에 움직이는 모든 생물을 다스리라 하시니라

하나님의 형상대로 만들었다는 것은 인간이 보통 동물과 달리 영혼을 가진 영생의 존재라는 것이며, 이는 곧 하나님과의 교제가 가능한 인격적 존재로 만들었다는 것을 의미한다. 그래서 인간에게만 초월적 신을 인지하는 신앙심이 있는 것이다. 짐승에게는 없는 신을 인지하고 숭배하는 마음이 유독 인간에게만 있는 것을 진화론에서는 망상이라고 하지만, 실상은 인간에게만 신을 의식하는 영성이 있기 때문이다. 그것은 창조주가 인간에게만 주신 가장 큰 선물이다.

> **전 3:11** 하나님이 모든 것을 지으시되 때를 따라 아름답게 하셨고 또 사람들에게는 영원을 사모하는 마음을 주셨느니라 그러나 하나님이 하시는 일의 시종을 사람으로 측량할 수 없게 하셨도다

인간을 포함한 모든 동물이 같은 과정으로 진화되었다면 유독 인간에게만 신을 의식하는 신앙심이 있을 수 없다. 우리가 진화된 동물이라면 개, 돼지처럼 살다가 사라질 뿐이다.

영원을 사모하는 마음, 그것은 창조의 신께서 인간에게만 부여한 은총이고, 창조주를 닮은 영적, 인격적 존재로 만들어 인간과 친밀

한 교제를 나누기 위함이다. 짐승과 차원이 다른 사람으로 만들어 주셨는데 인간은 지금 짐승의 수준으로 살겠다고 아우성이다. 그것을 부추기는 게 진화론이고, 스스로 천한 삶을 자처하는 것은 인간이 얼마나 미련하게 타락했는지를 보여 줄 뿐이다.

2) 천하보다 귀한 존재로 만드셨다

세상의 모든 만물을 합쳐도 인간의 한 생명보다 못하다. 이것이 신께서 사람에게 부여하신 가치다.

> **마 16:26** 사람이 만일 온 천하를 얻고도 제 목숨을 잃으면 무엇이 유익하리요 사람이 무엇을 주고 제 목숨과 바꾸겠느냐

예수께서 하늘 보좌를 두고 인간의 세계에 오신 이유가 바로 한 인간의 죄를 대속하시고 구원하시기 위함인 것을 보면, 동물과 인간의 가치가 얼마나 큰 차이가 나는지 알 수 있다. 신께서 독자이신 예수님의 목숨까지 희생시킬 정도라면, 이것이야말로 인간만이 가지는 특별함이 모든 피조물 중 으뜸이라는 증거가 아니고 무엇이겠는가? 그렇기에 인간에게만 만물을 다스리고 통치하는 권리를 주신 것이다.

> **창 1:28** 하나님이 그들에게 복을 주시며 하나님이 그들에게 이르시되 생육하고 번성하여 땅에 충만하라, 땅을 정복하라, 바다의 물고기와 하늘의 새와 땅에 움직이는 모든 생물을 다스리라 하시니라

진화론에서는 사람만이 가진 모든 동물을 능가하는 다양한 능력은 우연히 환경에 적응하다 보니 생긴 능력이라고 할 것이다. 그저 우연히 오랜 세월 속에서 그렇게 되었다고 하면 그게 답이고, 증명할 필요도 없으며, 따져서도 안 된다. 그렇게 진화론은 종교를 향해 돌진하는 막가파가 되어 있다. 그게 아니라면 그들 중 누군가가 리처드 같은 자들을 자제시켜야 할 것이다.

그러나 인간에게만 특별한 능력이 있는 것은 신께서 부여하신 땅을 정복하고 다스려야 할 사명을 감당해야 하기 때문이다. 땅을 정복할 수 있는 지식과 지혜, 발견하고 발명하는 능력, 다스리는 권세 등 다른 동물과 차별화된 능력은 모두 하나님의 형상을 닮은 데서 나오는 것이다. 그들에게 어떻게 진화된 동물 중에 인간에게만 그런 차별적 능력이 생겼는지 물으면 역시 모른다고 답할 것이 뻔하다. 그들은 이 '모른다'를 '우연'이라는 말로 넘기는 데 능숙하다.

3) 모든 인간은 죄인이다―신께서는 모든 인간을 죄인으로 보신다

> **롬 3:10** 기록된바 의인은 없나니 하나도 없으며

> **롬 3:23** 모든 사람이 죄를 범하였으매 하나님의 영광에 이르지 못하더니

신을 만나면 내가 죄인인 것을 깨닫는다. 그럼 죄란 무엇인가? 창조주의 뜻을 거역하며 그를 신뢰하지 않는 것이다. 창조주가 없다면 인간은 죄가 무엇인지 정의할 수 없으며, 인간이 선과 악을 선택하거나 바꿀 수 있게 된다. 인간끼리 합의하고 선과 악을 결정하면 그만이다. 그리고 그 기준은 시대에 따라, 상황에 따라 바뀌거나 달라질 것이다. 신이 없는 세상에서는 인간이 곧 절대 기준이 되기 때문이다.

진화론의 세상에서는 인간 이상의 능력을 갖춘 자가 없기 때문에 인간이 곧 신의 자리에 있는 것과 같다. 그래서 진화론이나 유물론에서는 인간이 곧 지존이 된다. 그런 인간 세상에서 신이란 존재는 큰 걸림돌이고 방해꾼일 수밖에 없다. 그래서 신이 사라진(기독교가 사라진) 세상을 꿈꾸며, 이제는 그 맨 앞에 공산당을 제치고 진화론이 행동대장으로 나섰다.

4) 죄의 결과는 죽음이다

창조주의 뜻에 어긋나게 살고 있는 인간은 그 결국이 죽음이요 저주다. 창조주께서는 자연을 만드시고 자연법칙을 주셨으며, 동물을 만드시고 동물이 사는 법칙을 주셨고, 인간을 만드시고 선악을 결정짓는 법을 주셨다. 그 선과 악의 기준은 하나님의 말씀이다.

창 2:17 선악을 알게 하는 나무의 열매는 먹지 말라 네가 먹는 날에는 반드시 죽으리라 하시니라

약 1:15 욕심이 잉태한즉 죄를 낳고 죄가 장성한즉 사망을 낳느니라

인간을 만드신 창조주께서 에덴동산에 법을 주지 않았다면, 인간은 법이 없는 세상 즉 창조주가 없는, 인간이 주인 되는 세상을 살게 되는 것이다. 창조주 하나님이 죽고 사는 법을 명하신 것에는 몇 가지 이유가 있다.

- 인간의 생과 사가 창조주의 손에 달렸다는 것을 분명하게 가르쳐 주고자 함이다. 인간 생명의 근원이 바로 하나님이요, 인간은 스스로 존재하지 못한다는 사실을 늘 잊지 않게 하려는 하나님의 의도를 담은 것이다.
- 인간을 로봇이 아닌 자유의지가 있는 인격적 존재로 만드셨다는 증거가 된다. 기계적으로 움직이는 피동적 존재가 아니라 자유로운 개별적 존재로 만드신 것이다. 자유가 없었다면 일부 나무 열매를 금지하실 이유도 없기 때문이다.
- 그것은 곧 하나님을 두려움으로 섬겨야 한다는 경고이기도 하다. 죽고 사는 것이 신의 손에 달렸다는 사실을 알게 함으로써, 하나님은 절대자이며, 인간은 그의 피조물이요, 창조주를 바라보고 살아야 하는 의존적 존재라는 사실을 말씀하시는 것이다.
- 신의 법을 지키며 사는 한 인간은 영원히 신의 보호를 받는다

는 안전장치와도 같은 것이다. 인생의 안전장치는 신의 말씀이다. 말씀의 범위 안에서만 약속이 실현되는 것이다.
- 개별적 의지(자유)가 있는 인격적 존재로 만드신 것은 하나님과 영적 교제를 가능하게 하려는 것이다. 그래서 짐승에게는 없는 초월자(신)를 인식하는 신앙심이 인간에게만 있는 것이다. 이것도 진화론에서는 설명할 수 없다 보니 정신병적 망상이라는 막말을 하는 것이다.

그러나 인간은 주어진 그 소중한 자유의지로 창조주의 법을 어기는 쪽을 선택했으며, 그로 인해 죄악이 세상을 덮고 고난과 죽음을 부르게 된 것이다. 그러므로 인간의 가장 큰 문제는 죄의 문제요, 그 죄는 곧 하나님의 법을 어기고 신뢰하지 않은 것이다.

5) 사후 세계가 있음을 알게 된다

죽으면 그만이라는 것은 진화론에서 하는 말이다. 성경은 신의 법을 어긴 죄인은 영벌에 처해진다고 말한다. 그 영벌은 불타는 지옥이다.

> **마 18:8** 만일 네 손이나 네 발이 너를 범죄하게 하거든 찍어 내버리라 장애인이나 다리 저는 자로 영생에 들어가는 것이 두 손과 두 발을 가지고 영원한 불에 던져지는 것보다 나으니라

> **계 20:10** 또 그들을 미혹하는 마귀가 불과 유황 못에 던져지니 거기는 그 짐승과 거짓 선지자도 있어 세세토록 밤낮 괴로움을 받으리라

속지 말라! 죽으면 그만이라는 몽상가들의 거짓말에 속지 말라! 사후 세계는 분명히 있다. 진화론과 공산주의는 영생하도록 창조된 인간을 물질로, 언젠가 사라지는 싸구려 소모품으로 만든다. 이것은 사탄의 교묘한 속임수로서 인간을 영적 세계로 모르는 현실주의자로 만들어 지옥으로 보내는 수법이다.

그래서 리처드는 자기 책을 일컬어 "아마도 신을 믿는 자들은 내 책을 마귀의 작품으로 몰아서 읽지 못하게 할 것이다"라고 말했다 《만들어진 신》, p. 14). 이런 것을 보면 자기의 책이 악마의 책으로 불릴 만큼 독하게 쓰여졌다는 것을 아는 모양이다.

6) 인간은 죄의 문제에서 벗어날 수 없다

모든 인생의 문제는 죄의 문제다. 전쟁, 질병, 죽음, 공포, 미움, 시기, 질투 등 모두가 죄로 인한 결과다. 그러므로 인간은 죄의 문제를 해결해야 한다. 이 죄의 문제를 해결하지 못하는 한 인간은 고통에서 영원히 벗어나지 못할 것이다.

> 약 1:15 욕심이 잉태한즉 죄를 낳고 죄가 장성한즉 사망을 낳느니라

예수님의 첫 번째 메시지가 바로 "회개하라 천국이 가까이 왔느니라"였다. 그러나 인간들은 죄를 거론하는 것조차 싫어한다. 이제는 '당신은 죄인입니다'라고 하면 인격 모독이나 명예훼손이 되기 쉽다. '혐오 발언 금지'라는 차별금지법은 인간의 죄를 건드리지 못하게 하는 반인간적 법이다. 한편으로는 자신들이 죄가 있는 것을 알면서도 그 죄를 해결하려면 어찌해야 하는지를 모른다. 그저 스스로 반성하고 자책하고 후회하면 끝이다. 그것은 죄를 용서받는 방법이 아니다. 스스로 자기 죄를 덮어버리고 감추는 것이다.

7) 인간의 죄는 스스로 해결할 수 없다

인간은 스스로 죄를 용서하거나 속죄할 수 없으며, 이는 오직 창조주께만 가능한 일이다. 맹자는 모든 인간은 나면서부터 선하다고 성선설(性善說)을 주장했지만, 인간을 지켜보면 그렇지가 않음을 알 수가 있다. 어려서부터 악을 배우지 않아도 스스로 악을 선택하는 것을 보면 인간은 나면서부터 악하다는 노자의 성악설(性惡說)이 맞

다. 단지 부분적, 상대적 선이 조금 남아 있을 뿐 절대적 선은 상실했다.

인간의 모든 문제는 죄악의 문제다. 죄를 해결하지 못하는 한 인간은 다양한 고통에서 벗어나지 못한다. 하나님의 법을 어긴 모든 인간은 죄인이며, 그 죄인은 자신이나 타인을 구원할 수 없다. 죄 없는 누군가가 대신 죗값을 치러야 한다는 게 창조주의 법이다. 그 죗값을 치르신 분이 바로 하나님이 보내신 속죄양 예수님이시다.

요 10:10 내가 온 것은 양으로 생명을 얻게 하고 더 풍성히 얻게 하려는 것이라

요 12:47 내가 온 것은 세상을 심판하려 함이 아니요 세상을 구원하려 함이로라

그래서 인간의 노력이나 수고, 공로로는 구원을 얻을 수가 없는 것이다. 오직 하나님이 만들어 놓으신 구원의 방법만 있을 뿐이다. 리처드는 이에 대해 용서하려면 그냥 용서할 일이지 꼭 누군가가 희생을 해야 한다는 것도 이해가 안 되고, 하나님은 왜 그리 구운 고기 냄새와 희생의 피를 좋아하느냐고 비아냥거린다. 우리에게는 리처드가 하는 일이 못마땅한데 말이다.

여호와는 우리에게 창조주라는 사실을 잊으면 안 된다. 이 중요한 사실을 모르면 리처드같이 무식한 말을 하게 된다. 피조물은 창조주가 하는 일을 비난할 수 없다. 그는 절대자요, 우리는 피조물이기 때문이다. 신께서 하는 일이나 그 깊은 의도를 우리는 모른다. 죄인을 구원하시려면 그냥 용서하면 될 것을 왜 독자 예수를 죽여야 하는지 모르겠다고 따질 게 아니라, 그렇게 해서라도 죄인을 구원하시는 하나님의 사랑을 찬송해야 마땅하지 않은가? 보는 눈이 삐딱한 자는 무엇을 보여줘도 좋게 보이지 않는다. 불신으로 눈이 가려진 자가 어찌 성경을 바로 보겠는가?

심보가 고약한 시어머니는 며느리가 무엇을 해도 밉게만 보인다.

"어머니, 맛있는 음식 준비했으니 많이 드세요." "뭐? 많이 먹고 배 터져 죽으라고?"

"삼겹살이나 소고기도 좀 드세요." "고지혈, 고혈압으로 빨리 죽으라고?"

"어머니, 멀리 오셨으니 택시 타고 가세요." "뭐? 운동 부족으로 빨리 죽으라고?"

"어머니, 운동 삼아 걸어가세요." "가다가 숨차서 죽으라고?"

"어머니, 해외여행 보내 드릴까요?" "뭐? 여행 가서 길 잃어버리라고?"

심보가 고약하면 뭘 보고 들어도 심술이 나고 화만 낸다. 리처드 같이 성경을 보는 자들이 꼭 그런 심보다. 우리가 보는 성경은 하나님의 사랑과 은혜가 가득할 뿐인데 말이다.

> **고전 1:18** 십자가의 도가 멸망하는 자들에게는 미련한 것이요 구원을 받는 우리에게는 하나님의 능력이라

8) 오직 예수만이 인간의 죄를 대속하신다

죄인 된 인간은 스스로 구원의 길을 만들 수 없다.

> **벧전 1:18-19** 너희가 알거니와 너희 조상이 물려 준 헛된 행실에서 대속함을 받은 것은 은이나 금같이 없어질 것으로 된 것이 아니요 오직 흠 없고 점 없는 어린 양 같은 그리스도의 보배로운 피로 된 것이니라

오직 예수만이 유일한 구세주가 되신다. 이것이 신께서 만들어 놓으신 구원의 길이다. 이 길은 유일하며 다른 길은 없다.

> **요 14:6** 예수께서 이르시되 내가 곧 길이요 진리요 생명이니 나로 말미암지 않고는 아버지께로 올 자가 없느니라

죄인이 구원에 이르는 길은 오직 예수님뿐이다. 그런데 인간은 감사하기는커녕 왜 한 길뿐이냐며 따지고 다른 종교는 어쩌냐며 불평한다. 길이 하나밖에 없다면 그 길로만 가면 되는데 말이다.

9) 인간이 영생의 존재임을 알게 된다

창조주를 알면 내가 짐승과 달리 영원히 사는 존재로 창조되었음을 알게 된다. 진화론에서처럼 인간은 잠시 있다가 사라지는 물질이 아니다. 예수와 함께 천국에서, 아니면 마귀와 함께 지옥에서 영원히 사는 영적 존재라는 말이다. 기독교의 인간을 향한 목표는, 창조주를 앎으로써 피조물인 인간이 스스로 죄인임을 알게 하고, 예수를 믿음으로 창조주를 영화롭게 하며, 영벌에서 벗어나 창조주의 나라에서 그를 뵈옵는 영광을 얻게 하는 것이다. 그것을 위해 우리는 사람들에게 예수님을 유일한 구세주로 믿으라고 강조하는 것이다.

> **요 3:16** 하나님이 세상을 이처럼 사랑하사 독생자를 주셨으니 이는 그를 믿는 자마다 멸망하지 않고 영생을 얻게 하려 하심이라

그러므로 기독교인은 여타의 종교와는 달리 진정한 나를 찾고, 나를 만드신 창조주에게로 돌아가는 여정에 있는 사람들이다. 기독교는 단순히 다른 종교와 같은 의미에서의 종교라고 하기에는 합당하지 않고, 어울리지도 않는다. 기독교는 창조주를 알고 나를 알게 하고 세상을 알게 하는 근본적 진리요, 인간을 인간 되게 하고 인간의 가치를 분명하게 높여준다.

그러므로 종교가 아닌 그 무엇이라고 해야 하는데 적당한 단어가 없다. 그래서 '그리스도인 공동체'라고 하는 것이다. 영문 표기 'Christianity'는 '그리스도를 따르는 사람들의 공동체'를 의미한다. 'pantheism' 'Deism' 'atheism' 'Buddhism' 'communism'처럼 '~ism', 즉 주의, 이념, 사상 등으로 만들어진 것이 아니다.

이에 우리는 여타의 종교와 같은 의미로서의 기독교라고 불리는

것이라면 사양한다. 많은 종교 중 하나로 취급받는 것 자체가 우리에게는 불편하고, 우리의 창조주께는 모독이다. 우리가 경배하는 창조의 신은 유일한 절대자이며, 그 앞에서는 다른 신이라 불리는 모든 존재는 무의미하며 없는 것이기 때문이다. 신이 있다고 해도 하나님을 흉내 내는 미련하고 속이는 잡귀뿐이다. 미신 차원에 머무는 귀신은 하나님의 흉내를 낼 뿐 신이 아니며, 전지전능하지도 않고, 창조에 가담한 자는 더더욱 아니다. 그러나 리처드는 기독교의 차별성, 유일성을 모르기 때문에 한 데 묶어 도매금으로 넘겨 버리는 어리석음을 보인다. 그래서 그는 모르는 것을 비난하려다 보니, 가정법이나 상상, 추측, 확률로만 이야기를 이어 가는 것이다.

사 46:5 너희가 나를 누구에게 비기며 누구와 짝하며 누구와 비교하여 서로 같다 하겠느냐

사 45:6 해 뜨는 곳에서든지 지는 곳에서든지 나밖에 다른 이가 없는 줄을 알게 하리라 나는 여호와라 다른 이가 없느니라

이런 유일 신앙은 목사나 신도들이 만든 것이 아니다. 창조의 신께서 친히 말씀하셨고 강조하셨다. 다른 종교를 무시하거나 이기심에서 하는 말이 아니라는 뜻이다. 이 부분이 흐릿하면 혼합주의가 되고 종교 다원주의(평등론)에 넘어가는 것이다.

기독교 유일성을 허물고 일반화하는 데 가장 효과적인 방법이 바로 좌익 반기독교 인사들이 20여 년째 추진하고 있는 포괄적 차별금지법, 일명 평등법이다. 이 법은 종교 다원주의를 법제화하고 종교 혼합주의를 강화하여, 오직 예수님을 통한 유일한 구원의 복음을 말하지 못하게 하고 성경 중심의 신앙생활을 할 수 없게 하는 법이며, 모든 신은 평등하다며 우리의 창조주를 잡신과 나란히 놓는 악법이다. 그래서 우리는 동성애와 아울러 이 법의 제정을 결사적으로 반대하는 것이다. 이 법을 먼저 통과시킨 나라를 보면 하나같이 성적 타락이 극심해지고, 목사와 교회가 공격의 표적이 되며, 그리스도인들이

나 건전한 사고를 가진 이들이 살아갈 수 없는 세상이 되었다.

> **사 44:8** 나 외에 신이 있겠느냐 과연 반석은 없나니 다른 신이 있음을 내가 알지 못하노라

> **사 45:5-6** 나는 여호와라 나 외에 다른 이가 없나니 나밖에 신이 없느니라 너는 나를 알지 못하였을지라도 나는 네 띠를 동일 것이요 해 뜨는 곳에서든지 지는 곳에서든지 나밖에 다른 이가 없는 줄을 알게 하리라 나는 여호와라 다른 이가 없느니라

기독교가 여타의 종교와 다른 것이 바로 이 유일하다는 부분이다. 다른 종교들은 서로 어울리며 다신론 깃발 아래 모이는 것이 문제가 되지 않겠지만, 우리에게는 불가능한 일이다. 창조주의 유일성과 구원의 유일성(오직 예수만이 구원자)을 지켜야 하기 때문이다.

> **요 15:16** 너희가 나를 택한 것이 아니요 내가 너희를 택하여 세웠나니 이는 너희로 가서 열매를 맺게 하고 또 너희 열매가 항상 있게 하여 내 이름으로 아버지께 무엇을 구하든지 다 받게 하려 함이라

예수께서는 수많은 종교 중 하나를 더 만들기 위해 이 땅에 오신 게 아니다. 이미 많은 종교가 있는데 뒤늦게 끼어든 신세가 아니라는 말이다. 기독교를 말하려면 유일성을 알아야 한다. 그것을 모르면 기독교를 모르는 것이다. 대부분 기독교의 차별성, 유일성을 모르는 데서 종교 다원주의 같은 무식한 언동이 나오는 것이다.

27

인생의 고통은 왜 생기는가?

　어느 물리학 교수가 하나님을 만나면 꼭 물어보고 싶은 것이 있다고 했다. 하나님께서 창조하신 이 세상에 왜 고통이 있느냐는 것이었다. 기독교인이라면서 그 간단한 이유를 모른다는 게 의아했다. 리처드의 글에도 이런 내용이 있다.

　리처드는 진화가 때로는 효율적이지만 문제점도 보인다고 했다. 예를 들어, 사람이 네 발 보행을할 때는 없었던 질병이 두 발 보행을 하게 되면서 생겼는데 요통, 자궁 탈출증, 탈장 등이라고 했다(p. 209). 그러면서 인간 세상의 수많은 고통은 환경이나 생활 습관에서 나온다고 판단했다. 기타 다른 질병도 이런저런 환경의 요인으로 분석할 것이 뻔하다. 오늘날 바이러스, 영양불량, 심인성, 물리적 원인, 다양한 질병들 그리고 자연 재난이나 사건 사고들이 불행을 초래하고 있다.

　그러면서도 한편으로 세상에 이렇게 불행한 문제가 많다는 것은 창조주께서 세상을 하자 있게 잘못 만들었기 때문이 아니냐고 지적한다. 좀더 완벽하게 만들어 놓을 것이지, 미완성 작품처럼 각종 불행한 일들이 반복되는 것은 신의 능력에 문제가 있거나 무능함을 보여주는 것이 아니냐는 것이다.

　신은 없다면서도 세상의 문제점을 말할 때는 신이 있다면 어떻게 이럴 수가 있느냐며 신의 탓으로 돌리는 것이다. 신이 있다면 선한 사람들이 왜 고난당하느냐, 신이 있다면 왜 악인을 그냥 두느냐는 식이다. 무신론자들이야 비난할 목적으로 그러겠지만, 신앙이 있는 사람도 궁금하기는 마찬가지다. 신께서는 왜 인간에게 이런 고통을 안겨 주셨는가? 의외로 답은 간단하다.

● **인간의 불행은 죄악 때문이다**

거듭 말하지만, 인간의 고통과 많은 문제는 죄의 문제다. 에덴동산의 시대는 무죄 시대였으며 평안했다. 그러나 창조주의 법을 어긴 인간은 그곳에서 추방되었으며, 고생하면서 각종 불행을 겪으며 살다가 늙어 죽게 된다.

창 3:17-19 아담에게 이르시되 네가 네 아내의 말을 듣고 내가 네게 먹지 말라 한 나무의 열매를 먹었은즉 땅은 너로 말미암아 저주를 받고 너는 네 평생에 수고하여야 그 소산을 먹으리라 땅이 네게 가시덤불과 엉겅퀴를 낼 것이라 네가 먹을 것은 밭의 채소인즉 네가 흙으로 돌아갈 때까지 얼굴에 땀을 흘려야 먹을 것을 먹으리니 네가 그것에서 취함을 입었음이라 너는 흙이니 흙으로 돌아갈 것이니라 하시니라

평안의 땅 에덴에서 추방된 인간은 이때부터 고행이 시작된 것이다. 왜 이 땅에 아픔과 고통이 있는지 물었는가? 답은 간단하다. 죄 때문이다. 죄가 무엇인가? 창조주의 법을 어긴 것이 죄요, 그것이 고통의 근원이다. 인간의 죄는 모든 불행의 원인이 된다. 각종 질병이나 자연 재난, 사건 사고 등은 죄와 함께 시작된 불행이다. 그 죄는 지금도 계속되고 있다. 심지어 땅도 저주받아 가시덤불과 엉겅퀴를 내고 인간은 땀 흘려 농사를 지어야 먹고살 수 있게 된 것이다. 이런 고행의 원인이 바로 인간이 창조주의 법을 어겼기 때문이다.

출애굽 당시에 주신 말씀에도 하나님의 법을 지키면 질병을 내리지 않겠다는 약속이 있다. 그것은 반대로 질병의 원인이 하나님의 법을 어겼기 때문이라는 말이 된다.

출 15:26 이르시되 너희가 너희 하나님 나 여호와의 말을 들어 순종하고 내가 보기에 의를 행하며 내 계명에 귀를 기울이며 내 모든 규례를 지

키면 내가 애굽 사람에게 내린 모든 질병 중 하나도 너희에게 내리지 아니하리니 나는 너희를 치료하는 여호와임이라

하여간 이 땅에서 겪는 인간의 질병이나 자연 재난까지도 죄와 밀접한 상관이 있는 것이다. 그래서 절대자께서는 끊임없이 회개하라고 인간의 죄를 언급하시는 것이다. 다음 구절을 다시 한번 보자.

창 3:17 아담에게 이르시되 네가 네 아내의 말을 듣고 내가 네게 먹지 말라 한 나무의 열매를 먹었은즉 땅은 너로 말미암아 저주를 받고 너는 네 평생에 수고하여야 그 소산을 먹으리라

인간이 왜 죽어야 하는지 궁금한가? 죄 때문이다. 애초에 인간은 영원히 사는 은총을 받았지만, 범죄로 죽을 수밖에 없는 존재로 벌을 받은 것이다. 이것은 창세기 2장 17절 말씀의 실현이다. "선악을 알게 하는 나무의 열매는 먹지 말라 네가 먹는 날에는 반드시 죽으리라 하시니라." 지키면 살고 어기면 죽는다는 생사의 법을 집행하신 것이다.

창 3:19 네가 흙으로 돌아갈 때까지 얼굴에 땀을 흘려야 먹을 것을 먹으리니 네가 그것에서 취함을 입었음이라 너는 흙이니 흙으로 돌아갈 것이니라 하시니라

롬 5:12 그러므로 한 사람으로 말미암아 죄가 세상에 들어오고 죄로 말미암아 사망이 들어왔나니 이와 같이 모든 사람이 죄를 지었으므로 사망이 모든 사람에게 이르렀느니라

인간에게 불로장생의 비결은 없다. 죄가 그대로 있는 한 인간은 건강해도 죽고, 젊어도 죽어야 한다. 그것은 창조주의 거역할 수 없는 선언이다. 그러나 비록 늙고 병들어 죽는다 해도 하나님께서는 다시 살길을 만들어 놓으셨으니, 죄의 문제를 해결한다면 그의 나라

에서 영생 복락을 누리게 되는 것이다. 동물은 육체로만 창조되어 죽으면 그만이지만, 사람은 영혼이 있어 죽는다고 끝이 아니며, 사후 세계 즉 천국과 영벌(지옥)의 장소가 있다.

인간은 분명히 동물과는 다른 부분이 아주 많은데, 생각하고 분석하고 다양한 분야를 개발하고 발명하여 인간 생활을 크게 변화시키고, 논리적으로 말하고, 글을 쓰고, 정신적 심리적인 부분까지 다루며, 사후 세계와 영적인 분야까지 인식하고, 신적 존재를 숭배하는 신앙심까지 가지고 있다. 동물에게는 전혀 없는 인간만 가진 특별한 능력이다.

그렇지만 그런 인간도 죄의 문제만큼은 해결할 수 없다. 동물은 죽으면 그것으로 끝나지만, 사람에게는 죄의 문제가 남아 있다는 게 심각한 것이다. 이런 사실이 리처드에게는 망상이겠지만, 이것은 창조주께서 만든 인간의 운명이다.

● 그러면 죄의 문제를 해결하는 방법은 무엇인가?

오직 예수 그리스도를 유일한 구세주로 믿는 것이다.

> **요 3:16** 하나님이 세상을 이처럼 사랑하사 독생자를 주셨으니 이는 그를 믿는 자마다 멸망하지 않고 영생을 얻게 하려 하심이라

> **요 14:6** 예수께서 이르시되 내가 곧 길이요 진리요 생명이니 나로 말미암지 않고는 아버지께로 올 자가 없느니라

기독교에서 구원의 길은 오직 예수를 통한 길밖에는 없다. 예수께서 내 죄를 대속하기 위해 제물이 되었기 때문이다.

> **마 20:28** 인자가 온 것은 섬김을 받으려 함이 아니라 도리어 섬기려 하고 자기 목숨을 많은 사람의 대속물로 주려 함이니라

구약에서 속죄를 위해 바쳤던 희생 제물이 예수 그리스도로 완성되었기에, 모든 죄인은 자기 대신 속죄양이 되신 예수를 구세주로 믿고 고백하면 죄의 문제를 해결하게 되는 것이다. 이것이 바로 하나님이 만드신 인간의 죄를 용서하는 방법이다.

그러나 진화론은 인간을 진화된 동물의 일종으로 분류한다. 그래서 영혼을 부정하고, 죄도 부정하며, 신도 종교도 불필요하고, 천국도 지옥도 없는 것이다. 그래서 살아가야 할 이유도 제공하지 못한다.

> **요 11:25-26** 예수께서 이르시되 나는 부활이요 생명이니 나를 믿는 자는 죽어도 살겠고 무릇 살아서 나를 믿는 자는 영원히 죽지 아니하리니 이것을 네가 믿느냐

이 세상이 불안하고 인간이 고통을 당하는 원인은 신의 능력이 부족해서가 아니라, 인간의 죄로 인한 결과로 신의 형벌을 받았기 때문이다. 그러나 아주 버리지 않으시고 그 사랑을 보이셨으니, 곧 예수를 통한 구원의 길을 예비하신 것이다. 그 사랑이 바로 십자가의 사랑이다.

리처드는 하나님께서는 인간의 죄를 그냥 용서하면 쉬운 것을, 독생자 예수를 십자가에 비참하게 희생시키면서 용서하는지 모르겠다고 조롱하면서, 하나님은 죽음과 피를 너무 좋아해서 숭배하고 싶지 않은 잔인한 신이라고 말한다.

인간은 절대자가 하는 일을 다 알 수 없다. 하나님 또한 그의 일을 모두 가르쳐 주시지 않는다. 그것은 오직 하나님이 정하신 구원의 방법이며, 그 방법이 인간의 눈에 어찌 보일지는 고려 대상이 아니다. 다만 분명한 것은, 우리는 하나님의 법을 어긴 죄로 인해 영원한 불지옥에 떨어져도 할 말이 없음에도, 오직 예수를 유일한 구주로 믿고 영접하면 천국 백성을 삼으신다는 것에 감사해야 한다는 것이다. 인간을 구원하시는 방법이 내 생각과 맞지 않는다고 불평하고 비난하는 것은, 물에 빠져 죽어 가는 자가 자기를 건져주려는 구조자에게 구조 방법이 맘에 들지 않으니 다른 방법을 사용하라고 불

평하는 꼴이다.

　이렇게 인간은 죄인이라는 것과 그 죄를 해결하는 방법도 가르쳐 주는 게 바로 성경이다. 그러나 진화론은 인간을 죄와 상관없이 생겨난 동물이요, 자연에서 왔다가 자연으로 돌아가는 자연 물질로 만들어 버린다.

사탄은 지금
죄인이 자유하기 위해서는 예수가 필요한 게 아니라,
죄의식을 없애주는 진화론이 더 효과적이라는
가르침을 펼치고 있다.

28

일신교냐, 유일신이냐?

● 일신교와 유일신?

일신교는 다신론을 바탕으로 수많은 신 중에 하나만 선택하여 숭배하는 종교를 말한다. 반면 유일신교는 유대교 계통의 종교를 말하는데, 신은 오직 하나뿐이라는 데 중점을 두고 유일하신 하나의 신을 믿는 종교를 뜻한다. 유대교, 이슬람, 기독교가 이에 해당하지만, 유대교와 이슬람은 메시아로 오신 예수님을 믿지 않으므로 우리와는 다른 종교다.

일신교도 많은 신 중에 하나를 선택하여 하나의 신만 섬긴다는 면에서는 유일신교라고 볼 수도 있으나, 기독교와 다른 점은 기독교는 다른 신의 존재 가능성조차 없다는 차원의 유일신을 말하며, 죄인이 구원받는 길도 오직 예수뿐임을 믿는다. 신도 하나요, 구원의 길도 오직 하나뿐이라는 고백이 곧 우리의 유일 신앙이다.

● **범신론**(pantheism): 모든 자연계에 신이 깃들어 있다는 믿음을 가지고 있으며 모든 사물이 숭배의 대상이 된다.

● **자연신론**(Deism): 신은 존재하나 자연에 개입하지 않으며 자연 스스로 진화하고 발전한다는 철학이다.

● **다신론**(多神論, Polytheism): 신은 많으며 그리스 신화에 나오는 수많은 신들처럼, 그 신들은 각각 역할이나 하는 일이 다를 수도 있다.

● **라엘리즘**(Raellism): '라엘리언 무브먼트'라고도 하며, 프랑스 태생 라엘이란 사람이 외계인을 만나고 기록한 내용을 중심으로 외계인을 숭배하며 외계인이 지구, 생물까지 창조했다고 믿는 사이비 수

준의 집단이다. 외계인의 수장 이름은 '엘로힘'이라고 하며, 언젠가 그들이 와서 세상을 다스린다고 믿어 그들을 맞이할 대사관을 짓고 활동하고 있다. 감각 명상이나 자유로운 사랑(쾌락)의 삶을 추구하기도 한다.

리처드 같은 사람들이 좋아할 만한 종교다. 그는 지적 설계자가 있다면 우주인이며, 우주인은 인간보다 더 진화된 종(種)이라고 믿기 때문이다. 이것 또한 증명되지 않은 상상에서 나온 말이다. 종교가 망상이라면서 자신은 더 심한 망상에 빠져 있음을 보여 준다. 과학자라면서 증명될 수 없는 소설을 만들어 종교 수준의 믿음을 요구하는 이들은 유성오 선생의 말대로 진화교 열성분자다.

- **기독교**(基督敎, Christianity): 기독교에서 신이란? 창조주를 말하는 것이다. 그 외 인간이 숭배할 만한 신은 없다. 그 신의 이름은 여호와(야훼)이며, 오직 그만 존재하고 그만 절대 주권을 갖는다. 다른 신은 있을 수 없으며, 죄인이 구원받을 수 있는 길은 오직 십자가에 달려 죽으시고 부활하신 예수뿐이다.

그러나 리처드는 우리와 여타 모든 종교 및 미신 행위까지 한데 묶어서 보는데, 그것은 창조 역사를 믿지 않기 때문에 필연적으로 생기는 오류다. 인간에게서 **창조주**가 아니라면 신이 아니며 숭배의 대상도 아니다. 그런 차원에서 기독교는 창조주가 아닌 잡신들과 나란히 취급되는 하등 종교가 될 수 없으며, 우리 하나님은 창조주로서 유일하시고, 아울러 우리는 유일 신앙을 가질 수밖에 없는 것이다.

> **사 45:5-6** 나는 여호와라 나 외에 다른 이가 없나니 나밖에 신이 없느니라 너는 나를 알지 못하였을지라도 나는 네 띠를 동일 것이요 해 뜨는 곳에서든지 지는 곳에서든지 나밖에 다른 이가 없는 줄을 알게 하리라 나는 여호와라 다른 이가 없느니라
>
> **요 14:6** 예수께서 이르시되 내가 곧 길이요 진리요 생명이니 나로 말미암지 않고는 아버지께로 올 자가 없느니라

기독교는 창조주의 말씀을 따라 다른 종교와는 타협의 여지가 없으며, 이를 믿는 그리스도인들은 유일 신앙을 가져야만 한다. 한국어 성경 역본에서는 신의 명칭을 "'하나'님"이라고 번역하여 신의 절대적 속성인 유일성을 잘 담고 있으며, 기독교는 이 유일성을 훼손하는 종교 평등론에 가담할 수 없다. 그것은 절대로 기독교인의 이기심이나 불량한 배타심에서 나오는 것이 아니다. 우리가 섬기는 창조의 신께서 그리 말씀하시니 그렇게 믿고 유일 신앙을 지키려는 것이다. 그러므로 기독교에서는 타종교의 신을 인정하거나 다신(多神)을 인정하는 것은 유일신을 배신하는 것이며, 진정한 신자의 자세가 아니다. 창조주 외 모든 숭배의 대상은 우상이요, 우상은 가증한 일이며 금지된 일이기 때문이다.

> **출 20:3-5** 너는 나 외에는 다른 신들을 네게 두지 말라 너를 위하여 새긴 우상을 만들지 말고 또 위로 하늘에 있는 것이나 아래로 땅에 있는 것이나 땅 아래 물속에 있는 것의 어떤 형상도 만들지 말며 그것들에게 절하지 말며 그것들을 섬기지 말라

> **겔 14:6** 그런즉 너는 이스라엘 족속에게 이르기를 주 여호와의 말씀에 너희는 마음을 돌이켜 우상을 떠나고 얼굴을 돌려 모든 가증한 것을 떠나라

불교는 불경을 중심으로 배우고 믿으며, 유교는 공자의 가르침을 따라 죽은 조상을 숭배하고, 이슬람은 코란경을 중심으로 배우고 믿는 것처럼, 기독교인이 성경을 중심으로 믿는 것은 당연하며 비난 받을 일은 더욱 아니다. 외인들이 우리를 비난하는 것은 우리의 유일 신앙 부분인데, 그것은 우리가 양보할 사안이 아니며, 타협해서도 안 될 일이다.

외인들이 볼 때는 종교마다 비판의 여지가 있는 게 사실이다. 이슬람은 다른 종교를 향한 적대적 폭력과 여성을 천히 여기는 문제가 심각한 수준이고, 불교의 윤회설(輪廻說)은 행실에 따라 다양한 생물

로 끊임없이 태어난다는, 예수님의 부활 사건보다 더 기적 같은 교리다. 그러나 불교의 경우 그 가르침이 그러하니 사람이 죽으면 개, 돼지, 혹은 곤충으로도 다시 태어난다는 데 누가 뭐라고 시비를 걸고 비난한들 그 가르침을 버리겠는가? 윤회설을 믿지 않는다면 그는 불교도라고 할 수 없을 것이다.

기독교가 유일 신앙을 버릴 수 없는 것도 신께서 그리 말씀하셨기 때문이며, 이 믿음이 아니면 그리스도인이 아니다. 우리의 유일 신앙이 비난받을 일이면, 다른 종교도 왜 그렇게 믿느냐며 비판을 받아야 한다. 그런데 유독 기독교만 표적으로 삼는 것은 다분히 의도적 적대 행위에 불과하다.

우리는 수많은 신 중 하나를 선택하여 믿는 일신교가 아니다. 애초부터 신은 창조주 한 분이며, 그분만 숭배하는 게 그리스도교의 가르침이다. 우리의 유일 신앙은 그 누구도 간섭하거나 변경할 수 없는 영역에 해당한다.

> **사 46:5** 너희가 나를 누구에게 비기며 누구와 짝하며 누구와 비교하여 서로 같다 하겠느냐
>
> **사 46:9** 너희는 옛적 일을 기억하라 나는 하나님이라 나 외에 다른 이가 없느니라 나는 하나님이라 나 같은 이가 없느니라

● 일신교냐, 유일신이냐?

다시 말하지만 우리는 많은 신 중 하나를 선택한 일신교가 아니다. 창조주는 한 분밖에 없고, 그분만이 나의 구원자시다. 우리는 유일 신앙을 지킬 수밖에 없고, 이것을 위해 순교도 가능하다. 그 정도로 우리에게 유일신이신 여호와만 섬기는 일은 절대적이며, 더 엄밀하게 말한다면, 이는 내 목숨 열 개를 바쳐서라도 지켜내야 할 진리요 구원의 길이다. 다른 종교인들이 자신의 신앙과 교리를 지키며 살 듯이, 우리 역시 성경을 따라 믿고 사는 것은 필연이며 당연하다.

출 20:3-5 너는 나 외에는 다른 신들을 네게 두지 말라 너를 위하여 새긴 우상을 만들지 말고 또 위로 하늘에 있는 것이나 아래로 땅에 있는 것이나 땅 아래 물속에 있는 것의 어떤 형상도 만들지 말며 그것들에게 절하지 말며 그것들을 섬기지 말라

시 81:9 너희 중에 다른 신을 두지 말며 이방 신에게 절하지 말지어다

종교 혼합주의(다원주의)는 기독교에서 결코 용납될 수 없는 것이며, 구원의 복음이 아니다. 우리는 결코 종교 다원주의나 그 같은 계열의 일신교로 전향할 수 없다. 오직 예수님 외에는 구세주가 없으며, 그것은 곧 사도들이 우리에게 전한 복음이다. 시대가 달라졌다고 복음을 달리 해석하고, 하나님과 우상을 나란히 놓고 동일하게 취급하는 일부 목사들의 종교 다원주의를 따르는 배도는 크나큰 신성 모독이 아닐 수 없다.

갈 1:7-8 다른 복음은 없나니 다만 어떤 사람들이 너희를 교란하여 그리스도의 복음을 변하게 하려 함이라 그러나 우리나 혹은 하늘로부터 온 천사라도 우리가 너희에게 전한 복음 외에 다른 복음을 전하면 저주를 받을지어다

구원의 복음을 맡은 자가 유일 신앙을 버린다면 그는 삯꾼이며 창조주를 배신한 자다. 구원의 진리는 시대 따라, 사람 따라, 달라지는 게 아니다. 한 번 주어진 하나님의 말씀은 인간이 결코 바꿀 수 없다. 바꾸려는 자가 있다면 그는 에덴의 하와를 유혹한 뱀의 후손이 분명하다.

"우리가 여호와 하나님을 유일신으로 믿는 이유는 그분만이 창조주이기 때문이다."

29

창조주의 절대 주권

"신은 악하고 잔인하다!" 리처드는 이처럼 책 전반에 걸쳐 기독교의 신을 제물과 피를 좋아하고 사람 죽이는 것을 좋아하는 악한 신으로 묘사했다. 그렇게 보이는 것도 무리는 아니다. 실제로 하나님의 심판을 받아 죽은 사람이 너무 많아서 헤아릴 수 없을 정도다. 불순종이나 우상숭배의 이유로 국가나 민족 차원의 형벌을 내리는데 전쟁으로, 역병으로, 기근으로, 재난으로 심판하신다. 사무엘하 24장에서는 다윗이 인구조사를 실시하게 되면서 80만 명이 넘는 군사를 거느리게 된 것을 확인하는데, 현대에도 그만한 군대를 보유한 나라가 많지 않다. 그것은 곧 그에게 하나님을 의지하기보다 자신의 권력이나 명예를 더 자랑하고 의지하려는 자만함이 섞여 있었던 것이었기에 하나님께서는 다윗을 심판하시는데 역병으로 백성 7만 명이 사망한다. 얼핏 보면 '뭐 그만한 일로 7만 명의 백성을 죽이시는가? 그것도 임금이 잘못한 일인데…' 할 수 있다. 그리고 이런 기사를 보면 잔인한 신이라는 지적이 나올 만하다.

사람을 죽인 것만 가지고 따진다면 하나님을 따라올 자가 없다. 히틀러, 스탈린, 모택동, 이디아민, 김일성 등 그 누구도 하나님이 사람을 죽인 수를 따라오지 못한다. 노아 시대에 그 식구들만 빼놓고 모든 사람을 수장시킨 것도 그렇고, 여리고성의 붕괴나 가나안 족속들을 진멸하는 수많은 전쟁도 다 하나님의 명령을 따라 진행된 것이었다. 이렇게만 보면 리처드 같은 사람이 보기에는 도저히 배울 게 없는 책이 성경이고, 그런 잔인한 신을 숭배하는 자들도 정상이 아니기는 마찬가지다.

● 모든 인간의 죽음은 죄로 인한 하나님의 형벌이다

창 3:19 네가 흙으로 돌아갈 때까지 얼굴에 땀을 흘려야 먹을 것을 먹으리니 네가 그것에서 취함을 입었음이라

이것은 아담과 하와가 범죄한 직후에 죽음을 선언하신 내용이다. 창세기에는 노아 시대에 이 땅을 큰 홍수로 심판하시겠다는 내용이 나온다.

창 6:11-13 그때에 온 땅이 하나님 앞에 부패하여 포악함이 땅에 가득한지라 하나님이 보신즉 땅이 부패하였으니 이는 땅에서 모든 혈육 있는 자의 행위가 부패함이었더라 하나님이 노아에게 이르시되 모든 혈육 있는 자의 포악함이 땅에 가득하므로 그 끝 날이 내 앞에 이르렀으니 내가 그들을 땅과 함께 멸하리라

노아로 큰 배를 만들게 하시어 그 식구와 일부 동물을 보호하시고 나머지는 다 멸하신다는 내용이다. 당시 지구에 거주하는 사람의 수는 최소한 수억 명 이상이었을 것이다. 하나님의 심판이 임하면 하늘에서 불이 내려와 타 죽거나 땅이 갈라져 죽고, 전염병이 일어나 수만 명이 죽어 나가기도 한다. 전쟁과 기근, 역병으로 죽이는 일은 하나님이 자주 사용하시는 방법이다.

성경의 내용은 있는 그대로를 기록한 것이다. 좋게 보이도록 꾸미거나 각색하지 않은 실제 내용이다. 그러다 보니 이런저런 반이성적인 기사나 기적, 거칠고 비상식적인 것, 반인륜적이거나 신비한 요소들도 담겨 있는 것이다. 예수님의 족보에 기생 라합이 있고, 유다라는 사람은 며느리 다말과의 사이에서 자손을 보고, 소돔성에서 구사일생으로 살아나온 롯의 두 딸은 아버지와 동침하여 모압과 암몬 족속의 조상을 낳는 등 부도덕해 보이는 이야기도 있다. 성경을 읽는 자가 먼저 알 것은, 성경은 애초에 후손들에게 잘 보이기 위해 내용을 기록하거나 다듬은 것이 아니라는 것이다. 있는 그대로 이스

라엘의 역사와 그 과정에 등장하시는 하나님의 행하심과 그 말씀을 기록한 것이다. 우리나라 조선 왕조 500년의 역사 기록물과 같이 성경도 그 시대의 사람들이 보고 듣고 경험한 일들을 생생하게 기록하여 담은 것이다. 그러나 성경이 일반 기록과 다른 것은 성령의 도우심 속에 기록되고 보존되었다는 것이다.

딤후 3:16 모든 성경은 하나님의 감동으로 된 것으로 교훈과 책망과 바르게 함과 의로 교육하기에 유익하니

● 하나님은 누구신가?

하나님이 누구신지 정확하게 알고 성경을 읽으면 모든 것이 이해되고 유익한 결과를 얻게 된다. 인간의 상식으로 읽으면 성경은 모순되고 흉측하고 살벌하게 보일 수 있다. 성경은 일반 문학 서적이나 도덕책이 아니다.

성경은 여호와가 창조주이며, 인간은 피조물이라는 것을 가르쳐 주는 데 주안점이 있다. 그것을 모르고 읽으니 리처드같이 자기가 보고 느끼는 불편한 점만 나열하게 되는 것이다. 다시 말하지만, 성경은 하나님과 인간의 관계를 가르쳐 주고, 아울러 인간은 무엇인지를 알게 하는 책이지, 인간의 도덕이나 이성에 맞춘 게 아니다.

우선 리처드는 성경을 1차원적으로 보는 무식함을 보여 준다. 이는 기독교에 적대감을 가지고 있거나 전혀 신앙심이 없는 무신론자가 성경을 볼 때 보이는 현상이다. 그래서 다음과 같은 말씀이 있다.

고전 1:18 십자가의 도가 멸망하는 자들에게는 미련한 것이요 구원을 받는 우리에게는 하나님의 능력이라

시 53:1 어리석은 자는 그의 마음에 이르기를 하나님이 없다 하도다 그들은 부패하며 가증한 악을 행함이여 선을 행하는 자가 없도다

이 말씀대로 어리석고 미련한 자는 하나님이 없다고 하거나 자기 스스로의 지식과 판단을 믿고 살아간다. 진화론의 주장처럼 물질로 된 하찮은 존재가 초월적 존재를 언급한다는 것 자체가 도를 넘은 것이다.

그러면 하나님은 누구신가?

1) 하나님은 창조주시다

이것이 기독교 신앙의 첫 근거이며, 우리가 하나님을 믿는 가장 큰 이유다. 창조 사실을 부정하는 자가 성경을 읽는다고 무슨 유익이 있겠는가? 그래서 성경은 첫 장부터 창조주가 누구인지를 가르쳐 주고 시작한다.

> **창 1:1** 태초에 하나님이 천지를 창조하시니라

믿음이 없으면 첫 구절부터 어긋나기 시작할 텐데 그다음을 읽으면 무슨 소용이 있겠는가? 성경을 읽으려면 이 첫 번째 구절부터 수용해야 한다. 리처드는 많은 종교를 하나로 묶어 놓고 말하지만, 우리가 말하는 신은 창조주를 말하는 것이다. 창조주가 아닌 것은 신이 아니며 거론할 가치도 없다. 창세기는 인간의 시작과 우주 만물의 역사를 정확히 말해 주는 기독교 신앙의 근본이며 출발점이다. 그러므로 성경은 리처드 같은 부류가 읽는다고 알 수 있는 책이 아니다.

2) 창조주는 절대 주권을 갖는다

세상 모든 만물에 대한 모든 주권을 창조주가 갖는 것은 당연하다. 창조 사역도 그의 계획대로 했고 그의 맘대로 했으니, 권한도 그에게 있어야 마땅한 것 아닌가? 내가 내 집을 설계하고 지었으면 내 집에 대한 권리도 나에게 있는 것이다. 그 집을 1년 만에 뜯어 리모

델링하든지, 창문을 다른 모양으로 바꾸든지 100% 내 권한이다. 하나님의 절대 주권이라는 말이 그렇게 이해하기 어려운 말이 아니다. 세상만물을 그가 만들었으니 그 모든 것이 그의 것이요, 운영도 처분도 그의 권한 아래 있다는 아주 쉬운 말이다. 그것을 한마디로 하면 '절대 주권'이다.

엡 1:11 모든 일을 그의 뜻의 결정대로 일하시는 이의 계획을 따라 우리가 예정을 입어 그 안에서 기업이 되었으니

창조주께서는 모든 일을 그의 뜻대로 하신다. 무엇을 하면서 인간에게 물어보거나 허락을 구하지 않는다. 혹시 인간의 오해나 부작용이 생길까 봐 주저하지도 않는다. 주인이 못 할 일이 뭐가 있겠는가? 만드는 일, 없애는 일, 살리는 일, 죽이는 일, 그의 맘대로다. 그것이 아무것도 못 할 일이 없는 절대 주권이다.

롬 9:19-22 혹 네가 내게 말하기를 그러면 하나님이 어찌하여 허물하시느냐 누가 그 뜻을 대적하느냐 하리니 이 사람아 네가 누구이기에 감히 하나님께 반문하느냐 지음을 받은 물건이 지은 자에게 어찌 나를 이 같이 만들었느냐 말하겠느냐 토기장이가 진흙 한 덩이로 하나는 귀히 쓸 그릇을, 하나는 천히 쓸 그릇을 만들 권한이 없느냐

리처드는 기독교의 하나님이 제물과 피를 좋아하고 많은 사람을 죽이는 잔인성을 가지고 있다고 했지만, 그것은 순전히 인간 편에서만 본 것이다. 창조주의 입장에서 보면 인간의 모습은 완전히 어리석고 사악하며, 창조주를 배신하고 우상을 숭배한 타락한 짐승과 같다.

그런 못된 인간을 심판하고 벌하시는 것은 하나님이 잔인해서가 아니라, 인간을 향한 공의와 정의의 실현이며, 그의 법을 집행하는 재판장의 직무와 같은 것이다. 나라에 법이 있는 이유가 바로 불의하고 못된 자들을 다스려 안정된 나라를 만들기 위함이다. 마찬가지로 창조주가 만든 세상에 어찌 법이 없겠으며, 또 그 법을 집행하

는 게 무슨 문제가 되는가? 노아 시대에 지구촌 사람들을 몽땅 물로 심판하신 것은 인간들의 악행이 온 땅에 가득하였기 때문이다.

창 6:11 그때에 온 땅이 하나님 앞에 부패하여 포악함이 땅에 가득한지라

창 6:13 하나님이 노아에게 이르시되 모든 혈육 있는 자의 포악함이 땅에 가득하므로 그 끝 날이 내 앞에 이르렀으니 내가 그들을 땅과 함께 멸하리라

성경은 하나님이 인간을 심판할 때마다 그 이유를 밝혀 주는데, 인간의 포악함이 가득하다는 것이다. 노아 시대의 홍수 심판도 포악한 인간에 대한 형벌의 심판이었다. 그런데 리처드 같은 자들은 하나님이 많은 사람을 죽였다는 것만 강조한다. 왜 그토록 많은 사람을 죽였는지, 왜 그럴 수밖에 없었는지 그 이유는 말해 주지 않는다. 창조주가 그냥 싫기 때문이다. 그가 성경을 보는 것은 자기주장에 유리한 부분을 찾아 악의적으로 이용하기 위함일 뿐이다.

하나님이 재앙을 내리거나 사람을 죽이는 것은 그만 한 심각한 이유가 있는 것이다. 그런데 그 이유는 말하지 않고 인간에게 벌을 내리고 죽였다는 것만 강조하여 나쁜 하나님으로 몰아 가는 것이다. 정치권의 좌파들과 아주 똑 닮았다. 악의적인 자는 선한 것도 늘 나쁘게 해석하고 왜곡하여 전달한다. 그런 선동에 순진한 백성은 쉽게 넘어간다. 그래서 개, 돼지라는 말이 자꾸 나오는 것이다.

그래서 《만들어진 신》을 읽은 독자 중 송윤강 선생은 다음과 같이 독후감을 썼다.

"책의 내용 곳곳에 그의 억제 못 한 감정이 포함된 거친 표현도 상당수 드러나고 있어 교양 있는 과학자가 썼다고 보기에 의심스럽기도 하고, 과학의 문외한인 내가 보기에도 억지스러운 주장도 있다. 그래서 이 책은 냉정함과 학자의 시선이나 객관적으로 서술한 과학 서적이라고 보

기는 어렵고, 저자가 특정 목적을 가지고 과학자의 권위를 빌려 일반 대중을 설득하기 위한 주관적 주장을 담은 책이라 생각된다."

"종교의 해악 사례를 들어가며 조목조목 비판하고, 종교가 없어야 이 세상에 평화가 온다고 주장한다. 사실 종교라고 했지만, 도킨스가 공격하는 주 대상은 기독교다."

"이 책은 신이 존재한다면 이런 형편없는 나의 삶을 어떻게 평가할까 하는 불안 가운데 살아가면서도 제발 내 삶을 간섭하는 그런 신은 존재하지 않았으면 좋겠다고 생각하는 현대인들의 심정에 영합하며 베스트 셀러가 되었고, 저자가 많은 돈을 번 것은 사실이다."(과학과 신학의 대화 아카이브 2022.5.10.)

이렇게 리처드가 객관성이 떨어지는 주관적 시각으로 엮어 낸 것이 바로 그의 반기독교 작품들이다.

인간은 무엇이든 절대주권자에게 따질 수 없다. 그가 하는 일이 인간의 눈에 들지 않을 수도 있지만, 절대주권자는 인간의 맘에 들어야 할 이유가 없다. 오히려 인간에게 쉽지 않은 복종을 요구하고, 인간은 그것이 맘에 들지 않는다고 불순종하며 따진다. 그럴지라도 주권자에게는 권리가 있으며 잘못이나 실수가 있을 수 없다. 일방적이라 할지라도 그는 정의롭고 공의로우며 인간은 따질 수 없다.

자신이 무지한 사람임을 잊지 말라! 리처드가 갖고 있는 사고력의 범위는 지극히 제한적인 물질계에 불과하다. 신을 상대하려면 창조주와 인간 피조물의 관계 설정이 필요한데, 무지한 인간은 모든 절차를 무시하고 이성으로만 창조주를 판단하고 결론을 내린다. 리처드는 진정으로 기독교를 알고 싶어서 성경을 보는 게 아니라 때려 부수려고 보는 자다. 보는 눈이 비뚤어져 있으면 아무리 아름다운 것을 보여줘도 흠만 잡는다. 흠을 찾을 수 없다면 흠이 없는 것이 문제라고 할 자다. 이런 자에겐 절대 배우는 게 아니다. 그래서 종북 좌파에게서 배운 학생들이 하나같이 반국가 언동을 일삼고, 이 나라를 '헬조선'이라고 악담한다. 진짜 '헬조선'은 북한인데 말이다. 그래서 지식은 배워서 약이 되는 것도 있지만, 인생을 망치는 경우도 있다는 것을 보여 주는 게 바로 공산주의와 진화론이다.

인간은 생사를 자기 맘대로 할 수 없고 스스로 존재할 수 없는 의존적 존재요, 연약한 피조물이라는 사실을 잊으면 안 된다. 무슨 대단한 능력이 있는 것처럼 착각하고 겁 없이 불가촉 영역까지 넘나드는 것은 용감한 게 아니라 무지에서 나오는 미련함이요, 자폭 행위다. 그러므로 절대자께서 무엇을 하든지, 벌을 내리든지 전쟁을 일으키든지, 사람을 죽이든지 살리든지 그것은 그의 권한이요 그의 영역이지, 인간이 개입할 영역이 아니다. 신께서는 이유 없이 세상을 만들지 않았으며, 이유 없이 심판하지도 않는다.

> **신 32:4** 그는 반석이시니 그가 하신 일이 완전하고 그의 모든 길이 정의롭고 진실하고 거짓이 없으신 하나님이시니 공의로우시고 바르시도다

3) 그는 홀로 한 분이시다

창조주는 오직 하나, 한 분이다. 홀로 창조하셨고 홀로 다스리시며 섭리하신다.

> **슥 14:9** 여호와께서 천하의 왕이 되시리니 그날에는 여호와께서 홀로 한 분이실 것이요 그의 이름이 홀로 하나이실 것이라

> **신 32:12** 여호와께서 홀로 그를 인도하셨고 그와 함께한 다른 신이 없었도다

> **사 44:24** 네 구속자요 모태에서 너를 지은 나 여호와가 이같이 말하노라 나는 만물을 지은 여호와라 홀로 하늘을 폈으며 나와 함께한 자 없이 이 땅을 펼쳤고

성경에서 줄기차게 강조하는 것이 바로 하나님은 창조주라는 것과 하나님의 유일성이다. 다신론이나 범신론, 일신론은 창조주께는 허용되지 않는 이야기다. 기독교는 그런 면에서 차별성과 유일성을 가진다.

4) 창조주를 알면 그를 어떻게 대해야 하는지 깨닫게 된다

절대주권자가 무슨 일을 해도 인간은 판단할 수 없다. 그가 하는 일은 모두 옳고 정의롭다. 그 판단 기준은 주권자에게 있으며, 인간에게 있지 않다. 인간에게는 절대주권자가 하는 일을 판단할 자격도 없고, 능력도 없다. 그의 뜻과 그 생각의 깊이를 우리가 어찌 알겠는가? 일러주신 극히 적은 일부만 알 뿐 다 알 수도 없고, 다 알 필요도 없다. 그분은 목자요 우리는 양에 비유하듯, 양 된 우리는 목자의 인도를 믿고 그의 신호를 따라가면 되는 것이다.

- **성경을 읽다 보면 쉽게 수용하기 어려운 불편한 내용도 있는 게 사실이다**

그리스도인이라고 어찌 하나님이 하시는 일이 다 좋게만 보이겠는가? 창조주와 인간은 서로 생각이 다를 때가 많기 때문이다. 그래서 리처드가 갖는 의문이나 비난이 인간적 차원에서 이해가 되는 측면도 있는 것이 사실이다. 리처드도 욥기서의 내용을 지적했지만, 욥은 지역에서 유지급 부자로 존경받는 사람이었다. 그가 이유없이 엄청난 고난을 당한 후 갑절의 부자가 되었는데, 사실 그것만 가지고는 충분한 보상이라고 할 수 없다. 어떤 고난에도 신앙의 절개를 지키는 그의 모습을 통해 우리에게도 같은 신앙을 갖도록 교훈하는 것이지만, 좀 불편한 마음으로 본문을 계속 보는 중에 다음과 같은 구절을 발견했다.

욥 42:5 내가 주께 대하여 귀로 듣기만 하였사오나 이제는 눈으로 주를 뵈옵나이다

고난의 과정을 통해 욥이 깨달은 것인데, 고난을 당하기 이전보다 이후에 하나님과 더욱 가까워졌다는 것이다. 귀로 듣기만 하던 창조주 하나님을 눈으로 뵈올 정도로 가까워졌다는 것은 갑절의 재산을 얻었다는 것보다 더 중요한 대목이다. 그래서 나도 창조주 하나님과 더욱 가까워지는 은혜가 있기를 날마다 사모한다. 그럼에도 욥이 영문도 모른 채 당한 고통은 너무 심하다는 생각이 드는 게 솔직한 심정이다. 하나님의 사람들이 힘들게 고생하고 옥살이와 고문을 당하다가 순교하는 믿음이 부럽기도 하면서, 또 한편으로 마음이 무거워지는 것도 사실이다.

나에게 이런 생각이 더러 있음에도 내가 그분께 일평생 충성하며 그 이름을 높이는 것은, 그가 창조주요 나의 주인이기 때문이지 다른 이유는 없다. 여호와가 단순히 수많은 신 중에 하나라면 나는 그를 무시할 것이다. 나를 존재케 한 창조주가 아니면 찬양할 이유가 없기 때문이다. 하나님이 내 눈에 불만스럽게 보일지라도 우리가 잊으면 안 될 것은 그가 창조주라는 사실이다. 그러므로 리처드와 그 친구들은 창조주 하나님을 일반 신들과 나란히 놓고 평가하는 모독 행위를 그만두어야 할 것이다.

그리스도인들에게 가장 중요한 것은 누가 창조주냐 하는 것이다. 창조주가 아니면 언급할 필요가 없다. 리처드는 일신교와 유일 신앙을 구별하지 못하고 우리 기독교를 일신교와 묶어 취급했다. 우리가 유일 신앙을 갖는 이유는 여호와만이 창조주라는 이유 때문이며, 창조주가 아니라면 별 볼 일 없는 만들어진 가짜거나 잡신에 불과하기 때문이다.

출 9:14 내가 이번에는 모든 재앙을 너와 네 신하와 네 백성에게 내려 온 천하에 나와 같은 자가 없음을 네가 알게 하리라

여호와가 유일한 창조주요 그와 같은 자가 없다는 이 한 가지 사실에 모든 인간은 잠잠해야 할 것이다.

5) 인간은 그에게 절대 순종해야 한다

절대 주권 앞에서 인간은 절대 순종해야 한다. 절대자는 무엇을 하든지 의롭기 때문이다. 리처드가 아는 기독교의 하나님은 불량한 신이다. 신은 없다고 하면서 신을 비난하는 그의 모습이 우습고 한심스럽지만, 그가 지적했으니 말하지 않을 수 없다.

창조주 하나님만큼이나 사람을 많이 죽인 자는 없다. 범죄하고 회개하지 않는 자들은 다 죽음으로 가기 때문이다. 히틀러는 유대인만 600만 명을 학살하고, 침략전쟁으로는 더 죽였으며, 스탈린은 폭정과 전쟁으로 약 8천만~1억 명 가까이 죽였고, 모택동은 문화혁명으로 약 4천만 명이나 죽였다. 이들은 모두 무신론자다. 그러나 인류 역사 이래 가장 잔인한 독재자들이 죽인 수를 다 합쳐도 하나님이 죽인 수에는 한참 못 미친다. 하나님께서는 전쟁으로 죽이고, 역병으로, 기근으로, 기타 방법으로 죽였고, 더 근원적으로 말하면 아담과 하와가 범죄한 이후 지금까지 죽은 모든 사람은 몽땅 하나님이 죽인 것이라고 해야 맞다. 그 수를 합하면 아마도 수백억, 수천억이라 해도 부정할 수 없다.

세상 종말의 신호탄이 되는 예수 재림의 사건 이후 세상은 다 사라지고 천국과 지옥만 영원히 남게 될 것이다. 누가 그렇게 다수의 인간을 비참한 곳에 던지는가? 창조주 하나님이시다. 그만이 만물의 시작이고 끝이 되기 때문이다. 인간들의 불평, 원망은 고려 대상이 아니다.

그러나 **사람이 살인하는 것과 창조주가 사람을 죽이는 것에 같은 기준을 적용할 수는 없다. 그가 창조주요 주인이기 때문이다.** 독재 권력의 남용으로 사람을 죽이거나 사사로운 감정으로 사람을 죽이는 것은 중한 살인죄가 된다. 그러나 창조주가 사람을 죽인 것에는 살인죄가 적용될 수 없다. 절대자의 판단은 늘 공의롭고 실수나 오해가 없기 때문이다. 이유는 그가 만물의 근원이요 주인이며, 판단의 기준이 되기 때문이다. 하나님을 알고자 할 때 잊지 말아야 할 부분이 바로 그가 주인이라는 사실이다. 주인이면 그에게 모든 권한이 있다. 살리는 것이나 죽이는 것 그 모든 권한이 그에게 집중된 절대 주권의 소유자는 오직 창조주 하나님뿐이다.

내 자동차를 내가 부수면 무죄다. 그러나 남이 부수면 재물 손괴죄가 된다. 내가 기르던 황소를 도살장으로 보내고 죽여 식용으로 팔면 무죄다. 그러나 소유권이 없는 타인이 내 소를 죽여 팔아먹으면 큰 죄에 해당한다.

인간에게는 살인하지 말라고 하신 하나님께서 정작 자신은 사람을 죽이는 이유를 알겠는가? 인간은 서로를 사사로이 죽일 수 없다는 게 창조주의 법이다. 그러나 창조주는 그의 법에 따라 사람을 죽이고 살리는 생명의 여탈권을 갖는다. 이것이 비난받을 일이 될 수는 없다. 창조주의 살인은 탐욕이나 감정적인 것으로 인한 인간 차원의 살인이 아니다. 하나님의 인간 처형은 공의로운 판사의 판결이다.

흉악범에게 무기징역을 선고하거나 사형을 선고한다고 판사가 나쁜 것인가? 사형수를 교수형에 처하는 집행관이 욕을 먹어야 하는가? 인간은 언제나 중죄인이요, 창조주는 언제나 최종적 판사가 된다. 그러므로 사람을 죽였다고 다 살인자가 아닌 것처럼, 창조주가 인간을 죽음에 처하게 하는 심판은 그가 세상을 다스리는 자신의 주권을 행사하는 것일 뿐이다. 이 사실을 모르는 리처드 같은 자들이 성경을 보아서는 결코 이해할 수 없는 것이다.

동물의 권리도 있고, 인간에게도 인권이 있는데 창조주께 그런 권리가 없을까? 이런 기본 인식조차 가지고 있지 못한 자가 감히 창조주를 판단한다고? 리처드 같은 자들이 성경을 보아서는 안 되는 이유는, 볼 때마다 죄만 더하기 때문이다. 글을 읽을 줄 안다고 성경을 볼 수 있는 게 아니며, 리처드 같은 철저한 유물론자는 더더욱 그렇다.

엡 1:11 모든 일을 그의 뜻의 결정대로 일하시는 이의 계획을 따라 우리가 예정을 입어 그 안에서 기업이 되었으니

창조주는 무엇이든 뜻대로 하실 권리가 있으며, 그 누구도 이의를

제기할 수 없다. 그의 권리는 인간이 주는 게 아니라 스스로 취하시는 것이다. 좀더 직설적으로 말한다면 인간의 의견이나 생각은 필요치 않다. 하나님이 하시는 일에 대하여 인간은 의논 상대도 아니며, 인간이 어떻게 볼까 하는 것도 고려 사항이 아니다.

무지한 자들이 성경 일부를 지적하면서 기독교의 하나님은 맘에 들지 않는다고 비난하지만, 그것은 그분을 창조주로 보지 않거나 그 앞에서 자기가 얼마나 작고 무지한 피조물인지 모르기 때문이다. 성경학자들도 조심스럽게 다루는 성경을 무신론자가 본다는 것은, 맹인이 어두운 밀림을 헤매며 살길을 찾는 것보다 더 어려운 일이다. 그런데 이제는 아무나 성경을 말하고 가르친다.

성경에서 하나님이 창조주이심을 빼버리면 나머지는 아무런 의미도 없고 남길 게 없다. 성경이 하나님의 말씀이 되는 것은 그만이 창조주 되심을 증거하기 때문이다. 그러므로 창조주가 아니면 그 어떤 신도 아무런 의미가 없으며, 존재하지 않는 것과 다르지 않다. 우리에겐 그가 창조주라는 사실이 가장 중요하고 두려운 것이다.

> **눅 12:5** 마땅히 두려워할 자를 내가 너희에게 보이리니 곧 죽인 후에 또한 지옥에 던져 넣는 권세 있는 그를 두려워하라 내가 참으로 너희에게 이르노니 그를 두려워하라

그렇다! 우리 인간은 절대 주권자, 그를 두려워해야 한다. 창조주가 갖고 있는 절대 주권 앞에서 미약한 인간은 무릎을 꿇어야 한다. 이것은 협박이 아니라 인간이 사는 길이기 때문이다.

30

기독교의 신은 언제부터 존재했는가?

진화론의 문제점이나 허점을 계속 질문하면 결국은 모른다는 답만 나온다. 빅뱅은 있는데 그 빅뱅의 에너지나 물질은 어디서 왔는지, 그 구성 요소가 되는 작은 먼지는 어디서 나왔는지 질문하면 모른다는 답뿐이다. 모든 생물의 근원이 되는 최초의 단세포 하나는 어디서 왔는가? 이 역시 모르고 증명도 되지 않는다. 리처드는 모른다고 하면서도 우리에게 같은 질문을 한다. "신이 있다면 언제부터 존재했는가?"

신이 존재한 것은 언제부터인가? 질문부터 잘못되었지만, 창조주의 말씀인 성경으로 답해 보자. 하나님이 시내산에서 모세를 만나 애굽으로 가라고 하실 때, 모세가 "사람들이 누가 너를 보냈느냐고 물으면 누구라고 할까요?" 하고 물었다. 신께서 답하셨다.

출 3:14 하나님이 모세에게 이르시되 나는 스스로 있는 자이니라 또 이르시되 너는 이스라엘 자손에게 이같이 이르기를 스스로 있는 자가 나를 너희에게 보내셨다 하라

출 3:14(KJV) And God said unto Moses, I AM THAT I AM: and he said, Thus shalt thou say unto the children of Israel, I AM hath sent me unto you.

신께서 대답하시기를 "I AM THAT I AM", 즉 "나는 바로 나다"라고 하셨다. 번역에서는 "스스로 있는 자"라고 했는데 아주 적절한 번역이다. '나는 스스로 존재하는 자' 이것이 창조주의 이름이다.

당신은 누구냐고 묻는 인간의 질문에 신께서는 자신의 존재에 대해 간결하게 답하셨다. '나는 바로 나다!' 더 이상 무슨 말이 필요한가? 신의 존재를 인간의 머리로 다 이해하려면 어느 정도나 설명해야 할까?

우리의 창조주 하나님은 영원 전부터 영원까지 존재하시며, 존재 시점이 없다. 존재 시점이 있다면 신이라고 할 수 없다. 없던 존재가 생긴 것은 그렇게 만든 다른 원인이 있다는 말이 되고, 무언가에 의해 만들어졌다면 그 순간 신뢰도가 뚝 떨어지게 되고, 그 또한 진화된 것으로 취급될 것이다. 리처드 같은 사람들은 신조차도 진화의 범위에 넣고 싶어 할 것이 뻔하다.

그러므로 창조주께서는 당신이 누구냐는 질문에, "나는 나다. 나는 스스로 있는 자다"라고 자신을 소개하는 게 적절한 것이다. 물론 이 말은 형이상학적으로 충분한 설명이 될 수는 없을 것이다. 그러나 정답이다. 그러므로 "하나님은 언제부터 존재했는가?"라는 질문은 신께 불손하고 무례하기 짝이 없는 언사다.

고대 힌두교에서는 신도 우주보다 나중에 생겨났다고 믿었다. 우주의 광대함, 위대함, 신비함 앞에서는 신마저 낮은 위치에 있는 것이다. 그래서 때로 인간은 우주의 경이로움에 영혼까지 내놓고 숭배한다. 우주가 가장 위대한 신으로 둔갑할 수도 있다는 것을 보여 준다. 그래서 어떤 사람들에게는 지구가 신이고, 태양이 신이며, 나무가 신이고, 바다가 신이 된다. 이렇게 미물까지 숭배하는 현상으로 보면, 종교심을 가진 자들의 지능이 낮은 편이라고 한 리처드의 말은 맞다고 해야 한다. 어쩌면 리처드도 신을 숭배할 마음은 없을지라도 우주 자연은 숭배하고 싶어 할 수도 있다. 그에게는 우주, 자연 이외에 그 어느 것도 존재하지 않기 때문이다.

그러나 그는 종교라고 다 똑같지 않다는 것을 모르며, 종교를 구별할 줄도 모른다. 다 똑같이 한데 묶어서 본다는 게 그가 오류를 일으키는 지점이기도 하다. 종교에는 고등 종교, 하등 종교, 원시종교 등이 있다. 그러나 기독교의 하나님은 그런 종교 범위에 속하지 않는 다른 차원의 존재다.

기독교는 인간을 먼저 찾아오신 신에 의해 시작되었고, 신의 계시와 신을 향한 인간의 이해를 체계화한 신학적, 학문적 토대가 비교적 온전히 갖춰져 있지만, 그것도 전부는 아니다. 아울러 기독교는 인간이 만든 수많은 종교의 범주에 포함되지 않는다. 말 그대로 만물의 창조주이신 그의 말씀을 따라 모인 신에 의한, 신을 위한, 신의 공동체인 것이다. 그러므로 기독교는 인간의 시작인 에덴동산 시대보다 더 오래전인 창조주로부터 시작된 것이다.

기독교란 단순히 신을 숭배하며 몇 가지 계율을 지키며 살고자 하는 게 아니다. 그보다는 창조주를 알고, 내가 누구인지를 아는 것이다. 만물의 근원이신 창조주를 시인하고 그를 사랑하며 사는 게 기독교다. 기독교를 많은 종교 중 하나로 보는 것은 우리 기독교에 어울리지 않는다. 그러므로 기독교를 다른 종교와 한데 묶어서 말하는 것은 기독교를 전혀 모르는 자들이 하는 일이다.

고전 1:18 십자가의 도가 멸망하는 자들에게는 미련한 것이요 구원을 받는 우리에게는 하나님의 능력이라

그러므로 우리 기독교를 흔한 종교 중 하나로 보고 접근하는 것은 무지몽매한 것이다. 기독교는 고작 생물학자, 동물학자 수준으로 접근할 수 있는 분야가 아니다. 존재 시점이 없이 영원 전부터 영원까지 스스로 존재하는 절대자를 함부로 말하고 다루는 일은, 마치 세 살짜리 아이가 방사성 핵물질을 만지는 것보다 더 위험하고 어리석은 일이다.

"신은 언제부터 존재했는가?"라는 질문은 신성 모독에 해당하는 질문이고, 우리가 대답하기 어려울 것이라는 생각으로 하는 것이겠지만, 이는 기독교의 신도 존재 시점이 있는 것처럼 유도하여 그의 절대성을 훼손할 의도가 담긴 불손한 질문이기도 하다. 존재 시점이 있는 신이라면 그 서열은 우주보다 나중일 테고, 그런 신이면 절대성이나 신뢰성이 뚝 떨어져 꼭 숭배해야 할 이유를 상실하여 인간의 선택을 기다려야 하는 신세가 되는 것이다. 리처드의 이런 말장난에

빠지면 안 된다.

　땅의 인간들은 이제 자만심이 넘쳐 모든 신을 세워 놓고 서열을 정해주고 싶어 한다. "모든 신, 차렷!" "이제부터 모든 신은 인간이 정한 법의 통제를 받는다!"

　동성애 합법화와 혼합주의를 공식화하는 그 법이 바로 '포괄적 차별 금지법'이다. 이것은 모든 것을 평등화하는 법이라 주장하면서 종교 간 차별 행위도 금지한다. 이 법으로 창조의 하나님까지 인간에 의해 잡신들과 나란히 줄 세워지는 신들의 처량한 신세를 보여 주는 것이다. 그 줄 끝에 예수님도 있단다.

　이런 일은 소위 좌파 정치권과 그 세력들이 추진하고 있는데, 일부 목사나 기독교인은 그 실상을 가르쳐 줘도 일편단심 그들을 지지하니, 어리석기 짝이 없다. 하나님께서 싫어하시는 일만 골라서 하는 당을 기독교인이 지지한다는 것은 하나님을 향해 돌을 던지는 것이다. 그리스도인들은 분명히 알아야 한다. 불의한 자들을 지지하는 것은 그들이 짓는 죄에 가담하는 것이다.

　끝을 모르는 인간들의 죄악이여! 진정 태어나지 말았어야 하는 유다가 되고 싶은가? 인간을 존중하지 않는 일에도 해를 당하거늘, 나를 만드신 절대자를 존중히 여기지 않는 행위는 얼마나 큰 죄이겠는가? 자만심이 지나치면 바보가 되는 실례를 보여 주는 인물이 바로 리처드와 그 동류들이다. 이들은 신을 포함한 모든 생명체를 존재 시점이 있게 만드는 진화론이라는 범위에 넣어 놓고 결론을 내리는 위험한 짓을 하고 있다. 거짓되고 위선적인 지식 전달도 하나님 앞에서는 죄악에 해당한다. 가장 큰 거짓말은 "하나님은 없다"는 말이다.

　"기독교의 하나님은 언제부터 존재했는가?"라는 질문은 리처드의 불량한 저의를 보여 주는 것이며, 그 지식의 한계를 드러내는 어리석은 말일 뿐이다.

31

싫으면 그만이지 왜 시비야?

　기독교는 지금 사면초가다. 사회 일각에서나 정치권에서 기독교를 보는 시선이 그리 곱지가 않다. 특히 코로나 팬데믹 시절에 교회를 향한 차별 정책으로 주된 표적이 되고 대중적 인식이 추락해 버렸다. 최소 약 1만~2만 개의 교회가 사라졌지만, 천주교나 불교, 이슬람은 기독교에 비하면 아무 일도 없다.
　기독교 역사는 부흥의 기간보다는 고난과 억압의 세월이 더 많았다. 로마가 천주교를 국교로 공언한 뒤로 1,200년 동안 황제보다 높은 권력을 가진 교황청은 폭군이 되어 천주교에 합류하지 않은 순수한 일반 기독교인들을 이런저런 이유로 엄청나게 죽였다. 마녀사냥이라는 말은 그 시절에 생긴 것이다. 일반인들은 잘 모르겠지만, 천주교와 기독교는 같은 종교가 아니라 완전히 다른 종교다. 성경도 다르고, 믿는 내용도 다르다. 유일 신앙을 혼합주의로 변질시킨 다원주의의 선봉에 서 있는 천주교는 우리와는 전혀 다른 집단이다.
　지금도 역시 기독교는 고난의 역사를 통과하고 있으며, 서양 교회가 자유주의 신학을 따라가고, 향락 문화를 수용하며, 동성애 목사를 배출하고, 종교 혼합주의를 따르는 목사가 있는 지경이다 보니, 기독교 국가는 이제 하나도 없다. 남은 기독교 세력마저 단결력이 약해져 하나 되기가 어려운 마당에, 신복음주의나 종교다원주의(혼합주의)에 편승한 목사들이 우리 주변에 섞여 있고, 전통적 순수 복음인 유일 신앙을 유지하는 우리가 오히려 미움과 비난의 대상이 되고 있다. 주님도 우리가 세상 모든 사람에게 미움을 받을 것이라고 했는데, 지금 그 시대가 펼쳐지고 있다.

마 10:22 또 너희가 내 이름으로 말미암아 모든 사람에게 미움을 받을 것이나 끝까지 견디는 자는 구원을 얻으리라

마 24:9 그때에 사람들이 너희를 환난에 넘겨주겠으며 너희를 죽이리니 너희가 내 이름 때문에 모든 민족에게 미움을 받으리라

● 왜 미움을 받는가?

우리 구주 예수께서 미움을 받을 것이라고 말씀하셨으니, 우리가 미움을 받는 것은 피할 수가 없을 것이다. 그렇다면 미움을 받는 이유가 무엇일까?

목회자들이나 교회 다니는 신도들의 부도덕한 범법 행위 때문이라면 비판도 달게 받아야 하고, 또 당사자들은 회개하고 고치면 된다. 그래서 기독교 내에서도 자체적인 법과 정화 장치를 마련하고 사회적으로 지탄받을 일을 하지 못하도록 끊임없이 법을 강화하고 권징(勸懲)하며 노력하고 있다.

그런 일들로 미워하거나 비판한다면 우리는 겸허히 들을 것이다. 그러나 사람들이 모이는 곳이니 이런저런 문제가 왜 없겠는가? 그것은 기독교뿐 아니라 정치권, 사회단체나 여타의 종교 할 것 없이 사람 사는 곳이면 으레 나타나는 현상이 아닌가? 그런데 그런 사안이 아니라 기독교의 근본(신앙, 성경)을 가지고 비판하는 것은 수용할 수가 없다. 우리 신앙의 근본을 뒤흔들며 미움의 정도가 아니라 기독교를 아예 없애버려야 한다는 의도를 노골적으로 보이는 일은 수용 불가다.

우리의 도덕적 문제를 비판하는 것이라면 두말하지 않겠지만, 성경에 있는 신앙의 내용을 가지고 잘못 되었다느니 바꾸어야 한다느니 시비를 건다면 우리는 귀담아들을 수가 없다. 믿기 싫으면 그만이지 왜 자꾸 시비를 거는가 말이다! 누군가의 몇 마디에 기독교 신앙이 바뀔 것이라면 진작에 바뀌었을 것이다.

시장에서 장을 보면서 물건이 너무 비싸거나 맘에 들지 않는다고 주인에게 왜 비싸냐며 시비를 걸고 싸움을 유발하는 사람이 있다.

그때 주인이 할 수 있는 말은 하나뿐이다.

"사기 싫으면 그만이지 왜 시비야? 가라!"

싫으면 그만인 게 아니라 따라다니면서 괴롭히는 자가 있다. 자유 대한민국이 싫으면 북으로 가면 될 것을, 굳이 남아 이 땅을 어지럽히고 망치는 종북세력들처럼, 예수가 싫고 예수쟁이가 싫은 자들도 우리를 떠나는 게 아니라 우리 주변을 맴돌며 시비를 건다. 예수를 따르는 사람들이 왜 그토록 부당한 미움이나 차별을 받게 되는지 예수님이 말씀해 주셨다. 다음 구절을 다시 읽어 보자.

> **마 10:22** 또 너희가 내 이름으로 말미암아 모든 사람에게 미움을 받을 것이나

> **마 24:9** 그때에 사람들이 너희를 환난에 넘겨주겠으며 너희를 죽이리니 너희가 내 이름 때문에 모든 민족에게 미움을 받으리라

예수 이름 때문에 미움을 받는다고 하신다. "내 이름으로 말미암아." "내 이름 때문에." 예수라는 이름 때문에 고난이 있고 모든 민족에게 미움을 받는다는 말이 쉽게 이해가 되지 않는다. 그 이름 때문에 환난과 죽임을 당한다면 심각한 일 아닌가? 그렇다면 누가 예수를 따라가겠는가? 성경의 다른 곳에서는 수고하고 무거운 짐 진 자를 쉬게 해준다고 하면서, 또 여기서는 모든 사람에게 미움, 고난, 죽임을 당한다니 서로 모순되는 말씀이 아닌가?

> **마 11:28** 수고하고 무거운 짐 진 자들아 다 내게로 오라 내가 너희를 쉬게 하리라

이 말씀은 이 땅에서의 쉼을 말하는 게 아니라, 세상의 죄 짐을 진 사람들이 예수께로 오면 죄 사함과 천국의 안식을 누릴 것이라고 약속하는 말씀이기에 이상할 것은 없다. 그러면 예수가 누구길래 그로 인해 우리가 미움을 받는가? 그 이름이 의미하는 것은 무엇이고,

세상의 미움과 고난을 감수하면서도 예수를 따라가야 할 이유는 또 무엇이란 말인가? 그 이름에 담긴 뜻을 새겨 보면 우리가 왜 미움을 받고 죽임을 당하는지 알 수 있다.

1) 구원자는 오직 예수밖에 없기 때문이다

헬라어로 '예수'('Ἰησοῦς, 예수스)라는 말은 '자기 백성을 죄에서 구원할 자'라는 뜻이다. 즉, 죄인을 구원하는 '구세주'라는 뜻을 담고 있는 이름이다. 우리에게는 두 명 이상의 구원자가 있을 수 없다. 오직 예수님만 우리의 구원자시다. 그것이 바로 예수라는 이름에 담긴 첫 번째 진리다.

> **요 3:16** 하나님이 세상을 이처럼 사랑하사 독생자를 주셨으니 이는 그를 믿는 자마다 멸망하지 않고 영생을 얻게 하려 하심이라

> **요 14:6** 예수께서 이르시되 내가 곧 길이요 진리요 생명이니 나로 말미암지 않고는 아버지께로 올 자가 없느니라

바로 이것이 우리가 미움받는 가장 큰 이유다. 예수 외에는 다른 구원의 길이 없다고 말하는 것이 문제다. 예수 안에만 구원이 있고 다른 길은 없다는 말은 종교 차별적 발언으로 차별금지법에 저촉되며, 객관적으로 볼 때도 이기적이고 배타적으로 보인다. 모든 종교에 구원이 있다고 인정한다면 최소한 욕을 먹지는 않을 것이다. '오직 예수!'라는 유일 신앙은 타종교의 반감을 사기에 충분하고 미움받을 만한 이유가 된다.

그러나 우리는 이 구원의 도를 바꾸거나 버릴 수 없다. 어떻게 신께서 말씀하신 것을 사람이 바꾸겠는가? 타종교에서도 자기들의 경전의 내용을 맘대로 바꾸지는 않을 것이다. 우리도 다른 종교의 신앙 교리가 맘에 들지 않고, 때론 문제도 있어 보인다. 이슬람의 여성 인권 문제도 심각하지만, 개인적으로는 불교의 윤회설에 대하여 할

말이 많다. 우리나라의 자살률은 세계 1위다. 10만 명당 25명, 하루 약 40명이 자살한다. 자살하는 사람들의 유서를 보면 대부분 다시 태어난다면 더 좋은 세상에서 더 좋은 관계로 만나자고 말한다. 죽어도 다시 태어난다는 윤회설이 자살을 쉽게 결심하게 하는 이유가 되는 듯해서 아주 문제가 많다고 생각한다. 그렇다고 그런 이유로 불교가 사라져야 한다고 떠든다면 누가 수긍하겠는가? 종교마다 독특한 교리가 있고 가르침이 있는데, 남의 말 몇 마디에 윤회설을 없애거나 고치는 일은 없을 것이다.

같은 이치로 오직 예수님만 구원자라는 믿음을 가지고 있다고 비난받는 것은 부당한 일 아닌가? 우리가 가지고 있는 믿음의 내용은 다른 자들이 간섭할 일이 아니다. 이렇게 세상에는 주제넘은 일을 하는 이상한 자들이 아주 많다. 믿기 싫으면 그만이지 왜 이래라저래라 하는가 말이다. 그리스도인에게 성경은 신의 말씀이요, 신앙생활의 기준인데 누가 감히 이를 바꾸려고 하는가?

> **행 4:12** 다른 이로써는 구원을 받을 수 없나니 천하 사람 중에 구원을 받을 만한 다른 이름을 우리에게 주신 일이 없음이라 하였더라

> **딤후 3:16** 모든 성경은 하나님의 감동으로 된 것으로 교훈과 책망과 바르게 함과 의로 교육하기에 유익하니 이는 하나님의 사람으로 온전하게 하며 모든 선한 일을 행할 능력을 갖추게 하려 함이라

우리에게는 사람의 미움과 비난이 아니라 신의 진노가 두려운 것이다. 인간들 사이에서 좋다고 신께서도 좋아하실 것이라는 착각은 금물이다. 우리에게는 사람의 말보다 신의 말씀이 더욱 중요하며 오직 성경, 오직 예수다.

2) 죄를 말하기 때문이다

예수 앞에서 모든 인간은 죄인이다. 용서와 구원은 회개할 때 가

능하며, 회개 없는 용서는 성립되지 않는다. 그래서 기독교가 죄를 말하는 것이고, 또 그것이 미움을 받는 이유가 되는 것이다.

> **롬 3:10-12** 기록된바 의인은 없나니 하나도 없으며 깨닫는 자도 없고 하나님을 찾는 자도 없고 다 치우쳐 함께 무익하게 되고 선을 행하는 자는 없나니 하나도 없도다

> **롬 3:23** 모든 사람이 죄를 범하였으매 하나님의 영광에 이르지 못하더니

모든 인간은 죄인이다. 이 메시지는 우리가 미움받는 두 번째 이유가 된다. 예수님을 구세주로 고백하는 자는 자신이 지옥에 갈 죄인이라는 것을 시인하고 철저하게 회개의 과정을 거쳐야 한다. 그래서 예수님이 처음부터 외치신 메시지가 "회개하라 천국이 가까이 왔느니라"였다. 회개한 죄인을 구원하는 것은 하나님이 정하신 법이기 때문이다.

그런데 모든 인간을 죄인이라고 규정하는 게 듣기 좋을 리가 없다. 게다가 지금은 평등법(차별금지법)이 전 세계적으로 유행처럼 법제화되면서, 영국에서는 거리 전도 할 때 '당신은 죄인이다'라고 언급하면 명예훼손이나 인격 모독에 해당한다. 하나님께서는 모든 사람을 죄인이라고 말씀하시는데 인간은 아니라면서 기독교의 가르침은 혐오스럽고 인격 모독에 해당한다며 기독교를 저주하는 현상까지 생겼다.

구원의 복음에는 모든 인간이 죄인이라는 메시지가 반드시 따른다. 불신의 죄가 가장 큰 죄요, 오직 예수를 믿어야 하며 회개하지 않으면 지옥행을 면할 수 없다는 게 기독교 구원의 핵심이다. 거듭 죄를 말하는 것은 깨닫고 회개하여 천국 백성이 되게 하려는 것이다. 그래서 예수님이나 제자들, 세례 요한도 회개하라고 외친 것이다. 모든 사람이 죄인이라는데 좋아할 자가 어디 있겠는가? 그래서 예수님도 바리새인과 서기관들의 죄를 지적하다가 미움받고 고난을

겪은 것이다.

> 마 3:1-2 그때에 세례 요한이 이르러 유대 광야에서 전파하여 말하되 회개하라 천국이 가까이 왔느니라
>
> 마 4:17 이때부터 예수께서 비로소 전파하여 이르시되 회개하라 천국이 가까이 왔느니라 하시더라
>
> 막 6:12 제자들이 나가서 회개하라 전파하고
>
> 계 2:16 그러므로 회개하라 그리하지 아니하면 내가 네게 속히 가서 내 입의 검으로 그들과 싸우리라

기독교가 사람들의 미움을 사면서도 죄를 말하는 것은, 그들을 살리기 위함이지 부끄럽게 만들려거나 혐오해서가 절대 아니다. 그래서 미움받고 고난을 겪어도 죄를 죄라고 말해야 하는 게 기독교이고 목사들이다.

기독교를 가장 미워하고 증오하는 집단은 공산·사회주의자들, 급진 페미니스트들, 탈근대주의자들, 프리섹스(동성애, 양성애, 성전환, 범성애, 이상 성욕자 등)주의자들, 인권 만능 사회를 주장하는 자들이다. 그리고 이제는 진화론자들까지 가세하였다.

신 앞에서는 모든 사람이 죄인이다. 이 말은 유물론으로 무장한 공산주의나 진화론에서는 용납될 수가 없다. 신이 없는 유물론에서는 선과 악의 기준이 없고, 인간의 동의 없이는 죄가 죄로 인정되지 않는다. 그래서 진화론 같은 무신론에서는 자신들도 모르는 죄(원죄, 불신앙의 죄, 양심 불량 죄)에 대한 지적은 아주 불쾌한 것이 된다.

기독교의 인죄론(人罪論)은 개인의 권리, 명예를 강조하는 현대인에게 충분히 시빗거리가 되는 것임에는 틀림이 없다. 그래서 기독교는 회개의 메시지를 전하기가 어렵고, 이를 외면하는 사람도 점점 많아지고 있다. 특히 차별금지법이 만들어진 나라에서는 더욱 그렇

게 미워하는 것으로 나타난다.

3) 우리 신앙과 생활의 기준은 오직 성경이다

이것이 우리가 미움받는 세 번째 이유다. 그리스도인에게 신구약 성경은 하나님의 말씀이며 신앙과 생활의 기준이다. 오직 성경의 가르침을 따라 사는 우리와, 그렇지 않은 사람들 사이에서는 끊임없이 충돌이 일어난다.

우리가 성경을 중심으로 살아가는 것은 외인들이 왈가왈부할 사안이 아니다. 종교마다 자신들의 신앙과 교리가 있는데, 그것은 그 종교에서 결정할 사안이지 외인들이 이래라저래라 할 수 없다. 그런데 무신론자나 미신을 믿는 자들까지 이러쿵저러쿵 성경을 진단하느라 바쁘다. 우리 기독교의 내용이 아무나 거론할 만큼 그렇게 쉬운 내용이 아니고, 또 기독교의 사회적 비중과 영향이 아직은 큼에도 그렇게 우리를 마구잡이로 비판하고 조롱하는 진짜 이유는, 우리가 이슬람교처럼 협박이나 테러를 하지는 않을 것이라고 생각하기 때문이 아닌가? 이들이 이슬람은 공개적으로 비난하지 못하는 이유가 바로 후환이 두렵기 때문이 아닌가?

별 볼 일 없는 개인으로 시작해서 대학교수, 유튜버, 가십(gossip)거리를 찾아 아무 말이나 지껄이기 좋아하고 남의 말하기 좋아하는 말쟁이들까지 성경을 입에 담아 더러운 쓰레기처럼 뱉어낸다. 이런 자들에게 다시 한번 한마디 해주고 싶다. "어이! 하나님이 그렇게 만만하냐?"

4) 우리의 신앙은 유일 신앙이기 때문이다

그렇다! 하나님 외에는 다른 신이 없다는 우리의 유일 신앙은 영원히 누구도 바꿀 수 없는 진리다. 이 복음은 세상의 미움을 받는 큰 이유가 된다. 우리도 모든 종교의 신을 인정하고 서로 소통하며 어울린다면 얼마나 좋겠는가? 그러고 싶은 마음도 없는 게 아니다.

그러나 그것은 신의 말씀을 거역하며 혼합 종교로 변질되는 것이기에 불가능한 일이다.

> **사 45:5-6** 나는 여호와라 나 외에 다른 이가 없나니 나밖에 신이 없느니라 너는 나를 알지 못하였을지라도 나는 네 띠를 동일 것이요 해 뜨는 곳에서든지 지는 곳에서든지 나밖에 다른 이가 없는 줄을 알게 하리라 나는 여호와라 다른 이가 없느니라

이 구절은 내가 하나님을 60여 년 믿고 40여 년 동안 가르치며 살아온 삶을 지탱해 준 말씀이다. 이런 유일성이 없다면 나는 목사가 되지도 않았고, 기독교인이 되지도 않았을 것이다. 흔한 종교 중 하나라면 굳이 기독교를 믿을 이유가 없고, 다원화된 혼합주의를 따르는 게 더 쉽지 않겠는가?

오직 한 분 여호와, 그분이 바로 창조주시며, 오직 예수님만 우리의 구원자시고 목자가 되신다. 다른 신은 없다. 무속이나 미신에 속한 잡귀는 있을지언정 인간에게 숭배받을 만한 자격이 있는 존재는 창조주 여호와 하나님 한 분뿐이다. 그분 외에 숭배받는 것들은 창조와 상관없는 우상일 뿐이다.

> **딤전 1:17** 영원하신 왕 곧 썩지 아니하고 보이지 아니하고 홀로 하나이신 하나님께 존귀와 영광이 영원무궁하도록 있을지어다 아멘

인간은 창조주만 숭배해야 마땅하다. 그렇지 않다면 인간다운 삶이 아니며, 그저 먹고 살다가 죽음으로 끝나는 동물과 다르지 않다. 우리에게는 숭배할 분이 오직 하나님뿐이다. 이것이 우리의 고백이며, 미움받고 고난을 겪는 이유이기도 하다. 그냥 다른 신도 인정하고 우리도 인정받으면 좋을 것 같지만, 그것은 종교다원주의를 따라가는 혼합주의에 불과하다.

비록 우리가 미움을 받고 고난을 당하고 죽임을 당한다 할지라도 우리는 유일 신앙에서 벗어날 수 없다. 기독교의 유일성은 종교다원

(혼합)주의를 선호하는 인간 사회에서는 타도의 대상이며, 어울릴 수 없는 별종이다. 그래서 더욱 미움받게 될 것이라는 게 예수님의 말씀이다.

> **행 16:31** 이르되 주 예수를 믿으라 그리하면 너와 네 집이 구원을 받으리라

> **롬 10:9** 네가 만일 네 입으로 예수를 주로 시인하며 또 하나님께서 그를 죽은 자 가운데서 살리신 것을 네 마음에 믿으면 구원을 받으리라

기독교인이라는 이유로 미움을 받는다면 그것은 곧 내가 지금 예수님을 제대로 따라가고 있다는 증거임을 확신하라!

● **기독교 신앙의 유일성 6가지**

1) 창조의 신은 오직 여호와 하나님 한 분이다(사 44:6, 45:5-6, 46:9).
2) 우리의 구원자는 오직 예수님이다(요 14:6).
3) 우리의 신앙생활의 기준은 오직 성경이다(딤후 3:16).
4) 구원은 오직 믿음으로 얻는 것이다(엡 2:11, 3:16).
5) 우리가 얻은 구원은 오직 은혜로 된 것이다(고전 15:10; 행 15:11; 엡 2:5).
6) 우리 인생의 최고 목적은 오직 하나님을 영화롭게 하는 것이다(고전 15:31).

이 6가지의 유일성은 우리 신앙의 기초다. 이 내용은 하나님이 가르쳐 주신 것으로 아무도 바꿀 수 없고, 시대가 바뀐다고 해도 변함없는 영원한 진리다. 우리는 창조주께 속한 거룩한 백성이다. 그래서 미움받는 것은 이상한 게 아니라 당연한 것이다.

> **요 15:19** 너희가 세상에 속하였으면 세상이 자기의 것을 사랑할 것이

나 너희는 세상에 속한 자가 아니요 도리어 내가 너희를 세상에서 택하
였기 때문에 세상이 너희를 미워하느니라

● 미움받지 않고 사는 방법이 있다

간단하다. 입 다물고 살면 된다. 세상에 대하여, 죄에 대하여 아무 말도 안 하는 것이다. 구원의 길은 오직 예수뿐이라고 말하지 말고, 동성애, 양성애, 우상숭배, 마귀의 사상인 공산주의에 대하여 입을 다물고 살면 아무런 미움도 받지 않을 것이다. 침묵으로 살면 된다.

예수님과 그 제자들은 모두 순교당했다. 오직 예수 구원의 도를 전하고 십자가 대속의 복음을 전했기 때문이다. 입만 다물고 있었으면 그렇게 비참하게 죽지는 않았을 것을, 계속 전하다가 결국 몽땅 죽임을 당한 것이다. 목이 잘리고, 사자 밥이 되고, 심지어 야간의 가로등처럼 몸에 기름이 발리고 불이 붙여져 횃불로 이용되기도 했다.

그러면 우리가 안전히, 평안히 살기 위해 입 다물고 살아야 할까? 고난을 좋아하는 사람은 없다. 매를 맞고 죽임당할 것을 알면서도 일부러 그 길로 가는 사람이 어디 있겠는가? 일제하의 수많은 애국지사가 잡히면 모진 고문과 죽임을 당할 것을 알면서도 독립운동의 길을 택한 것은 자유로운 조국에서 살고 싶었기 때문이다. 우리 역시 영원한 천국에서 살고 싶은 일념뿐이다.

구약의 예레미야 선지자는 남유다의 많은 죄악을 지적하며 회개를 촉구했지만, 돌아온 것은 고문과 조롱, 미친 자 취급이었다. 선지자 중 가장 큰 자로 인정받은 세례 요한은 당시 헤롯왕의 부정한 일을 지적하다가 잡혀 목이 잘리고 말았다. 입만 닫았으면 될 것을…. 그 입 때문에 미움받는 것인데 감옥에서도 계속 외치니, 달콤한 죄를 계속 즐기고 싶은 세인들은 환장할 노릇이었던 것이다. 동성애 합법화를 반대하며 멸공을 외치는 기독교인들 역시 세인들에게 원수가 아닐 수 없다.

죄를 죄라고 하는 일은 주님이 하셨고, 제자들이 했으며, 구약의 선지자들도 그렇게 외쳤다. 우리의 환경이 각종 죄로 오염되는 것을

막고, 저들도 회개하여 구원에 이르도록 하려는 것이다. 죄를 말하지 않는다면 구원의 복음은 없는 것이며, 구원받을 사람도 하나도 없고, 기독교의 존재 이유도 없는 것이다.

기독교인들이여! 비난 없이 평안히 살고 싶은가? 그렇다면 아무 말도 하지 말고 쥐 죽은 듯이 살라! 예수 믿는다고 티 내지 말고, 유일 신앙을 말하지도 말고, 사탄이 난리를 치며 더러운 죄악으로 내 가족과 친구를 지옥으로 끌고 가더라도 못 본 척 조용히 하고, 겉으로는 저들과 다름이 없다는 듯이 행동하라. 그러면 최소한 미움은 받지 않을 것이다. 그러나 그러면 당신을 위한 천국도 사라질 수 있음을 명심하라!

> **눅 12:8-9** 내가 또한 너희에게 말하노니 누구든지 사람 앞에서 나를 시인하면 인자도 하나님의 사자들 앞에서 그를 시인할 것이요 사람 앞에서 나를 부인하는 자는 하나님의 사자들 앞에서 부인을 당하리라

32

천국과 지옥이 협박용이라고?

"종교는 천국, 지옥으로 협박하면서 신도들의 이탈을 막고 있다." 리처드와 그 동류들은 이같이 말하면서 인간이 신을 만들어냈고, 가르치는 내용도 거짓이고, 불순종하면 신이 진노와 형벌로 지옥에 처넣을 것이라며 겁을 주면서 붙들어 놓는다고 말한다. 이렇게 신을 두려워하지 않는 자들은 못 할 말이 없다. 자기들 멋대로 떠들며 지껄인다. 신의 존재를 믿지 않는다면 각자가 제멋대로 살면 그만일 텐데, 왜 굳이 이런 말을 해서 우리를 피곤하게 만드는지 모르겠다. 에덴동산에서 시작된 사탄의 끊임없는 미혹은 지금도 여전히 진행되고 있어 방심할 수가 없다.

우리는 신의 진노와 심판이 두렵다. 그래서 죄를 멀리하고 절제하며 살아간다. 어느 땐 내가 손해를 보고 억울해도 참고 오히려 선을 베푼다. 천국에 가지 못하면 지옥이라는 메시지는 결코 목사가 이용하는 협박용이 아니다. 죄악 된 인간의 언행을 다스리고 인간을 살리시려는 하나님의 사랑과 구원의 메시지다.

눅 12:5 마땅히 두려워할 자를 내가 너희에게 보이리니 곧 죽인 후에 또한 지옥에 던져 넣는 권세 있는 그를 두려워하라 내가 참으로 너희에게 이르노니 그를 두려워하라

이것은 예수님께서 친히 말씀하신 내용이다. 인간들이 하나님을 두려워해야 한다는 것은, 두려운 마음이 있어야 죄를 멀리하고 사탄의 시험에 들지 않기 때문이다.

애굽 땅에서 노예살이하던 요셉이 안주인의 은밀한 유혹에도 넘어가지 않은 것은, 하나님이 두려웠기 때문이다. 그래서 우리가 말이나 행동에서 상당히 조심하는 것이다. 인간에게서 신의 진노를 두려워하는 마음이 사라지면 그때는 자유롭다. 사람의 눈만 피한다면 못 할 일이 없다는 면에서 그렇다.

그런데 지금 인간들은 두려움을 상실해 가고 있다. 특히 무신론의 뻔뻔함은 인간에게서 신을 향한 두려움을 제거해 버렸다.

로마서 3장 10절 이하에서는 인간의 다양한 죄를 지적한다.

> **롬 3:13-15** 그들의 목구멍은 열린 무덤이요 그 혀로는 속임을 일삼으며 그 입술에는 독사의 독이 있고 그 입에는 저주와 악독이 가득하고 그 발은 피 흘리는 데 빠른지라

18절에서는 인간이 이렇게 거짓되고 악한 이유는 딱 한 가지라고 가르쳐 준다.

> **롬 3:18** 그들의 눈앞에 하나님을 두려워함이 없느니라

성경과 하나님을 무시하고 조롱하는 것은 두려움이 없기 때문이다. 비록 불신자라 할지라도 함부로 말하지 않는 분야가 종교요 신인데, 리처드는 주저함이 없다. 겁을 상실했기 때문이다. 대중의 비난과 원성이 있어도 개의치 않는다. 자기 위에 아무도 없다는 확신 때문이다. 그래서 무신론 위에 세워진 사회는 잔인하고 독재자가 많은 것이다.

나라의 법을 지키려는 이유는 사실 애국심 때문이라기보다 걸리면 벌금을 내거나 감옥살이를 해야 하는 게 두렵고 걱정스럽기 때문이다. 단 한 번 잘못에 그동안 쌓은 명예가 와르르 무너지고 대인관계가 모조리 깨진다는 염려와 약간의 두려움이 나의 언행을 적당히 조절해 주는 것이다. 우리에게 약간의 두려움이라도 남아 있어야 사람다워지는 것이다. 두려움이 사라진다면 평소에 못 하던 일도 하

고 사고도 칠 수 있다. 술을 마시면 겁 없이 행동하는 이유가 그런 것이다.

화재를 두려워하면 불을 조심하게 되고, 자동차 사고를 두려워하면 교통법규를 잘 따르게 된다. 음주 사고를 심각하게 생각하는 사람은 절대로 음주 운전을 하지 않으며 대리운전을 이용한다. 이렇게 사람의 맘속에 무엇인가 두렵고 무시할 수 없는 게 있으면 안전 수칙을 따라 살게 되는 것이다. 마찬가지다. 하나님을 두려워하는 자는 하나님의 말씀에 귀를 기울이며, 함부로 행동하지 않는다. 가끔은 넘어질지라도 곧 회개하며 하나둘 개선해 나가는 것이다.

고전 9:27 내가 내 몸을 쳐 복종하게 함은 내가 남에게 전파한 후에 자신이 도리어 버림을 당할까 두려워함이로다

큰 은혜를 입고 각종 은사를 발휘한 사도 바울도 하나님을 두려워하며 일했다. 그것이 죄악을 멀리하고 끝까지 사명을 감당하는 데 큰 힘이 되는 것이다. 신의 진노와 지옥 이야기는 협박의 용도가 아니라, 창조주를 두려움으로 섬겨야 할 것을 가르쳐 주는 동시에 죄인을 살리고 영생에 이르는 길을 가르쳐 주기 위함이다.

당신에게 신을 두려워하는 마음이 없다면, 인생의 브레이크가 사라진 것이다. 그를 두려워하지 않는다면 당신은 이미 악마의 소유물이 되었거나 비참히 버려진 인생이다. 인생이 살길은 창조주를 두려워하는 것 외에는 없다.

33

악인이 성공하는 이유

요즘 신학의 흐름을 보면, 정통 신학 외에 주체 신학, 해방 신학, 동물 신학, 퀴어 신학 등 별의별 신학이 다 돌고 있다. 동물 신학에서는 동물에게도 세례를 주고, 함께 예배를 드리고, 동물도 구원이 필요한 대상으로 여긴다. 애완동물 우대 시대를 살다 보니 동물을 위한 예배도 따로 드려야 할 판이다. 제각각 여기저기서 아무 말 대잔치가 벌어지고 있다. 이제는 종교에 대해 함부로 말하는 외인들도 많아지고 있는데, 특히 기독교와 전혀 관계가 없는 이교도나 불신자 무신론자들이 성경과 예수님에 대하여 멋대로 떠들고 있다. 그중에는 박사나 교수도 많고, 일부 유튜버도 수입을 의식해 시청률을 올리기 위한 수법으로 예수님을 들먹인다. 시청률을 올리기 위해서는 자극적이면서도 혹할 만한 내용이 필요하다 보니, 과장 광고만큼이나 거짓에 가까운 썸네일(thumbnail)이 난무한다. 들어가 보면 별것 아닌데 제목만 그럴듯하게 써놓고 호기심으로 시청률을 높이는 것이 거의 사기 수준이다. 그런 시장에서 성경과 예수님이 말쟁이들이 씹어대기 좋은 안줏거리가 된 것이다.

서양의 문화나 정신세계가 기독교 세력 안에서 성장하던 시기에는 이런 정도는 아니었다. 한때 한국에서도 신랑감 후보로 의사, 변호사, 교수 다음으로 목사가 4위에 오를 정도로 기독교는 사회적 위상도 있었다. 코로나 역병 이후 기독교가 온 세상의 적이 된 듯한 요상한 시대를 지나며 한국 내에서도 기독교는 아무나 씹어대는 껌처럼 된 것이다. 배웠다고 하는 교수들이나 유명세 있는 자들, 심지어 이교도들이 성경이나 예수님을 장난감 다루듯 떠벌리는 것은 정말 가관이다. 기독교의 선구자적 역할로 다양한 측면에서 변화와 발전이 이루어져 왔음을 알면서도 이제는 기독교는 가라고 외친다. 특히 공산 사회주의를 따르는 종북세력, 여성 우월주의로 가는 급진 페미니즘, 성 개방이 낙원을 만든다고 외치는 세력들, 차별금지법을 제정하려고 혈안이 된 자들이 연합하여 반기독교 전선을 만들어가고 있다. 거기에다 아무것도 모르는 어벙한 자들까지 덩달아 난리다.

이런 현상은 그들이 가진 사고와 도덕성이 우리와는 너무나 다르기 때문이고, 이들이 맘 놓고 떠들어도 뒤탈이 없는 종교가 기독교이기 때문이다. 우리가 이슬람처럼 복수심이나 잔인한 테러로 무장되어 있다면 감히 못 할 일이다. 성경을 제대로 배운 적도 없는 자들이 어디서 주워듣거나 기독교 적대감으로 뭉쳐진 실력을 가지고 공개적으로 비판하는 꼴이 가소롭기도 하다.

이런 자들은 시대가 주는 언론의 자유를 그런 식으로 만끽하며 아는 척 주절대는 떠버리들이며, 말할 자유를 제멋대로 누리고 싶어 하는 무례한 자들에 불과하다. 게다가 이제는 리처드 같은 진화론자들까지 이를 드러내고 우리를 망상 환자요 거짓 집단으로 몰아가고 있으니, 우리가 만만한 게 분명하다.

우리가 생명처럼 여기고 있는 성경이나 구세주 예수님을 조롱하고 우리를 멍청이 수준으로 취급한다. 심지어 우리 예수님까지 동성애자로 몰아가고, 동성애도 아름다운 사랑이라는 퀴어(Queer) 신학 같은 저급한 내용이 나돌면서 꼭 자기들 수준의 헛소리를 하고 있다.

우리의 보금자리를 파괴하는 자들이 한둘이 아닌데도 가만히 있는다면 그것은 직무 유기요 하나님께 대한 불충이다. 나는 싸우고 싶지 않지만, 상대가 나를 죽이려 도발한다면 당하고만 있을 것인가? 이제 한국 교회가 평안히 성장하고 부흥을 누리는 시대는 거의 다 지나갔다고 보아야 한다. 적극적으로 싸우지 않으면 이제 그나마 남은 것도 지킬 수가 없고, 또 골방에서 기도만 한다고 문제가 해결되는 시대가 아니다. 이제는 교회와 우리의 후손들을 위해서라도 각자의 위치에서 여호수아처럼 칼을 차고, 다윗처럼 물맷돌을 쥐고 용기를 내어 적을 향해 큰 소리로 외치며 싸워야 할 것이다.

저들은 이제 무서운 것이 없고 교회를 쥐고 흔들면서 히득거린다. 우리가 예배당에서 기도만 하는 사이에 반기독교, 불량한 세력들이 권력을 쥐고 미친 듯 칼춤을 추게 되었고, 국회의원 상당수를 끌어안고 세력을 확장해 가면서 국가와 기독교를 향한 파괴력을 키워 왔다. 이제는 그에 더하여 진화론까지 우리의 목에 칼을 들이대고 있는데, 국민과 목회자들이 뭔가 하지 않으면 나라도 교회도 무너지게 생겼다. 시대를 읽는 눈이 전혀 없는 목사들은 아직은 괜찮다고 골방에서 떠들어댄다. 언젠가 본 느와르(noir) 영화에서 작고 여린 여성이 악인들에게 복수를 하면서 남긴 말이 생각난다.

"악인이 성공하는 단 한 가지 이유는 착한 사람들이 아무것도 안 해서다."

나라를 망치는 데는 많은 사람이 필요치 않다. 과거 조선의 주권을 일본에 넘긴 자들은 고작 5명이다. 당시 이완용을 비롯한 을사오적 대신들이 나라의 주권을 넘기는 '을사조약'(乙巳勒約, 을사늑약)을 체결하는 동안 나머지 반대하는 대신들은 아무것도 하지 않았다. 결국 이것은 한일합방으로 이어져 경술국치(庚戌國恥, 나라의 치욕스러운 일)를 불러왔고, 1919년 3·1운동이라는 민중 봉기가 일어났지만, 때는 이미 늦어 아무것도 바꿀 수가 없었다. 고작 다섯 명이 나라를 팔아먹는 동안 다수는 무관심했고 아무 일을 하지 않았으며, 황실 또한 바보처럼 무기력했다. 우리나라 동성애 인구는 1%도 채 되지 않지만, 그들이 하는 것을 보고만 있다가는 99%가 먹힐 판이다. 우리는 우리의 영역을 지키기 위해 각자의 위치에서 무엇인가 해야만 한다.

특히 정치권 이야기는 절대로 하지 않는 목사들은 성경을 다시 보아야 할 것이다. 구약의 모든 선지자와 세례 요한까지 세상과 정치권을 향해 외쳤다. 임금과 방백을 향해 끊임없이 외치며 수난을 당했다. 사무엘, 엘리야, 엘리사, 이사야, 호세아, 예레미야 등 잘못된 정치와 불의, 방탕, 우상숭배로 나라가 망하는 것을 지적하며 정치권을 향해 회개를 촉구하였다.

나단 선지자는 간음한 다윗왕의 면전에서 죄를 지적하며 회개를 촉구하여 결국 왕이 회개를 했지만, 사무엘은 사울왕의 교만과 불순종을 지적하였으나 듣지 않았다. 가장 많은 비리와 불의가 있는 곳이 정치권이요, 국민의 생활은 물론 교회에까지 직접적인 영향을 끼치는 데가 정치권인데도 이에 대해 침묵하는 목사라면 맹인과 다름없고, 짖지 못하는 벙어리 개라는 소리를 들어 마땅하다.

대한민국의 백성이며 예수님의 백성이 불순한 자들의 교회를 향한 파괴적인 짓들을 보면서도 아무것도 안 한다면 이들의 거짓된 모함 소리는 사실화될 것이 뻔하다. 그러면 기독교의 복음은 빛을 잃고 한국 교회는 유럽 교회처럼 사라질 것이다.

한때 기독교가 흥하던 땅이 이슬람 국가가 되고, 영국의 기독교 인구가 1%대, 독일은 1.5%로 떨어지고, 전 유럽 국가들이 교회를 외면하고 '알라'를 외쳐대며, 백인들이 머리를 깎고 염불을 외는 불교가 흥하고 있다. 이런 서양 교회 몰락의 역사는 우리에게 큰 교훈을 주고 있지 않은가? 설마 설마 하며 아무 일도 하지 않은 결과 기독교는 아무나 도전할 만큼 손쉬운 상대가 되어버린 것이다.

대중은 사실 여부를 떠나 자주 들리는 소리를 따라가게 된다. 그 말이 사실처럼 굳어지는 날, 누군가 큰 피해를 입을 것이고, 나중에 호소한다 해도 상황을 바꾸지는 못할 것이다. 우리 기독교가 그런 일을 당한다면 어찌할 것인가? 계속 이렇게 가만히 있다가는 저들만의 세상이 될 것이다.

그런 면에서 2024년 10월 27일 공식적으로 110만 명이 모인 전 기독교인들의 주일 연합 집회는 적절하고 꼭 필요한 일이었다. 주최 측에서는 10·27 정신을 후속 사업으로 계속 이어갈 것을 천명했다. 일부 기독교 좌파 인사들은 극렬히 반대하면서 대광란의 파티라고까지 비난했지만, 배신자나 스파이는 어디나 있으니 우리의 갈 길을 가면 된다. 이제 그리스도인으로서 살기 위해서는 예전처럼 교회 안에서 조용히 예배하고 기도하는 것만 가지고 만족해서는 안 될 것이다. 기도 골방을 지키는 자도 필요하고, 정치와 다양한 사회 현장에서 외치며 투쟁하는 사람도 있어야 한다.

예수님께서도 40일 금식기도와 감람산에서의 기도 습관처럼 기도 생활을 하셨다. 그러나 기도만 한 것이 아니라 외치셨다. 당시 기득 권력, 제사장 그룹이나 서기관, 바리새인들을 향해, "화 있을진저, 회칠한 무덤아! 독사의 자식들아!" "회개하라 천국이 가까이 왔느니라"라고 소리치셨다. 미움을 받을지라도 우리에게는 골방의 기도와 함께 현장의 평화적 투쟁이 필요하다. 그런 차원에서 지금 기독교인들의 거리 투쟁이나 정치권을 향한 외침, 법적 다툼 등은 피할 수 없는 일이 되었다.

서양 교회가 비참할 정도로 무너진 이유가 바로 사회와 정부에 무대응했기 때문이다. 그 결과, 많은 교회가 관광지가 되어 입장료로 간신히 운영하거나 텅 빈 예배실만 지키고 있다가 결국은 헐값에 팔아넘겨 이슬람 사원, 술집, 식당으로 이용되고 있다.

당시 동성애 인구는 기껏해야 2~3%에 불과했기 때문에 모두 가볍게 보고 아무 저항도 하지 않았다. 그러나 평등법이 통과된 후 그들이 받은 법적 차별은 너무나 컸다. 교회에서 평소처럼 오직 예수님만 구세주라는 설교를 하면 종교 차별 발언이 되었고, 설교 중 동성애는 죄라고 했다가는 혐오 발언이라고 고발당해 목사가 거액의 벌금이나 배상금을 내고, 심하면 옥살이까지 하게 되었다. 길거리에서 전도하면 체포되거나 개인 혹은 타종교에서, 고소·고발하는 일들이 많아지면서 교회는 동네북이 되었고, 교회가 평등법을 자주 어기다 보니 불법 집단으로 인식되면서 사람들은 교회를 떠나 버렸다.

반국가, 반기독교 단체가 활개를 치며 교회 억압 법안을 통과시키기 직전인데도 가만히 있는다면 우리도 서양 교회처럼 되는 것은 시간문제다. "설마… 별것 아니겠지! 몇 명 되지도 않는데" 하고 방관한다면 작은 불씨 하나로 태산을 태우듯 교회는 초토화될 것이다. 우리나라도 코로나 확산 시절 정부의 '비대면 예배'라는 한마디에 그대로 따라 지키다가 최소 10,000개 이상의 교회가 사라졌다는 것을 모르는가?(〈기독일보〉 2021.11.26.) 최대 20,000개 교회가 사라졌다고 보는 견해도 있다. 공산 국가에서나 있을법한 일이 대한민국에서 일어났다는 것은 기독교 역사에 길이 남을 사건이다. 코로나 공포가 지나간 후에도 교회를 떠나거나 온라인 교회로 가버린 교인들이 20%나 된다고 조사되었다(〈고신뉴스〉 2021.8.27.).

프랑스만 해도 이슬람 사원이 25,000개나 되고, 일찍이 종교 혼합주의로 넘어간 천주교 성당은 35,000개나 된다. 그런데 교회는 줄고 줄어 3,000여 개 정도다. 그것도 동성애를 허용하는 혼합주의(종교다원주의)에 물든 교회가 다수 섞여 있다. 기독교 대부흥 국가도 방심하면 예외 없이 무너진다는 것을 보여 준다. 이제 기독교는 누구나 덤빌 만큼 만만한 상대가 된 것이 사실이다. 이래도 가만히 보고만 있을 것인가?

영국과 독일을 비롯해 프랑스, 스웨덴, 덴마크 등 모두 동성애, 프리섹스를 허용하는 평등법(차별금지법)을 막지 못했기 때문이다. 이런 일들을 보면 지금 우리 한국 교회들이 구경만 할 때가 아니다. 모든 목사와 성도가 한마음이 되어 각 교회 성도를 계몽하고, 분열된 기독교가 하나 되어 움직여야 할 텐데, 그런 날이 언제 올지 아득하기만 하다.

기독교 정신으로 세워진 영국, 독일, 스위스가 넘어갔고, 미국도 반기독교적 대통령이 당선되면서, 특히 오바마 8년, 바이든 4년, 총 12년 동안 연방 차원의 동성애 합법화가 만들어지고, 친이슬람 정책이 늘고, 각종 반기독교 환경이 강화되었다.

'메리 크리스마스'라는 인사말도 못 하게 하고 대신 'Black Christmas'(검은 크리스마스)나 'Merry Holiday'(즐거운 휴일)라는 말로 대체했다. 이제는 대통령 취임 선서에서 성경책에 손을 얹지 않으면서 성경도 그 권위가 떨어졌다. 공식 석상에서 목사가 축복 기도를 하지만 예수님의 이름으로 하지 못하고 '모든 종교의 이름으로' 혹은 '모든 종교 신들의 이름으로' 기도해야 하며, '아멘'의 영단어 'amen'을 'amen and women'으로 바꾸는 장난 같은 짓을 한다.

이런 정부하에서 급기야 한국에 선교사까지 파송했던 미국의 장로교(PCUSA)는 2011년 총회에서 동성애자들의 목사, 장로, 안수집사 임명을 허용하는 헌법 개정안을 발효시켰으며, 결혼의 정의도 '한 남자와 한 여자'가 아닌, '두 사람의 결합'으로 고쳤다. 이후 교단 내 노회 투표를 거쳐 2015년 6월 21일에 동성 결혼과 목사들의 동성 결혼 주례를 허용하는 헌법안을 시행했다(《목회와 신학》 2015년 9월호/ 〈기독일보〉 2015.8.02.).

　미국 감리교(UMC, United Methodist Church)는 2024년 5월 1일 총회에서 동성애자 목사 안수 금지 조항을 폐지하고 동성 결혼과 동성애자 성직 허용을 공식적으로 인정하는 결정을 내렸다. 이 결정은 찬성 692표, 반대 51표의 압도적인 찬성으로 통과되었다(〈기독일보〉 2024.5.01.).

　캐나다에서는 '하나님을 아버지로 부르지 말라'는 교단 차원의 지침도 내려졌다. 남녀로 구별되는 호칭은 차별을 부른다는 이유다. (평등법하에서는 남자·여자, 어머니·아버지, 아내·남편, 남성용·여성용, 신랑·신부, 아들·딸 같은 언어는 금지어가 된다.) 분명히 예수님은 하나님을 아버지로 호칭하도록 가르치셨는데 말이다.

　교단의 결정을 반대하는 목사에게는 예배 중에 들어와 해임을 통보하는 막가파 교단이 되고 말았으며, 이에 일부 목사들은 이탈하여 독립교회를 세우거나 연합 교단을 새롭게 구축하고 있지만, 반대하면서도 반대의견을 내지 못하고 조용히 남아 있는 목사들은 해임당하면 일터를 잃는다는 것과 연금 혜택을 받을 수 없다는 이유로 입 다물고 짖지 못하는 개가 되어 호구지책 비겁한 인생으로 빌붙어 있다. 목사와 교단까지 한 덩어리로 세상에 넘어가 버리는 이 시대를 한국 목회자는 심각하게 보고 교회를 지키는 방안을 찾아야 할 것이다. 이스라엘의 가나안 땅 정복이 피비린내 나는 7년 전쟁으로 이룬 것임을 안다면, 그저 '기도합시다!'라는 소리만으로는 한참 부족하다는 것도 알아야 한다. 지금 막지 못하면 우리도 피를 흘리며 싸워야 할 날이 곧 오고야 말 것이다.

　주님이 말씀하신 말세의 일들이 벌써 이루어지고 있으니, 이제는 교회나 목사라는 이름만으로는 진위를 가릴 수가 없게 되었다. 주님을 배신한 것도 모자라서 성경의 가치를 지키려는 목사님들을 교단이 억압하고 있으니 말이다.

　막 13:9　너희는 스스로 조심하라 사람들이 너희를 공회에 넘겨주겠고 너희를 회당에서 매질하겠으며 나로 말미암아 너희가 권력자들과 임금

들 앞에 서리니 이는 그들에게 증거가 되려 함이라

끝까지 견디지 못하고 편한 다수의 논리를 따라 성경의 내용까지 바꾸는 목사들로 인해 이제 기독교는 아무나 건드려도 넘어갈 만한 만만한 상대가 되어 버렸다.

무식하고 불량한 자들이 성경을 함부로 재단하며 난도질하고 유일한 구주 예수를 조롱해도 아무런 대응도 하지 못하고, 목사들은 교회 안에서만 대장 노릇을 하는 나약한 신세가 된 것이다. 아무리 밀림의 왕자 사자라도 가만히 있으면 강아지한테도 무시당하는 것이다. 그렇다. 우리는 지금 너무 손쉬운 상대가 되어 있다.

그러나 남은 자들이 있다. 끝까지 우리의 유일 신앙을 지키며 순교의 각오로 오직 예수님의 십자가 대속의 복음을 외치며 불의에 맞서 투쟁하는 진짜 목사들과 진짜 그리스도인들이 있다. 이들은 결코 만만한 상대가 아닐 것이다. 끝까지 함께하시는 성령님의 능력을 힘입고 순교의 각오로 신앙의 절개를 지킨다면 반드시 승리할 것이다.

이제는 분별해야 한다. 교회라는 이름 말고 진짜 그리스도인인지를, 목사 말고 진짜 복음 사역자인지를 가려야 한다. 이름만 좋은 차별금지법은 사실상 기독교 말살법이요, 반대하는 다수를 역차별하는 악법이다. 가만히 있으면 없는 사람 취급을 받게 될 것이고, 차별금지법이 통과되는 날엔 피눈물 나게 그 결과를 실감하게 될 것이다.

자녀들이 명절에 강아지가 아파서 보살펴야 한다고 부모님 댁에도 안 가고, 교회 안에 애완용 강아지가 편히 쉴 만한 놀이 시설이 없다고 예배 출석도 하지 않는다니, 강아지가 예수님보다 귀한 존재가 된 것이다. 우리는 지금 목사가 만만하고, 기독교가 만만하고, 예수님도 만만히 보는 시대를 살고 있다. 당신이 쉬운 상대가 되지 않으려면 끝까지 예수님 편에 서서 외치라! 따지라! 반응하라! 이 땅은 더는 희생 없이 맘 놓고 신앙생활할 수 있는 곳이 아니다.

리처드의 책《만들어진 신》이 나온 후로 저들은 기독교를 비하하는 일에 더욱 대담해졌다. 과거에는 과학계나 정치권이나 타종교에서 이렇게 함부로 막말할 수 없었지만, 리처드가 그 포문을 열어 준

셈이다.

문○○ 좌파 정부 시절에는 당시 여당 대표까지 했던 사람이 종교(기독교)를 재편하겠다고 큰소리쳤다. 감히 정치인들이 종교를 손보겠다는 말인데 간이 배 밖으로 나오지 않고서야 그런 발언을 할 수가 없다. 그만큼 우리가 만만하게 보이는 것이다. 그 영화의 대사가 또 생각난다.

"악인들이 성공하는 단 한 가지 이유는 착한 사람들이 아무것도 안 하기 때문이다."

착하기만 하고 무능한 사람은 악인의 먹잇감에 불과하다. 이제는 우리가 쉬운 상대가 아니라는 것을 보여 주어야 할 때다. 최소한 우리가 살아 있다는 신호로 으르렁거리는 소리라도 내야 한다. 좀 거칠어도 좋으니 만만하게 보이지 않도록 눈을 크게 뜨고 다 함께 크게 외치자!

"야! 우리가 만만하냐?"

34

예수님의 죽음과 유다의 역할

마 20:28 인자가 온 것은 섬김을 받으려 함이 아니라 도리어 섬기려 하고 자기 목숨을 많은 사람의 대속물로 주려 함이니라

리처드는 또 예수가 죽는 것이 하나님의 뜻이고 죽기 위해 왔다면, 그를 죽음에 이르도록 배신의 역할을 한 가룟 유다는 나쁜 놈이 아니라 하나님의 뜻을 이루도록 중요한 역할을 한 공로자요 꼭 필요한 사람이라고 역설한다(《신, 만들어진 위험》, pp. 121-).

비난받을 일이 아니라 천국에서 상 받을 일일 텐데, 왜 악인의 아이콘으로 취급되는지 모르겠다고 따지고 싶은 것이다. 언뜻 들으면 그럴듯한 말이다. 이래서 리처드는 성경을 보면 안 된다는 것이다. 성경은 그저 글을 읽을 줄 안다고 보는 게 아니다. 그가 성경을 보는 실력은 초등학교 수준도 안 된다. 어린아이가 동화책을 읽어도 그 숨은 뜻과 교훈을 찾아내는데, 리처드는 어쩌면 그리도 꽉 막혔는지 안타깝다. 그는 성경을 배우려는 마음으로 읽는 게 아니라 공격할 이유를 찾으려고 읽는 사람이니 그럴 수밖에 없다.

주님은 리처드처럼 그렇게 연결 짓지 않는다. 유다는 공로자가 아니라 저주받을 자라고 말씀하신다.

마 26:24 인자는 자기에 대하여 기록된 대로 가거니와 인자를 파는 그 사람에게는 화가 있으리로다 그 사람은 차라리 태어나지 아니하였더라면 제게 좋을 뻔하였느니라

예수께서 대속 제물이 되시기 위해서는 죽음의 과정을 거쳐야 했고, 그것은 곧 하나님의 뜻이었다. 그러나 그렇다고 그를 모함하고 미워하고 시기하여 사형에 처하도록 한 사람들을 의인으로 볼 수는 없는 것이다.

하나님께서는 그 뜻을 이루는 데 있어 기적이나 자연 현상, 혹은 죄악 된 인간들까지 적절하게 사용하신다. 하나님께서 사용하셨다고 다 선한 도구는 아니다. 의인은 의로운 데 쓰이고 악인은 악한 데 쓰이는 것이다.

하나님은 애굽의 왕 바로의 마음을 강퍅하게 하여 모세의 출애굽 요구를 쉽게 들어주지 않게 하셨다. 거기에는 이적과 기적을 10가지 이상 보이시며 하나님의 유일하심과 애굽의 우상과 다른 차원의 존재임을 보이시려는 하나님의 의도가 담겨 있다. 바로가 하나님의 일에 일부 사용되었다고 의인이 될 수는 없다. 그의 본래 악하고 강퍅한 심성을 그대로 사용하신 것뿐이다.

그릇은 밥이나 음식을 담는 데 쓰이고, 삽이나 곡괭이는 땅 파는 데 쓰이고, 똥바가지는 똥 푸는 데 사용되는 것뿐이다. 주인이 똥바가지가 용도에 맞게 사용되었다고 그 똥바가지를 밥그릇으로 사용하지는 않는다. 하나님께서 그 뜻을 이루는 데 사용하셨다 할지라도, 그것이 그 사람을 의인이라고 보아야 할 이유가 되지는 않는다는 말이다. 하나님께서는 때로 지진이나 홍수를 이용해서도 그의 뜻을 이루어 가신다. 그렇다고 그 홍수가 거룩해지거나 의롭게 되는 것은 아니다. 그냥 홍수일 뿐이다.

남유다가 우상숭배로 하나님을 떠나고 선지자들의 외침도 듣지 않자, 하나님이 바벨론을 보내 침략하게 하여 많은 이들이 포로가 되고 유다는 망한다. 그렇다고 바벨론의 침략이 선한 일이 되거나 바벨론이 거룩한 국가가 되는 게 아니다. 악인이 악한 일을 할 때라도 하나님의 뜻은 이루어질 수 있음을 보여 주는 것이다. 인간의 순응만이 하나님의 뜻을 이루는 게 아니다. 모든 인간이 하나님을 거부하고 불순종한다고 해도 하나님의 뜻을 이루어 가는 데는 전혀 지장이 없다.

결과가 좋다고 악한 수단이 정당화되지 않는다는 것은 상식인데,

리처드는 그런 상식도 없다는 게 어이가 없을 뿐이다. 생활이 어렵다고 뱃속의 아기를 낙태해 버린다면 잘한 것인가? 배고픈 가족을 위해 남의 빵을 훔쳤다면 잘한 일인가? 어떤 이유로든지 악한 범죄가 선으로 바뀔 수는 없는 것이다.

성경은 글 좀 안다고 이해할 수 있는 게 아니다. 성경의 전체적 맥락과 가르침의 핵심을 알고 그 안에서 벗어나지 않도록 보고 이해하는 게 중요하다.

유다의 배신은 자의적으로 한 일이다. 예수를 배신한 가룟 유다는 누가 그렇게 하라고 강제적으로 떠민 게 아니다. 자발적으로 하였고, 후회하다가 자살한 것도 스스로 한 것이다. 하나님의 뜻을 이루어 가는 과정에 가룟 유다가 등장하였지만, 그는 강제로나 억지로 하지 않았다. 리처드는 하나님이 했다고 말하고 싶은 모양인데, 오히려 성경은 배후에 사탄이 있다고 가르쳐 준다.

요 13:27 조각을 받은 후 곧 사탄이 그 속에 들어간지라 이에 예수께서 유다에게 이르시되 네가 하는 일을 속히 하라 하시니

유다가 돈에 욕심이 생겼는데, 그 마음을 다스리지 못해 사탄이 틈을 타고 들어온 것이다. 정신 이상 상태도 아니었다. 3년 이상 예수의 제자로 다녔지만, 신비한 능력을 소유하였으면서도 돈이나 명예, 권력에 욕심이 없는 스승을 보고 출세할 가능성이 없다고 판단하였을 것이다. 그래서 한몫 챙겨서 떠날 생각을 하였을 것이고, 사탄의 내적 충동이 실행에 옮기도록 도운 것이다. 인간의 탐욕에 사탄이 가세하여 만든 결과가 바로 예수님의 죽음이다. 이것은 하나님께서 인간의 악습이나 제도 속에서도 그 뜻을 이루어 가신다는 것을 보여 주는 것이기도 하다.

눅 22:3-5 열둘 중의 하나인 가룟인이라 부르는 유다에게 사탄이 들어가니 이에 유다가 대제사장들과 성전 경비대장들에게 가서 예수를 넘겨줄 방도를 의논하매 그들이 기뻐하여 돈을 주기로 언약하는지라

이렇게 성경은 유다의 불량한 모습을 보여 주지만 리처드는 이에 대해서는 조금도 언급하지 않는다. 그저 기독교를 깨고 신이란 존재를 묵사발로 만들어버리는 데만 관심이 있을 뿐이다.

배신의 역사는 유다와 사탄의 합작품이다. 이는 그 어떤 경우에도 죄악 된 일을 선으로 둔갑시킬 수 없음을 가르쳐 준다. 예수께서 대속의 제물이 되기 위해 왔지만, 그를 죽음에 이르도록 배신하고 거짓으로 모함하는 과정까지 선이라고 하지는 않는다. 예수 죽음의 가장 큰 원인은 인간들의 죄악이며 그 죗값으로 죄 없으신 예수가 죽는 것이기에 모든 죽음은 죄로 인한 저주다. 죄 없는 스승을 배신한 것이 어찌 상 받을 일이란 말인가? 누가 봐도 악의적 해석이며 조롱이고 시비다.

리처드식으로 본다면 가룟 유다뿐 아니라 예수님의 죽음에 관련된 모든 자들이 공로자요 상을 받아야 한다. 모함한 제사장들, 빌라도 총독, 선동꾼들, 고문한 군병들, 골고다 언덕으로 끌고 가서 십자가에 못 박은 집행관까지 다 공로자요 칭찬받아야 한다. 이런 해석은 예정론에 빠져 모든 인간의 죄를 하나님의 섭리요 계획이라고 들이대면서 결국 하나님을 배후의 주범으로 지목하게 한다.

하나님께서는 인간의 죄를 들추시고 회개할 기회를 주지만, 사탄은 인간의 죄를 가려 회개할 수 없게 하고, 죄의식을 없애고 양심을 무디게 하고 그럴듯한 이유나 핑계로 인간의 잘못을 가볍게 해준다. 즉, 죄를 죄로 여기지 못하게 하여 하나님과 더 멀어지게 하는 것이다.

그가 하는 일은 사탄이 하는 짓과 똑 닮았다. 하나님이 하시는 일이 몽땅 못마땅하고 싫은 것이다. 에덴동산에서 잘 살던 아담 부부를 넘어지게 한 자요, 하나님을 잘 섬기며 살고 있던 욥을 건드려 고난이라는 핑계로 하나님과 떨어지게 하려 했던 사탄의 그 짓을 그대로 따라 하는 자가 바로 리처드와 그 친구들이다. 그들에게 한마디 해주고 싶다.

"성경을 신뢰하지 않는다면 읽지도 말라!"

35

구별이 사라진다

진화론이란 괴물이 인간을 어디까지 망가지게 할지 그 끝이 보이지 않는다. 진화론의 세계에는 신이 없기에 인간이 곧 신이요, 인간의 생각이 곧 삶의 기준이 된다.

최소한 근현대 20세기까지의 도덕률은 다분히 종교적이며 기독교의 영향이 컸지만, 이제 신의 존재는 쇼핑하듯 선택사항이고 없으면 더 좋다. 그래서 작금의 인간은 신을 없애는 쪽으로 정하고 인간 중심의 세대를 만들어가고 있으니, 그것이 바로 구별 없는 세상을 만드는 것이다. 평등을 추구하는 차별금지법은 그런 세상을 구축하는 실제적 파워가 되어 가고 있으며, 그 부작용은 매우 크다.

● 창조주 하나님과 우상의 구별이 없어진다

평등법은 나이, 인종, 성(性), 신분, 종교, 이념 등 삶의 전반적인 부분에서 혐오나 차별을 받지 않게 하려는 의도로 만들어지는 법이지만, 실은 동성애나 성전환, 기타 일반적이지 않은 성적 취향을 법으로 보장해 주려는 의도가 다분하다.

이 법은 반대편에 서 있는 우리 기독교에는 치명적이며 사회, 국가적으로도 심각한 문제를 부른다. 성적 타락은 물론 이념이나 사상의 평등까지 보장함으로써 자유 민주국가에서 공산 사상도 자유롭게 활개 치게 해 주기 때문이다. 게다가 이 법은 모든 종교를 같은 선상에 올려놓음으로써 우리 기독교의 유일 신앙을 파괴하고 기독교를 잡신 우상이나 이단 사이비 종교와 똑같이 취급하는 반기독교

악법이다. 이단을 이단이라고 말하지 못하게 하고, 모든 신은 평등하다고 인간의 법정에 세워 두는 것이다. 이 법을 어기면 신도 처벌하겠다는 것이다.

각 종교가 자유롭게 종교 생활을 하도록 두는 게 아니라, 국법으로 모든 종교와 신의 존재는 평등하다고 강제하는 것이다. 그냥 두어도 종교 간에 아무 일이 없다. 그 내용을 보면 타종교에 비해 기독교에는 치명적이다. 성적 자유를 보장하는 퀴어 문화를 허용하면서 이에 동의하지 않는 기독교를 합법적으로 단속하려는 것이다. 그래서 우리는 포괄적 차별금지법(평등법)을 교회 폐쇄법이라고 부르는 것이다.

● 사탄은 이제 죄의식 대신 무제한의 인권을 제공한다

인권이 남용되고 있다. 사탄이 인간에게 주는 큰 선물이다. 창조주 하나님께서는 처음 인간에게 자유를 주셨으나 제한하셨다. 그래서 지키면 살고, 어기면 죽는 신의 율례를 주신 것이다. 그런데 지금 인간은 무한 자유를 갈망한다. 그 길목에 기독교가 크게 버티고 있으니 깨부수려고 과격해지는 것이다. 인간에게 지금 신이란 존재는 거추장스럽고, 없으면 더욱 좋다. 기독교가 없어져야 맘 놓고 즐기며 살 텐데 기독교의 가치, 문화, 윤리가 쉽게 사라질 리가 없으니, 차별금지법을 만들어 합법을 가장하여 기독교의 가치를 강제적으로 제거해 가는 것이다. 그 수법은 죄의식을 없애고 인권이라는 말로 대신하는 것이다.

요즘 식당에 가면 무한 리필을 제공하는 곳이 많다. 그렇다고 사람이 무한히 먹을 수 있을까? 아니다. 배가 차면 일어나야 한다. 그런데 일정 금액으로 무한히 먹을 수 있다는 말에 현혹되어 평소보다 많이 먹다 보니 과식으로 소화 불량이나 비만으로 고생하게 된다.

인권이란 이름으로 나오는 메뉴도 무한정이기는 마찬가지다. 사탄은 제한 없는 인권 혜택으로 호객하고 있다. 인권을 내세우면 하나님도 비켜야 하는 세상이니 선을 넘어도 너무 많이 넘었고 부끄러움도 사라져 버렸다.

동성애 허용이 인권 보호란다. 양성애도 인권이란다. 성전환도 인권이란다. 자기 뱃속에 있는 태아를 죽이는 것도 인권이란다. 범성애도 인권이란다. 근친상간도 인권이란다. 수간(獸姦)도 인권이란다. 시간(屍姦)도 인권이란다. 이중 결혼 하는 것도 인권이란다. 다처다부도 인권이란다. 오늘은 여자, 내일은 남자로 변할 수 있는 게 인권이란다. 어린 초·중·고 학생들에게 임신할 권리를 주는 것도 인권이란다. 북한을 추종하고 공산주의 운동을 자유롭게 하는 것도 인권이란다. 인형과 결혼하고 강아지와 결혼하는 것도 인권이란다. 그런데 반대하는 사람은 인권이 아니라 혐오라서 처벌한단다.

인권이라는 이름 속에는 선과 악의 경계를 교묘히 흐리고 죄의 항목을 지워 버리는 사악함이 들어 있다. 인권과 행복 추구권으로 무엇이든 할 수 있다며, 부도덕한 일도 행복할 권리라고 세뇌하는 것이다.

사탄은 인권으로 인간을 우대해 주는 척하지만, 실은 죄를 죄로 느끼지 못하게 하고 지옥으로 끌고 가려는 속셈으로, 범죄를 행복할 권리로 둔갑시켜 선악을 구별하는 능력을 제거하고 있다.

이렇게 인권을 앞세우고 인권 타령 하는 자들이 정작 자신들을 반대하는 다수의 인권은 무시한다. 반대하는 사람들을 혐오자라고 도리어 혐오한다. 자기들의 이상한 행동을 반대하지 못하게 포괄적 차별금지법을 만들려고 혈안이 되어 있다. 찬성만 할 수 있고 반대할 수 없다는 것은 다수를 역차별하는 악법이 틀림없다. 반대하면 거액의 벌금을 부과하거나 감옥에 처넣겠다는데 보고만 있다면 바보도 그런 바보가 따로 없다.

● 남녀의 구별이 사라진다

인간이 인간다움을 지키려면 규범과 절제가 있어야 하고, 구별이 있어야 한다. 그런데 평등법은 아예 구별이 없는 세상을 만들자는 것이다. 어른과 아이, 남과 여, 아내와 남편, 부모와 자식, 형제와 자매, 선생님과 제자, 아버지와 어머니, 남탕과 여탕 등은 모두 금지어가 된다. 이런 단어는 차별이 아니라 구별이다. 더 나아가 사람과 동물도 구별하지 못하게 하고 있다. 구별의 언어까지 차별로 규정하고 금지하는 것이다. 그게 바로 차별금지법이라는 것이다. 어느 목회자 모임에서 강의하면서 차별금지 법안을 관심 있게 읽어 본 사람이 두 명뿐이라는 사실을 알고 깜짝 놀랐다.

이제는 남녀 혼탕을 만들고, 화장실도 남녀 구별을 하지 말고 하나로 만들고 칸막이도 없애야 한단다. 교도소 수감자도 남녀 가리지 않고 한 방에 넣어야 인권 평등이란다. 그래서 미국 뉴저지주에서는 남녀를 한 방에 수감했는데 수감자끼리의 성관계로 임신하는 일도 생겼단다(《한국경제》 2022.4.15.).

● **사람과 동물의 구별이 없어진다**

남녀의 구별을 없애는 방법으로 성평등을 강조한다. 성평등에는 수십, 수백 가지도 될 수 있는 수많은 성 정체성을 포함하여 동물의 성도 포함된다. 남자와 여자라는 성 정체성을 버리고 성을 평등으로 묶는 이유가 뭘까? 그래야 동성이나 동물과도 동거하고 결혼하고 다 할 수 있기 때문이다. 이들은 남녀의 성만 가지고 만족하지 못한다. 그래서 성평등이라는 말로 동물과 사람의 성을 구별하지 못하게 하는 것이다.

● **사람과 동물이 결혼한다**

"신랑 강아지 입장!" "신부 사람 입장!" 이런 것이 진정한 성평등이란다. 진화론이나 유물론에서는 이런 일이 가능하다. 인간도 동물의 일종이니 말이다. 이종 간의 혼합은 신종 괴물, 아니 신종 인간을 낳는 진화의 최첨단이요, 신기원을 이루는 진화계의 최대 성과가 될 것이다.

2020년 미국 워싱턴주 시애틀에서 여성 전용 올림퍼스 스파(목욕탕)를 운영하는 한국 사람의 업소에 남성이 벌거벗고 들어갔다. 그 바람에 모든 여성이 놀라고 나갈 것을 강력하게 권유했으나 듣지 않았고, 급기야 법정 소송으로까지 번졌으나 1심에서 차별금지법을 어겼다는 이유로 업소 측이 졌다. 곧 항소하여 승소하였으나 남성 측은 미연방 법원에 3심을 신청해 놓은 상태다. 이 남성이 여성 전용 탕에 들어간 이유는 스스로 말하길 자기가 정신적으로는 여성이라서란다《기독일보》 2024.11.25).

이게 미친 게 아니고 뭔가? 몸뚱이는 남성인데 정신은 여성이라고 하면, 여성 전용 탕에 들어갈 수 있게 하는 것이 바로 차별금지법이라는 괴물이다. 음탕한 자들이 악용할 수 있고 다수의 사람이 피해를 보게 되는 것이 바로 이렇게 구별이 사라진 사회라는 말이다.

스포츠도 남녀 구별 없이 대결해야 평등이란다(권투, 달리기, 격투기, 배구, 테니스 등). 그렇게 지난 2024년 여름 프랑스 올림픽에서 남녀가 한 권투 시합에 출전해 남자가 금메달을 땄다. 2023년도 강원도 체육대회에서도 여자팀에 들어간 XY 염색체를 가진 실제 남성이 사이클에서 이겼다. 평등을 아무렇게나 들이대면 무질서와 혼란을 초래하는 것은 필연이다. 이것은 말만 평등이지, 실상은 평등이 없는 이상한 사회를 만든다.

하나님께서도 남자를 많이 들어 쓰시는 이유가 있다. 여성은 가정 살림을 잘하고, 남성은 험한 세상에서 살아 남기 위해 강한 체력과 대담성을 가지고 투쟁하기에 알맞다. 전쟁터에 주로 남자가 나가 싸우는 이유도 같은 것이고, 힘든 일도 주로 남성이 해야 성과가 좋은 것이다. 역할이 바뀐다면 결과는 기대 이하가 될 것이 뻔하잖은가?

미국의 어느 여성 프로 테니스 선수가 남성들하고 시합해도 이길 수 있다고 장담하자, 그쪽 관계자가 한마디했다. 그 선수가 여성 팀에서 1위를 했다고 해도 남성들 세계에서는 700위 밖으로 밀려 날 것이라고 말이다.

실제로 남녀 프로 선수를 붙여 봤지만, 여성 선수는 남성의 강하고 빠른 서브를 단 한 개도 받지 못하여 일방적 게임으로 끝났다. 700위가 아니라 아예 예선 선발전에서 끝나 버리는 수준이었다. 격투기에서도 역시 남녀 대결의 결과는 99.9%가 남성의 우승으로 끝난다.

인격적으로는 평등하지만, 신체적으로는 결코 평등하지 않은 것을 깨려는 저들의 정신세계는 우리와 다른 게 분명하다.

평등? 그것은 억지로 우긴다고 되는 게 아니다. 차이점을 인정하고 서로 존중해 주는 게 좋은 세상이지, 남녀 구별이 없는 사회를 만드는 미친 짓으로 세상을 어지럽히는 것은 자유와 인권이라는 것이 얼마나 오용되고 악용되는지를 보여 주는 것이다. 이들은 인간다움을 지키는 데는 관심이 없고, 우둔한 생각과 정제되지 못한 욕구를 따라 사는 데만 관심이 있을 뿐이다.

● 성적 자기 결정권-나의 성(性)은 내가 정한다

세상엔 정해진 것이 없다. 모든 것을 내가 정한다. 내가 생각하는 것이 곧 나요, 내가 원하면 그만이다. 내가 생각하고 결정하면 그것이 곧 내가 되고, 여자가 될지 남자가 될지도 스스로 결정한다. 남녀를 결정하는 것도, 정신세계를 따라야 한다는 성 개방주의 선진 국가 프랑스의 "생각하는 것이 곧 나다"라는 데카르트의 존재론과 연결되어, 퀴어 운동을 더욱 확고히 해주고 있다.

그래서 아기가 태어나면 출생신고 성별란에 '모름'으로 기록해야 한다. 남자로 태어났어도 그 아이가 커서 자신의 정신적 성 정체성을 결정해야 하기 때문이란다. 10세 전후가 되면 자신의 성을 스스로 결정하고 부모의 동의가 없어도 된다. 남성이 되고 여성이 되는 것을 내 생각대로 결정하고, 수시로 성을 전환하는 성전환도 가능하다.

그런 사람을 환자로 분류하여 그 정신을 고쳐 주어야 하는데, 생각을 따라 성(性)을 정정해 준다. 오히려 정신을 바로잡아 고쳐 주려는 노력이 범법 행위가 되어 버린다. 하기야 진화론은 처음부터 암수 구별이 없었으니, 그 시절로 돌아간다고 생각하면 무엇인들 어떠랴!

정신 상태를 우선시한다면 이제 우리는 사람이라는 고정관념도 버려야 할 것이다. 사람이라는 단어도 그들 식으로 따지면 차별의 언어가 된다. 생각하기를 '나는 사람으로 살고 싶지 않아! 고양이로 살고 싶은데' 하면 그를 고양이로 인정하고 사람이라고 하면 안 된다. 그러면 제3의 생명체로 분류해야 할 사람이 많아질 것이다. 실제로 어떤 외국인은 고양이처럼 되고 싶어서 고양이 형상으로 성형과 문신을 하고, 이도 그렇게 날카롭게 갈았으며, 혓바닥을 뱀처럼 두 갈래로 만든 사람도 있다. 이들의 정신세계가 그러하니 어쩌겠는가, 고양이로, 뱀으로 인정해 줘야지….

이것을 진화론 시각으로 본다면 또 다른 방향으로의 진화라고 해도 이상할 게 없다. 이들에겐 인간의 그 어떤 모습도 이상하지 않고 자연스러운 진화 현상 중의 하나로 보일 것이다.

그래서 인간 욕구의 본능만 따라간다면 인간의 가치는 떨어지고 동물화 되는 것이다. 이제 사람과 동물의 구별이 없어졌으니 나보다 나이 많은 동물 앞에서는 예절을 다해 어른으로 대접해 주고, 동물원의 코끼리나 사자, 호랑이를 구경거리로 삼는 것은 동물 모독 행위가 되니 그만두어야 할 것이다.

이제는 사람, 동물의 구별이 없고 대등해졌으니, 동물에게도 주민증을 발급해 주고, 주거 생활 복지 수당도 지급해야 한다는 주장이 곧 나올 것이다.

내 말이 억지스러운가? 이보다 더한 말을 한들 진화론보다 억지겠는가?

36

진화는 우연이라고?

　어느 날 바위에 떨어진 빗물에서 알 수 없는 이유로 단세포 하나가 시작되었다. 그것이 진화해서 지금의 다양한 동식물로 발전했는데 원인도 모르고, 과정도 설명하지 못한다. 긴 세월 동안 우연히 만들어졌는데 그것이 진화론이란다. 우연히 생겼다는 것을 어떻게 받아들여야 할까? 오랜 세월에 걸쳐 우연히 겹치고 또 겹쳐 다양한 동식물이 만들어졌다는데….
　그 말은 모른다는 뜻임과 동시에 인생은 무의미, 무계획, 무목적, 무작위로 만들어졌다는 뜻이다. 그저 어쩌다 보니 우연히 생겨난 존재일 뿐이다. 이처럼 허무한 존재가 또 어디 있을까? 즉, 우리가 아무런 이유나 목적이 없이 생겼다는 것은 존재하지 않는 것과 다르지 않다.
　진화론은 우리 인생에 아무것도 남겨주지 않는다. 우리는 우연히, 저절로, 목적 없이 태어났으니 그렇게 살다가 어느 날 죽고 사라진다. 그래서 당신과 나는 아무것도 아니다.
　진화론은 시작과 과정을 설명하기가 매우 어렵고 복잡하고 불가능하다. 그래서 그들은 우연이라는 말로 슬쩍 넘어간다. 모두가 우연이고 자연선택이라고 말하면 그만이다. 우연이라는 말은 모른다는 의미와 함께 그냥 믿으라는 말이다. 과학이라면서 설명과 증명이 생략되거나 어설프고 빈틈이 너무 많아 설득력도 형편없다.
　리처드는 자연선택이라는 말을 많이 한다. 자연 스스로 최상의 선택으로 고등동물을 만들어가도록 설계했다는 수준의 이야기를 하고 있다. 마치 자연이라는 존재가 나쁜 것은 버리고 최상의 것을 골라내는 지적 능력이 있는 것처럼 말한다. 그의 저서 《이기적 유전자》에서도 세포 하나하나가 마치 지적 능력이 있는 것처럼 묘사하더니, 진화론에서도 자연선택을 지적 존재로 엮어가는 것은 여전하다. 그만의 지식 세계에서 일어나는 일들이니 남들이 뭐라고 하건 무슨 상관이겠는가?

우연은 지금도 무엇이든 될 수 있을 것이다. 도롱뇽, 개구리가 사자도 되고, 여우도 되고 오랜 세월 뒤엔 코끼리도 되겠지…. 그런데 어떻게 그게 가능한지 설명은 불가능하니 우연이란 존재의 자연선택이라는 지적 능력으로 가능하단다. 어느 한 종(種)이 완전히 다른 종으로(도마뱀에서 호랑이로) 변이된다는 것은 불가능한 일인데, 우연이면 가능하단다. 그저 우연이라고 말하면 되고, 자연이 선택했다고 하면 되는 게 진화론이다. 유성오 선생의 말을 인용해 본다.

"진화를 믿으면 종교요, 과학이라고 하면 사기다."

그래서 진화론이 만들어 낸 우연은 또 자연의 신이요, 또 하나의 전능자다. 오랜 시간만 주어지면 못 할 것이 없는 전능한 신 '우연'. 그렇다면 그들은 우연을 창조의 신으로 믿고 있는 게 틀림이 없고, 이는 자연숭배 신앙이 여기서 또 하나 나오게 한다.

과학이라면서 증명할 수 없는 부분은 우연을 믿고 넘어가라는 게 진화론의 현실이다. 철저한 증거와 검증으로 말하는 게 과학인데, 우연이라는 포장지로 덮어버리는 그들은 사이비 종교를 꼭 닮았다.

오랜 세월 동안 우연이 겹치고 또 겹쳐 지금의 세상이 만들어졌다니, 과학이 아니라 증명할 수 없는 소설이요 추측이다. 오직 이런저런 복잡하고 긴 설을 풀어 대며 진화론의 가능성을 높이려 할 뿐이다. 성경의 이적은 믿지 못하겠다는 사람들이 성경보다 더한 기적을 만들고 믿고 있다는 게 기가 막힐 뿐이다. 이것이야말로 망상이 아닌가? 이런 어설픈 이론을 가진 자가 우리를 무신론자로 만들 것이라고 장담하다니, 이 또한 망상이 아닌가? 과학자의 망상은 영역을 가리지 않는다. 차라리 성경의 창조론을 믿는 게 더 쉽고 타당한데 말이다.

미국 워싱턴주 시애틀에 기반을 둔 기독교 보수 싱크 탱크인 발견 연구소(Discovery Institute)에서 '과학적 다원주의(진화론) 반대' 성명을 발표하였다. 이 성명서는 다원주의에 대한 회의적인 견해를 보이며 지능설계(창조) 원리를 신뢰하는 단체에 의해 작성되었다. 옆의 글은 다원주의에 대한 과학적 반대 의견의 성명서 문구와 이에 동참하는 전 세계 과학자들의 서명이다.

그 내용을 요약하면 이렇다.

"우리는 무작위적 돌연변이와 자연선택이 생명체의 복잡성을 설명할 수 있다는 주장에 회의적이다. 다윈의 이론에 대한 증거를 신중하게 검토하는 것이 권장되어야 한다."

2023년 기준으로 1,300여 명의 저명한 과학자들이 다윈의 이론에 대한 반대 성명서에 서명하였으며 그 숫자는 계속 늘어나고 있다. 이는 전 세계적으로 다윈 이론의 설명이 불충분하다는 공감대가 확산하고 있음을 보여 준다.

이들은 새로운 기술이 밝혀낸 생명의 복잡성이 다윈적 관점이 예상한 것보다 더 복잡하다고 주장하며, 다윈 이론에 대한 관계 증거를 좀더 면밀히 조사할 필요성을 강조했다. 진화론을 반박하는 과학자들이 이렇게 공개적으로 나선 것을 보면, 진화론은 아직 완성되지 못한 가설에 불과하다는 증거가 아닌가? 물론 진화론 측에서는 완성된 것처럼 몰아가며 뻔뻔한 언행을 보이지만, 그러나 증거가 확실해야 과학인데 그렇지 못하니 아직도 가설이라는 소리를 듣는 것이고 많은 과학자가 반기를 드는 것이 아닌가? 창조론의 가능성을 일반인들에게까지 알려주는 이런 활동은 아주 고무적이라고 할 수 있다.

우연이나 자연선택이라는 말로 어물쩍 넘어갈 수 없는 것은 이제 피할 수 없는 진화론의 현실이다. 증거도 빈약하고 말만 가지고 통하지 않는 현실에 저들도 머리가 몹시 아플 테고, 결정적인 한 방이 필요한데 그 한 방이 없다는 것이 무척 답답할 것이다.

<u>진화론을 배우는 학생들은 먼저 의심하는 것부터 배워야 할 것이다.</u>

37

진화론이 진화교로 진화했다

　진화론이 진화하여 진화교가 되었다. 영향력이 크면 반대 세력도 크게 작용한다. 반종교 세력의 가장 큰 적대 종교는 기독교다. 전 세계적으로 기독교의 영향이 크기 때문일 것이다. 불교나 천주교의 적대 세력은 그리 많아 보이지 않는다. 이슬람은 각종 테러 사건의 중심에 있어 그리 우호적이지 않다. 그런데도 이상하게 이슬람을 대놓고 비난하거나 직접 적대적 활동을 하는 이들은 없는데, 기독교에 대해서는 그런 사람들이 비교적 많다.

　적극적 반기독교 세력은 대표적으로 공산 사회주의, 평등주의(혼합주의, 차별 금지), 프리섹스주의, 동성애를 포함하여 이상하게만 보이는 퀴어 세력, 인권 우선주의자들, 급진 페미니즘 등이 있으며, 거기에다 이제는 진화론까지 합세하여 반기독교 전선을 펴고 있다. 진화론계 선봉장은 역시 리처드다. 그는 다윈이즘(Darwinism)의 대를 잇는 2대 교주가 되어 평생을 바쳐 충성하고 있다.

　이들의 공통점은 유물론을 바탕으로 평등주의, 무신론, 공산주의와 같은 반기독교 정신이 가득하다는 것이다. 또한 이들에게는 신적 존재는 불가하다는 절대적 기본 방침이 있음이 분명하다.

　공산주의 사상은 시작부터 반기독교, 무신론, 유물론으로 무장했지만, 진화론은 학문이요 과학이라면서 종교를 자주 언급하는 것으로 보아 이제는 순수학문이라기보다 반기독교 단체라고 해야 어울린다. 오죽하면 일부에서 '진화교'라는 신흥종교로 취급하기에 이르렀겠는가?

　진화가 사실이든 아니든지 간에 학문적 분야로 남아 있어야 하는

데, 이제는 진화라는 가설로 감히 영적(종교) 분야까지 도전하듯 언급한다는 사실에 충격을 금할 수가 없다. 진화론은 이제 과학을 빙자한 반종교, 반기독교 세력이요 신흥종교로 불려야 맞다.

리처드는 신은 없으며, 기독교의 신도 거짓이며, 예수까지도 실제 인물이 아닐 가능성이 크고, 신도들은 망상가요 저능아라고 역설한다. 리처드는 이런 발언도 모자라, 만약 신이 있다고 해도 그 신은 악하고 무능하며 잔인하다고 평가한다. 아무리 진화론이 무신론을 수반한다고 해도 이렇게 대놓고 전쟁하듯 마구 공격의 총알을 쏘아대는 것은 학자의 금도를 넘은 것이다. 이것은 이단, 사이비 종교에서 자칭 재림 예수요, 하나님이라고 하는 자들이 내뱉는 소리보다 더 심한 발언이다.

진화론의 산적한 문제들도 다 풀지 못해 겸허한 자세를 보여야 할 자가, 진화론의 증명은 이미 끝났다는 위선으로 이제는 감히 기독교의 하나님과 성경을 제멋대로 논하며 깨부수고 있다.

최초 생명체의 시작도 풀지 못하고, 전혀 다른 이종 간의 대진화 과정이나 그에 대한 그럴듯한 이유도 대지 못하며, 유인원의 뼈라는 것도 이것저것 모아서 사람의 것과 비슷하다는 이유만으로 유인원이라고 우기고, 설명이 안 되는 부분들은 긴 세월 동안 우연히 된 것이라며 믿을 것을 강조한다.

종교적 수준의 믿음이 없으면 진화론을 배울 수 없게 해놓고, 완전히 다른 차원의 성경을 비난한다. 이런 무리수를 두는 이유는, 진화론이 나온 지 2세기가 다 되어 가는데도 안정권에 들지 못하고 불안한 이유가 종교(기독교) 때문이라고 판단하기 때문인 듯하다. 이에 기독교를 향한 파괴적 행동을 선택한 것이 아닌가 한다. 이것은 기독교를 원수로 여기는 공산당과 다를 바가 없다.

고인 물에 우연히 생긴 세포 하나가 발전하여 물고기가 되고, 양서류가 되고, 파충류가 되고, 포유류가 되고, 다양한 동물의 세계를 만들었다는 이야기를 믿으라니, 이것이야말로 엄청난 기적이 아닌가 말이다. 성경을 믿을 수 없다고 하는 자들이 성경보다 더 심한 상상의 소설을 만들어 사실처럼 말하는 게 어이가 없다.

이들은 진화교의 전파를 위해 먼저 자리 잡은 기독교나 여타의 종교를 제거해야 할 사명이 있는 듯하다. 종교의 영향력이 줄어들수록, 특히 기독교의 영향이 줄어들수록 진화교의 부흥은 빨리 올 것이다. 이들에게 진화론은 이제 과학이 아니라 반종교 집단이 되었고, 그들 자신도 적극 충성해야 살아남는 맹신도가 되어 버렸다. 우리의 합리적인 의심이나 지적에도 진화론의 맹신은 전혀 흔들리지 않는다.

종교보다 더 종교 같은 진화교의 신비한 교리는 불변이요, 이제는 진화론에 이의를 제기하거나 창조론을 말하는 자를 과학사회 구성원에서 제거하는 힘을 과시하고 있는데, 이로써 진화교는 지식사회가 경계해야 하는 사교 집단으로 봐야 한다고 말하면, 리처드가 기독교를 망상가(정신이상자)들이 모인 집단이라고 말한 것보다 지나친 것일까?

인간성도 진화되고, 남녀도 진화되고, 모든 것이 다 진화되면 어떤 세상이 올까? 동성애, 양성애, 범성애, 성전환자들, 근친상간, 수간, 유아성애, 시체와의 성관계도 인권이라 말하며 폭력과 거짓으로 미쳐가는 세상도 진화의 현상인가? 이런 일들이 진화라면 막아야 하지 않을까? 이제는 사람이 동물로 퇴화되는 진화가 대유행인가 보다. 사람이 사람 되어 사람인 줄 모르니, 도대체 인간 진화의 끝은 어디란 말인가?

"당신은 진화교 신도인가, 창조주의 백성인가?"

38

예배 남발을 중단하라!

한국 교회는 예배가 지나치게 많다. 조금 걸러낼 필요가 있다. 무슨 말인가? 예배가 많으면 좋은 것 아닌가? 예배가 많다고 무슨 문제가 되는가? 한국 교회는 서양 교회와 달리 기도와 예배를 많이 하는 게 특징이다. 예배 종류를 조금 언급해 보면, 주일 오전 예배, 오후 예배, 수요 예배, 금요 철야 예배(기도회), 구역(속회) 예배, 심방 예배, 새벽 예배(기도회)에 이것도 모자라서 출판기념 및 각종 기념 예배, 심지어 결혼 예배, 장례 예배, 입관 예배, 발인 예배, 하관 예배, 이사 예배, 위로 예배, 축하 예배, 자동차 시승 예배 등 예배가 정말 많다.

예배란 무엇인지 원어를 들먹이지 않아도 한 번 진지하게 생각해 본다면 지금의 예배가 얼마나 엉터리인지 곧 알게 될 것이다. 이런 예배의 현실은 모두 목사들이 만들어 놓았다.

아무 생각 없이 해오던 습관대로 따라간다면 우리는 예배라는 이름으로 죄를 더하게 될 것이다. 예배를 예배답게 드리지 못하면 예배가 아니라 하나님을 조롱하는 신성 모독의 죄가 되는 것이다. 예배가 너무 오용되고 남용되는 것은, 그만큼 예배의 의미가 사라지고 관습화되어 버렸다는 말이다.

● 예배의 3요소

예배에 있어야 하는 중요한 3가지 요소가 있다.

1) 예배의 동기(창조주 하나님)

왜 예배를 드리고자 하는가? 즉, 예배를 드리려는 이유가 분명해야 한다. 그 이유를 인간적 측면에서 찾으려 한다면 찾을 수 없어야 한다. 그런데 우리는 예배하려는 동기가 다분히 인간적이다. 그래서 예배가 시작부터 그 의미를 상실하는 것이다. 즉, 예배하려는 동기가 나의 어떤 상황이나 사람들의 애경사와 연결되어 있다면 그것부터 잘못된 것이다.

하나님이 우리를 그토록 사랑하시는 이유가 무엇인가? 독생자를 십자가에서 비참히 죽게 할 정도로 우리를 사랑하시는 이유 말이다. 그 이유를 내게서 찾을 수 있을까? 주님이 목숨을 다해 나를 사랑하신 이유가 뭘까? 아무리 찾아봐도 내게는 그 사랑을 받을 만한 합당한 이유가 없다. 죄인으로 태어나 수많은 죄를 짓고 지옥으로 가야 할 내가 어찌 그분의 사랑을 받을 자격이 있겠는가? 만약에 자신에게서 그 이유를 찾는 사람이 있다면 그는 주님의 은혜를 제대로 깨닫지 못한 것이다. 내가 착하고 봉사를 많이 해서인가? 내가 겸손해서인가? 부모님이 기도를 많이 해서인가?

내가 주님의 그 크신 사랑을 입은 이유는 내게서 발견할 수 없다. 주님께서는 내가 태어나기도 전에 나를 위해 죽으셨고, 죄 사함의 은혜를 베푸셨기 때문이다. 내 삶이 단 하루도 없었고 나라는 존재는 있지도 않았는데 주님의 사랑은 완성되었다.

주님이 왜 날 사랑하시는지 그 이유를 나에게서 찾을 수 없는 것은, 주님의 사랑이 나의 존재함보다 선행되었기 때문이다. 그래서 모든 것이 은혜요, 감사할 뿐이다. 결국 주님이 나를 사랑하시는 이유는 내게 없다. 그래서 주님의 그 사랑을 아가페 사랑(조건 없는 사랑)이라고 하는 것이다.

예배드리는 이유나 동기도 마찬가지다. 그분만이 창조주시며 만물의 주인 되시기 때문이다. 즉, 예배하는 동기는 하나님께 있고 하나님 때문이다. 무슨 말인가? 하나님은 나의 존재 이유이며 내가 사는 이유이기도 하고, 나의 주인이요 내가 예배해야만 하는 절대자다. 그러므로 예배의 동기는 순전히 하나님께 있어야 하고, 그 끝도 하나님이어야 한다.

내가 하던 사업이 잘돼서, 아픈 몸이 치료되어서, 자녀가 잘되어서 등은 예배의 순수한 동기가 되지 못한다. 물론 좋은 일들이 감사와 찬양의 이유가 되겠지만, 실상은 그런 이유가 없어도 감사와 찬양을 할 수 있어야 한다.

우리는 지금 예배하는 수많은 이유를 가지고 있으며, 그것은 예배를 오염시키는 원인이 되기도 한다. 이런저런 이유로 드리는 예배는 조건적 예배로서 최상의 예배가 될 수 없다. 천국에 가면 경배하는 일은 계속될 것이다. 그 이유는 하나님께서 하나님 되시기 때문이며 다른 이유는 없다.

다시 말하지만, 하나님을 예배하는 데는 다른 이유가 없다. 그분만이 온 세상의 창조주요 주인 되심으로 인한 예배가 진정한 예배다. 그러므로 예배의 동기가 중요하다. 우리가 예배하는 이유를 이 땅의 조건에서 찾는다면 우리는 진정으로 예배하는 게 아니다. 우리가 진정한 예배는 그런 조건이 없어야 한다.

하나님은 스스로 존재하는 분이시며 누구에 의해서나 무엇 때문에 존재하시지 않는다. 이유가 없다. 그래서 하나님은 하나님의 이름을 묻는 모세에게 "나는 나다"(출 3:14, 나는 스스로 있는 자다)라고 말씀하셨다. 더 이상 다른 말이 없었다. 즉, 하나님이 보내는 것이니 가야 한다는 것이었다. 순종해야 할 다른 이유를 주시지 않았고, 찾을 필요도 없었다. 모세 자신에게 명령하는 분이 하나님이시니 애굽으로 가야 한다는 것이었다. 모세는 여러 가지 이유를 들어 갈 수 없다고 했지만 하나님은 듣지 않으셨고 모세는 결국 가야 했다. 이유는 간단하다. 모세의 상황이나 형편은 달라진 게 없고, 말이 둔하고 연약한 인간 그대로였다. 그럼에도 순종하게 된 것은 하나님께서 가라고 하셨기 때문이다.

우리가 예배하는 이유도 간단하다. 내 주변 상황이 좋아졌다거나 기뻐할 만한 일이 생겨서가 아니라, 예배의 대상이 여호와 하나님이시기 때문이다.

하나님께서 인간들의 경배를 받으셔야 하는 근본적인 이유는, 그분이 우주 만물의 창조주시며 주인이시기 때문이다. 여기에 다른 이유를 드는 것은 그 내용이 아무리 고상하고 그럴듯해도 진정한 예배의 뜻을 약화하고 희석하는 것이다. 예배하는 인간적인 이유가 많을수록 예배의 질은 떨어지고, 그런 예배가 반복될수록 예배는 무의미해지는 것이요 무가치한 예배가 되는 것이다.

하나님은 만물의 창조주로서 예배받으실 자격이 있으시고, 그것만으로도 경배받으실 이유가 된다. 그런데 무슨 이유가 그리도 많은지 이런저런 예배의 동기를 갖다 댄다. 그것이 습관이 되면, 동기가 없으면 예배하지 않거나, 아니면 이런저런 사소한 이유로 예배를 남발하게 되는 것이다. 우리가 예배하는 것은 그분만이 유일하신 창조주시며, 우리의 근원 되시기 때문이다.

2) 예배의 주인공

예배의 주인공은 누구인가? 두말할 것 없이 예배의 주인공은 성삼위 하나님(성부, 성자, 성령)이시다. 그런데 우리는 예배의 주인공이 사람인 경우가 아주 많다. 예배의 동기부터 잘못되었기 때문이다. 그래서 예배의 동기가 중요한 것이다.

심지어 '결혼 예배'라는 것이 있다. 결혼하는 신랑, 신부가 주인공이 되는 결혼식이 예배로 둔갑해 버린 것이다. 이것은 예배에서 한참 벗어난 인간들의 행사일 뿐이다.

'장례 예배'라는 말도 문제다. 죽은 자를 위한 예배인데, 이 예배는 모이는 동기도 어긋나 있다. 죽은 자 때문에 모인 예배이기 때문이다. 예배의 주요 인물도 죽은 사람이고, 동기도 어긋나서 고인을 기리며 장례가 잘 끝나기를 비는 자리가 되고 만다. 예배는 장례용으로 이용될 수가 없는데 말이다.

'예배'라는 말을 붙이면 다 좋은 줄 아는 게 이런 문제를 낳는다. 이럴 때는 차라리 '장례식'으로 하는 게 더 맞다. 장례용 예배가 따로 있는 게 아니기 때문이다. 한국 교회는 본래 없는 예배의 종류를 너무 많이 만들어 놓았다. 그래서 예배로 죄를 짓고 엉터리 예배로 하나님을 모독하는 수준에 이른 것이다. 모임의 제목이 중요한 것은 그것이 그 모임의 성격을 결정하기 때문이다.

이제는 이런 이야기를 하는 나 같은 사람이 이상할 정도가 되었다. 예배의 주인공은 언제나 성삼위 하나님뿐이다. 그 외 다른 이유나 다른 인물이 등장하지 않아야 예배다.

3) 예배의 목적

예배의 목적은 성경 구절을 들이대거나 두말할 것도 없이 하나님을 영화롭게 하는 것이다. 기독교인 중에 이것을 모르는 사람이 있을까? 그런데 한국 교회에서는 하나님이 주인공이 아니라 사람이고, 또 사람을 치켜세우고 사람에게 손뼉 치는 일도 흔하다. 어떻게 감히 예배 시간에 사람을 위한 박수가 나오는가 말이다. 이런 일이 아무렇지도 않은 것은 그만큼 예배의 목적이 어디에 있는지 모르기 때문이다.

대표적으로 기념 예배가 그렇다. 어떤 유명한 교회는 'OOO 목사 성역(聖役) 30주년 기념 예배'를 드린다고 대대적인 광고와 함께 대형 현수막을 걸고 자랑하는 것을 보았다. 보나 마나 그 목사가 주인공이 되는 예배다. 'OO 기념 예배'도 모두 그런 종류에 속한다. 예배로 모이는 동기나 목적도 모두 인간적이고 인간을 높이는 사사로운 수준이다. 기념 예배가 웬 말인가? 어떻게 무엇을 기념하는 예배가 있을 수 있는가? 순수한 예배는 기념용이 될 수 없다. 그만큼 지금의 예배는 우리도 모르는 사이에 오염되고 변질되어 있고, 목사들이 그렇게 만들었다.

특히 장례 예배 종류로는 임종 예배, 입관 예배, 발인 예배, 하관 예배, 위로 예배가 있는데 발인한 뒤에 우리의 풍속대로, 살던 집이나 동네를 한 바퀴 돌고 고인이 자주 가던 경로당이나 단골 가게에 들러 노제를 하고 지나간다. 그런데 목사가 죽어도 그런 비슷한 일을 하는데, 발인하면 우선 교회로 가서 다시 시신을 운구하여 성전

안으로 들어가 죽은 이를 칭송하며 또 한 번의 장례 절차를 거친다.

그냥 산으로 가거나 화장터로 가면 안 되는가? 쓸데없는 과정을 만들어 온통 죽은 자에게 초점을 맞추어 놓고 예배라고 하니 기가 막힌 일이다. 이는 큰 교회 목사가 죽었을 때 더하다.

예배의 주인공은 언제나 성삼위 하나님이다. 이런 예배는 예배의 동기, 주인공, 목적이 다 잘못되었다. 이런 것은 예배가 아니라 장례식에 불과하다. 언제부터인지 교회가 이런 인간적 의식을 예배로 둔갑시켜 버렸다. 즉, 예배가 너무 남용되다 보니 이제는 그 진정한 의미를 생각하지도 않고 그저 모이면 예배라고 하는 한심한 지경에 이르렀다. 그러므로 우리는 예배 남발을 줄이고, 또 줄여야 한다.

예배가 하나님께 영광이 되었다면 예배드린 성도에게도 분명히 복이 되고 은혜가 될 것이다. 그리고 그것은 우리의 신앙생활을 이어 가는 데 큰 힘이 되고 영적 에너지가 될 것이다. 그런데 이런 예배 아닌 예배를 분별 없이 계속 드린다면 은혜는커녕 예배 오용과 남용으로 죄를 더하고 진노를 부르지 않겠는가?

말이 나온 김에 장례 예배라는 것에 대하여 몇 마디 더 하고자 한다.

(1) 장례 예배를 중단하라

한마디로 예배는 장례용이 될 수 없다. 이런 예배는 장례를 치르기 위한 예배가 되는데, 동기도 문제고 예배의 주인공도 다르다. 목적 또한 변질된다. 온통 죽은 사람을 기리며 칭송하기 위하여 모인 괴상한 예배다. 성경에도 사람이 죽어 장사 지내는 장면이 나온다. 아브라함, 사라, 이삭의 죽음도, 야곱이 죽어 그 아들 요셉이 장례를 치를 때도, 그냥 풍속을 따라 민간 차원의 장례를 치렀을 뿐이다. 장례를 위하여 특별한 제사 형식을 따르지도 않았다.

하나님께서 모세를 데려가실 때 그 시신까지 감추시고 아무도 찾지 못하게 하신 것은 무엇을 말해 주는가? 이스라엘의 둘도 없는 영도자 모세의 죽음이 흔한 장례 절차도 없이 허무하게 끝날 줄은 아무도 몰랐다. 예수님의 죽으심과 장례는 더 초라하다. 숨이 진 당일 저녁이 다 되어 아리마대 요셉이 예수님의 시신을 내려 세마포로 둘둘 말아 황급히 돌무덤에 넣어 버리고 만다. 슬퍼하는 조문객이나 절차는 아예 생략되고 없다.

죽은 자가 생전에 유명하고 돈 있고 힘이 있었으면 장례가 거창해지고 무덤도 화려해진다. 그러나 장례는 장례식으로 치르면 된다. 그냥 가족끼리 장례를 치러도 좋다. 꼭 목사를 불러 장례 절차를 맡기지 않아도 된다. 목사가 죽어도, 사모가 죽어도 그렇다. 사람들이 모여 예배해야 하는 특별한 죽음이란 없다. 대형 교회 목사님이 소천하면 더 난리가 난다. 그 의식이나 절차가 엄숙하고 진지한 것이 주일 예배 때보다 더하다. 거듭 말하지만 사람이 죽은 것은 예배를 드려야 하는 이유가 될 수 없다. 제발! 평범한 장례식으로 하라.

또 하나 기가 막힌 일이 있다. 장례 절차에서 발인 예배를 하고 나서는 고인의 시신을 들고 예배당 안까지 들어가 강단 위에 올려놓는 것이다. 특히 중형 교회 이상의 목사가 소천했을 때는 100% 그런 짓을 한다. 나는 이런 일을 고상하고 엄숙한 단어로 표현하지 못하겠고 '그런 짓'이라고 말하겠다. 시신을 올려놓는 그 자리는 바로 성찬 상이다. 썩어가는 시신을 들고 성전 안으로 들어가는 것도 못마땅한 일인데, 안치대를 따로 설치하는 것도 아니고, 거룩한 성찬 상 위에 올려놓고 또 한 번 예배하며 고인의 업적을 읊어대고 칭송하며, 애도의 뜻을 표하는 일장 연설과 국화꽃을 헌화하는 몇 가지 절차가 진행된다. 이런 일을 보면 도대체 목사들이 무슨 생각이 있는 건지 무척 궁금해진다.

주님의 죽으심을 기념하며 대속의 은혜를 기억하고 감사하는 떡과 잔을 놓는 그 구별된 상에다 썩은 시신을 올려놓고 성찬 상을 더럽히는 그 짓이 예배인가? 목사의 시신은 다른 이의 시체보다 깨끗하고 우월한가? 그게 아니면 특별한가? 뭐가 그리 대단한 인물이라고 그런 절차를 만들었는가? 죽도록 겸손히 충성하다가 이름 없이, 흔적도 없이 사라진 선지자들이 보이지 않는가? 예수님의 열두 제자의 헌신과 초라한 인생 마침표가 보이지 않는가? 평범한 장례를 치를 수는 없는 건가? 이런 짓은 점점 더 심해지고 있어 차마 눈 뜨고 볼 수가 없을 지경이다.

이런 일을 볼 때마다 나는 100세가 다 되신 나의 어머니가 소천하시면, 목사님들을 불러 순서와 절차를 부탁하지 않을 것을 다짐하게 된다. 우리 자손들 중심으로 자리를 지키는 조용한 장례를 치를 것이다. 내가 죽더라도 나의 자손들이 단출하게 사진 앞에 내가 평생 보던 성경책 한 권 놓고, 꽃장식도, 헌화도 하지 말고 화장하여 뼛가루는 초목의 거름으로 뿌리는 장례를 치를 것을 이 글을 통해 미리 말해 둔다. 목사들에게 장례 절차도 부탁하지 말라고 말하고 싶다. 장례식을 예배로 둔갑시킬 테니 말이다. 목사들이여! 제발 장례를 예배라고 속이지 말라! 장례는 거룩한 예식이 될 수 없다. 그저 시신을 치우는 과정일 뿐이다.

(2) 추도 예배를 중단하라

해마다 죽은 사람 사망일이 되면 제사를 지내며 고인을 기리는 게 유교의 전통이요 이 땅의 관습이다. 그런데 기독교 또한 그와 비슷한 일을 하고 있다. 해마다 제삿날에 해오던 유교적 습관에 젖어 있어서, 그날에 아무것도 안 하면 뭔가 할 일을 안 한 듯 허전하거나, 혹은 고인에게 예의가 아닌 것같아 죄송한 마음이 든다. 그래서 제사상만 차리지 않으면 추도 예배가 괜찮으리라 생각하는 것이다. 이것은 한국에만 있는 풍습이고 습관이다. 유교적 습관이 교회 안의 관습으로 전환된 것이다. 오래전 추도 예배의 문제점을 지적하는 설교를 하는 도중, 나이 80이 넘은 장로님이 따지듯 외쳤다. "그동안 그렇게 추도 예배를 쭈욱 하도록 해놓고서 이제 와서 잘못되었다고 하면 어쩌라는 겁니까?" 내가 답했다. "고치면 되지요!" "그걸 어떻게 갑자기 고칩니까?" 이렇듯 오랫동안 관습으로 뿌리내려 문제점을 말하는 목사에게 도전적인 반응이 나올 정도다.

(3) 예배 남발을 중단하라

한국 교회의 예배 남용과 오용의 예는 아주 많다. 다시 한번 예배의 종류를 살펴보면, 장례 예배, 입관 예배, 발인 예배, 하관 예배, 천국 환송 예배, 결혼 예배, 각종 기념 예배, 축하 예배, 개회 예배, 폐회 예배, 개업 예배, 이사 예배, 시승 예배 등이 있으며, 내가 미처 모르는 예배도 얼마든지 있을 것이다.

이런 수많은 예배는 용어부터 바로잡아야 한다. 모두 예배라고 이름을 붙이면 안 될 것들이다. 하여간 예수님을 믿는 사람들이 서너 명 모이면 무조건 '예배합시다'로 시작한다. 목사가 지나가다 교인들의 눈에 띄면, "목사님, 오신 김에 예배나 드리고 가시죠!" 할 정도다.

오해하지 말라! 예배가 많으면 하나님께서 좋아하실 것이라고. 헌금을 많이 하면 기뻐하실까? 아니다. 바른 믿음과 마음가짐으로 드려야 받으신다. 예배라고 다를까? 예배라고 이름을 붙이면 다 받으실까? 내용을 보면 예배가 아닌데?

인간적 수준의 예식을 예배로 둔갑시키는 것은 언어도단이요, 예배라는 이름으로 하나님을 모독하는 것이다. 예배라는 단어를 쓸 대상은 오직 성삼위 하나님뿐이다. 예식이라고 하면 죄가 되지 않을 것을 예배라고 하여 죄를 더하는 꼴이다. 어찌하여 우리는 예식을 예배라고 하게 되었는가? 왜 기독교인들이 모인 행사는 예식이 없고 오직 예배만 존재하는가?

체육대회를 시작하려면 개회 예배를 먼저 드린다. 그냥 개회식이라고 하면 될 것을 예배라고 고집한다. 개회 예배라는 말 자체가 적당치 않은 것이다. 개회 예배는 체육대회를 시작하기 위한 예배라는 말인데, 예배의 의미를 안다면 그런 제목을 붙일 수 없다. 체육대회를 열기 위한 예배가 존재하는가? 그런 예배는 행사를 치르기 위한 순서에 불과한 것이다. 끝나면 또 폐회 예배라는 것을 한다. 개회 예배가 있었으니 폐회 예배도 있어야 하는 것이다.

이렇게 아무 생각 없이 예배를 남용하고 있다. 그래서 지금 한국교회는 예배의 참된 의미를 상실한 수준이다.

명칭을 잘 써야 한다. 명칭으로 그 모임이나 예배의 성격이 정해지기 때문이다. 명칭과 그 모임의 성격이 맞지 않는 불균형은 특히 예배에서는 더욱 안 될 일이다. 모임의 성격이 예배에 해당하는지, 예식에 해당하는지를 파악하고 명칭을 붙여야 하는데 그런 생각의 과정이 아예 없다는 게 문제다. 무엇이 예식이고, 무엇이 예배인지 구별하지 못하니 한심할 뿐이다.

예배의 동기는 하나님이요, 주인공도 하나님이요, 목적도 하나님께 영광을 돌리는 것이다. 순수하게 성삼위 하나님 때문에 모이고, 하나님이 주인공 되시고, 주께 영광이 되는 일에만 예배라고 하라! 예배 중에는 다른 그 무엇도 끼어들 수 없다. 조금이라도 인간을 칭송하거나 어떤 일을 기념하려는 의도로 모인 것은 예배가 아니라 인간의 예식에 불과한 것이다. 이렇게 버려지는 예배(제물)가 많으리라는 것은 세어보지 않아도 알 수 있다.

사 1:11, 13 여호와께서 말씀하시되 너희의 무수한 제물이 내게 무엇이 유익하뇨 나는 숫양의 번제와 살진 짐승의 기름에 배불렀고 나는 수송아지나 어린 양이나 숫염소의 피를 기뻐하지 아니하노라…헛된 제물을 다시 가져오지 말라 분향은 내가 가증히 여기는 바요 월삭과 안식일과 대회로 모이는 것도 그러하니 성회와 아울러 악을 행하는 것을 내가 견디지 못하겠노라

예배가 아닌 것을 예배라고 하는 것도 신성 모독이며, 하나님을 괴롭히는 것이다. 예배가 많을수록 좋다는 건 우리의 생각이다. 특히 장례식과 관련하여 시체를 들고 강단에, 성찬 상에 올려놓는 해괴한 짓은 제발 그만하라!

"목사들이여! 제발 예배 남발을 중단하라!"

39

무신론자 대형 교회
(Atheist Mega-church)

진화론자 리처드가 환영할 만한 모임이 있다. 이름은 교회인데 신을 인정하지 않는 일명 무신론자 교회다. 구원받지 못하고 지옥으로 떨어지는 자신을 의식하지 못하는 미련하고 어리석은 일이다.

시 14:1 어리석은 자는 그의 마음에 이르기를 하나님이 없다 하는도다 그들은 부패하고 그 행실이 가증하니 선을 행하는 자가 없도다

오늘날 무신론자들은 하나님을 인정하지 않는 데서 끝나지 않고, 나아가 하나님과 그의 교회를 조롱하며 무신론 교회(Godless Church)를 만들어 온 세계로 빠르게 확산시키는 중이다.

시 10:4 악인은 그의 교만한 얼굴로 말하기를 여호와께서 이를 감찰하지 아니하신다 하며 그의 모든 사상에 하나님이 없다 하나이다

2013년 1월 영국의 인기 코미디언 샌더슨 존스(Sanderson Jones)와 피파 에반스(Pippa Evans) 두 콤비가 런던에서 무신론자 중심의 모임을 교회 비슷하게 시작한 후 모임 단체 이름을 '일요집회'(The Sunday Assembly)라고 하고, 그 모임의 성격을 '무신론자 대형 교회'(Atheist Mega-church)라고 불렀다. 이름은 교회라고 하나, 실제 모임은 코미디 쇼 비슷하다는 평이다(voam 시대의 소리 미션).

기독교의 예배 형식을 비슷하게 흉내는 내지만, 물론 하나님도 없고 예배도 아니며 종교도 아니다. 하나님을 믿는 기독교인이면서 교

회 가기를 싫어하는 사람들이 무신론자 대형 교회에 호기심을 가지고 많이 참여하는데, 결국 이들의 모임은 헐렁한 기독교인들을 불러들여 같은 부류로 만드는 것이다.

그들이 모여 찬양처럼 즐겨 부르는 노래는 1979년 영국의 록그룹 퀸(Queen)의 히트곡인 "지금 날 말리지 마"(Don't Stop Me Now)라고 한다. 이 노래의 가사 중 몇 마디를 살펴보면 그들의 분위기를 대강 짐작할 수 있다.

> 오늘 밤 난 정말 즐거운 시간을 보낼 거야
> 난 생동감을 느끼고 세상은 뒤집어지지
> 난 황홀경에 떠도는 중이야, 그러니 지금 날 말리지 마
> 난 하늘을 나는 유성, 질주하는 경주 자동차, 통제 불능의 위성이라네
> 즐거운 시간을 보내려면 내게 전화하렴
> 난 재충전 준비된 섹스 머신, 막 폭발하려는 원자탄처럼, 오, 오, 오
> 지금 즐거운 시간 보낸다 날 말리지 마라

앞서 말한 것처럼 2013년 1월 영국 런던에서 시작한 무신론자 대형 교회는 만 9개월 만인 11월 7일 미국 테네시주의 내슈빌에 새로운 교회를 설립하였고, 11월 10일 주일에는 캘리포니아 로스앤젤레스에서 400여 명이 모여 교회 창립식을 가졌으며, 그 밖에도 샌디에이고, 뉴욕 등지에서 동시다발적으로 교회가 파생하고 있다.

이들의 표어는 "신이 없는 회중(godless congregation)을 모든 마을과 도시에"이다. 즉, 신을 부정하는 교회를 마을마다 세우는 게 목표다. 리처드의 생각과 딱 맞는 모임이다.

'일요 모임' 창립자 샌더슨 존스는 모임을 만든 배경을 이렇게 설명했다. "전 교회를 좋아합니다. 공동체 모임이나 노래 부르는 거나 다 좋아요. 딱 한 가지 불편한 게 있는데 바로 신입니다. 그래서 저는 교회의 장점만 골라 모은 무신론자 모임을 만들기로 했습니다."
(〈The Guardian〉 2014.9.28.)

이것이 기독교를 경멸하는 진화론자들이 만들어 가는 세상인 것이다. 무신론자라면 100% 유물론과 진화론을 따라가게 되어 있다. 이런 현상은 공산 사회주의나 인권 만능주의로 흘러간

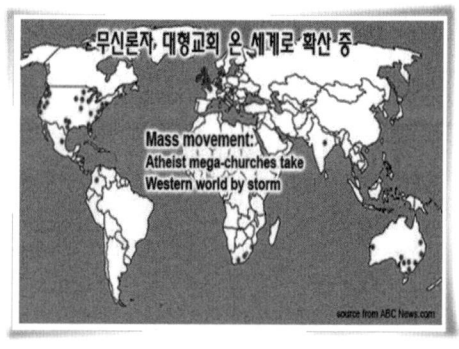

다. 그리고 결국엔 반기독교 대열과 합류하여 하나가 된다. 이렇게 사탄은 인간을 창조주와 멀어지게 하는 수단을 아주 적극적으로 사용하고 있다.

이들 모임에서는 노래와 코미디와 이야기와 다양한 친목으로 그 표어를 성취해 간다. 이 운동을 세계적으로 펼치기 위하여 "40주, 40야"(40 days, 40 nights)라는 슬로건을 내걸고 미국과 호주 각 지역을 순회하며 800,000달러 모금 운동을 펼치기도 하였다. 창설자 존스와 에반스는 "세상에서 가장 빠른 속도로 성장하는 교회"를 목격하고 있다고 자신감을 나타냈다. 그들은 현재 유럽, 미국, 캐나다, 호주 등을 해외 활동 거점으로 삼고 있다. 2025년 현재는 더욱 늘어났을 것이다.

성경은 하나님의 존재를 믿지 않는 무신론자들에게 무엇이라고 경고하는가?

> **롬 1:20** 창세로부터 그[하나님]의 보이지 아니하는 것들 곧 그[하나님]의 영원하신 능력과 신성이 그가 만드신 만물에 분명히 보여 알려졌나니 그러므로 그들이 핑계하지 못할지니라

하나님은 "하나님은 없다"라고 말하는 사람들을 가리켜 '어리석다' '부패하고 행실이 가증하다' '교만한 악인이다'(시 10:4, 14:1)라고 하신다. 인간의 지혜로는 그 하나님을 발견할 수 없다. 그래서 사도 바울은 이렇게 증거하였다.

고전 1:21 하나님의 지혜에 있어서는 이 세상이 자기 지혜로 하나님을 알지 못하므로 하나님께서 전도의 미련한 것으로 믿는 자들을 구원하시기를 기뻐하셨도다

예수 그리스도의 복음을 통해서만 참 하나님을 발견할 수 있고, 진리와 구원의 길을 발견할 수 있다(요 14:6). 그럼 무신론자들은 왜 하나님을 부정하는 것일까? 그것은 그리스도의 복음이 미련하게 보이기 때문이고, 자신들이 하고 싶은 일에 죄의식을 갖게 하는 말씀 때문이다. 그들의 머릿속은 온통 현실에 관한 것뿐이며, 자신의 지식과 이성적 판단만을 믿고 살아간다.

마지막 때에는 그리스도인들도 현실주의로 빠지면서 영적 지각이 어두워지고 배도(背道)의 길을 가게 된다는 사실을 기억해야 한다.

고후 4:4 그중에 이 세상의 신이 믿지 아니하는 자들의 마음을 혼미하게 하여 그리스도의 영광의 복음의 광채가 비치지 못하게 함이니 그리스도는 하나님의 형상이니라

살후 2:9-12 악한 자의 나타남은 사탄의 활동을 따라 모든 능력과 표적과 거짓 기적과 불의의 모든 속임으로 멸망하는 자들에게 있으리니 이는 그들이 진리의 사랑을 받지 아니하여 구원함을 받지 못함이라 이러므로 하나님이 미혹의 역사를 그들에게 보내사 거짓 것을 믿게 하심은 진리를 믿지 않고 불의를 좋아하는 모든 자들로 하여금 심판을 받게 하려 하심이라

하나님 없는 교회의 모습을 좀더 자세히 살펴보자. 영국에서 시작된 무신론자 교회에 영향을 끼쳤을 유력 인사는 강력한 무신론자 리처드 도킨스라고 해야 할 것이다. 그는 수시로 신 존재와 기독교를 공격하는 데 발 벗고 앞장서서 싸울 만큼 늘 심각하고 진지하다. 그의 저서에서 볼 수 있는 것처럼 그는 종교에 매우 적대적이어서 자신의 이름으로 된 재단을 설립해 무신론과 인본주의 관련 단체는 물론

무신론 선전홍보용 버스를 적극 지원하고 있으며, 강의와 저술 활동, 그리고 무신론을 위한 사회적 운동에도 적극적으로 참여하고 있다.

이에 힘입어 앞서 말했듯 2013년 1월 영국의 두 코미디언 피파 에반스와 샌더슨 존스가 '하나님 없는 교회'(godless church)인 '일요집회'를 런던에 설립했고, 무신론자들의 큰 호응을 얻자, 11월에는 미국 로스앤젤레스와 샌디에이고에도 세웠다. AP통신은 벌써 미국 전역에 걸쳐 무신론 대형 교회들이 뿌리를 내리고 있다고 보도했을 정도다.

무신론 대형 교회는 기존 교회처럼 예배 형식도 있고 친교도 나눈다. 어린이들을 포함한 수많은 가족이 모여 노래도 하고 묵상도 하고 간증도 하고, 심지어 설교와 낭독도 하는 등 기존 교회와 거의 같은 모습을 갖추고 있지만, '하나님'과 '신앙'은 없다.

이들은 심지어 기존 가스펠을 무신론 사상으로 패러디한 노래를 부르며 박수도 치고 몸을 흔들기도 한다. 그리고 '신 없는 자유'를 선전하며 전도까지 한다.

모습은 교회와 비슷한데 실제로는 하나님과 교회를 조롱하고 있다. 문제는 이것이 하나님을 믿지 않으면서 현대 문화를 즐기고 싶은 사람들에게 잘 먹힌다는 점이다.

그러나 다행스럽게도 미국 코미디언 팀 호킨스가 무신론을 희화하는 노래와 개그로 폭소를 자아내고 있다. 기독교인이면서 스탠딩 코미디언인 그의 최신 콘서트 'DVD'《그건 최악이야》라는 쇼와 노래 내용은 대강 이렇다.

"무신론 대형 교회가 존재한답니다. 그럼 거기서 뭘 하는 걸까요? 거기서 경배 송을 한다면 이렇게 할까요? '외쳐라, 공허한 지구여, 노래하라! 능력과 위엄, 찬양을 무(nothing)님께?'"

또 그는 무신론 교회의 어린이들은 어떻게 노래할까 자문하며 이런저런 주일학교 노래를 무신론 어린이 노래로 패러디하기도 했다. 팀 호킨스는 이렇게 너스레를 떨며, 유신론자 입장에서 무신론자 교회를 희화하고 노래를 부르며, 폭소를 자아내고 박수갈채를 받고 있다.

고전 1:18 십자가의 도가 멸망하는 자들에게는 미련한 것이요 구원을 받는 우리에게는 하나님의 능력이라

그러나 지금 무신론 교회는 기존 교회의 '대안'(?)으로 등장하면서 12년이 지난 지금은 전 세계적으로 약 수백 개가 넘을 것으로 추산된다. 이런 유형의 무신론자들의 모임은 더욱 유행처럼 번져, 젊은이들이 먹고 놀고 희희낙락하는 방송이 넘쳐나는 한국에도 곧 등장할 것이다.

이것은 인간의 삶을 즐기고 신의 눈치를 보고 싶지 않은 사람들의 마음을 뺏는 사탄의 최신 작품이다. 힘과 권력으로 그리스도인들을 탄압하던 사탄은, 이제 진화론과 손을 잡고 그리스도인들을 조롱하고 웃음거리로 만들어가고 있다. 이들의 마음속 외침은 이것이다. "하나님이 없으면 좋겠어! 자유롭잖아!"

리처드가 외치는 소리와 똑같아 그가 손뼉 치며 아주 좋아할 현상이다. 찰스 다윈의 진화론처럼 영국에서 시작된 일이니 분명히 리처드도 후원하며 지지하고 있을 것이 뻔하다. 이들은 하나님은 없다고 결론짓고도 하나님을 조롱한다. 그래서 인간은 어리석다고 하나님께서 말씀하신다.

진화론이 주는 해악은 간단하지가 않다. 그래서 영국교회가 더 빨리 무너진 것이며, 이제는 사회 전반에 상당한 영향을 주고 있다. 리처드 세력은 신이 없고 종교가 없으면 더 살기 좋다는 속임수로 인간을 동물의 일종으로 만들어 이같은 하등 인간론으로 온 세상을 동물의 왕국으로 만들어가고 있다.

이제는 리처드와 같은 무리가 교회라는 이름까지 빼앗아 자기들의 이름으로 사용하기에 이르렀다. 머지않은 훗날 교회란 잡담이나 하면서 창조주를 조롱하는 놀이터로 인식될 것이다. 이런 곳에서 창조주로부터 사람 대우를 받을 자는 없을 것이다.

시 49:20 존귀하나 깨닫지 못하는 사람은 멸망하는 짐승 같도다

어느 날 설교를 준비하다가 인공지능에게 물었다. "사탄의 가장 큰 목적은 무엇인가?"

나는 그의 답에 깜짝 놀랐다. "사람을 죄로 유혹하여 하나님과 멀어지게 하는 것입니다."

정답이었다. 사탄은 인간을 창조주 하나님과 멀어지게 할 수만 있다면 별의별 수단을 다 쓰는 것이다. 그 수단이 바로 유물론이요 진화론이요 공산주의다. 혹 당신이 리처드의 영향으로 무신론자가 되었다면 철저하게 속은 것이다. 결정적으로 그는 당신의 인생에 관심이 없으며, 오직 당신이 무신론자가 되기를 열망할 뿐이다.

"당신이 창조주를 무시하기로 했다면
사람의 자리에서 벗어난 것이다."

40

가짜가 많은 기독교

오늘날 기독교가 다방면으로 공격을 당하면서 아무나 공격해도 되는 동네북 신세가 된 듯해서 만감이 교차한다. 어쩌다 교회가 이런 신세가 되었을까? 그래도 변변한 대응 하나 없다.

더욱이 적지 않은 일부 목사들은 종북 공산주의를 추종하는 언행을 보이며 기독교의 최대 적대 세력인 정당을 적극 지지한다. 그러나 동성애, 양성애, 트랜스젠더, 성평등을 지지하고, 교회를 합법적으로 억압하게 되는 포괄적 차별금지법 입법을 추진하고, 국가 보안법 철폐를 외치고, 중국 간첩 잡는 법을 강화하자는 데 반대하고, 하나님이 금하신 일들을 앞장서서 추진하는 극좌 세력을 지지하는 이들은 그리스도인이라고 할 수 없다.

진화론도 그렇고 공산 사회주의 역시 성경대로 믿지 못하게 하는 자들임에도 그들과 함께하는 자들은 목사가 아니라 이적 세력으로 구분해야 할 것이다. 목사나 기독교인이라면 반진화론, 반공으로 무장되어야 정상이다. 그런데 이제는 종북 이적 세력이라는 것을 다 알면서도 어찌하지 못하니 가짜가 판을 친다.

1) 가짜 목사가 많아진다

한국 교회의 가장 큰 문제이기도 하다. 특히 종교다원주의나 혼합주의, 퀴어신학에 물든 목사들이 많아지면서 유일 신앙에 도전하는 현상이 커지고 있다.

- 구원의 다원화를 말하는 목사는 가짜다.

- 오직 예수님만 구세주라는 복음을 비판하는 목사는 가짜다.
- 예수님의 십자가 대속의 은혜를 거부, 축소시키는 목사는 가짜다.
- 성경의 영감을 부인하는 목사는 가짜다.
- 종북, 주사파(공산 사회주의) 성향을 보이는 목사는 가짜다.
- 억압, 가난, 원한에서 벗어나는 것이 구원이라고 말하는 목사는 가짜다.
- 유일 신앙을 거부하는 목사는 가짜다.
- 동성애, 양성애, 성전환자를 지지하는 목사는 가짜다.
- 성경을 문학 작품으로 보는 목사는 가짜다.
- 예수님의 신인(神人) 양성을 부인하는 목사는 가짜다.
- 성령님의 현실 역사(은사, 능력)를 부인하는 목사는 가짜다.
- 천주교와 일치 운동을 하는 목사는 가짜다.
- 종교 연합 운동을 하는 목사는 가짜다.
- 포괄적 차별금지법을 찬성하는 목사는 가짜다.
- 진화창조론을 말하는 목사는 가짜다.

2) 포괄적 차별금지법(평등법)이 계속 추진된다

주로 좌파로 불리는 세력들이 추진하는 이 법은 사회 문란을 초래하고, 이를 거부하는 기독교에 치명적인 법이다. 이 법은 평등을 강조하면서 성평등(모든 성은 평등하다-짐승의 성도 포함), 사상의 평등(모든 사상 평등-공산주의 사상도 포함), 경제 평등(사회주의 형식의 균등 분배), 종교 평등(기독교의 유일성, 차별성을 없애버림)을 주장한다.

이로써 동성애 합법화와 성 개방 목소리가 커지고 있으며, 이들의 입법 활동은 계속되고 있다. 일부 국민과 기독교의 반대 운동이 계속되는 가운데 22대 국회에서는 어찌 될지 긴장의 연속이다. 차별금지법은 동성애, 양성애, 성전환자 등 프리섹스 사회를 만들고자 하는 자들이 정치인들을 선동하여 만드는 법이다. 이 법은 일반인들은 물론 교회를 무너트릴 만한 악법이다. 일명 평등법으로 불리는 이 법이 통과 된 나라를 보면 목사와 기독교인들이 주 표적이 되어 괴롭힘을 당한다. 엄밀히 말하면 이 법은 '기독교 말살법'이라고 해야 한다. 그래서 우리 목사들은 '교회 폐쇄법'이라고 부르는 것이다(자세한 것은 나의 다른 책,《목사가 남기는 유언》참고).

3) 고소·고발이 심해질 것이다

주로 목사와 기독교인들이 그 대상이 될 것이다. 벌써 이 나라에서 설교 중에 동성애가 죄라고 말한 어느 목사님이 고발당해 재판을 받았으며, 결과적으로 관련 유튜브 영상을 내리라고 판결 났다. 아직 동성애 합법화가 안 된 상황에서도 이런데, 법이 통과된다면 수천만 원의 벌금이나 구금도 가능하다는 말이다.

당해 봐야 깨닫는 우리 민족의 특성을 생각하면 한숨이 절로 난다. 미리 알고 경고하며 가르쳐 주는 사람은 언제나 비난과 왕따, 혹은 외면당한다. 친공, 친북 세력의 행보가 노골적인 상황에서 반공, 멸공 정신을 회복해야 나라가 산다고 그리 외쳐도 오히려 친공 세력이 힘을 얻고 국회에 들어가 있으니, 북한이나 중국이 무슨 일을 해도 우호적이며, 저자세로 일관하는 모습이 이제는 익숙한 일이 되어 버렸다.

일반인도 아니고 목사들이 종북 주사파 세력이 누구며 왜 문제가 되는지 깨닫는 데 그리도 오래 걸리는지 한심할 지경이다. 하나 되어 외치고 협력해야 할 텐데 분열되고, 제각각이고, 목사가 목사를 설득하기도 어렵다. 김진홍 목사님의 말이 생각난다. "좌파는 자기 꾀로 망하고, 우파는 분열로 망한다." 그 말이 딱 맞는 듯하다.

4) 이단과 구별이 안 된다

차별금지법은 모든 종교와 이단을 대등하게 보는 종교 평등법이다. 모든 종교를 평등하게 보고 기독교를 구별하지 못하게 한다. 이단을 이단이라고 말하지 못하게 하는 것이다. 그러니 이단의 세력이 커지고 그들의 사회적 문제나 비이성적 모습이 기독교로 오인되거나 같은 취급을 받아야 한다. 과거 정부 코로나 역병 시절, 이단 신천지 신도들의 감염을 기점으로 기독교를 그들과 같이 취급하면서 우리를 더욱 어렵게 했는데, 이제 평등법이 만들어지면 서양 교회들처럼 무너지는 것은 시간문제다.

5) 성경대로 전하지 못한다

차별금지법에서는 동성애를 반대하지 못하고 오직 예수만이 구원자라고 말하지 못한다. 그 모두가 차별이기 때문이다. 결국 성경은 불법책이 되는 것이다. 우상숭배에는 구원이 없으며 십자가 대속의 복음을 통한 오직 예수님만이 구원자라는 게 성경의 핵심인데, 이 법이 생김으로 성경대로 유일 신앙을 가르치지 못하는 것이니, 성경이나 찬송가 일부를 금지당하고 통제받던 일제 강점기 때와 같이 되는 것이다.

이것은 분명 반국가 세력이나 공산 사회주의자들, 그리고 반기독교 세력들의 숙원 사업과 같은 것이라서 적극 합세하여 움직이는 것이다. 기독교만 무너지면 이득을 볼 자들이 누굴까를 생각하면 답이 쉽게 나온다. 프리섹스를 원하는 자들, 친중·종북 주사파, 진화론 세력들이 아니겠는가? 그래서 기독교에서는 차별금지법 반대를 그리도 외치는 것이다. 여기에 나라와 교회의 명운이 달렸기 때문이다.

6) 신도가 줄어든다

불신자 중 과거에 종교를 가지고 있었던 사람들은, 불교가 17%, 천주교 33%, 기독교가 49%로 제일 많다(《기독교연합신문》 2024.8.18.). 종교를 이탈한 10명 중 5명이 기독교 출신이라는 것이다. 이제는 교회 부흥의 시기가 지나 교회 감소 현상이 심하게 나타난다. 여러 이유가 있겠지만 반기독교 세력들의 교회 흠집 내기가 한몫했다고 본다. 다양한 연합 세력의 선동과 모함까지 더해져 이제는 전도는커녕 있는 교인들을 단속하기도 벅차다.

  그들 중에는 한국의 유명한 도올 김용옥이라는 사람도 있다. 기독교 저격수 노릇을 하는 이 괴인은 예수가 사라져야 한다고 떠들고 다니는데, 목회자를 길러내는 한신대 석좌교수라니 기가 막힐 뿐이다. 이 사람의 강의를 듣노라면 분노가 치밀고 잠이 안 올 지경이다. 그는 한국 기독교에 대해 단적으로 말했다.

"단언한다. 한국의 젊은이들이 교회에 나가지 않을수록 우리 민족에게는 희망이 있다"(강동선 목사, 《도올의 기독교관을 비판함》, p. 21).

  기독교는 사회악이요, 나라의 미래를 위해서는 없어져야 한다는 말인데, 악담도 이런 악담이 없다. 리처드의 막말 수준과 똑같다.

  조선 말부터 현재에 이르기까지 기독교의 사회적 공로가 얼마나 큰지 모르는 자다. 민주사회를 가르쳐 준 것도 교회요, 공산화를 막고 자유 민주국가를 세운 것도 기독교 인사들이요, 현대 의료 기술의 기초를 만들어 준 것도 교회요, 교육사업에 선도적 역할을 한 것도 교회요, 이승만의 기독교 정신에 입각한 외교정책으로 미국이라는 우방국을 만들어 놓은 것도 기독교의 큰 공로다. 그런 환경에서 자라고 공부하며 혜택을 본 사람이 교회가 사라져야 나라의 미래가 있다니…. 그 말은 북한 공산주의자들이 하는 말과 동일하다. 미군이 물러가고 교회만 없어지면 공산화 작업은 식은 죽 먹기로 쉽기 때문이다.

  이슬람을 향해 그렇게 말했다면 누군가에게 테러라도 당했을지 모르지만, 우리 목사들은 이 사람의 언행을 그저 무능하게 바라만 보고 있으니 한심할 뿐이다. 목사는 영적 투쟁의 현장에서 싸우는 장수다. 다행히 도올과 같은 교단 한신대 출신 강동선 목사가 자신이 속한 교단과 결별하면서까지 다원주의 세력과 논쟁하였고, 그 과정에서 나온 책이 앞에서 소개한 《도올의 기독교관을 비판함》이다.

  그런데 이제는 정치권이나 진화론까지 가세하여 반기독교 언동을 대놓고 하고 있으니, 우리 기독교는 사면초가 신세가 되었다. 절망까지는 아니지만 심각한 위기인 것은 분명하다. 유일 신앙이 위협을 받는 현실은 보통 일이 아니다. 유일 신앙이 무너지면 기독교는 사라진 것이다. 우리 세대야 그런 대로 견딘다고 해도 다음 세대는 어찌 될까? 혼합주의에 물든 신학생들과 목사, 좌파 운동권과 연대한 인사들이 내부의 적으로 있지만, 현재 교회의 환경은 이들을 발본색원(拔本塞源)할 힘이 없는 꼬락서니가 되었다. 이것은 마치 이 나라에서 공산주의를 추종하는 원수들과 함께 섞여 살아야 하는 것과 비슷하다. 우리의 신앙을 붕괴하는 세력의 한쪽 끝에 진화론이 날카롭게 붙어 있다.

요 15:18 세상이 너희를 미워하면 너희보다 먼저 나를 미워한 줄을 알라

우리가 미움받는 것은 곧 주님이 미움받는 것이며, 구원의 유일한 복음을 지키는 것은 교회를 지키고 이 나라를 지켜내는 유일한 길임을 잊지 말자.

기독교의 진짜 위기는 혼합주의로 인한 건전한 사회문화 붕괴와 함께 나타나는 유일 신앙의 붕괴다. 살아 있는 교회라면 유일 신앙을 지키는 데 온 힘을 기울여야 할 것이며, 유일 신앙을 지켜내지 못한다면 주님께서는 이 땅을 떠나고 없을 것이다.

"유일 신앙이 아니면 가짜다."

41

자살한 사람도 천국에 가나?

2013년 3월 K 목사가 자택에서 목매어 자살했다. 그동안 몇 번 시도했다가 그날 성공한 것이란다. 우울증이 있었고, 땅의 복을 무가치하게 부정적으로 보는 염세주의자 성향이 강했던 목사였다.

그는 죽기 전에, 하나님께서 사람을 데려가시는 방법은 여러 가지가 있는데 자살도 천국 가는 방법이라는 말을 했다고 한다. 자살도 천국 가는 방법이라고? 목사가 자살할 정도였다면 그의 믿음 생활이나 목회는 문제가 있어도 심각하게 있었다는 뜻이다.

이 목사는 S 교회 개척 1년 만에 500여 명의 성도가 모였으나, 2013년 3월에 50세의 일기로 자살했는데, 그의 사후 몇 달 만에 성도가 약 700명으로 늘었다고 한다. 그리고 약 1만 명 정도가 그가 남긴 인터넷 설교를 정기적으로 듣는다고 하는데, 그것은 곧 자살해도 천국 가는 줄로 믿는 사람들이 늘어난 것과 같다.

신도들은 목사의 가르침을 따라가고 닮아 가게 된다. 그 교회 교인들은 살다가 힘들거나 천국에 빨리 가고 싶으면 목사처럼 자살할 수도 있을 것이다. 가까운 사람이 이런 교회를 다닌다면 반드시 말려야 할 것이다. 교우들 모두를 그렇게 가르쳐 놓고 갔으니, 똑같은 방법으로 죽는 교인이 생긴다면 그 목사는 죽은 뒤에도 죄를 계속 더하는 것이다.

이 K 목사의 복음은 우리가 믿는 구원의 복음과 다르다. 자살이 구원에 이르는 방법이라니, 그런 복음은 없다. 그가 그리스도의 이름을 강조했을지라도 분명 다른 복음이다. 이런 사람들의 공통점은 저마다 독특한 '내가 복음'을 가지고 있다는 것이다. 기존의 목사들에게서 듣지 못하고, 다른 교회에서는 들을 수 없는 다른 복음이다. 이런 설교를 계속 들으면 기존 교회에 다니지 못하며 적응하지도 못하게 된다. 영혼이 병들고 한쪽으로만 기울어지게 됨으로써 신앙과 이성의 균형이 깨져 신앙심만 커지고 이성을 상실하는 것이다.

이 땅의 일을 죄악시하거나 영적인 것만 추구하여 현실 도피자가 되기 쉽고, 빨리 죽고 싶어진다. 땅의 것은 다 필요 없으니 기도, 전도, 예배 외에는 할 일이 없고, 오직 천국만 빨리 가고 싶은 것이다. 그 K 목사라는 사람도 인생사의 고뇌, 아니면 천국에 빨리 가고 싶은 마음에 자살한 것일 수도 있다. 그러니 자살도 천국에 가는 방법이라고 친히 보여 준 것이 아닌가?

우리에게 고난과 순교의 역사가 있을지언정 자살은 없다. 욥은 극심한 고난 중에 살고 싶지 않았지만 자살하지 않았다. 사도들 또한 극심한 고난 중에도 순교하기까지 사명 감당에 온 힘을 다했다. 또한 기독교 역사 이래 천국에 빨리 가고 싶어서 자살했다는 소리는 들어보지도 못했다.

갑자기 오대양 사이비 집단 자살 사건이 떠오른다. 박순자 교주가 이끈 오대양의 집단 자살 사건은 1987년 8월 29일에 경기도 용인군 남사면 오대양 공예품 공장에서 발생한 32명의 집단 자살 사건이다. 자살로 영생의 문을 빨리 여는 것으로 믿었기 때문이다.

K 목사의 자살은 그의 영적 상태를 말해 준다. 평소 아무리 번듯한 소리를 했어도 단 한 번의 언행으로 그 사람의 진짜를 알 수 있는 것이다. 비록 생전에 그럴듯한 말을 많이 했을지라도 자살이라는 사건 하나로 그의 영적 상태는 정상이 아니었다는 것이 증명되었다. 목사 인생의 마지막 자살은 그의 믿음과 영성이 어떠했는지를 보여 주는 것이다. 그의 사후 더 많은 교인이 모인다고 해도, 그가 보여준 인생관과 구원관은 많은 이들에게 부작용을 일으킬 것이 분명하다. 자살도 하나님이 부르시는 방법이라고 믿는 사람들이 그 뒤를 따를까 봐 심히 우려된다.

● 자살은?

1) 약속의 말씀을 버린 것이다

하나님을 믿는 사람은 어떤 경우라도 스스로 목숨을 끊지 않고 소망 중 살아간다. 끝까지 도우신다는 하나님의 말씀을 믿기 때문이다. K 목사의 경우는 하나님의 약속을 믿었지만 그의 마지막 행동이 그의 믿음을 부인한 것이다.

사도 바울은 죽을 고비를 여러 번 넘기면서 살 소망까지 끊어지고 쓰레기같이 취급받았으나 자살이란 것은 생각지도 않았다. 수많은 주님의 사람들이 온갖 고난을 견디며 그 수명을 다한다. 자살해도 천국에 간다는 소리는 이단적이며 사탄의 미혹일 수밖에 없다.

2) 불신이다

자살하는 사람들은 100% 비관적인 이유로 그런 행동을 한다. 살기 좋고 행복한데 자살하는 사람은 없다. K 목사가 자살한 정확한 이유는 알 수 없지만, 이 땅에서 살아갈 이유를 상실했으리라는 것은 분명하다. 처자식이 있고, 자기를 바라보는 성도들이 약 500명이나 되는데 죽을 생각을 했다는 게 수수께끼지만, 분명히 삶의 의욕이 꺾이고 더는 살고 싶지 않았다는 것은 영적으로 심각한 오작동이 있었다는 것을 보여 준다. 한국에서만 하루에 약 40명 정도가 자살하고 있는데, 그런 현장에 목사와 교인들이 섞여 있다는 것은 주님께 영광이 될 수 없는 비극이다. 이런 현상에 사탄의 역사가 없을 것이라는 생각은 또 다른 자살을 부를 게 뻔하지 않은가?

자살은 하나님을 더는 믿을 수 없다는 선언과 같은 것이다. 내 삶이 어떻게 끝날지는 모르지만, 끝까지 하나님께 맡기고 살아보는 게 우리 성도들의 올바른 자세임을 잊지 말아야 할 것이다.

3) 살인이다

그 누구도 사람의 목숨을 끊을 자격이 없다. 그래서 살인죄가 무거운 것이다. 자신의 목숨을 스스로 끊는 것은 하나님이 허락하셨을까? 자살이 천국 가는 방법이라고 배운 자들은 허락하셨다고 믿을 것이다. 그러나 자살을 허용하시는 말씀은 성경 어디에도 없다. 내 목숨이라고 내 맘대로 끊어 버릴 수는 없다. 자살도 나를 죽이는 살인죄다.

어떤 이유든 자살은 용납될 수 없다. 가끔 정치적인 이유나 기타 이유로 투신자살이나 분신자살을 하면 영웅 취급을 하는데, 이는 또 다른 자살이 나오도록 부추기는 위험한 일이다. 자살한 사람을 앞세워 남은 자들이 자기들의 욕구를 채우는 선전 수단으로 이용하기 일쑤이기 때문이다.

4) 인생의 수한을 자신이 결정하는 월권이다

인생의 수한은 하나님만 결정하신다. 그런데 자신의 수명을 스스로 결정짓고 자살을 결정한다면, 생사화복을 주관하시는 하나님의 권한은 어디에 있는가? 자살이 천국으로 가는 길이라면 수많은 선지자나 사도들도 견딜 수 없는 고난 중에 자살로 끝냈을 것이다. 그러나 그들은 순교당할지언정 결코 자살로 끝낸 적이 없다. 인생의 죽고 사는 것은 오직 생명의 근원 되시는 하나님만이 결정하시는 고유영역이니 끝까지 견디라!

5) 자신의 수한을 결정지을 수 있다면, 타인의 수명을 결정짓는 일도 쉬워진다

조금만 생각을 돌리면 타인의 죽음에 관여할 수 있게 된다. 즉, 타살도 하나님이 부르시는 방법이 될 수 있다는 가능성을 열어 주면서 타인의 자살을 도와주거나 방조하게 된다.

사이비 종교 집단인 미국의 짐 존스가 세운 인민사원 공동체 900여 명이 자살 내지는 자살 방조로 죽임을 당했다. 이런 사건처럼 집단 자살이나 자살 공조 현상이 종교 안에서도 생길 수 있는 것이다. 목사의 자살은 그냥 넘길 일이 아니다. 그 뒤를 따르는 교인들이 없도록 교단마다 특단의 예방조치를 세워야 할 것이다.

실제로 K 목사가 어느 방송에 출연한 영상을 보고 내가 댓글을 달아 "이렇게 은혜롭게 보이는 목사님이 자살했다니 안타깝습니다"라고 했더니 누군가 나의 댓글에 글을 남겼다. "자살도 하나님이 부르시는 방법입니다."

아마도 그 교회 교인인 듯하여 안타까웠다. 그렇게 배웠으니 그렇게 믿을 것이고 그렇게 갈 수도 있다는 가능성을 확인시켜 주는 댓글이었다. 그 목사를 추모하는 글이 올라왔고, 누군가 고귀한 삶을 살다가 가셨으니 천국에서 행복하시라고 추모 영상도 올렸지만 천만에다. 자살한 자의 구원을 누가 장담할까? 그를 따르는 성도들이 하루빨리 깨닫게 되기를 바지만 한 번 심어진 믿음이 쉽게 바뀔까?

축구에서 경기 내용이 아무리 좋아도, 막판에 상대에게 점수 한 점 내주면 지는 것이다. 인생이 그와 같다. 잘 가다가도 한 방에 뒤집혀 버릴 수 있다. 자살은 가장 큰 불신의 증거이며, 그래서 자살은 권고 사항이 될 수 없다. 우울증이든, 비관 자살이든, 아니면 천국을 너무 사모한 나머지 빨리 가고 싶어서 자살한 것이든, 모두 구원의 방법은 아니라는 것이다. 예수님을 따르는 사람들은 주님을 경배하면서 이 땅에서 사는 날 동안 감사하며 살아야 하는 것이다. 죽고 싶다고 죽어버리는 것은 마귀가 기뻐할 일이지 결코 주님께서 기뻐하실 일이 될 수 없다.

6) 결국 자살은 지옥 가는 특급 열차다

그러나 그런 목사를 따르는 사람들은 타인의 말엔 귀 기울이지 않을 것이다. 그것부터가 큰 부작용이다. 자살을 생각해 본 사람들은 나의 충고를 심각하게 새겨 보아야 할 것이다. 자살은 가장 큰 불신앙이다.

특히 우울증이 있는 사람은 마귀가 이용하기 쉬운 상태에 있는 것이다. 심신이 약해져 있을 때가 마귀가 틈 타기 가장 쉽다. 자살하고 싶은 마음이 우울증 환자에게 가장 많은 것은 그들이 아주 위험한 지경에 있음을 보여 준다. 무슨 일이 있어도 주님을 붙들라! 의학의 도움도 받으며 삶의 의미를 버리지 말라! 자살의 충동을 이기지 못한다면 영원히 후회하며 통곡하게 될 것이다.

● 다른 복음을 경계하라!(갈 1:6-9)

현재 재림 주로 불리며 먹고사는 성공한(?) 재림 주가 40여 명이나 된다. 아직 성공하지 못한 재림 주가 200명 더 있단다. 현재 약 200개 종류의 이단이 우리나라에 있는데 이에 빠진 신도 수는 총 200만 명이나 된다. 다른 복음이란 사도들이 전한 복음 외에 다른 것이다.

> **갈 1:8** 그러나 우리나 혹은 하늘로부터 온 천사라도 우리가 너희에게 전한 복음 외에 다른 복음을 전하면 저주를 받을지어다

사도들이 전한 복음이란 오직 예수 구원의 복음이다. 유일 신앙이다. 이 외에 다른 말을 한다면 거짓 복음이다. 다른 복음을 전하면 저주를 받는다. 자살 구원은 다른 복음에 해당하며 절대로 구원의 방법이 될 수 없다.

> **갈 1:9** 우리가 전에 말하였거니와 내가 지금 다시 말하노니 만일 누구든지 너희가 받은 것 외에 다른 복음을 전하면 저주를 받을지어다

우리에게 하나님의 말씀은 신구약 성경뿐이다. 그러나 교주들은 새로운 시대가 왔다고 하면서 모두 다 새로운 계시를 말한다.

> 요일 4:1 사랑하는 자들아 영을 다 믿지 말고 오직 영들이 하나님께 속하였나 분별하라 많은 거짓 선지자가 세상에 나왔음이라

새 복음이 있을까? 없다. 복음은 이미 성경에 다 있다. 누가 새 계시를 받았다고 하면 의심하라! "좋겠다. 부럽다" 하다가 속는다. 성경과 대등한 계시는 없다. 개인적인 체험이 있을 뿐이며, 그것도 성경에 어긋나지 않는 선에서 선별해야 한다.

빈야드 교회나 신사도운동을 하는 자칭 사도들이 주로 예언 사역을 하는데, 10% 정도가 맞는다고 한다. 그들은 10%면 많이 맞는 것이라고 하지만, 그 정도는 무당, 점쟁이도 한다. 성령으로 한다는 자들이 무당만도 못하면 말이 되는가? 그 정도라면 성령의 은사가 없는 불신자도 한다. 아니, 어떤 것은 50%도 맞힐 수 있다. 아들이냐, 딸이냐? 사업 성공이냐, 실패냐? 아들이 대학에 붙을까, 떨어질까? 이처럼 둘 중의 하나 맞히기는 쉽다.

진정 성령의 역사로 하는 예언이라면 100%라야 정상이다. 단 한 가지라도 틀리면 이상한 것이며 의심해야 한다. 그런데 10% 정확도를 가지고 자랑하니 문제가 이만저만이 아니다.

> 갈 1:7 다른 복음은 없나니 다만 어떤 사람들이 너희를 교란하여 그리스도의 복음을 변하게 하려 함이라

● 다른 복음을 분별하려면?

진짜 복음을 알면 된다. 위조지폐를 가려내려면, 진짜 지폐를 알면 된다. 진짜 복음을 공부하면 된다. 구원 복음의 핵심은 '오직 유일신(하나님)+오직 예수 구원+오직 성경+오직 믿음+오직 은혜+오직 주님께 영광'이다.

교회에 50년을 다녀도 구원이 없는 것은, 진짜 복음을 못 들어서다. 설교가 아무리 그럴듯해도, 자살해도 천국에 갈 수 있다고 말한다면 혼자만의 다른 복음에 빠진 것이다. 그래서 신앙생활도, 목회

도 서로 도와가며 어울리며 함께 해야 하는 것이다. 나 홀로 고립된 생각을 가진 사람은 언젠가 사고를 친다. 혼자만의 극단적인 엉터리 성경 해석을 하며, 전통적 신앙고백을 거부하고, 자신이 발견한 새로운 복음에 대한 확신으로 이상한 짓을 한다.

'신옥O'라는 사이비 목사는 자신은 강림하신 보혜사 성령이며, 죄 사함의 방식은 구타하는 것이라고 가르치며 신도들끼리 서로 구타하게 하고, 부모와 자식 간에 구타하게 하며, 때로는 자신이 직접 교인들을 구타하면서 속죄 의식을 치르다가 구속되었다.

성경을 보고 그동안 없었던 새로운 복음이라는 말을 한다면 이단이 틀림없다. 다시 한번 말하지만 새로운 구원의 복음은 없다. 전통적으로 고백해 온 '오직 예수 십자가 대속의 복음'에서 벗어나지 말라. 자살은 가장 큰 불신이다.

> "세상살이가 고달픈 사람에게 사탄이 주는 음성은 바로 '자살하라'다."

42

굳세어라, 그리스도인이여!

● 기독교는 지금 파괴적 도전을 받고 있다

교회 안팎의 많은 사람에게 엄청난 비난과 함께 개혁을 요구받고 있다. 교회에 각종 부조리가 만연하고 지나치게 비대하다는 것이다. 이웃을 돌아보지 않고 자기 욕심만 채우는 모습에서 벗어나라는 것이다. 물론 이런 지적은 어느 정도 귀담아들을 필요가 있다. 교회도 사람들이 모인 곳인데 어찌 고칠 부분이 없겠는가? 그것은 우리 스스로도 모르는 바가 아니다. 문제는 과장되거나 악의적인 비난이 대부분이라는 것이다.

목사들이 사치하고 교회 헌금을 혼자 다 사용한다는 오해나 모함으로 인해 일부 단체에서 종교인도 소득세를 내야 한다는 입법 활동을 벌여 목사들도 소득세 신고가 시작되었지만, 막상 들여다보니 중대형 교회를 제외한 60% 이상 대부분의 목사 생활이 최저 수입도 안 되는 수준이라 차상위 계층으로 분류되어 오히려 세수보다 지원금으로 나가는 게 더 많아졌다.

일부 목회자의 세습이나 비리가 드러났다고 기독교의 총체적 부실이라고 몰아붙이는 것은 어불성설(語不成說)이다. 간혹 어느 유명한 목사가 불륜으로 뉴스거리가 되는 일도 있다. 그렇다고 모든 목사나 교회가 부정한 것처럼 보는 사람은 없을 것이다. 그러나 적극적인 반기독교 세력은 이를 기회로 잡고 모든 교회를 싸잡아 비난한다. 이것은 마치 교차로에서 사람을 친 뺑소니 차량이 있다고 해서 모든 차량을 뺑소니차로 보는 것과 같은 억지요, 수준 이하의 비판이다.

이런 일들은 지극히 작은 예일 뿐이다. 세인들이 지적하는 일부 문제는 우리 기독교도 모르고 있지 않으며, 교계 내에서 자성과 개혁의 목소리도 높다. 이런 문제들을 개선하려고 부단히 노력하고 있으므로 지나친 걱정이나 비판은 사양하겠다.

교회는 대단한 자정 능력을 가지고 있다. 교회 역사에서 교회의 변질과 세속화는 계속 있었으나 그때마다 교회는 외부의 요인이 아니라 자정 능력을 발휘하여 스스로 개혁해 왔다. 그러므로 반기독교인들의 말처럼 기독교가 썩었다느니, 절망적이라느니, 모두 제거해 버려야 한다느니 하는 식의 악담은 기독교 적대 세력의 시비일 뿐이다.

내가 이런 글을 쓸 수밖에 없는 이유는 지금 사회 일각이나 일부 기독교 관계자들 측에서 자칫 교회가 사회악으로 규정지어질 만큼 여러 매체를 통해 공공연하게 과도한 비판을 하고 있으며, 이제는 정치권에서도 반기독교적 언동이 자주 있기 때문이다. 또 지금 교회 안에 있는 교우들과 후대들이 우리 기독교를 부끄럽게 생각하게 될까 봐 염려됨이요, 미래의 잠정적 기독교인들의 교회를 향한 발길을 막을 수 있다는 우려 때문이다.

무종교인들을 대상으로 한 설문 조사에서 '앞으로 종교를 선택한다면?'이란 질문에 천주교, 불교 다음으로 기독교라는 결과가 나왔다고 한다. 기독교에 대한 왜곡된 인식이 널리 퍼졌기 때문이다. 이들의 부정적 정보는 거의가 소문이요 적대적 세력의 비난이다. 교회를 향한 이들의 난도질 수준의 발언은 살기까지 느껴지게 한다. 이들은 정상적인 대화를 나눌 수 없을 정도의 공격적 자세를 취하고 있다. 기독교를 의도적으로 와해시키려는 불량한 세력이 있을 뿐, 진정 교회가 잘되기를 바라서 조언하는 사람이 어디 있는가?

그래서 비판의 소리를 들어보면 대부분 한국 교회가 이대로는 절망적이라거나 차라리 없어지는 게 낫다고 한다. 목사와 교인들을 이기주의자 또는 자기 배만 불리는 욕심쟁이라고 표현하고 있는데 정말 그렇다면 교회는 벌써 망했어야 한다.

2005년 3월 25일 밤 CBS TV 방송 포럼 출연자 중에 성공회대학 권○○ 교수, 한신대학 김○○ 교수, 그리고 〈복음과 상황〉 편집장 양

○○ 씨가 있었는데, 기독교 학자인 이들이 하는 말을 듣고 나는 놀라서 뛰는 마음을 진정하기 어려웠다. 이들의 말을 듣고 있노라니 교회는 악의 축이요, 차라리 없는 게 나을 것 같았다. 도무지 희망도 없고, 타도의 대상으로만 인식될 정도였다. 20년 전의 방송 내용이 이러한데 지금의 방송은 더 가관일 것 같아, 과거 CBS를 후원하고 시청하던 나는 더 이상 이 방송을 시청하지 않는다.

정말 그렇게 교회가 썩었는가? 내가 뭘 모르고 있는 것인가? 그러나 그들의 말대로라면 교회는 벌써 사라졌어야 한다. 그럼에도 현실은 그렇지 않다면 이는 심각한 일이다. 그들은 기독교를 말살하자는 반기독교의 주장에 적극 가담한 모습이었다. 이들의 말에 일일이 대응하거나 변명할 필요는 없겠으나, 행여 교회가 죄악의 온상으로 비칠까 봐 우려하지 않을 수 없다. 순진한 성도들이 실족당하지 않을까? CBS TV는 1천만이 넘는 기독교인뿐 아니라 불신자들도 볼 수 있는데 이렇게 방송할 수가 있단 말인가?

종교집단 중 교회만큼 맘 놓고 비난할 수 있는 대상도 없다. 불교나 이슬람을 그렇게 대놓고 비난했다가는 그날로 난리가 날 것이다. 너도나도 한마디씩 하며, 이제는 순수하게 볼 수 없는 기독교 내 일부 인사들까지 날뛰며 누워서 침을 뱉고 있는 모습은 불쾌하기 짝이 없다.

그들 말대로 한국의 5만여 개 교회를 다 없애버린다고 가정하자. 그러면 국가적으로나 사회적으로나 경제적으로 어떤 현상이 생길까? 나는 할 수만 있다면 한국 교회를 몇 달간 사라지게 했다가 다시 있게 하고 싶다. 그렇게 된다면 한국의 여러 분야와 다양한 사람들이 얼마나 교회에 의존하고 살고 있는지 확연히 알게 되고, 교회의 역량이 얼마나 사회 깊숙이 자리 잡고 있는지를 알 수 있을 테니 말이다.

일반인이나 기업인이 베푸는 선행은 신문이나 방송에 수시로 나오지만, 교회들이 베푸는 선행은 아예 나오지도 않는다. 교회가 자랑하지 않기 때문이다. 비록 시골 교회지만 힘에 지나도록 나름대로 선행을 하는 곳이 많다. 심지어 내가 아는 어느 개척교회에서는 교인이 10여 명인데도 공과금을 제외한 나머지는 모두 구제비나 어려운 이들을 위해 쓰고 있다. 목사들이 그만큼 생활이 어려운 것은 말할 것도 없다. 그런데도 이웃에게 무엇인가 베풀고자 힘쓰는 게 교회다. 이런 일들은 동네 주민들도 잘 모른다. 불신자들은 아예 모른다. 심지어 교회들끼리도 이웃 교회에서 하는 좋은 일들을 모를 정도다. 세인들처럼 자랑하지 않기 때문이다.

어느 반기독교인의 말대로 이 땅의 기독교를 싹 쓸어버린다면 어떤 결과가 올지 나도 한번 보고 싶다. 사회 구석구석 침투되어 많은 사람과 함께하는 기독교가 얼마나 많은 사람을 살리고 쓰러져 가는 사람들에게 소망을 갖게 하는지 분명하게 보여 주고 싶다.

그러나 그런 날이 오지 않아도 좋다. 오른손이 하는 일을 왼손이 모르게 하라는 주님의 말씀을 따라 묵묵히 이어온 교회의 은밀하고 선한 일들을 비판거리만 들추는 자들에게 알아 달라고 부탁하는 것은 교회가 해온 방식이 아니기 때문이다.

어느 시대나, 어느 단체나, 어느 국가나 반대 세력은 항상 존재하기 마련이다. 현재 인터넷의 반기독교 모임 회원이 많이 늘고 있는데 약 80%가 예전의 기독교인이라고 한다. 그런데 이들이 왜 반기독교 모임에 가담하였는가? 왜 그리 기독교를 극렬히 비난하는가? 그 이유는 거의가 교회에 다니면서 마음의 상처를 받았기 때문이라는 것이다. '교회에 다니는 사람들이 그럴 수 있느냐'는 실망감이 그들을 교회 밖에서 투쟁하면서 교회 안으로 돌을 던지게 만들었다는 말이다. 그러나 실망할 일들이 다른 곳에는 없는가? 그런 이유로 반대 모임을 만든다면 모든 종교와 사회단체 할 것 없이 그 모임의 수가 엄청날 것이다.

다른 종교에 속해 있다가 그만둔 그런 사람들도 많을 텐데 유독 기독교에 대한 비난의 목소리가 더 높은 것은, 그만큼 기대치가 높거나 아니면 기독교 적대 세력의 활동일 것이다.

● 반기독교인들이 지적하는 것

반기독교인들이 기독교를 향해 요구하는 게 있다.

1) 배타주의를 버리라

기독교가 타 종교에 대하여 매우 배타적이라는 지적은 오래전부터 있어 왔다.

(1) 타 종교를 수용하라

소위 에큐메니컬(ecumenical) 운동에 동참하라는 것이다. 종교 보편화 운동, 즉 모든 종교는 평등하다는 것을 전제로 종교회합을 갖는 것을 말한다. 그것은 종교다원주의를 수용하라는 말이다.

앞서 언급한 CBS TV 방송에서 한신대 김○○ 교수가 "우리 기독교는 유교나 불교, 원불교 같은 위대한 종교와 협력하면서 배워야 한다"고 역설하는 것을 보았다. 김 교수는 타 종교에 대한 존중이 지나쳐 이들을 교회 위에 올려놓았다. 30여 년 전 감신대 종교다원주의자 변선환 교수가 그러했듯이 이런 인물이 여기저기서 마구 일어나고 있다. 타 종교도 나름대로 업적이 있고 무엇인가 배울 점도 있을 것이다. 그러나 그런 발언은 교회를 세우고 인도하신 주님을 모독하는 것이며, 목회자를 양성하는 신학교 교수로서 할 수 있는 발언이 아니다. 오직 종교다원주의자에게서만 나오는 발언이다. 그런데 지금 이런 자들이 더욱 많아져 예수님을 조롱하고 있다.

타 종교를 수용하라는 말은 기독교의 핵심 진리를 포기하라는 것과 같고, 다른 종교의 우상을 우리 구주 예수님과 나란히 놓으라는 말이다.

> **요 14:6** 예수께서 이르시되 내가 곧 길이요 진리요 생명이니 나로 말미암지 않고는 아버지께로 올 자가 없느니라

기독교는 유일 신앙이다. 즉, 하나님 외에 다른 신을 인정할 수도, 허용할 수도 없다. 이런 신앙은 우리 기독교인들이 만들어 낸 것이 아니라 하나님이 분명하게 말씀하신 바다.

사 45:5-6 나는 여호와라 나 외에 다른 이가 없나니 나밖에 신이 없느니라 너는 나를 알지 못하였을지라도 나는 네 띠를 동일 것이요 해 뜨는 곳에서든지 지는 곳에서든지 나밖에 다른 이가 없는 줄을 알게 하리라 나는 여호와라 다른 이가 없느니라

사 45:18 대저 여호와께서 이같이 말씀하시되 하늘을 창조하신 이 그는 하나님이시니 그가 땅을 지으시고 그것을 만드셨으며 그것을 견고하게 하시되 혼돈하게 창조하지 아니하시고 사람이 거주하게 그것을 지으셨으니 나는 여호와라 나 외에 다른 이가 없느니라

사 46:5, 9 너희가 나를 누구에게 비기며 누구와 짝하며 누구와 비교하여 서로 같다 하겠느냐…너희는 옛적 일을 기억하라 나는 하나님이라 나 외에 다른 이가 없느니라 나는 하나님이라 나 같은 이가 없느니라

십계명 1, 2계명은 다른 신을 섬기지 말고, 어떤 형상이든지 만들지도 말고 섬기지 말라고 하셨다. 이 외에도 우상이나 이방 신 믿는 것을 절대 허용하지 않으시는 하나님의 의지가 담긴 말씀은 많이 있다. 이교도들에게 기독교의 하나님만이 유일하다는 사실은 매우 불쾌한 일이 될 것이다. 그래도 기독교는 그들과 어울릴 수 없고, 허락할 수도 없다. 아니, 하고 싶어도 못 하는 것이다. 종교라는 이름으로만 볼 때는 기독교나 다른 종교나 똑같다고 하겠지만, 기독교의 하나님은 그런 종교의 범주에 놓고 생각할 대상이 아니다. 그래서 기독교가 더 발전하지 못하는 것이라고 비아냥거리며 지적하지만, 그것은 우리를 생각해서 하는 말이 아니라 그들의 열등함을 감추려는 것임을 우리는 다 안다.

우리에게 가장 중요한 것은 교회 부흥이 아니라 구원의 복음, 유일 신앙을 지키는 것이며, 부흥은 그다음이다. 한국 기독교가 부흥 발전한 것은, 타 종교와 연합하는 혼합주의가 아니라 유일 신앙을 지키며 성경을 따라 열심히 살아온 우리에게 베푸신 주님의 은총 덕분이다. 기독교의 유일 신앙은 어느 누구도 건드릴 수 없는 절대 영

역이다. 만일 이 벽을 허물어 버린다면 그날로 기독교는 망한 것이다. 유일 신앙은 우리가 어떤 비난을 받는다 해도 지켜 나가야 하는 목숨 같은 것이다.

기독교가 오랜 세월을 핍박당하면서도 지구촌의 3분의 1 이상이 믿을 정도로 흥하게 된 것은, 목숨을 걸고 오직 예수, 오직 성경, 오직 하나님, 오직 믿음의 신앙을 지켜 왔기 때문이다. 타 종교와 타협하고 종교다원주의로 전환했다면 기독교는 벌써 사라지고 천주교에 흡수되었을 것이다.

(2) 타 종교와 협력하고 대화하라

구체적으로 무슨 대화를 하며 무엇을 협력하라는 것인가? 아마도 천주교와 불교처럼 서로의 신앙과 모든 체제를 인정하고 친밀히 왕래하라는 말일 것이다. 우리 기독교에는 불가능한 이야기다. 그러나 일부 협력하고 대화할 수 있는 것도 있다.

사회적, 국가적 공동 관심사는 함께 의논하고 협력할 수 있다. 예를 들어 수재민 돕기나 국가적 위기에 공동으로 대처하는 일이나 가난한 사람을 함께 돕는 일 등은 얼마든지 가능하다. 반공, 애국 활동, 독도 문제나 역사 교과서 왜곡 문제를 다룸에서는 공동으로 발맞추어 갈 수 있다. 그러나 신앙의 내용을 바꾸거나 우상을 하나님과 나란히 놓는 것은 있을 수 없다.

우리는 하나님의 말씀을 바꾸거나 변경시킬 권한이 없다. 신앙적인 측면이나 영적인 차원으로 들어간다면 그들과 협력하고 동의를 구하거나 그 요구에 맞출 만한 것이 없다. 그들의 원대로 하자면 우리 기독교는 유일하신 하나님의 유일성을 무시하고 하나님을 다른 잡신들과 나란히 놓아야 하는데, 이는 미친 자가 아니면 할 수 없는 일이다. 그런데 그렇게 미친 자들이 있다.

WCC, 천주교처럼 한곳에 모여 예배와 예불을 동시에 드리고 이슬람의 알라를 동시에 찬양하는 해괴한 짓을 어찌 할 수 있겠는가? 그들은 가능할지 몰라도 우리 기독교는 창조주를 배신하는 그런 일에 가담할 수 없다.

2) 사회 문제에 앞장서라

약자와 가난한 자, 압제당하는 자 등에 관심을 갖고 도움을 주라는 것이다. 교회 내부보다 외부에 더 관심을 가지라는 것이다. 약자 편에 서서 함께 울고 동고동락하는 모습을 보이라는 것이다. 그들은 마치 교회 활동을 다 알고 있는 것처럼 말한다.

(1) 정녕 그들 말대로 기독교가 사회적 책임을 버렸단 말인가?
절대 그렇지 않다. 오히려 예전보다 더 많은 투자와 활동이 전개되고 있다. 교육 사업이나 구제 사업, 지역민들을 위한 복지와 다양한 프로그램도 제공하고 있다. 미자립 교회야 하고 싶어도 못 하겠지만 자립한 교회라면 거의 다 하고 있다. 그것이 혹 기대치에 못 미칠 수는 있겠으나 상당 부분을 감당하고 있음을 알아야 한다. 단지 세인들이 알지 못할 뿐이다.

이런 실상을 조사한 천상만 교수(한국생산성본부 교수, 중앙성결교회 목사, 경제/경영 2-2)의 "한국 교회의 재정 지출과 사회적 기여"라는 논문에 보면, 한국 교회의 지역사회 봉사활동에 대한 인지도 조사 결과, 응답자의 84.6%가 알지 못한다고 답변하였다. 알고 있는 경우도 불우한 이웃 돕기 차원의 봉사에 한정되어 있는 경우가 많았다. 2009년 현재 한국 교회가 헌금을 통해 얻는 수입 총액은 연간 총 6조 7천억 원 규모에 이르는 것으로 추정된다. 이 중에서 교육과 선교, 구제 등 사회복지를 통한 사회적 약자 배려 목적으로 사용되는 지출액은 전체 헌금 수입의 20%에 이르는 연간 총 1조 3천억 원으로 추정된다. 이렇게 교회 외부로 흘러 나가는 사회 기여 재정 지출액은 2009년 정부 예산의 0.48%, 국민총생산(GDP)의 0.13%에 이르는 규모다. 그리고 사회복지 분야에서도 한국 교회는 천주교나 불교에 비하여 기관 수 및 재정 규모에서 앞서는 것으로 나타났다. 따라서 한국 교회를 향한 비판의 내용과 실상은 다르다는 점을 인식할 필요가 있다(기독교 세계관 학술 동역회).

남북 협력이나 통일에 대비한 대북 사업은 기독교가 가장 적극적이요, 많은 선교헌금으로 지출되고 있다. 북한에 국수 공장이나 빵 공장을 짓고 굶주린 사람들에게 무료로 급식한 지 오래되었고, 기타 구제 사업도 많이 하고 있다. 너무 지나쳐서 문제가 될 정도다. 평양에는 조용기심장병원 건물을 500억이나 들여 세워 놓았다.

그리고 세상에 소외된 사람이 많은 것을 교회 탓으로 돌리지 말라. 교회를 향한 불만의 소리가 많다고 교회에 문제가 많은 것으로 보지 말라. 예전부터 교회는 그 하던 일을 꾸준히 해오고 있는데, 다만 교회나 사회의 관심이 필요한 사람들이 예전보다 더 많아지고 있을 뿐이다. 이들을 미처 돌아보지 못했다고 교회가 비난을 받아야 한다는 것은 억지다. 혹자의 요구를 거절했다고 교회가 비난을 받을 수는 없다. 그들의 요구를 다 들어줄 수도 없거니와, 교회마다 나름대로 이미 선한 일들을 하고 있기 때문이다. 냉정하게 이야기해서 사회의 전반적인 분야를 교회가 다 책임져야 하는 것처럼 말하지 말라. 그것은 당신들과 나, 국가, 우리 모두의 몫이다.

(2) 교회는 복지 기관이 아니다

교회는 분명 사회사업을 주업으로 하는 단체가 아니다. 교회를 단순한 구제 단체나 약자를 돕는 것이 주 임무인 단체처럼 생각하는 사람이 많다. 또 기독교 일각에서도 사회사업을 충분히 못 한다고 괜히 기죽을 일도 아니다.

우리 기독교인들이 분명히 알 것은, 교회의 사명은 하나님의 영광을 드러내고 구원의 복음을 전하여 죄인들이 영생을 얻게 하는 데 있다는 사실이다. 저들의 빗발치는 사회적 요구에 행여 교회의 본질을 잃어버릴까 염려된다. 교회는 결코 복지 단체가 아니다. 복지 사업을 병행할 수는 있겠으나 본래의 사명은 복음 전파를 통해 죄인을 구원하는 것이다.

교회가 약자 편에나 서고, 가난한 자에게만 관심을 가져야 하는 것처럼 힐난하여 교회의 본 목적을 혼동케 하는 자들을 경계해야 한다. 사탄의 교묘한 속임수가 바로 이런 데 있다. 교회가 구제, 사회사업을 하는 이유는, 전도 효과를 좀더 높이고, 하나님의 영광을 드러내며 그의 뜻을 이루는 하나의 수단이기 때문이지 외부의 요구 때문이 아니다.

> **마 5:16** 이같이 너희 빛이 사람 앞에 비치게 하여 그들로 너희 착한 행실을 보고 하늘에 계신 너희 아버지께 영광을 돌리게 하라

> **고전 10:31** 그런즉 너희가 먹든지 마시든지 무엇을 하든지 다 하나님의 영광을 위하여 하라

교회가 구제하고 선한 일들에 동참하는 목적은 그 일 자체에 있는 것이 아니다. 하나님의 뜻을 이루어 가는 하나의 과정일 뿐이다. 교회의 주요 사업은 하나님의 말씀을 사람들에게 전하여 영생을 얻게 하는 것이다. 그 궁극적인 목표를 잃는다면 교회는 교회가 아니다. 그러므로 교회를 향하여 무언가를 주문하는 사람들은 교회의 존재 이유가 무엇인지를 정확히 알고 예를 갖추어 접근해 와야 대화 상대가 될 것이다. 교회가 뭔지도 모르면서 요구하는 것은 무례하게 찾아와 물건을 들이대며 강매하려는 장사치들의 행태와 다르지 않다.

분명히 말하지만, 예수님은 교회를 복지 기관으로 세우신 게 아니다. 교회는 영혼 구원을 목표로 하는 복음의 전진기지다.

3) 교회의 대형화를 꾀하지 말라

모두 교회의 대형화를 못마땅하게 보는 사람들이 하는 말이다. 그들은 교회를 거대한 비만 환자라고 표현한다. 각종 성인병에 걸려 제구실하지 못하는 병든 거인으로 본다. 성장이 아니라 배불리 먹어 대는 과식증에 걸렸다는 것이다. 이는 기독교가 크게 부흥한 것에 대한 비난일 뿐이다. 이런 자들은 재벌이나 대기업이 단지 크다는 이유만으로 괴롭히며 헐뜯는 자들과 비슷하다. 이들의 말만 듣고 있노라면 교회는 욕먹을 짓만 하는 별종들의 집단으로 보이지만, 실상은 절대로 그렇지 않다. 대형화로 말하자면 명산에 지나치게 필

요 이상으로 넓은 터를 잡고 통행세를 받아 챙기는 불교의 사찰이 비난받아야 하며, 사회를 등진 것으로 말하자면 불교는 속세를 떠나 깊은 산속으로 들어가 혼자 정념해 오지 않았는가?

기독교란 처음부터 사람들 틈 속에서 희로애락을 같이해 왔다. 기독교가 성장한 것은 처음 선교사 때부터 가난한 자와 서민들 틈 속에서 함께 울고 웃어 왔던 일들의 대가요, 당연한 결과다. 교회가 커진 것은 비난이나 비판을 받을 일이 아니다. 기독교가 그 세력이 약할 때부터 여러 가지 일을 서민들과 함께하였고 지금도 그 자리에 있기 때문에 얻은 당연한 결과다.

천주교, 불교, 유교 중 사실 기독교만큼 사회 기여도가 높은 종교는 없다. 기독교는 처음부터 사회 깊숙이 뿌리를 내려 활동해 왔기 때문에 많은 백성이 교회에 모이게 된 것이요, 자연스레 대형화의 모습도 갖추게 된 것이다. 단순히 대형화된 것을 가지고 비난한다면 수용할 수 없다. 작은 단체가 100개 모여도 할 수 없는 큰 사업들을 대형 교회는 할 수 있고, 이런 교회들로 인한 경제 효과는 다른 종교를 압도하는 수준이다.

문제가 생기면 교회마다, 기독교 단체마다 더 나은, 더 성숙한 기독교를 만들기 위해 힘쓰고 있으며, 교회의 긍정적 효과는 앞으로도 지속될 것이니, 무지한 외인들의 간섭은 사양한다.

4) 기복적 신앙을 버리라

즉, 한국 교회는 너무 복을 강조한다는 것이다. 이 땅의 복만 강조한다고 비난하는 것이다. 교회가 육적인 복만 강조한다니, 사이비가 아닌 이상 그런 교회는 없다. 우리가 평안만 추구하였는가? 기독교만큼 핍박과 고난에 익숙한 종교도 없다. 교회는 짓밟히면서 자란 거친 광야에 핀 꽃과 같고, 그 고난의 기운은 오늘날도 여전히 이곳저곳에 남아 있다.

영육 간의 복을 말하지 않는 설교자도 문제다. 하나님께서는 모든 복의 근원이 되신다. 왜 이것을 애써 부인하고 외면하려 드는 것인가?

전 5:19 또한 어떤 사람에게든지 하나님이 재물과 부요를 그에게 주사 능히 누리게 하시며 제 몫을 받아 수고함으로 즐거워하게 하신 것은 하나님의 선물이라

성경에는 수많은 복이 약속되어 있다. 그것은 영적인 복뿐이 아니다. 이 땅의 복도 약속되어 있다. 땅의 복만 강조한다면 문제가 크겠으나 땅의 복만 강조하는 목회자가 어디 있을까? 땅의 것만 얻으려 예수님을 믿는 성도는 없다. 근본적으로 하나님과 인간 사이는 복을 주시고 받아야 하는 관계임을 애써 부인할 필요가 없다.

우리는 이 땅에 사는 한 하늘의 신령한 복과 이 땅의 복을 필요로 한다. 하나님께서는 영적인 것만 다루시고 땅의 것은 외면하지 않으시며, 모든 영육 간의 필요가 다 하나님에게서 오는 것이다. 그런 주님께 복을 기대하고 구하는 것은 이상한 게 아니라 오히려 지극히 정상적인 것이다.

예수님께서도 모인 군중이 배고파하는 것을 아시고, 오병이어 혹은 칠병이어로 배불리 먹게 하셨다. 들판의 꽃들도 입히시고 우리의 머리카락 하나까지 세시는 하나님께 나의 세심한 사항까지 돌보심을 구하는 게 비난받을 일인가? 오히려 그 복이 필요 없는 것처럼 비난하는 사람들이 위선자인 것은, 그들도 땅의 것을 필요로 하고, 주님으로부터 그런 복을 공급받지 않고는 살아갈 수 없는 사람들이기 때문이다.

눅 12:28-30 오늘 있다가 내일 아궁이에 던져지는 들풀도 하나님이 이렇게 입히시거든 하물며 너희일까 보냐 믿음이 작은 자들아 너희는 무엇을 먹을까 무엇을 마실까 하여 구하지 말며 근심하지도 말라 이 모든 것은 세상 백성들이 구하는 것이라 너희 아버지께서는 이런 것이 너희에게 있어야 할 것을 아시느니라

● 비난받는 우리 기독교인들에게

그동안 우리 기독교는 다른 종교에 비해 사회 깊숙이 자리 잡고 있다는 이유로 지나치게 많은 지적을 받아 왔다. 이에 따라 연약한 그리스도인들은 마음의 짐을 지고 우리 기독교를 부끄럽게 생각하기도 한다. 어떤 이는 아예 교회를 등지기도 한다. 안타까운 일이 아닐 수 없다. 그래서 몇 마디 덧붙이고 싶다.

1. 무시해야 할 비난이 많음을 알라

변화와 성장을 위해서는 비판도 귀담아들어야 한다. 그러나 작금의 시대는 너나 할 것 없이 비평가 아닌 사람이 없고, 어른이나 아이나 막말로 떠든다. 특히 리처드같이 적대감으로 떠드는 자의 말은 오히려 경계해야 한다. 그 이유는 다음과 같다.

1) 정확한 지식없이 비판만 하기 때문이다

교회에 대한 정확한 지식이 있거나 정확하게 문제를 파악하고 말하는 자가 없다. 심지어 기독교가 무엇인지 그 개념도 없는 사람들조차 함부로 말한다. 무지한 상태에서의 비판이 얼마나 어리석게 보이는지 그들은 모른다. 일일이 반응하는 것은 똑같은 어리석음에 떨어질 위험이 크다. 때로는 무반응도 지혜로운 대처가 될 수 있는 것이다.

2) 개인적 수준의 비판이 대부분이기 때문이다

안티 기독교인들은 자신들의 기준으로 비판한다. 개인적으로 기독교인에게 상처를 입었다거나, 교회에 다녔지만 은혜를 받지 못하고 오히려 불만을 품고 나가 교회를 공격하기도 한다. 교회에 다니는 사람에게 사기를 당했다거나, 거짓말하는 교인을 보았다거나 하는 것이다. 이런 일들은 기독교 자체의 문제가 아니라, 개인의 인격과 소양의 문제다.

　기독교인이라고 완벽한 인생을 사는 게 아니다. 사람들에게 흔히 나타나는 일들로 기독교를 싸잡아 욕하는 것은 수용할 수 없다. 이런 것은 개인 감정이나 도덕성의 문제이지 교회의 근본적인 문제가 아니다. 교회는 개인적인 삶의 방식을 책임지거나 해명해야 하는 곳이 아니다.

　또 가끔 신문기자들이 임의로 쓴 기독교 비판 기사들을 보면 말 그대로 개인적 뇌피셜(객관성 없는 개인의 생각)일 때가 많다. 어떤 기자는 신학적 기반도 없고 기독교 신앙의 기본도 모르면서 자의적 판단으로 기사를 쓴다. 그래서 쓸모 있는 충고는 외인들에게서 나올 수가 없는 것이다.

3) 과장된 비판이 많기 때문이다

　지금 세상은 온통 과장된 포장지에 싸여 있다. 정치도, 경제도, 교육도, 기업도, 우리가 쓰는 말도 과장되기 일쑤다. 일부 교회 안에서 일어나는 목회자 세습 체제 문제만 해도 그렇다. 극히 일부 교회 목사가 자기 아들을 후임자로 선임하려다가 생긴 문제를 한국 교회가 전부 그런 것으로 말하는 것부터가 불손하고 불량스럽다. 99.9%는 그와 상관이 없다.

　또 어느 목사가 공금을 횡령했다는 식의 일도 그런 것이다. 이로 인해 모든 목사들을 부도덕한 것으로 말하고 썩었다느니 하는 과장된 비난이 대부분이다. 그러나 그렇다고 성경에 문제가 있는 게 아니며, 그것은 기독교 자체의 문제가 아니라 지극히 개인적인 것이며 그 개인이 개선하면 되는 것이다. 주변 사람들의 문제를 내가 책임지지 않는 것처럼, 이런 과장된 적대적 비판에는 신경 쓸 것 없다. 당당하게 신앙생활하라!

4) 이 중에는 사탄의 전략이 숨어 있기 때문이다

적대적 비난을 거듭함으로써 교회의 위상을 떨어트리고, 복음 전파의 효과를 반감시키고, 교인들이 떠나가게 하는 비난이 대부분이다. 세상은 교회를 위하지 않으며, 교회를 배려하지도 않는다. 리처드가 교회 잘되라고 비난하고 충고한다고 생각하는가? 절대 아니다. 교회를 깨부수는 목적 외에는 아무것도 없다. 교회는 스스로 위하고, 스스로 고치고, 스스로 조절하며, 스스로 성장해야 한다. 세상이 교회를 위한다거나, 세상이 교회를 고치려 한다거나, 혹 세상이 교회를 조절하려 한다면 우리는 거부해야 한다. 세상이 원하는 곳으로 끌려간다면 그곳은 분명 주님이 없는 곳이기 때문이다. 그러므로 교회는 흔들리지 말고 비난도, 성찰도, 회개도 우리 스스로 해야 살아남는 것이다.

2. 비난하는 자에게 맞추려 하지 말라

교회가 어떤 일을 하게 되는 이유는 하나님의 그것을 원하시기 때문이어야 한다. 사람이 요구한다고 하는 것이 아니다. 때로는 사람이 요구할지라도 하나님이 원하시지 않는 것이라면 할 수 없고, 지나친 요구에도 응할 수 없다. 교회가 귀 기울여야 할 것은 대중의 소리가 아니라 언제나 하나님의 음성임을 잊지 말자.

1) 성경에 맞추어야 한다

우리의 태도가 세인들이 볼 때는 못마땅하게 보일 수도 있다. 유일 신앙이 그렇고, 오직 예수 신앙과 오직 성경, 오직 믿음 신앙이 바로 저들의 공격을 받는 이유다.

성경을 따라가야 한다. 그것은 곧 하나님께 맞추는 것이다. 교회는 세상 속에 깊이 박혀 있으나, 세상이 아니라 언제나 하나님의 뜻을 중심으로 움직여야 한다. 그것이 때로는 비난의 원인이 될지라도 교회는 하나님께서 이르신 기준을 따라가야 보존되는 것이다.

2) 세인들의 칭찬은 교회를 세속화시킬 수 있음에 주의해야 한다

어느 대형 교회 표어는 "불신자가 좋아하는 교회"란다. 그 의도는 알지만, 어찌 보면 위험한 표어이기도 하다. 세인들이 교회를 칭찬하고 좋아할 때는 어느 때일까? 하나님을 잘 믿는다고 칭찬할까? 기도 많이 하면 좋아할까? 그들에게는 우리가 하나님을 잘 믿는 것이 칭찬할 거리도 아니고, 좋아할 이유도 아니다. 그들은 하나님께 관심이 없다. 세인들이 칭찬할 때는 이웃들에게 유익이 될 만한 가시적인 혜택을 베풀었을 때다. 그래서 그들은 교회 건물이 커지거나 좋은 것을 누리는 것 좋아하지 않는다. 그 돈으로 가난한 사람을 도와줄 것이지 쓸데없이 낭비한다고 생각한다. 마치 예수님 발에 비싼 향유를 붓고 헌신한 여인의 행위를 보고, 그 향유를 팔아 가난한 사람을 돕는 게 낫다고 비난한 가룟 유다와 같다. 그들에게는 복음으로 얼마나 많은 사람을 구원했든지와 상관없이, 교회가 얼마나 어려운 이웃을 돌아보고 자선을 베풀었느냐가 주된 관심사이자 칭찬의 이유가 된다.

여기에 함정이 있다. 세인들의 요구와 박수가 그런 일에 한정되어 있기 때문에, 자칫 교회가 그들의 마음에 맞는 일들만 하려 든다면 교회의 사명이 마치 구제나 자선인 것으로 착각하게 할 수 있다는 것이다. 교회는 한 푼을 써도 구제 그 자체에 목적이 있는 게 아니다. 오직 하나님의 영광과 그 뜻을 성취하기 위함이어야 한다. 무언가를 얻어먹으려 교회에 오는 사람은 10년을 다녔어도 불신자에 해당할 뿐이다. 다시 강조하지만, 교회는 복지 단체가 아니라 사람들이 복음으로 영생에 이르도록 하는 구원의 방주다.

3. 진정 필요한 비판은 교회 안에서 나와야 한다

역사 이래 교회는 외부의 비난이나 핍박에 굴하지 않았고, 교회

가 정화된 것도 불신자들의 비판이 아니라 교회 안의 선각자들이나 말씀 운동 그리고 성령의 새롭게 하시는 역사로 되어 왔다. 즉, 성경과 성령께서 교회를 개혁하시고 정화하신다. 교회는 늘 그렇게 유지되어 왔고 앞으로도 그럴 것이다.

교회를 비판할 자격은 교회 안에만 주어지는 것이다. 즉, 분명한 문제의식을 느끼고, 신앙으로 뭉쳐 있고, 하나님의 시각을 가진 사람만이 하나님의 영광을 위하여 잘못된 교회의 모습을 비판할 수 있다.

그러나 기독교 인사라 해도 절망적인 비판은 삼가야 할 것이다. 비판이 있어야 고치고 성장하는 것은 분명하나, 그 비판이 지나쳐 오히려 우리 기독교를 허물게 된다면 그 또한 문제가 크다. 그런데 지금은 너도나도, 아무나, 아무 데서나, 심지어 불신자 앞에서도 그런 말을 함부로 내뱉는다. 단언컨대 함부로 아무 데서나 무모하게 비판하는 그런 사람들은 오히려 기독교의 해악으로 남게 될 사람들이다.

우리 기독교의 의식 있는 분들에게 한 가지 부탁할 것이 있다. 우리의 치부나 허물을 말할 때는 세상에 공표하는 식으로 하지 말고, 우리 기독교 안에서 교단 차원이나 학자들, 지도자급 인사들 모임에서 적절히 해주었으면 한다. 방송매체나 대중적인 지면에서는 조심스럽게 정도껏 지혜롭게 표현해 주었으면 한다. 치부를 불신자들에게 보이는 것이 전도를 막고 주님의 얼굴을 부끄럽게 할 뿐 무슨 도움이 되겠는가?

세상일을 놓고 토론할 때도 원색적인 표현은 삼가는 게 상식이다. 그런데 어찌 하나님의 이름과 연관된 사안들을 불특정 다수 혹은 적대 세력들이 보는 앞에서 그리 서슴없이, 걸림 장치도 없이 내뱉는가? 우리끼리는 어떤 허물을 말하여도 괜찮지만, 세인들이 다 지켜보는 앞에서 문제점만 나열하는 식의 그런 모임이나 토론회는 백해무익하고 자해하는 일이 될 뿐이다.

밖으로 나가 교회를 향해 돌을 던지는 것보다 교회 안에서부터 개혁을 시도하는 것이 더 바람직하고 빠른 방법이 아니겠는가? 자신도 현대교회의 일원으로서 책임이 있다는 것을 겸손히 시인한다면,

불특정 다수에게 집안일을 떠벌여 위상을 실추시키는 일은 제발 삼가길 바란다. 그렇지 않으면 그 자신도 교회가 경계해야 할 또 하나의 대상이 될 뿐이다.

4. 세상은 교회를 위하지 않는다

불신자들은 교회가 잘되기 위해서나 주님의 영광을 위해 살지 않는다. 그러면서도 비판한다. 우리 스스로의 비판은 교회를 사랑하는 맘으로 한다고 볼 수 있으나, 불신자들의 비판은 교회를 사랑해서 하는 것이 절대 아니다. 그들의 요구와 기대에 미치지 못하는 데서 나오는 불만이다.

그들이 교회의 존재 이유와 근본 목적이 무엇인지 알 리가 없다. 그러면서도 '교회 노릇 똑바로 하라'고 하니, 일자무식이 서당 선생한테 천자문 운운하는 것과 다를 바가 없다.

예전에 유〇〇 국회의원이 교회를 비난한 적이 있어 한동안 말썽이 된 적이 있다. 한국 교회란 쓸데없고 다 없어져야 한다는 식의 발언이었다. 자신은 예수님이 한국 교회에 오신다 해도 교회에는 안 나가겠다고 할 정도로 교회를 악평했다. 그런 그가 교회에 다녀 본 적이 있을까? 한 번도 없다고 한다. 이 모두 기독교 적대 세력이나 반국가 세력이 하는 짓이다.

이제는 기독교에 대하여 한 번도 직접 경험해 보지도 않고 배워보지도 않은 문외한들이 마구잡이로 교회에 비난을 퍼붓고 있다. 정치도 그런 식으로 하는지 의심스럽다. 일자무식이 누굴 가르치겠다는 꼴이 아닌가? 외인들의 적대적 시비에 결코 흔들리거나 말려들지 말라!

5. 기독교인으로서 자긍심을 가지고 살라

당신은 기독교인이 된 것이 자랑스러운가? 그렇다고 대답할 수 있기를 바란다. 자신이 태어나고 자라난 집안을 부끄러워한다면 불행이다. 지금 내가 기독교인인 것과 소속 교회의 일원인 것에 감사하고 자부심을 가지라. 그렇게 하지 않으면 당신은 정체성을 상실한 사람이요, 언젠가 교회를 떠날 사람이다. 우리가 사는 대한민국이 아무리 문제가 많아도 우리는 대한민국을 사랑할 수밖에 없어야 한다. 나라가 맘에 안 든다고 반국가적 행위를 하거나, 공산 사회주의를 주장하는 것은 바보 아니면 간첩이 하는 짓이다.

원하는 것을 안 해준다고 자식이 부모를 버릴 수 있는가? 낳아주고 길러주고 먹여주고 가르쳐 준 부모의 은덕이 클진대, 불만이 있다고 가출하거나 자기 집 안의 기둥을 부순다면 깡패보다도 나쁜 자식이다.

우리는 자랑스러운 그리스도인이다. 그 누가 뭐라고 해도 하나님의 자녀다. 국가나 한국 교회가 개혁의 여지가 있을지언정 나는 대한민국 국민임을 자랑스럽게 여기고 한국 교회를 사랑해야 한다. 내가 다니는 교회가 문제가 있고 불만이 있어도 이단이 아닌 이상, 우리 교회를 사랑할 수 있어야 한다. 이 땅에 완벽한 교회는 없다. 완전하신 하나님을 섬기지만 우리는 완전하지 않다. 교회가 간혹 욕을 먹는 것은 교회의 구성원들에게 문제가 있기 때문이지, 주님께 문제가 있는 것이 아니잖는가? 그러니 주님을 떠나지 말라! 끊임없이 말씀으로 다듬고 기도하면서 더 나은 내일을 위해 노력하자. 주님 오실 때까지 말이다.

개혁이 필요 없는 때는 없다. 인간 세상은 언제든지 개혁의 필요를 안고 살아간다. 완성된 세상이 아니요, 항상 어디론가 불안하게 치닫는 고장 난 자동차 같기 때문이다. 우리 기독교가 혹 부끄러운 모습을 가지고 있다고 해도 교회는 말씀과 성령의 은총으로 자정 능력을 발휘할 것이며, 교회의 그런 역사는 주님이 오실 때까지 계속될 것이다.

● 세상은 교회 편이 아니다

불신자 중에 교회를 이용하여 살아가는 부류는 있어도, 교회를 위하여 살아가는 자는 없다. 우리 기독교인들이 세상을 위해 희생하는 경우는 있어도, 세인들이 교회를 위해 희생하는 일은 없다. 이들이 교회를 향해 내뱉는 불만의 소리를 다 해결하려 해서는 안 되며, 그렇게 할 수도 없다.

우리는 우리의 길을 묵묵히 가면 된다. 구령의 열정으로 죄인들을 구원하는 지상 목표를 향해 가면 된다. 우리의 자부심은 하나님을 섬기는 데 있고, 말씀을 배우는 데 있고, 말씀을 실천하는 데 있는 것이다. 무엇보다도 이 죄인이 영생을 얻고 하나님의 자녀가 되었다는 것과 하나님께 예배하며 구원 얻은 성도 중 일원이 되었다는 데서 자긍심을 가져야 할 것이다.

세인들의 칭찬이나 박수에서 기쁨을 찾으려 한다면 우리는 결코 만족할 수 없을 것이고, 또 진화론이나 적대적 세인들의 요구에 맞추다가는 교회의 본모습을 잃어 갈 것이 뻔하다.

그리스도인들이여! 세상의 비판은 언제나 있었고, 또 앞으로도 있을 것이다. 우리가 귀담아들어야 할 것은 세인들의 불만의 소리가 아니라 하나님의 음성이다. 세인들의 무식한 비판에 절대 기죽지 말고 당당하자.

> "이 땅의 교회를 살리는 데 하나님이 쓰실 사람은 외인이 아니라 바로 당신이다.
> 굳세어라! 당당하라! 모든 그리스도인이여!"

43

교회 개혁은 내부로부터 시작된다

진정한 개혁은 내부로부터 나온다. 국가, 사회, 단체 어디든지 자각한 내부 인사가 일어나 변화를 촉구하며 행동에 옮길 때 개혁이 시작되는 것이다. 외부로부터 오는 개혁이란 없다. 그것은 파괴요 점령이다.

한국전쟁 때 김일성이 남한을 침략하면서 남조선 해방을 위한 것이라고 했지만, 그 어떤 미사여구를 사용한다고 해도 외부인의 개입은 침략이고 파괴다. 교회 역시 마찬가지다. 교회는 성령님으로부터 시작되었으며, 성령에 의해 성장하고, 성령에 의해 개선되고 변화된다. 교회 외부로부터 오는 개혁이란 없다. 그것은 교회를 파괴하려는 리처드 같은 적대 세력일 뿐이다. 교회가 잘되기를 바라서 교회 변화와 개혁을 돕는 외인은 결코 없다. 그들에게 기독교는 많은 종교 중 하나일 뿐이며, 그들은 기독교의 진정한 가치도 모르고 교회에 도움이 될 만한 영적 통찰력이나 지식도 없고, 기독교의 진정한 가치도 모른다. 그러므로 뭔가 아는 척하는 외인에게 교회의 미래를 맡기거나 의존할 수는 없다. 기독교인이면서 다른 종교인을 찾아가 인생 상담, 신앙 상담을 하는 경우가 있는데 그처럼 어리석은 일이 없다. 성령의 인도하심을 얻지 못하는 그들은 결코 내 영혼의 좋은 안내자가 될 수 없는 것이다.

교회의 역사는 그리 평탄하지 못했다. 교회의 세속화와 외부의 핍박 때문이다. 문제가 생기면 각성한 이가 개혁을 부르짖었고, 그때마다 성령님의 강한 역사와 인도하심으로 변화의 열매를 얻어 왔다. 진정한 교회 개혁은 내부로부터 성령님의 감동하심을 입은 자를 중심으로 일어나는 영적 대변화다. 중세 천주교의 개혁도 외인이 아니라 천주교 사제였던 마틴 루터가 시작했다. 그러므로 흔히 쉽게 말하는 외인들의 지적에 너무 예민하게 반응할 필요가 없다.

우리나라 최고의 지성인으로 꼽히는 이어령 장관의 기독교로의 전향에 당시 지식인층에서는 실망과 비판이 상당했다. 특히 반기독교 감정의 소유자나 무신론을 인생관으로 삼는 리처드를 닮은 자들이 더 심한 말을 쏟아냈다. 딸을 사랑하는 아버지로서의 내적 갈등과 영혼의 외침에 인생 개혁을 선택한 그는 지성을 버리고 영성으로, 즉 지식 중심에서 하나님 중심으로 전향한 것이다. 이렇게 개인의 변화도 내 속에서 시작되고 마무리되는 것이다. 그러나 외인들은 그의 진정한 변화가 무엇인지, 왜 그래야만 했는지 모른다. 그냥 각자가 바라는 이어령을 말하는 것뿐이다. 남의 말을 너무 쉽게 하는 시대에 귀담아들을 말이 얼마나 되겠는가?

리처드 같은 자가 기독교를 향해 내뱉는 소리는 도움이 되는 것이 아니라 오직 파괴를 노릴 뿐이다. 명심하라! 주님과 관계가 없는 자가 그럴듯한 말로 교회의 문제를 지적하거나 교회를 위하는 척한다고 그를 따르거나 그에게 조언을 구하는 것은 바보짓이다. 그런 자는 교회를 잘되게 할 수 없으며, 오히려 생선을 고양이에게 맡기는 것 같은 파괴적인 결과를 가져올 것이다.

가끔 저명한 외인에게 교회 일을 묻거나 상담하는 자를 보는데 어리석은 일이다. 그것은 마치 사울왕이 나랏일로 고민하고 다급하다 보니 귀신 들린 무당을 찾아가 물은 것과 같은 망조의 짓이다. 하와를 유혹한 뱀도 하와를 위하는 척하는 친절한 말투와 모습으로 다가왔지만, 실은 살인의 독을 품은 악마였다.

외인들이 스스로 기독교를 잘 안다고 말하지만 천만의 말이다. 그들은 곁에서 자기 눈과 귀로 얻은 것으로 자기 생각을 말하는 것뿐이다. 해변에서 바다를 바라보았다고 바다를 아는 것인가? 바닷속 깊이 들어가 보지 않고는 아는 게 아니다. 성경 속에서 하나님을 만난 자만이 하나님을 아는 것이다. 그러므로 외인들의 입에 자주 교회가 언급되는 것에 너무 주목할 필요가 없다. 우리 일은 우리가 알아서 하면 된다. 우리에겐 주님이 주신 성령님과 말씀 안에서의 자정 능력이 충분하기 때문이다.

우리의 일에 타인이 개입하는 것을 막아야 한다. 교회는 교회 스스로의 길을 가야 한다. 문제가 보이거나 개혁을 해야 할 정도로 심각해도 우리 스스로 해결해 나가는 것이다. 서양의 기독교가 평등법을 수용하면서 영국, 프랑스, 독일, 스웨덴, 노르웨이, 핀란드, 덴마크, 미국에서도 교단 차원의 동성애 합법화를 만들었다. 그것은 외부인의 심한 간섭을 허용한 것이다. 동성애 목사가 대우받고 양성되며, 캐나다에서는 하나님을 아버지라고 부르지 말라는 교단의 지시가 내려졌다. '아버지'는 차별적 언어라는 이유다. 이런 현상은 교회 타락의 끝을 보여 주는 것이지만, 세상은 오히려 환영하며 칭찬을 아끼지 않는다. 반대하는 목사는 해고되고 추방된다. 세상은 교회를 그렇게 망치려고 간섭하고 비난하는 것이다. 교회가 잘되기를 바라며 돕는 불신자는 결코 없다.

하나님께서는 적절한 시기에 말씀과 성령의 인도하심을 받는 일꾼을 세우시며, 그 시대를 향한 적절한 말씀을 주시고, 혹은 징계해서라도 고치시고 개선하신다. 그래서 진정한 교회 개혁은 언제나 하나님의 역사로 교회 내부에서 시작되는 것이다.

북한의 지령을 받고 각 종교계와 기독교 안에서 활동하는 목사들이 있다. 대남 간첩을 관리하는 책임자로 있다가 탈북한 김국성 씨의 말에 의하면 한국 대형 교회 목사 여럿이 북과 연결되어 있지만, 그 누구도 관심이 없다.

교회 개혁에 절대로 외부인이 들어설 틈을 주어서는 안 된다. 외인이 들어와 교회를 일으키는 일은 절대로 없으며, 오히려 사탄의 역사만 부른다. 교회는 영적 기관이다. 문제가 있다면 성령님께 간구하며 그가 주시는 힘과 지혜로 해결해 나가야 할 것이다.

● 외인들의 지껄임에 동요할 것 없다

똥개가 짖어도 기차는 달린다. 어느 동네나 짖어대는 똥개는 있기 마련인데, 특히 공산주의 종북세력이나 리처드같이 기독교에 대한 적대감으로 가득 찬 자들의 헛소리는 더욱 그렇다.

"우리가 들어야 할 소리는
그 같은 무례한 외인의 말이 아니라
성령님이 주시는 세미한 음성이다!"

44

두 가지 세계관(진화론과 기독교 비교)

인생철학이 짐승과 다르지 않은 자들이 있다. 세상 사람을 다 적으로 보는 사이코패스 같은 인생관도 있고, 사람을 이유 없이 죽이고 태워 버리면서도 미소 짓는 막가파식 인생관도 있다. 반국가 행위나 이적 행위, 묻지마 살인 행위를 일삼기도 한다. 가정을 소중히 여기고 열심히 일하는 자가 있는가 하면, 가정을 불필요한 것으로 보고 비혼주의자가 되는 사람도 있다. 또 게으르게 빈둥거리며 세월을 보내는 자도 있고, 비관주의에 빠져 아까운 인생의 시간을 허비하는 사람도 있다. 목표를 위해서라면 수단과 방법을 가리지 않는 짐승 같은 자들도 있다. 이것은 다 인생관, 세계관의 차이에서 나오는 모습이다.

- **신앙생활의 차이점도 세계관 차이에서 나오는 것이다**

기독교인이면 기독교의 세계관을 가져야 마땅하다. 그런데 학교나 사회에서 형성된 무신론 혹은 진화론의 영향으로 인해 기독교적 세계관으로 전환하기가 쉽지 않다. 성경적 세계관을 형성하는 데 교회 목사의 설교만으로 충분한가? 그렇지 않다. 목사의 설교가 구원 얻는 데 필요한 메시지를 전달하는 데는 충분하다고 할 수 있겠으나, 세상을 그리스도인으로서 바라보고 판단하고 선택하기 위해서는 좀더 배워야 한다.

우리는 그저 먹고사는 데 바쁘다. 내 일도 바빠 죽겠는데, 세계관 그런 게 다 무슨 소용일까? 이것은 개인의 이익은 철저히 챙기면서도, 자기 영혼이나 사회 문제나 정치에는 관심을 갖지 않게 만드는 주요 요인이다. 소크라테스의 제자 플라톤(Plato, 고대 그리스의 철학자, 427~347 B.C.)은 "정치에 관심이 없다면 나보다 무능하고 악한 자가 지배하게 될 것이다"라고 말했다.

우리는 단순히 예수 믿고 천국 가는 것으로 끝이 아니다. 이 땅에 사는 동안 그리스도인의 세계관으로 확실하게 무장하고 있지 않으면 세월 따라 유행 따라 흘러가는 신세가 될 것이다. 먼저 비교 차원에서 진화론의 세계관을 간단히 짚어 보자.

1. 진화론의 세계관

1) 진화론의 세계관은 없다

인간을 포함한 모든 존재가 무계획, 무의미, 무작위, 무목적으로 우연히 만들어졌는데, 거기에 어떤 세계관이 있겠는가? 세계관이 있다고 한다면 오히려 그것이 진화의 논리에 맞지 않는다.

내가 존재하는 이유가 애초부터 없다는데 말 다한 것 아닌가? 내가 왜 존재하는지, 누구인지 알 수 없고, 보이는 세상의 모든 것도 마찬가지다. 도대체 이 세상을 어떻게 보아야 하는지, 사람이 무엇인지도 알 수 없다. 어떤 목적을 가지고 살아야 할지 근거도 없고 이유도 없는데 세계관이 무엇이란 말인가? 그럴듯한 생각이나 관념이 있을 수가 없다. 정말 아무것도 없다!

진화론이란 이론은 단순히 진화만을 말하는 게 아니다. 그 안에는 인간을 무의미하고 무가치하게 만들고, 아니 세상의 모든 것을 무가치한 것으로 만들어 버리는 피할 수 없는 함정이 숨겨져 있다.

혹시 앞으로 허무한 인생을 말한다는 불명예를 벗기 위해 그럴듯한 인생론을 만들어 낼지도 모르겠다. 그럴지라도 진화론은 이미 기초 없이 허공에 지은 건물 같아서, 인생의 무계획, 무의미, 무작위, 무목적이라는 공간에서 벗어날 수 없다.

2) 선과 악의 개념도 없다

　진화론에서는 선악이 따로 없다. 우연히 생긴 자연에 무슨 개념이 있겠는가? 존재 이유가 없고 목적도 없으니, 선과 악의 개념도 있을 리가 없다. 각자가 생각하는 바가 곧 선이요 악이며, 그것이 전부다. 도대체 진화론은 인간과 온 세상을 이리도 무의미하고 무가치하게 만들면서도 당당하게 그 얼굴을 들고 있으니 무슨 뻔뻔함인지 모르겠다.

　창조론을 인정한다면 무엇이 선이고 악인지 알 수 있고, 내가 어떻게 생겨났으며 왜 존재하는지를 알고, 어떻게 살아야 가치 있는 인생인지를 알 텐데, 진화론에서는 도무지 아무것도 알 수가 없다. 인생이란 무엇인지 개념 자체가 아예 없으니 무존재와 다를 게 무엇인가?

3) 현세주의다

　진화론에서는 현실만 존재한다. 내세의 소망이 없고 기대치도 없다. 오직 현실에 적응하며 살 뿐, 내일은 자연이 알아서 선택해 갈 테니 몰라도 되고, 죽으면 끝이다. 존재 이유가 없는데 무슨 미래가 있고 소망과 꿈이 있겠는가? 영혼도 없고 천국과 지옥도 없다. 현실에 맞추어 살다가 죽으면 그뿐이다. 너무 부정적으로 말하는 것 같은가? "산은 산이요, 물은 물이라." 있는 그대로 말하는 것뿐인데 무슨 시빗거리가 되는가?

　두더지나 도마뱀, 지렁이, 인간 모두 종류만 다른 동물인데 어찌 내세가 있겠으며 미래를 알겠는가? 그냥저냥 오늘을 살면 된다. 리처드의 도발 덕분에 진화론의 내부를 들여다보면서 진단한 결과, 도대체 무슨 이런 허접한 이론이 있는지 한심한 생각까지 든다. 나아가 인간을 자연 진화된 종의 일부로 보는 것은 인간을 동물 취급하는 백해무익한 이론이라는 확신을 갖게 된다. 이제부터는 교육 현장에서 그냥 진화되었다는 말만 할 게 아니라, 그로 인해 만들어지는 허접한 인간론, 세계관도 함께 가르쳐야 할 것이다. 그 실상을 안다면 진화론을 버리지 않을 사람이 있을까? 리처드는 사람들이 자기 책을 읽으면 신(종교)을 버리게 될 것이라고 큰소리쳤지만, 나도 자신 있게 말하련다. "유일(唯一) 이종봉의 글을 정독한 사람은 진화론을 멀리하게 될 것이다."

4) 적자생존과 약육강식이 있을 뿐이다

약육강식, 적자생존이 진화론이 제시하는 유일한 교훈이다. 강하고 유능한 자만이 살아남는다는 게 진화론의 가르침이다. 그래서 내가 살기 위해서는 강해지고 다른 경쟁자를 이겨야 하고 제거해야 한다. 그것만이 생존 방식이고, 인격적 배려나 사랑, 희생정신, 고상한 가치는 있을 수가 없다. 그래서 내가 진화론의 세계는 이기적 본능에 충실한 동물의 왕국이라는 표현을 자주 쓰는 것이다. 정교하고 질서 정연한 자연 세계를 보고, 동물과는 다른 차원의 삶을 사는 인간을 보면 진화가 아닌 지적 설계론이나 창조론으로 결론을 내려야 마땅한데, 사람의 가치를 형편없이 떨어트리고 무의미한 존재로 만들어 버리는 진화를 선택하는 게 어이가 없을 뿐이다. 나는 이런 학문을 배워야 하는 단 한 가지 이유도 찾을 수가 없다.

이러듯 진화론은 아무리 좋게 보려 해도 좋다고 말할 게 하나도 없다. 산천초목이나 다양한 동물을 보면 너무나 아름답고 신비하여 누군지 모르지만, 조물주를 향한 경외심까지 드는데, 솔직히 우연히 목적도 없이 그냥 생겼다는 진화론의 시각으로 보면 똑같은 것도 멈춰진 장면처럼 그저 멍하니 아무런 생각도 느낌도 들지 않는 것이 사실이다.

2. 기독교 세계관

기독교 세계관은 복잡하게 말할 것 없이 다음의 세 가지만 알면 된다.

1) 하나님의 창조 역사를 먼저 수용하라

창 1:1 태초에 하나님이 천지를 창조하시니라

기독교 세계관은 하나님의 창조에서 시작된다. 이 창조 역사를 사실로 받아들이지 않고서는 기독교 세계관을 가질 수 없다. 세상 모든 것은 하나님으로부터 시작되었다는 고백이 선행되어야 그다음 이야기가 가능하다. 세상을 만드신 창조의 섭리나 피조물이 존재하는 이유 등은 창조론에 다 들어 있다.

진화론의 세계관(인생관)은 무미건조하고 절망적이다. 아무 의미도 없고 목적도 없으며, 그저 우연을 따라 흘러가는 자연이며, 그런 이유로 그 어떤 세계관도 제시하지 못한다. 굳이 말한다면 허무주의다. 그러나 창조론을 알게 되면 인생관, 세계관이 희망적으로 역전하게 된다. 하나님의 창조 섭리와 그 목적을 선명하게 알 수 있기 때문이다.

요즘 유행처럼 번져가는 동성혼, 타고난 성을 거부하는 성전환 등은 하나님의 창조 섭리를 거스르는 것이다. 기독교가 앞장서서 이런 일을 반대하고 차별금지법을 반대하는 것도 같은 이유다. 하나님께서 남녀를 만드신 의도는 남자와 여자가 혼인하여 가정을 이루고 자녀를 번성케 하시려는 것이었다. 그것을 거부하는 동성혼, 양성애 등은 창조 섭리를 거스르는 것이며, 이런 일을 부추기는 것이 바로 진화론이다. 그 안에는 성적 자유를 낙원의 삶으로 생각하는 자들과 무신론자들, 유물론자들이 득실거린다. 이런 것들을 이길 수 있는 방법은 창조론으로 무장하는 것뿐이며, 창조론만이 그런 방탕한 것들을 걸러낼 수 있는 것이다. 기독교 세계관은 창조론에서 시작된다. 창조의 눈으로 세상을 본다면 동물은 물론 초목과 열매, 씨앗에 담긴 신비로운 창조 솜씨에 찬송이 절로 난다.

2) 하나님이 보시기에 좋아야 한다

세상이 하나님에 의해 창조되었다는 것을 인정한다면, 그다음으

로 이 세상은 창조주가 보기에 좋아야 한다. 그러므로 우리는 무엇을 판단할 때 하나님 앞에서 좋은가를 따져야 한다.

창 1:31 하나님이 지으신 그 모든 것을 보시니 보시기에 심히 좋았더라

'하나님이 기뻐하실까? 마음에 들어 하실까?' 하나님이 만들었으니 하나님의 눈에 들어야 마땅한 것이다. 인간의 창조 목적, 인간 남녀의 성, 인권, 가정, 국가, 생명, 살인, 자살, 낙태 등 수많은 문제를 다룰 때 하나님이 보시기에 좋은가를 생각해야 한다.

하나님께서 세상 만물을 만드실 때는 각각 그 목적과 용도가 있다는 것을 먼저 이해하면 판단하기가 쉽다. '하나님이 보시기에 좋은가?' 이것이 기독교 세계관의 핵심 포인트다. 그런데 진화론(무신론, 인본주의)의 세계에서는 인간만 좋으면 그만이고, 인간의 존재 목적이 없다는 것도 큰 약점이다. 이에 따라 인간은 왜 살아야 하는지 그 존재 이유를 알 수 없으며, 그게 바로 진화론이 처한 불행한 현실이다.

인간의 방향은 그 오만함으로 인해 신이 없는 곳으로만 뻗어 간다. 즉, 신의 존재를 귀찮은 존재나 선택의 대상 정도로 생각한다. 오직 인간이 좋아하는 것에만 치중한다. 신을 만족시키는 데 무관심하며, 더욱더 자극적이고 인간다움이 사라진 감각적 본능에 충실하게 된다. 그것은 결국 인간의 고귀함을 훼손해 동물 농장을 만드는 것이다. 신이 사라진 세상은 강자만 살아남는 약육강식 동물의 세계와 다르지 않다. 그것은 무신론으로 세워진 나라들에서 다 증명되지 않았는가?

기독교 세계관은 하나님의 창조 섭리를 따르고, 정치, 경제, 사회, 문화, 이성, 지식, 기술, 도덕성 등이 하나님 보시기에 좋은지를 생각하고 판단하는 것이다. 그 기준은 성경이요, 그 밖의 사안들은 그리스도인의 신앙 양심을 훼손하지 않는 범위 내에서 수용되어야 한다. 온 세상은 하나님이 만들었기에 하나님이 주인이시며, 그분이 보기에 좋아야 하는 것은 당연하다.

3) 하나님께 영광이 되어야 한다

세상 모든 만물은 창조주를 위해 만들어졌으며, 그것은 모든 것의 근본적 존재 이유가 된다. '하나님께 영광!' 이것이 사람의 최고 관심사여야 하며, 살아가는 이유여야 한다.

> **고전 10:31** 그런즉 너희가 먹든지 마시든지 무엇을 하든지 다 하나님의 영광을 위하여 하라

이 말씀대로 하나님을 경배하며 그 영광을 드러내는 것이 사람의 도리이자 사명이고 가장 큰 삶의 목표이며, 사람다움이다. 이것은 사람을 만드신 창조주의 의도에 부합한다.

> **사 43:21** 이 백성은 내가 나를 위하여 지었나니 나를 찬송하게 하려 함이니라

인생이 하나님을 영화롭게 할 때 비로소 인간의 가치는 최고로 빛나는 것이다. 어떤 물건이 그 목적과 가치에 맞게 사용되면 그것의 존재 이유는 충분히 달성된 것이고, 그로 인해 가치를 인정받을 수 있다. 주방용 칼은 요리할 때 적절하게 이용되는 게 그 목적이다. 그런데 그 칼로 못을 박거나 돌을 깬다면 무가치하게 사용한 것이며, 결국 쓰레기가 되어 버리게 될 것이다. 인생의 용도는 창조주를 영화롭게 하는 데 가장 큰 초점이 맞추어져 있다. 그렇지 않으면 오용되어 망가진 쓰레기처럼 버려지는 것이다.

먹든지 마시든지 다 창조주의 영광을 위해 하는 것은 인생의 최고 가치이며, 사람의 존재 이유를 100% 달성하는 길이 된다. 성경은 사람이 어떻게 살아야 제대로 사는 것인지를 가르쳐 준다. 그런 의미에서 성경은 창조주가 쓰신 '인간 사용 설명서'라고 할 수 있다.

한마디로 요약하면 모든 것이 하나님이 보시기에 좋아야 한다. 기독교 세계관은 간단하다. 하나님이 보시기에 좋아야 좋은 것이고,

보시기에 나쁘면 나쁜 것이다. 인간들끼리 좋으냐, 나쁘냐 이러쿵저러쿵 떠드는 것은 무의미하다. 온 세상의 중심은 하나님이시며, 모든 가치의 기준도 하나님이시다. 그가 창조주이기 때문이다. 인간은 그분 안에 있을 때 비로소 안전하고 즐거우며 보람되고 가치 있는 삶을 살게 되는 것이다.

창 1:31 하나님이 지으신 그 모든 것을 보시니 보시기에 심히 좋았더라

이렇게 기독교 세계관은 간단하고 단순하다. 하나님이 보시기에 좋은 세상을 만들어가는 게 우리의 사명이고, 우리 인생의 가장 큰 목적이고 즐거움이다. 그것은 곧 하나님을 하나님 되게 하는 것이며, 인간이 인간 되는 길이다. 그러나 세상은 온통 창조주가 미워하는 쪽으로 달려가고 있으니, 멍하니 있다가는 우리도 그 물결에 쓸려 하나님의 진노를 쌓다가 어느 날 무너질 것이다.

인간은 동물의 일종이 아니다. 부디 허무한 진화론에 더는 속지 말고 창조신앙으로 무장하여 진화론의 '하등 인간론'으로부터 보존되기를 바란다.

당신의 존재 이유는 창조주께 있으며, 진화론에서 배울 것은 아무것도 없다. 당신의 존재 가치를 리처드에게 빼앗기지 말라! 당신은 천하보다 귀한 존재로 지음 받았지만, 저들은 그 사실을 감추고 천한 존재로 만들고 있다.

"당신이 진화론에 머무는 한 당신은 아무것도 아니다."

45

환경운동과 공산 사회주의

　이산화탄소가 지구 온난화 주범이라고 하지만, 사실 공기 중에 있는 탄소량은 0.04%다. 이 중 인간이 만드는 오염도는 전체 대기 중에서 0.0016%로 아주 미미한 수준이다. 그러므로 전체 탄소량을 100으로 볼 때 인간이 차지하는 탄소 배출량은 3.2%이고, 자연 배출이 96.8%나 된다는 것이다.

　그럼에도 환경 운동가들은 탄소를 악마화하여 탄소 중립을 외치면서, 곧 닥칠 지구 재앙을 경고한다. 그러나 지구 온난화의 주요 원인은 자연 현상에 있다고 한다. 지구는 기온이 오르고 내리는 자연 현상을 가지고 있는데, 지구가 받는 일조량과 지구의 자연적 활동으로 일어나는 결과치가 인간의 영향보다 압도적으로 크다. 지구의 온도는 태양의 활동과 거리와 각도 등에 의해 결정되고, 이산화탄소의 온실 효과는 극히 미미하다는 게 과학적 사실이지만, 사람들은 화석연료 사용으로 인한 이산화탄소를 주된 원인으로 잘못 알고 있다는 것이다.

　기온과 탄소 수치가 비례하는 현상은, 기온이 오르면 자연적으로 공기 중의 탄소량도 오르게 되는데, 즉 기온이 오른 만큼 바다나 땅속에 있는 탄소가 방출되기 때문에 탄소 수치가 높게 나타나는 것이다. 다시 말하면 탄소량이 많아져서 기온이 오르는 게 아니라, 자연 현상으로 기온이 높아지면서 지구의 탄소가 방출되는 순서라는 것이다. 그런데 기후 위기론자들은 그것을 반대로 해석하여, 탄소가 많아지니까 기온이 오른다고 호들갑이라는 게 박석순 박사의 주장이다.

　결국 그들의 움직임은 정치적 활동으로 변질되어 돈만 밝히는 거짓 선동가가 되었다는 진단이다.

국제 환경운동 기구 그린피스(Green Peace, 1971년 설립)의 공동 설립자 패트릭 무어(Patrick Moore)는 알래스카 수소폭탄 실험을 반대하면서 그린피스를 설립했다. 그 후 1,000여 명의 직원이 월급을 받고 생활할 정도로 규모가 커졌다. 그러나 결국 그는 그린피스를 떠나게 되었고, 이때 그는 이렇게 말했다. "시간이 지나면서 그린피스는 거대한 기업체로 변했고 모금 활동이 최우선이 되었다. 기부금을 받아 내기 위해 거짓 정보로 공포감을 주고, 과장되고 자극적인 선동에 더욱 치중하게 되었다. 그래서 나는 1986년에 그린피스를 떠나게 되었다."

그리고 더하여 말하기를 "그들은 환경을 개선하기보다는 과학적 진실과는 거리가 먼 거짓 선동과 반인륜적이고 반사회적인 캠페인으로 자금을 모으게 되었다"고 했다. 또 이렇게 말하기도 했다. "나는 합리적 환경주의자가 되기 위해 노력했다. 나는 그린피스를 'Green Leftist'(녹색 좌파)라고 부른다. 이유는 정치권의 돈과 권력에 납치되었기 때문이다." 환경운동이 돈과 정치권에 편승하여 변질되었다는 것이다.

아울러 그는 문재인 정부 시절 한국의 탈원전 정책을 두고 "다단계 사기극"이라고 했다(《조선일보》 2021.12.8.). 결국 탈원전을 빌미로 값비싼 재생 에너지 비용을 청구하게 될 것이라고 했다. 그의 말대로 전기세가 엄청나게 올랐으며, 전 국토가 태양광 패널로 덮여가고 있다.

그린피스에서는 원전을 가장 깨끗한 발전이라고 찬성하는 페트릭 무어를 설립자 표기 목록에서 지워 버렸다. 자신들의 생각과 다르다는 이유에서다. 이렇게 보면 좌파가 있는 곳에는 정치, 경제, 교육, 역사, 환경 그 어느 것이든 온전한 게 하나도 없다는 것은 동서고금(東西古今)을 막론하고 같은 결과를 가져온다. 관련 학자들의 말대로라면 순수한 환경 운동가들이 있을까 하는 의심이 강하게 든다.

● 환경 종말론자

환경 비관론자(환경 종말론자)들은 빠른 시일 내에 산업활동을 줄이고 사람을 줄이지 않으면 인간 세상의 미래는 암울하다고 말한다.

1960년대부터 환경 종말론자들이 있었다. 이들은 자원 고갈, 식량 고갈, 인구 증가 등으로 인한 종말이 올 것이라고 했다. 석유 자원은 30~40년 후면 고갈될 것이고, 지구의 수용 가능 인구는 25억인데 30억이 넘으면 비재생 자원은 고갈될 것이고, 40억이 넘으면 지속 성장이 불가하고, 50억이 넘으면 전 세계 환경이 파괴될 것이라고 했다. 이것이 환경 종말론자들이 외친 내용이지만, 결국 모두 틀렸다. 지구촌 인구가 80억 명이 넘어가는 지금도 석유와 석탄은 풍성하고, 식량도 충분하여, 기타 자원은 그때보다 더 풍성해졌다. 우리나라도 에너지 다양화로 인해 석탄 매장량이 많음에도 채탄 산업을 통폐합시켜 버렸고, 미국에 매장된 셰일가스 에너지양만 앞으로 200년 이상 쓰고도 남는 양이라고 한다.

지금의 환경 종말론자들도 같은 선상에 있기는 마찬가지다. 10년 안에 지구환경을 개선하지 않으면 곧 망한다고 여기저기서 경고한다. 박석순 박사도 한때 그들의 말에 속았지만, 지금은 그들을 일컬어 '환경 재앙 선동가' 혹은 '환경 사기꾼'이라고 부른다.

미국 트럼프 대통령 1기 집권 때, 그가 기후 위기론은 아주 비싼 (미국 부담금 연 1,590억 달러, 한화로 223조 원) 사기라고 외치며 국제기후 협약에서 탈퇴한 것이 바로 그런 이유다. 바이든이 집권하면서 다시 가입했지만, 트럼프가 다시 당선되면서 또다시 탈퇴하였다. '기후 위기 협약'은 헛돈 쓰는 사기 집단이라는 근거 있는 판단 때문이다.

● 인간의 자유가 환경을 망친다고 한다

그래서 활동을 규제하고 자유를 제한하고 재산권을 통제해야 한다고 한다. 풍요보다 환경을 먼저 생각해야 한다는 것이다. 환경을 위해 경제를 포기해야 한다는 말인데, 이것은 늘 경제 논리에서 불리한 사회주의자들이 궁색함을 감추기 위한 수법으로 이용된다. 이들이 암약하는 분야는 정치, 경제, 사회, 교육, 법조계, 국회, 행정부, 종교, 과학계, 환경단체 등 모든 분야이므로 눈을 크게 뜨고 보아야 할 것이다. 어쩌면 진화론의 리처드 도킨스도 사회주의자일 가능성이 아주 높다. 공산 사회주의와 진화론은 반기독교 무신론의 DNA가 흐르는 형제지간이기 때문이다.

자유로운 활동과 경제성장을 포기하라는 환경 운동의 뿌리는 반산업자본주의와 반과학문명이다. 결국 이로 인해 순수 환경 운동까지 위태로워지고 공산 사회주의에 뿌리를 둔 자들이 활개 치는 놀이터가 되어가고 있다. 그래서 간첩들이 환경 운동가로 위장하여 맘 놓고 활동하면서 환경위기 선동질을 요란하게 해 후원금도 챙기고 간첩질도 하는 호사를 누리는 것이다.

● 사회주의가 환경문제의 해법이라는 말은 틀렸다

이들은 순수 환경단체가 하지 않는 말을 한다. 사회주의 환경이 자본주의 환경보다 좋다는 엉터리 주장 말이다. 즉, 국가가 통제하고 강제해야 환경문제가 해결된다는 것이다. 이처럼 사회주의자들은 작은 틈만 있으면 비집고 들어가 사회주의가 환경문제의 해법이라고 선동한다. 어리석은 국민은 이런 선동에 쉽게 넘어가 사회주의 운동에 협력하면서도 자기가 그런 일을 하고 있다는 것을 알지도 못한다.

마거릿 대처 영국 총리가 이렇게 말했다. "사회주의 운동은 권력을 잡기 위한 정치인의 속임수다." 이들은 UN이나 국제 환경단체를 만들어 활동하면서 환경세를 만들었고, 한국에서는 가정마다 우리도 모르게 전기세 항목에 포함시켜 매달 3,000~5,000원 정도의 '기후 환경 요금'이라는 세를 거두고 있다. 혹시나 하고 심야전기 세금 영수증도 살펴보았더니 기후 환경세로 50,000원이 넘는 돈이 빠져나가고 있었다. 전기 사용량이 많으면 더 많이 내야 하는 것으로 보인다. 한전의 적자분을 이런 식으로 메꾸는지, 예금주한테 통보도 없이 빼 가고 있었다. 전기세에 이런 항목을 끼워 넣었을 줄 누가 알았겠는가?

이 돈은 원전을 없애고, 태양열이나 풍력 발전소 설치업자들의 배를 채워주는 데 사용하고 자재는 모두 중국산으로 알려져 관련된 카르텔이 의심스럽다. 결국 순진한 백성만 뜯기고 당하는 것이다. 돈을 더 거두는 새로운 국가 정책이 나올 때 그 일을 누가 주도하고, 누가 이득을 보는지 살펴야 하는 이유가 바로 여기에 있다.

또한 국제기후 위기 협약에서 선진국마다 할당하여 거두어들이는 금액이 해마다 총 421조 원이나 된다는데, 어디에 쓰이고 누구의 입으로 들어가는지 알 수 없다. 저개발 국가에 지원한다고 하지만, 동서고금을 막론하고 후원금이 있는 데는 기생충이 적지 않다. 기후 위기를 조장하는 효과로 태양열이나 풍력 발전을 이용하는 것에서 최고의 수혜국은 바로 중국이다. 중국은 기후 환경 부담금을 한 푼도 내지 않는 나라이면서 최고의 수익을 보고 있다. 먹을 것이 많은 데는 늘 벌레가 득실대며 잔치를 벌여도 파헤쳐 보지 않으면 알지 못한다. 이런 데서 떨어지는 푼돈만 주워 먹어도 엄청난 액수가 될 것이다.

우리나라도 환경문제를 객관적으로 분석하고 처음부터 면밀히 따져 보아야 할 필요가 있다. 공산 사회주의 운동의 수법으로 환경문제를 들고나왔다는 것을 가볍게 보면 안 될 것이다. 환경을 살린다고 그들에게 힘을 실어주거나 사회주의를 도입한다면 그 끝은 가난과 배고픔이겠지만, 순진하고 미련한 백성들은 쉽게 선동당할 것이 뻔하다.

어느 분야든지 전문 학자의 말을 의심 없이 믿기만 하면 바보가 되는 시대를 살고 있으니, 이제는 스스로 살피고 확인해야 이용당하지 않는다. 과학이라는 것이 인간을 바보로 만들 수도 있음에 주의해야 한다. 진화 과학의 가설에 속을 수밖에 없는 것도, 학자라면 다 옳은 말만 하는 줄 아는 일반인의 근거 없는 신뢰 때문이다. 신뢰가 크면 사기도 크게 당하는 것이니 이제는 의심하고 들여다보아야 할 것이다.

● 풍요가 있어야 환경을 살린다

우리나라 환경 공학의 권위자 박석순 박사(이화여대 명예교수)의 말에 의하면, 1970년대 자동차 매연 수치는 지금의 약 100배나 되었다고 한다. 지금은 자동차 기술이 그만큼 좋아졌다는 것이다. 인간이 환경을 망친다고 하지만, 또한 인간이 환경을 살릴 수도 있다. 그것은 풍요로 얻은 자본을 환경보호에 투자하는 것이다. 남북한을 비교해 보라! 남한의 자연환경과 북한의 자연환경을 보면 하늘과 땅 차이다. 북한은 사회주의 체제를 가지고 80년을 통치한 결과 환경은 엉망이 되었고, 원상회복은 꿈도 못 꾼다. 환경만큼이나 경제도 세계 꼴찌를 달리며 굶어 죽은 백성이 수백만 명이나 되는데 환경이 살아날 리가 있겠는가? 북한엔 산에 나무가 없다. 전기도 없고 기름도 없으니, 산의 나무나 솔잎 가지를 가져다 때고 가꾸지 않기 때문에 자연환경이 엉망이 된 것이다.

반대로 남한의 풍요는 자연도 보존하고, 오염수도 개선하고, 인간의 삶의 질도 향상시키면서 환경도 살리고 있다. 즉, 경제적 풍요가 환경도 살린다는 박석순 박사의 말을 증명하고 있다.

인공위성에서 찍은 한반도 사진을 보라. 빛과 어둠으로 비유될 정도로 심각한 차이를 볼 수 있다. 환경 개선에 사회주의가 답이라는 주장은 거짓이고, 자유 민주사회를 접수하려는 공산 세력의 살아남기 위한 발버둥이며 선동질에 불과한 것이다.

우리나라는 한국전쟁 직후 살기 힘들 때 산과 들의 나무나 들풀도 다 가져다 방을 데우고 음식을 만들었다. 지금의 북한과 별다를 게 없었지만, 황폐했던 환경은 이제 경제 발전으로 두세 배 이상 회복되었다. 환경문제에서도 자본주의가 사회주의를 이겼다는 증거다. 가난한 나라일수록 환경이 망가지고 회복 불능 수준이 된다. 반면 선진국일수록 자연환경이 나아지는 것은 환경에 투자하는 자본이 많기 때문이다.

● 자유시장경제가 환경을 망친다고?

환경위기론자들은 풍요와 자유로운 인간 생활이 환경을 망친다고 말한다. 과학의 발달과 자유시장경제가 환경오염의 주범이며, 잘 살아 보려는 노력이 환경을 망친다는 것이다. 그래서 강력한 국가적 통제가 필요한데 그것이 바로 사회주의 통치 방식이란다. 결국 환경을 개선하려면 사회주의나 원시시대로 돌아가야 한다는 말이다. 그러나 박석순 박사는 강조하기를, 생활 환경을 개선하고 현대화하면서 자본이 환경에 투자되면 얼마든지 개선이 가능하다는 것이다. 가난 속에서 환경을 살리는 노력을 하기보다는 풍요 속에서 자연환경을 살리는 것이 100배 더 나은 것이다. 넉넉한 자본이 투자되고 환경 개선의 의지가 크기 때문이다. 환경 재앙의 가장 큰 주범은 가난과 전쟁이다. 경제가 폭락한다면 환경도 함께 망가지고 회복 불능 상태가 될 수 있다. 가난한 나라의 대표인 북한의 황폐한 자연을 보면 모르겠는가?

● 인구 증가가 환경을 망친다고?

인간이 환경을 망치는 주범이기에 인구가 증가하면 환경을 더욱 망치게 된다는 말이다. 그러므로 인구 증가를 막아야 하고, 산아제한을 해야 한다고 역설한다. 한국도 1970~1980년대에 산아제한 정책으로 기혼 남성들에게 예비군 훈련 대신 불임수술을 해주고, 아들 딸 구별 말고 하나만 낳아 잘 기르자고 노래했다. 아무튼 그래서 그들은 사람들의 식량에 피임약을 넣어야 하고, 산아제한을 하지 않으면 자연의 힘(재난)이 인간의 숫자를 줄이게 될 것이니 낙태 자유화를 허용해야 한다는 것이다.

그러나 그렇다면 동물도 산아제한하고, 도태시켜야 한다. 돼지는 인간의 12명분 이상의 오염을 일으키고, 황소는 인간의 20명분만큼의 오염원이며, 이로 인한 메탄가스는 이산화탄소보다 25배 강한 온실가스라는데, 이것은 어찌할 것인가? 그렇다면 지구상의 돼지가 10억 마리, 소도 10억 마리나 되는데 인간이고 짐승이고 상당수를 없애고 진화론의 생존 원리를 따라 우월한 종만 남겨야 할 판이다.

공산 사회주의 체제는 자유 민주주의와는 비교할 수 없을 정도로 다방 면에서 불리하다. 경제 하락, 환경 파괴, 식생활 불량(영양상태 불량), 자유와 권리가 제한된 통제 사회 등이 해결되지 않는다. 이처럼 정면 승부를 해서는 자유 민주 체제를 이길 수가 없으니, 이제는 비전투 방식인 정치, 경제, 사회, 문화, 교육에 침투하고, 또 환경 문제를 빌미로 육식을 줄이고 채식을 해야 한다며 선동하고, 경제 발전이 환경을 망친다며 경제 논리를 비판하면서 공포심을 조장하고, 인구 증가를 막는 낙태나 산아제한을 강조하는 것이다.

북한은 신생아보다 굶어 죽는 사람이 더 많으니 출산을 자제하게 되고, 탈북자나 매년 처형되는 사람들까지 합하면 인구가 줄어들 수밖에 없다. 남한이 해방 이후 1,600만 명에서 현재 5,200만 명이 될 때까지 북한은 900만 명에서 현재 2천만 명 수준으로 우리의 반도 안 된다. 인구 숫자도 국력에 미치는 영향이 아주 크기 때문에, 늘 인구수에서도 불리한 북한의 대남 선전 선동에 인구 감소를 부추기는 내용이 반드시 들어가는 것이다. 그것이 바로 동성애 확산, 낙태 자유화, 출산 기피, 애완동물 대체화, 성전환 합법화 등이며, 이처럼 인구 감소를 가속시키는 일들은 국력을 약화시키는 수단이다. 입으로는 인구 감소를 걱정한다고 하면서도 인구가 줄어들게 하는 동성애, 낙태, 차별금지법에 더 관심이 있는 것을 보면 북한이나 불순 세력의 거짓 선동이 효과를 보고 있다는 생각이 절로 든다.

● 에너지 소모가 환경을 망친다고?

에어컨이나 전기제품, 자동차, 비행기 등이 환경을 파괴한다는 이유로, 2024년 7월 파리에서 열린 올림픽 때 선수촌 숙소나 대중이 이용하는 버스에서 에어컨을 없애 버렸단다. 선수들이 너무 더워서 견디기 힘들었는데, 모두가 환경보호 명목이었다고 한다. 전기를 많이 사용하면 그만큼 발전할 때 오염원이 증가한다는 것이 이유였다. 그러나 인간으로 인한 오염은 아주 미미하여 없는 것이나 마찬가지고, 탄소가 주는 유익함이 더 크다는 사실을 아무도 말해 주지 않고 무조건 나쁘다고만 한다.

무조건 줄이고 없애 버린다면 말 그대로 산업화 이전 시대로 돌아가야만 하는데 인간은 이제 현대 문명에 익숙해져 그렇게는 살 수 없다. 그래서 국제 기후 협약으로 탄소 중립 완성을 위해 목표치를 만들었지만, 그 어느 나라도 줄이지 못하고 있고, 특히 중국은 탄소 발생량이 세계 최고를 자랑하고 서해 오염의 주범이기도 하다. 결국 이룰 수 없는 목표치만 세워 놓았으니 기후 위기론자들 말대로 앞으로 10여 년 후면 인간은 환경 재앙으로 사라질 운명이다. 두고 봐야 알겠지만 말이다.

● 환경개발은 육지의 1%에 불과하다

환경론자들은 자연을 위해 인간이 존재한다는 생각으로 자연을 숭배하는 데까지 갈 수 있다. 환경이 인간을 위해 존재하는 게 아니라, 인간이 환경을 위해 희생하고 인구수를 줄이며 태아까지 죽여야 한다는 논리는, 환경보호를 넘어 환경 숭배의식을 만들어 인간을 제물로 바치고 있는 꼴이다. 하여간 공산 사회주의에 물든 자들의 구호대로라면 망해야 하고, 포기해야 하고, 버려야 할 것들이 많다.

현재 인간이 개발한 육지는 아주 적은 부분이다. 지구의 대부분은 사막, 산, 강, 습지며 사람이 살 수 없는 극한의 땅도 있지만, 인간이 개발하여 사용하는 땅은 육지의 1%에 불과하다는 분석이다. 우리나라도 건물이나 도로를 위해 개발한 것은 국토의 3%에 해당한 다(박석순 박사). 실제로 따져 본다면 아직도 여분의 땅은 많다. 한반도에만 수용 인구 가능치는 지금의 두 배라도 충분하다는 계산이다. 그래 봤자 개발 면적은 국토의 6%에 불과하다.

미국 콜럼비아 대학 교수 조엘 코언(Joel Cohen)은 말하기를 지구 수용 인구 최대치는 100억 명 이상, 혹은 현재 지구촌 인구 10배 그 이상이라고 한다. 그럼에도 수십억 명 때문에 지구의 멸망을 예언한 다는 것은 이제 설득력이 없는 구시대 방법이다. 인간은 환경을 파괴하는 동시에 환경을 살리고 가꾸는 능력도 있다는 사실을 간과한 주장이다.

이렇게 본다면 우리는 지금 박석순 박사의 말처럼 '환경 재앙론'에 매몰되어 지나친 공포심을 갖고 있는 것이 사실이며, 환경 재앙을 말하는 자 중에 실제로 반국가 세력이나 사기꾼이 있을지도 모른다는 생각이 강하게 든다.

● 이산화탄소가 많아지면 식물은 더 잘 자란다

이산화탄소는 모든 식물의 필수 양분이다. 동물은 이산화탄소를 배출하지만, 식물은 그것을 먹고 산소를 배출하는 것이다. 흔히 이산화탄소가 지구 온난화의 주범이라지만, 실은 아니라고 한다. 지역적인(대도시 같은) 온도 변화에 영향을 줄 수는 있으나 지구 전체로 볼 때는 미미하다는 것이다. 인간이 탄소를 줄임으로 지구환경을 바꾼다는 것은 불가능하며, 그것은 인간의 오만함이라고까지 표현한다. 지금의 이산화탄소 오염도는 430ppm 정도 되지만 공룡이 살던 시대는 5,000ppm이나 되었다는데, 그럼에도 동식물이 번성했고 거대 동물도 살았다.

그렇다면 이산화탄소가 주범이라는 말은 헛소리에 불과하고, 사기라고 하는 박석순 박사의 주장에 힘이 실린다. 오히려 탄소는 식물의 성장에 필수 영양소이며, 탄소가 부족하면 식물이 줄어들고 식량 생산에 큰 차질이 생기는 것이다. 탄소 농도가 1,000ppm이 된다면 식량 생산은 지금의 두 배로 늘어날 것이다. 이런 사실을 감추고 있는 자들이 바로 일부 환경 위기 선동가라는 것이다.

박석순 박사는 인간은 환경을 망치는 게 아니라 살리고 있다고 역설한다. 석유, 석탄, 가스 등을 사용함으로써 탄소를 발생하여 식물 활동에 도움을 주는 것이라고 말이다. 그런데 환경 비관론자들이 공포심을 조장하는 게 문제다. 일찍이 폴 에리히(Paul Erich)라는 스탠포드 대학교의 생물학 교수는 1980년대가 되면 40억 명이 굶어 죽을 것이라고 예언했으며, 세계인의 식량에 피임약을 넣어 인구를 줄여야 한다고 했다.

이런 식으로 여러 과학자들이 2,000년 이전에 자원이 고갈될 것이라고 하여, 산업화를 중단해야 한다는 국제적 긴장감을 고조시켰다. 모두 빗나간 헛소리로 끝났지만, 이런 환경 위기론자들은 지금도 계속 활동하고 있으며, UN까지 가세하여 같은 운동을 이어가고 있다.

더 나아가 이제는 지구 온도가 2도 오르면 노인 생존이 불가하고, 2050년이면 약 40억 명이 몰살할 것이라고 한다. 지구 인구의 50%가 죽는다는 말로 공포심을 증가시키고 있다. 이들은 자신들의 기후 예언이 틀려도 사과는커녕 다른 이유를 대며 또 다른 미래를 향해 기후 위기론을 확산해 나갈 것이다. 그러다 언젠가 한 번 정도는 맞힐 수도 있는 그날을 향해 기후 위기론을 계속 복창하고 있다.

성동격서(聲東擊西)라는 말이 있다. 동쪽으로 시선을 유도하고 서쪽을 친다는 뜻인데, 지금 진화론자, 공산주의자(사회주의자), 환경 위기론자들이 사용하는 수법이다. 겉으로 드러나는 것보다는 다른 목적을 노리는 수법에 능한 자들은 거짓말을 뻔뻔하게 한다.

환경운동을 빙자하면서 사익과 사회주의를 추구하는데, 이는 정치인들이 걸핏하면 국민의 뜻이라고 말하면서 실제로는 자기 당과 개인의 욕심을 채우려는 수작과 같다. 이들은 과학(진화론)을 말하는 것 같지만 실은 반기독교, 반국가 운동을 하는 인면수심(人面獸心)의 불량한 자들이다.

이들은 일본 후쿠시마 원전 오염수를 빙자하여 반일 감정을 부추기기도 했다. 국제 원전 사찰 기구의 검사 결과 안전 수치를 공인했고, 한국원자력안전기술원(KINS)과 같은 국내 기관도 참여하여 오염수 분석을 여러 차례 하면서 안전 수치를 확인했음에도, 이를 무시하며 그 오염수가 우리나라 해역까지 왔다며 모든 생선을 먹을 수 없는 것으로 선동하여 한때 수산업 관련 업계에 큰 타격을 주었다. 진정 환경을 생각한다면 중국의 서해에 대한 심각한 오염수 배출을 따지고, 해마다 심해지는 중국발 황사를 경고해야 하지만, 그쪽에는 한마디도 하지 않는 것이 무엇을 말해 주는 것인지 알아야 할 것이다.

근거 없는 광우병 선동, 사드 미사일 기지로 인한 악성 전자파 선동, 제주 해군기지 건설 반대 선동 등도 모두 같은 부류의 운동이었다. 중국과 북한에는 한없이 관대한 자들이 국내에서 이런 짓들을 하는 것을 보면 그 정체를 쉽게 알 수 있지 않은가?

이렇게 보면 사회 구석구석에서 불량한 거짓으로 먹고사는 자들의 사기 행각이 판을 치는 꼴이다. 모두 아닐지라도 그중 하나가 바로 환경 위기론을 들먹이는 자들이라는 지적이다. 그게 아니라면 박석순 박사의 주장을 정면으로 반박하는 자가 나오기를 바라지만, 웬일인지 한 명도 없단다. 좀더 지켜볼 여지가 있지만, 환경 위기에 대한 상반된 주장이 있는 것을 보면 누군가 거짓을 말하고 있는 것이 분명한데, 빗나간 환경 위기론의 역사를 볼 때, 양치기 소년 같은 환경 위기론자들이 거짓일 가능성이 더 커 보이는 것은 부정할 수가 없다.

> "그냥 가만히 두라. 기후는 인간의 통제 능력 밖이다. 인간은 기후 변화에 어떤 일도 할 수 없고, 해서도 안 된다. 기후 변화는 지질학적 시간의 문제로 지구가 누구의 허락을 받거나 자체 설명도 없이 일상적으로 하는 일이다"(로버트 로플린, 1998년 노벨 물리학 수상자).

참고:
박석순, 《기후 위기 허구론》(어문학사, 2023)
박석순, 《트럼프는 왜 기후협약을 탈퇴했나?》(세상바로보기, 2025)
그 외 환경 강의

46

무신론이 만든 세상의 실상

리처드는 종교가 없는 세상을 상상해 보라며 인간이 고통에서 해방되는 길은 종교가 없어지는 것이라고 역설했다(pp. 6-). 마치 종교가 만악의 근원인 것처럼 묘사한 것이다. 그의 책은 전반에 걸쳐 다음과 같은 차마 입에 담지 못할 소리로 이어지고 있다.

"종교는 인간의 존엄성을 모독한다." "선한 사람이 악행을 한다면 그것은 종교 때문이다." "구약의 윤리는 재앙 수준이다." "예수의 속죄 교리는 개소리다." "아담과 하와는 존재한 적도 없다." "예수도 실제 인물이 아닐 수도 있다." "인류가 입은 가장 큰 타격의 원인은 기독교의 등장이다." "고대 세계가 평화로웠던 이유는 기독교가 없었기 때문이다." "구약 성경의 하나님은 사악한 괴물이다." "성경의 대부분은 전설이거나 꾸며진 이야기다." "기독교의 신은 만들어졌다." "신을 숭배하는 자들은 악하다." "신을 숭배하는 자들은 저능아다."

그는 언어 폭력의 진가를 보여 주며 이렇게 기독교를 없애기 위해 할 수 있는 소리는 다 했다. 우리에게 정신나간 언사를 구사하는 한신대 김용옥 교수의 얼굴이 오버랩된다. 기독교가 사라져야 좋은 세상이 온다고 하며 모두 싸잡아 없애버리고 싶은 것이다. '종교가 사라진 세상은 얼마나 평화롭고 살기 좋을까?' 하며 신기루 같은 이야기를 하는 것이다. 상상과 추측의 논리로 먹고사는 이 같은 사람들은 무엇이든 먼저 말해놓고 본다. 나중에야 어찌 되든지 일단 그럴듯하게 몇 가지 예를 버무려 전개하면 그만이다.

종교가 사라진 세상을 상상해 보라고? 그렇다면 나도 이렇게 말해 주고 싶다. "진화론과 그의 쌍둥이 형제 공산당이 지배하는 세상을 상상해 보라!"

　추측과 상상의 스토리를 만들고, 신뢰할 수 없는 뼛조각 몇 개를 증거라고 들이대며 하등 인간론을 만들고, 허무한 인생을 만드는 진화론은 인간의 가치를 형편없이 떨어트리는 반인륜적 이론이다(18-20장을 참고하라).

　종교를 없애버린 무신론자들이 만든 진화론과 공산당이 끼친 해악을 찾으려면 얼마든지 있다. 리처드는 그 일들을 숨기고 일체 말하지 않지만 그렇다고 우리가 모르겠는가? 애초에 공산주의와 진화론이 없었다면 희생되지 않았을 사람들이 수두룩하다. 온 세상이 다 아는 스탈린이나 히틀러가 그 대표적 가해자다. 이들은 다윈의 진화론과 적자생존의 영향을 받아 불필요한 잉여 인간들을 선별적으로 학살한 악마의 자식들이다. 리처드 측에서는 스탈린이나 히틀러가 진화론을 잘못 적용한 것이요 상관없는 것이라고 말하고 싶겠지만 손바닥으로 하늘을 가릴 수 있을까? 혹 잘못 적용했을지라도 그것은 진화론 탓임을 부인할 수 없다. 신이 없어진 무신론이나 진화론은 어떤 면으로 보나 고상한 인간론을 만들어 낼 수가 없다.

　진화론은 어떤 사람에게는 허무주의에 빠져 자살하고 싶은 충동을 일으키고, 또 어떤 사람에게는 인간을 무가치하게 취급할 명분을 제공한다. 진화론을 배우던 어느 고등학생은 그 허무함에 삶의 의욕을 잃고 자살까지 생각했다가, 성경책을 읽으며 마음을 돌이켜 지금은 부산대학교 물리학 교수(길원평 박사)로 재직하고 있다. 종교가 없어져야 세상이 더 살기 좋아지거나 평안해질 것이라는 그의 논리는 이 땅에서 종교를 없애버리고 싶은 자신의 의지를 강하게 내보인 것일 뿐, 그의 말은 거짓이며 종교(기독교)가 사라진다고 세상에 평안이 오지는 않을 것임은 분명하다. 기독교의 존재 목적은 세상의 평화가 아니라 예수를 통한 죄인의 구원이다. 죄로 물든 이 세상에 진정한 평화가 온다고 생각한다면 순진한 게 아니라 모자란 것이다.

　무신론의 세상이라고 인간의 심성이 고와지는 게 아니다. 탐욕과 무지로 인해 죄악이 늘 쉬지 않을 것이며, 오히려 더 심각한 결과를 가져오리라는 것은 지난 인간 역사가 실감 나게 가르쳐 주고 있지 않은가?

- 무신론(진화론, 유물론, 공산주의)이 만든 세상을 기억하라!

이제 리처드 같은 무신론자들이 만든 세상이 얼마나 비참한지 살펴보고자 한다. 그들만의 세상은 과거에도 있었고, 지금도 있다. 그는 기독교가 사라지고 종교가 없는 무신론자들만 남은 사회는 천사 같은 좋은 사람만 있을 것처럼 속삭이지만, 역사는 오히려 신적 존재를 의식하지 못하는 자들이 더 악해질 수 있음을 보여 준다. 가끔 연쇄 살인마라고 불리는 흉악범들이 대부분 무신론자임을 모르는가? 각종 부도덕한 일과 퇴폐적 범죄를 일삼는 자들이나 조직 폭력배, 사회를 병들게 하는 마약사범들도 대부분 무신론자가 아닌가? 이들이 하는 것은 신을 두려워하는 사람이라면 결코 저지르지 않을 일들이다. 이들의 그런 악심을 돌이키고 변화시키는 교정, 교화 방식이 바로 기독교이며 성경이 아니던가?

또한 국가 권력을 잡고 독재하며 자국민을 학살하는 살인마들이 100% 무신론자들임을 모른 척하겠단 말인가? 많은 교회나 종교 시설을 없애고, 진화론을 따르고 공산주의 무신론 국가를 만든 땅이 천국이던가? 한때 100여 개 국가가 그런 나라였지만, 하나같이 다수의 국민이 비명횡사하거나 지옥 같은 생활로 피골이 상접한 몰골이 된 것을 우리 두 눈으로 목격하지 않았는가? 모두 종교를 없앤 리처드 같은 무신론자들이 저지른 일이다. 그래서 피눈물을 흘리며 후회하고 대부분 무신론과 유물론을 버리고 종교의 자유를 허용하는 나라로 전환하지 않았는가? 이런 잔인한 무신론의 역사를 리처드가 모르지 않을 텐데, 살벌한 무신론의 세상이 낙원이 될 것처럼 말하는 것은, 거짓의 아비인 마귀의 속삭임이다.

리처드는 스탈린이나 히틀러가 살인광이었다는 것은 무신론과 관계가 없다며 쉽게 넘어간다. 히틀러는 한때 천주교와 연관 있었다고 하지만 그 행태로 볼 때 경건하고 진실한 신앙인은 아니었고, 종교적 지지 기반을 위해 성당을 출입했던 것이라고 보아야 할 것이다. 정치적으로 종교를 이용하는 위선자들은 아마도 기독교 내에 가장 많을 것이다. 어쨌든 리처드같이 진화론을 신봉하는 자들은 공산 사회주의 세력과 떨어질 수가 없다. 무신론의 세상을 만들고 싶은 간절함은 진화론이나 공산 사회주의나 똑같기 때문이다.

캄보디아의 폴포트는 무신론자로 공산주의 체제를 만들어 자국민을 200만 명이나 무참히 죽인 자다. 북한에서 교회를 모두 없애고, 교인들은 다 죽이거나 가두어 무신론의 땅으로 만들고, 400만 명 이상 굶어 죽게 만들고, 한국전쟁을 일으켜 300만 명이나 죽게 한 자가 바로 신을 부정한 김일성이다. 그 손자 김정은 독재자는 자기 고모부도 죽이고 형도 독살한 잔인한 자인데 일반 백성이 무사하겠는가? 이들이 모두 리처드처럼 진화론(무신론) 편에 서 있는 자들이라는 말이다.

이들은 성경이나 종교를 가지고 있다는 이유만으로 사람을 정치범 수용소에 가두고, 성경을 전달하거나 가르치기만 해도 총살하거나 불도저로 깔아뭉개 버린다. 그뿐인가? 2024년 북한은 남한의 드라마를 보고 대중가요를 청취했다고 중학생 30여 명을 총살해 버렸다. 모두가 리처드같이 종교를 저주하며 공격하는 무신론자들의 만행이다. 만약 북한의 김씨 일가에 기독교 신앙심이 있었다면 그런 비극은 일어나지 않았을 것이다. 종교의 해악을 말하는 자가 정작 무신론자들이 무고한 백성, 기독교인들을 무참히 죽인 사실은 왜 말하지 않는가?

이들이 무신론의 땅을 유지하기 위해서는 자유로운 종교 문화를 허용할 수 없기 때문이다. 그런데도 이들의 폭정이 무신론과 관계가 없다고 외면하는 리처드는 한쪽 눈을 감은 비겁한 자다. 포악함은 무신론과 진화론 둘 다 밀접한 관계를 가지며 적자생존이 수단이다. 종교 특히 기독교를 향한 적대심이 강한 자일수록 무신론의 사회 건설을 희망한다.

시진핑 지휘하의 중국 공산당은 지금도 성경을 고치며 교회를 부수고 불태우고 있다. 공산당의 지침을 따르지 않는 목사는 없는 죄도 만들어 잡아가거나 목회를 아예 할 수 없게 하고, 간혹 이들은 행방불명이 되기도 한다. 2019년 6월 종교사무국이 '종교사무 조례'를 발표하면서 본격적으로 종교 탄압과 선교사 추방을 실시했다. 지난 2~3년 동안 교회를 태우거나 파괴하여 사라진 교회가 9,800개가 넘고, 선교사도 90%가 추방되었다(《크리스챤투데이》 2022.3.29.). 그래도 신도들은 견디고 오히려 그들을 위해 축복하며 좋은 세상이 오기를 기도하고 있다.

포악하고 거짓된 이런 자들은 다 리처드를 닮은 무신론자요 유물론 공산주의자들이다. 무신론자들이 기독교인들을 억압하고 잔인하게 죽인다는 말이다. 믿기 싫으면 그만이지 왜 이슬람 과격 단체를 닮아가는지, 무신론 진화론자들의 좌경화가 우려스럽다.

모든 종교는 악이라고 이런저런 말을 늘어놓았지만 정작 자기편 사람들의 만행은 눈을 감아 주고 있는 리처드를 보면, 그는 분명 일반 대중을 아무것도 모르는 저능아로 보는 게 확실하다.

북한과는 반대로 남한은 종교의 자유를 보장하여 종교의 성장과 함께 국가도 흥하고 살기가 좋아졌다. 물론 그 과정에 문제도 있었지만, 최소한 무신론의 세상과는 비교할 수 없을 만큼 개인의 권리를 보장받으며 자유롭고 풍요롭게 잘 살아가고 있다. 기독교가 제거되고 김일성 일가가 신이 된 북한에서는 도저히 살 수가 없어 탈북자가 줄을 잇고 있으며, 현재 남한에 귀순한 사람만 4만 명 가까이 된다. 진화론과 그의 형제 공산당의 세상에서는 사람이 정상적으로 살 수가 없다는 증거다. 그 비참한 실상은 지금 이 순간에도 계속되고 있는데, 그런 세상이 좋다고 유독 계속 떠드는 사람이 있으니, 그 인물이 바로 리처드요, 이 나라 친공산 주사파 무신론 세력이라는 말이다.

대한민국의 건국 역사를 말하려면 기독교의 역할을 빼고는 말할 수 없을 정도로 기독교는 그 공로가 아주 크다. 민주주의 도입도 교회 장로 이승만이 시작하였고, 서민들의 교육 혁명도, 토지 개혁도, 남녀 평등 참정권과 사회참여, 현대적 의료 혜택도 기독교에서 시작되었고, 명문대학을 세우고 문맹 퇴치에 지대한 영향을 끼친 것도 바로 기독교라는 말이다. 아마도 리처드의 고향 영국도 기독교 영향하에서 부국강병을 이루었을 것이고, 리처드 자신도 그런 환경에서 혜택을 입으며 공부하고 자랐을 것이다. 그럼에도 리처드는 기독교 때문에 이 세상이 불행하다는 소리만 하고 있으니 그런 자기모순이 또 어디 있겠는가?

● 진화론과 공산주의는 서로 협력하는 공생관계다

공산주의 사회가 지상 낙원이라는 거짓말로 대중을 속였듯, 이제는 진화론도 종교만 없어지면 살기 좋은 세상이 될 것이라는 최면으로 대중을 속이고 있다. 두 집단의 한결같은 목표는 바로 종교를 지상에서 싹 없애버리는 것임이 드러났고, 그것은 곧 성경을 보거나 듣지 못하게 만들어 창조주와 멀어지게 하려는 악마의 선동이다.

이렇게 보면 진화론과 공산주의는 다르지 않다. 진화론자 중에 공산주의를 싫어하는 사람도 있겠지만, 본질적으로 같은 유전자를 소유하고 있다는 사실을 모르고 있을 뿐이다. 두 이론은 무신론이라는 모체에 연결되어 있어 한쪽은 공산주의로 나타나고, 한쪽은 진화론으로 나타나는 것뿐이지, 근본적으로는 같은 편이다.

● 무신론의 땅에서는 진화론과 공산주의가 주인이 된다

종교가 몽땅 사라지면 살기 좋아질 것이라는 이들의 말은 종교를 병적으로 싫어하는 환자가 혼수상태에서 중얼거리는 것과 같다. 이들이 바라는 무신론(진화론+공산주의)의 세상이 얼마나 무서운지는 좀더 알아야 할 필요가 있다.

무신론 사회라고 단순히 종교만 사라진 것뿐이라고 생각하면 참으로 어리석은 것이다. 종교가 없다면 진화론과 공산 사회주의가 그 자리를 대신 차고 들어오게 되고, 그렇게 되면 유물론을 근본으로 하는 진화론과 공산주의 이념이 다스리는 세상이 되는 것이다. 그것이 진정한 인간의 세상이요 평등한 낙원인 것처럼 선동하고 사람들을 동물로 만드는 것이다.

진화론과 공산주의가 다스리는 곳은 결코 좋은 세상이 될 수 없다. 인간 존재를 물질로만 보는 유물론자의 인간론이 인간을 신께서 만든 고귀한 창조물이라고 믿는 우리의 인간애보다 결코 더 나을 수는 없기 때문이다.

리처드가 기독교를 향해 악담을 해대도 무사한 이유는 아직도 그의 나라 영국 사회에 기독교 성향이 많이 남아 있어서일 것이다. 종교의 가르침이 있어야 그나마 어느 정도 인간적 도덕성이 유지되는 것이다. 인간이 악행을 저지르는 이유는 종교 때문이 아니라 인간의 심성이 본래 악하기 때문이다. 무신론자들의 악행도 같은 맥락으로 인간의 심성이 본래 악한 데서 나오는 현상이다. 거기에다 무신론(유물론), 공산주의라는 이념이 악행을 더 가속화하고 강화하는 것이다.

리처드의 말대로 종교 집단에 일부 심각한 문제가 있는 것은 사실이다. 이단 사이비 종교, 반사회나 반국가적 성격의 종교도 있고, 미친 교주가 신이 된 집단이나, 싸움이나 자살을 유도하는 이상한 종교도 있기 때문이다. 그런데 기독교를 그런 집단과 구별하지 못하고 한데 묶어 주된 공격 목표로 삼는다는 게 너무 드러날 정도로 편향적이며 의도적이다.

기독교 내에서도 신자인 척 속이고 기독교를 이용해 악행을 저지르는 자가 있을 것이고, 종북세력이나 목사 중에는 간첩도 있고 장로가 된 자도 있을 것이다. 그러나 그런 종교인의 부정적인 일들로 인해 종교(기독교)가 사라져야 한다는 논리는, 반대로 진화론(무신론)의 문제점만 보는 측에 진화론이 다 사라져야 한다는 논리를 제공하는 것이다. 리처드가 무신론자들의 악행을 보면 진화론을 버리고 유신론으로 전향할까? 분명히 아닐 것이다. 그래서 그의 주장은 자기모순을 보여 줄 뿐이다.

내가 볼 때 건강한 인간 사회를 위해서는 진화론, 공산주의가 사라지고 유신론, 창조론이 더 강조되어야 한다는 것은 충분히 증명된 사실이다.

홉스(Thomas Hobbes, 1588~1679), 영국의 철학자이자 정치 이론가이며, 현대 정치 철학의 기초를 다진 인물)라는 철학자는 성악설을 말하며 인간의 기본 성품을 이기적이고 폭력적이라고 진단하였다. 대안으로는 자유를 제한하더라도 강력한 정부가 있어야 한다고 그의 저서 《리바이어던》(Leviathan)에서 주장했다. 과연 종교를 없애거나 전체주의나 공산국가처럼 강력한 정부에 강력한 지도자가 통제하며 다스리면 문제가 사라질까? 천만에다. 그 속에서 또 다른 비리와 악행이 일어날 것은 보지 않아도 뻔하다. 신을 제거한 독재 공산주의 무신론의 세계인 중국이나 북한을 보면 각종 뇌물과 부정부패 스캔들이 끊이지 않는데, 이것은 무신론 사회의 실상을 보여 주는 것이다. 인간은 누구든지 인생관이나 세계관은 조금 다를지언정 그 부패한 근본 심성은 별반 다를 게 없다. 세상의 악함을 말하려면 망가진 인간 심성에 초점을 두어야 하는데, 리처드는 종교에 초점을 두고 진단한 것이 큰 오점이라고 지적하고 싶다.

> **렘 17:9** 만물보다 거짓되고 심히 부패한 것은 마음이라 누가 능히 이를 알리요마는

나쁜 인간의 심성은 하나님까지 나쁘게 보이게 하는 결과를 가져오기도 한다.

● 창조의 신이 없다면?

창조의 신이 없다면 나는 당장 목사직을 버릴 것이다. 그리고 리처드와 친구가 될 것이며, 남에게 직접 해가 되지 않는 범위 내에서 자유롭게 살 것이다. 한 번뿐인 인생, 하고 싶은 것 하고 술과 가끔은 쾌락의 분위기도 즐길 것이다. 그러다 보면 아마도 사람으로서의 기본 도덕성과 책임감은 지금보다 훨씬 떨어질 것이다. 현재의 종교인들이 다 변하여 진화론 수준의 인간론을 취한다면 세상은 더욱 저급하게 변할 것이다. 그렇게 된다면 나는 간통이나 동성애, 양성애, 트랜스젠더, 독재 공산 사회주의를 지금처럼 반대하지 않을 것이며, 죽으면 끝나는 허무한 인생이기에 좀더 즐기는 데 삶의 중점을 두고 살아

갈 게 뻔하다. 나에게서 창조의 신이 사라진다면 나는 그날부터 철저히 나 중심으로 살 것이며, 꼭 필요하다면 진화론의 적자생존 원칙을 따라 남을 짓밟고 올라갈 수도 있다. 어차피 한 번뿐인 인생, 사라지면 그만이니. 그러나 지금의 나는 그렇지 않으니, 내가 나 될 수 있었던 것은 오직 창조의 신 여호와의 은덕이 아닐 수 없다. 그러므로 창조의 신을 두려움으로 경배하는 사람이 많다는 것은 국가나 사회 안정에 큰 도움이 될지언정 결코 해로울 수 없는 것이다.

이렇듯 리처드가 상상하는 종교가 사라진 세상은 낙원이 아니라 지옥이 될 가능성이 더 크다. 리처드의 최면술에 속지 말라! 그는 자기의 말을 따르다가 실망하거나 낭패를 보는 사람에게 보상할 준비를 해놓고 말하는 게 아니다. 그는 우리의 영혼이 지옥에 가거나 큰 고통을 당해도 책임이나 보상은커녕 무관심으로 일관할 것이고, 그저 자신과 같은 무신론자가 되기를 열망할 뿐이다. 그것은 마치 동성애를 지지하지만, 막상 동성애자가 에이즈에 걸리면 멀리하는 자들과 같다.

인간 세계의 악행이나 불행은 인간 본성의 악한 성향과 탐욕으로 인한 부작용이다. 리처드는 종교 탓이라고 하지만, 그의 진단은 위선적이며 종교를 헐뜯기 위한 적대감에서 나온 거짓에 불과하다. 리처드가 기독교에 대해 병적으로 막말을 하는 것을 보면, 무신론자도 심성이 그리 곱지는 않다는 게 충분히 증명된다.

인간다움을 지키기 위해서라도 종교를 없애는 쪽보다 남기고 권장하는 게 백 배, 천 배 낫다는 것은 무신론과 유물론의 역사가 증명해 준다. 진화론과 무신론(공산당)이 만드는 세상은 리처드가 상상하는 좋은 세상이 아니라, 오히려 이들이 모르는 거짓의 아비, 마귀가 지배해도 모르는 비참한 어둠의 세상이 되는 것이다.

"무신론(유물론)은 결코 지상 낙원을 만들 수 없으며,
진화론과 공산주의라는
불량한 자식을 낳는 모체일 뿐이다."

47
진화론과 공산주의의 관계

 사악한 마귀가 나름대로 성공했다고 볼 수 있는 두 가지가 있는데, 바로 공산주의와 진화론이다. 이 두 가지 이론이 얼마나 많은 사람을 속이고 지옥으로 끌고 가고 있는지 모른다. 거기에다 창세기를 부정하는 유신진화론(진화창조론)이라는 이론을 교회 내부로 끌어들여 그 몸집을 키워 가고 있으니, 진화론을 학문으로만 본다면 이제 큰코다치는 시절이 온 것이다.

 공산 이론과 진화론, 이 두 가지는 사탄이 앞으로도 지속적으로 써먹을 수단이며 그 효과도 대단히 클 것이다. 이 둘의 공통점을 간단히 짚어 보면서 경각심을 갖고자 한다.

 1848년 칼 마르크스는 공산주의를 주장한 뒤 《자본론》과 《공산당 선언》을 썼는데, 이 중 30페이지 분량의 《공산당 선언》은 성경 다음으로 많이 읽힌 책이다. 주로 노동자 중심의 경제이론이며 정치이념으로도 사용된다. 현재의 자본주의를 벗어나 평등한 세상인 공산주의 사회를 완성하는 것을 지상 목표로 삼는다.

 그리고 1859년 찰스 다윈이 발표한 진화론은 생물의 기원과 번식에 관한 모든 것을 진화적 관점에서 보는 이론이다. 생물뿐 아니라 정치, 경제와 사회문화의 발전도 진화론 관점에서 볼 수 있다. 이 두 이론의 공통점은 간단하면서도 결코 가볍지 않다는 것이다.

● 진화론과 공산주의의 공통점

1) 유물론이다

진화론이나 공산 사상은 무신론과 유물론이 근본 바탕이자 전부다. 보이는 모든 것은 물질에 불과하며, 일어나는 세상의 현상이나 인간들의 다양한 활동은, 강과 바다에서 수증기가 올라가 구름이 되고 다시 비가 되어 내리듯 물질 활동에 의한 결과일 뿐 그 이상은 아무것도 없다. 공산 사상이나 진화론은 인간을 물질로만 취급하는 사상임이 틀림없고, 어떤 변명을 하든지 두 이론은 사람을 짐승 수준으로 끌어내려 무의미하고 무가치한 인생으로 만든다.

2) 무신론이다

두 이론은 무신론을 동반한다. 이렇게 아주 잘 맞는 짝꿍도 없을 것이다. 이들이 보는 종교 집단은 백해무익하며 사라져야 할 집단이다. 진화론의 눈에 보이는 모든 종교는 악이요 사기이며, 기독교의 신은 거대한 괴물이다. 공산주의에서는 종교를 마약으로 분류하면서 결국 기독교를 포함한 모든 종교는 다 사라져야 하는 몹시 나쁜 것으로 본다. 그렇다면 진화론과 공산주의도 마약이다.

이들이 반종교 성향을 보이는 이유는 종교가 자신들의 세상을 만드는 데 걸림돌이 되기 때문이다. 특히 기독교는 모든 종교의 대표 격에 해당하고 사회적으로 강력한 진을 형성하고 있기 때문에 쉽게 넘어가지 못한다.

공산주의나 진화론은 기독교가 멀쩡히 있는 한 최상의 효과를 보는 것은 불가능하다. 1970년대 초 김일성이 남한을 공산화하기 어려운 이유를 분석해 본 결과, 교회 때문인 것으로 파악하고, 그때부터 천주교와 불교를 포함한 기독교 내에 고정 간첩을 길러 심기 시작했는데, 종북·친공 언행을 하는 다양한 계층을 보면 어느 정도 효과를 보고 있다는 것을 알 수 있다.

3) 모든 종교는 적이다

두 집단은 반종교성이 너무 강하고, 특히 기독교와는 한자리에 있을 수 없는 관계다. 둘 다 유물론을 바탕으로 세워진 이론이다 보니, 유신론과 충돌이 생길 수밖에 없다. 이 두 세력이 등장하기 전까지는 대부분 종교는 달라도 유신론의 분위기 속에서 역사가 이어져 왔다. 하늘을 향해 빌거나, 바다에 용왕님이 산다고 믿어 빌어대는 미신이라도 자연스럽게 있었다.

19세기 당시까지만 해도 신을 믿지 않는 불신자에게 단순한 유기체가 아메바, 물고기, 개구리를 거쳐 원숭이가 되고 사람이 되었다고 한다면 미친 사람으로 취급했을 것이다. 어떤 생물인지도 모르는데 동물과 사람의 공통 조상이라는 게 말이 되느냐고 하면서 말이다. 다시 말하면 동물과 사람의 조상이 같은 생물이라는 것인데, 그것은 사람이 원숭이, 돼지와 형제요 친인척지간이라는 말이 된다. 이게 정신 나간 소리가 아니면 무엇인가?

그러나 공산주의나 진화론이 동시대에 등장하면서 기존 자본 사회의 독점과 착취 등의 문제에서 벗어나려는 사회 개혁의 요구가 강력해졌고, 신이란 존재는 이러한 개혁에 별 도움이 되지 않는 판단 하에 종교는 마약과 같은 것이며 구시대적 유물이라고 보는 반신학적 학문까지 만들어졌다. 그로부터 165년이 지난 지금 두 이론은 하나님을 향하여 '사악한 괴물'이라는 막말까지 하면서 정면 도전하는 지경에 이르렀다.

결국 진화론과 공산주의는 한편이 되어 주로 기독교의 공동의 적이 되었다. 한두 사람의 외침에서 시작된 일이 걷잡을 수 없는 쓰나미가 되어 넘실거리며 한때는 지구의 절반을 덮기도 했다.

과거에는 미친 사람의 소리였던 것이 이제는 온 세상을 덮고 창조주까지 제거하려는 시도가 너무나 노골적이고 뻔뻔하다. 이제는 공산당에 이어 진화론까지 하나님을 믿는 우리를 망상 환자로 취급하는 지경이니, 이대로 둔다면 50년, 100년 뒤에는 어떤 상황이 될지 안 봐도 알 만하다. 이들은 다양한 분야에서 활동하면서 무신론의 인간 사회를 만들려고 온갖 수단을 다 쓴다. 이 나라 친공 주사파들이 하는 짓을 보면 진화론 전도사 리처드와 똑 닮았다.

진화론과 공산주의는 각기 다른 분야에서 발전한 이론이지만 서로 밀접한 연관성이 있다. 이 둘의 공동 목표는 신이 사라진 인간만의 낙원을 건설하는 것이다.

이들이 바라는 것은 종교가 사라지고 신의 눈치를 보지 않아도 되는 무신론의 세상에서 인간의 능력을 과시하며 오직 인간만의 바벨탑을 만드는 것이다. 어떤 신앙적 행위를 하거나 다른 의견을 말한다면 불이익을 가할 것이고 권력을 가진 지휘 세력이 아니면 맘 놓고 살아가기 어렵게 될 것이다. 그게 바로 진화론과 공산국가가 흠모하는 무신론 사회다.

진화론과 공산주의는 시작은 따로 했지만, 이제는 같은 자리에서 반기독교 전선을 펴고 종교를 싹쓸이하는 그날을 그리며 짜고 치는 고스톱판을 벌이고 있다.

4) 반민주 세력이다

자유 민주국가의 특징은 언론의 자유, 집회의 자유, 결사의 자유, 학문의 자유, 주거의 자유, 이동의 자유, 종교의 자유 등이 주어지는 것이다. 그런데 종교가 사라져야 한다는 이들의 목표는 반민주적 성격을 선명하게 보여 준다.

자유로운 민주국가에서는 자유롭고 다양한 문화생활이나 종교 생활이 필수적으로 보장되어야 한다. 사람의 정신과 심리, 문화에 가장 큰 작용을 하는 종교를 제거해 놓고는 민주국가라고 할 수 없다.

그러나 종교가 사라진 세상을 만들기 위해서는 강제적 억압이 없이는 불가능하니, 필히 수많은 희생이 동반된다. 북한이 '민주주의 인민공화국'이라는 국호를 가지고 있지만, 결국 그곳은 자유나 민주주의는 없는 것과 같은 땅이 되는 것이다.

단순히 리처드의 책을 읽게 한다고 기독교가 없어지리라 기대하는 것은 어리석은 일이다. 그러므로 종교를 없애버리는 특단의 조치를 취해야 하기에, 강제성을 띤 법이나 반기독교 정책 등으로 합법을 가장한 탄압을 하게 되면서, 필연적으로 독재나 반민주적 행보를 보이게 되는 것이다.

스탈린, 흐루쇼프가 그랬고, 김일성이 그랬다. 종교가 없어지는 일은 저절로 되지 않으니 독재와 폭력을 쓸 수밖에 없는 것이다. 그런 일을 가능케 하는 첫걸음이 바로 포괄적 차별금지법이다. 이 법은 우리 기독교에는 족쇄를 채우는 법이며, 성경이 불법책이 되는 결과를 가져온다. 처음엔 괜찮을 것처럼 시작하지만, 일단 이 법이 통과되면 각종 보완책이나 시행 세칙이 구체화될 것이고, 반기독교 법안이 줄줄이 따라오게 되어 있다.

문재인 대통령 시절 코로나 단속 명목으로 대통령 시행령으로만 한국 교회 1만~2만 개가 사라지게 한 것을 보면 모르겠는가? 성경대로 말하지 못하고, 유일 신앙을 전하지 못하며, 죄를 죄라고 가르치지도 못하고, 불량한 사이비와 하나로 묶여 도매금으로 넘겨진다. 먼저 기독교의 입을 막을 수 있다면 다른 종교는 아주 쉬워지고 일반인들을 끌고 가는 것은 더욱 쉬워지는데, 일반인들은 복지라는 이름으로 먹을 것 조금 던져주면 그만이다.

조금만 관심을 가지고 들여다보면 이처럼 인간 세계를 파괴하는 이론이 없다. 저들은 목소리가 더욱 커지고 전투력이 강력해지고 있는데, 우리 쪽 사람들은 자기 삶에 성실할 뿐, 두 이념의 악마적 움직임에는 별 관심이 없다. 이제 이들은 정치, 경제, 교육, 사법부까지 장악하여 맘대로 주무르고 헌법을 바꾸려는 시도까지 한다. 국회에 주어진 현재의 힘으로도 나라가 어지럽고 막가파 수준인데, 내각제로 국회의원들이 행정부까지 주무른다면 국회는 천하제일 무서울 게 없는 집단이 될 것이다.

대통령의 권한보다 국회의원의 권한을 축소해야 할 판에 망나니 칼춤을 추게 하는 내각제 개헌은, 수단과 방법을 가리지 않는 공산이적 세력들의 놀이터가 될 것이 뻔하다. 그래서 이 법은 친북 친공 세력의 숙원 사업 같은 것이다.

종교를 탄압한다고 종교인들만 힘들어지는 게 아니다. 기독교가 버티지 못하는 땅에서 일반 백성은 온전할까? 자유가 현저하게 축소될 것이며, 가장 큰 문화생활을 차지하는 종교를 접수한 세력은 다른 생활도 간섭할 게 뻔하다. 종교가 사라지고 기독교가 사라져도 일반인들은 안전할 거라고 생각한다면 바보가 확실하다. 그러나 안타깝게도 내가 보기에 이 백성은 절반이 바보다.

● 공산 사회나 진화론이 안착하려면 종교가 사라져야 한다

정상적인 기독교인이라면 반공정신이 절로 생기고 진화론을 거부하게 된다. 즉, 공산주의와 진화론에서는 기독교가 가장 큰 걸림돌이요 주적이 되는 셈이다. 대한민국이 북한과 중국의 끊임없는 공작에도 버틸 수 있는 것은 반공정신으로 무장된 의식 있는 사람들의 노력 때문인데, 그중 기독교는 압도적인 부분을 차지한다. 기독교의 반공·멸공을 잊지 않는 애국정신이 지금까지 이 나라를 지켜 왔다고 해도 과언이 아니다. 일부 친공 가짜 목사들도 있지만, 그래도 적지 않은 목회자들의 끊임없는 반공 애국적 계몽은 이 나라, 이 사회를 지탱해 온 원동력이다. 그래서 저들은 기독교를 끊임없이 공격하여 무너트리려는 것이고, 그렇게 기독교가 무너지는 날은 이 나라가 적화되는 날이 될 것이다.

지금의 교육 현장에서는 반공 교육이 청소년 유해 목록으로 들어가 있을 정도로 반공 의식이 무너져 있지만, 그래도 그나마 생생하게 남아 있는 데는 교회다. 다행히 현재 기독교의 대대적인 애국 반공 운동으로 인해, 기독교인이야말로 나라를 살리는 애국자라는 것을 깨닫고 일반인들이 교회로 찾아오는 현상이 일어나고 있는 것은 교회와 국가를 위해 참으로 다행스러운 일이다.

목사와 기독교인들이 반공 운동을 하는 이유는, 첫째로 자유로운 나라를 지키기 위함이고, 둘째는 우리 신앙의 자유를 지키기 위함이며, 셋째는 우리의 자손들이 안전히 살 만한 땅으로 남겨주기 위함이다.

이제는 반공 운동만큼이나 반진화론 운동도 함께 해야 할 것이다. 그렇지 않으면 그들이 우리를 가만두지 않을 테니 말이다.

공산 이론과 진화론, 이 두 세력은 이제 손과 발처럼 무신론이라는 한 몸통에 붙어 손발이 척척 들어맞는 움직임을 보인다. 서로 다른 분야인 듯 보이지만 실은 한통속이고, 무신론의 머리에 하나의 신경으로 연결된 지체와 같다. 앞으로 이 두 집단의 역할은 점점 커질 것으로 보인다.

공산주의야 오래전부터 불량한 악마의 사상인 줄 알았으나, 진화론까지 큰 적대 세력이 될 줄은 몰랐다. 그래서 나는 진화론 전도사 리처드도 공산 사회주의자일 가능성이 아주 높다고 보는 것이다.

한 작품의 값이 수백억 원에 달하는 세계적으로 유명한 화가 피카소가 공산주의자인 줄 알면서도 별 신경 쓰지 않고 그 작품이 대단하다며 감상하고 거액을 주고 수집하는 어리석은 사람들이 있다. 이 나라 정치인 중 친북 공산주의자인 줄 알면서도 별 신경 쓰지 않고 학연, 지연, 혈연만 생각하고 지지하는 정신 나간 백성이 마치 그와 같다.

처음 시작할 때는 잘 모르지만 깊이 빠지게 되면 결국 한편이 되는 게 진화론과 공산주의라는 말이다. 이들은 자유를 사랑하고 최고의 가치로 여기는 우리를 표적 삼고 돌진해 오는 파괴적 군단이다.

"무신론의 세상을 꿈꾸는 진화론과 공산주의는 악마가 낳은 쌍둥이다."

48

다양한 망상가들

세상은 요지경이다. 별난 사람들이 천태만상으로 살고 있으니 말이다. 특히 상상의 세계를 꿈꾸며 망상가로 사는 사람들이 많다. 진화론이라고 써놓고 과학이라고 읽는 상상의 세계를 맴도는 자들이 더욱 그렇다. 차라리 종교라고 하면 누가 뭐라고 하나? 우리는 때로 구원의 진리를 전하는데도 비난을 받고, 누구는 과학이라면서 허접한 말장난으로 대중을 놀려대도 고상한 척 잘 살고 있으니, 세상은 요지경 속이 맞다.

1. 진화론

망상이다. 아무리 생각해도 어디서 어떻게 생겼는지도 모르는 세포 하나가 다양한 동물로 발전했다는 주장은 너무하다. 꿈속에서 헤매며 자신도 모르게 하는 잠꼬대 같은 소리가 아닐 수 없다. 증거라는 화석도 수백만 년 전의 뼈 화석이라는데 알 게 뭐가? 그저 자기들끼리 뭔가 비슷하면 유인원이라고 하는데, 아무도 접근할 수 없는 제한구역 같은 데서 가짜를 만들어 낸 전과가 한두 번이 아닌데 그 안에서 무슨 일을 하는지 그 누가 알겠는가? 종교보다 더 심한 말을 하는 진화론을 의심하지 않는다면 이 세상은 고장 난 요지경이 맞다.

2. 유신진화론

이것도 소설이다. 여기에는 두 이론이 있는데, 하나는 신이 존재하지만 모든 자연이 스스로 진화해 가는 동안 신께서는 전혀 관여하지 않았다는 설이다. 이는 진화론을 고수하려는 자들의 꼼수일 뿐이다. 또 하나는 진화라는 과정을 거치도록 하나님께서 설계하고 관여했다는 설이다. 최초의 아담은 없으며 인간으로 진화된 많은 사람 중에 하나님께서 두 사람(아담과 하와)을 선택하여 이스라엘 민족을 이루었다는 것이다. 증거는 있는가? 없다! 그런데도 진화 창조가 맞단다. 한쪽에서는 무신진화론을 말하고, 한쪽에서는 유신진화론을 말하는데 신이 진화에 전혀 관여하지 않았다고도 하고, 신께서 진화의 과정을 직접 설계하고 진행했다고 한다. 일치되지 않는 게 어디 이뿐이던가? 진화론을 인정하는 자기들끼리도 일치하지 못하고 온통 가설로 엮어 간다.

이들은 왜 이렇게 횡설수설할까? 몰라서 그렇다. 정확한 근거가 있는 주장이라면 모두가 일치된 답을 가져야 하는데, 어차피 틀려도 상관없는 것은 가설이기 때문이다. 망상이라는 말은 이들에게나 어울리는 말이다. 하나님이 진화 창조자라고 하는 이들은 성경의 많은 부분을 부정하고 바꾸게 만드는 신종 이단에 속한다.

예전엔 침팬지가 직계 조상이라고 하더니. 이제는 그게 아니라 그 윗대의 다른 종에서 침팬지와 인간이 분리되었다고 한다. 침팬지와는 전혀 관련이 없다는 말이다. 왜 이리 자꾸 말이 바뀌는가? 이유는 간단하다. 몰라서 그렇다! 모르면서 아는 척해놓고 시간이 지나면 다른 주장이 나오고, 그러면 또 수정하고…. 이는 다 몰라서 그러는 거다. 가설이라서 그러는 거다. 그렇다면 그게 상상 이론이지 학문인가? 앞으로 또 달라질 것이다. 모르기 때문이다.

유신진화론자 이들은 하나님을 팔아 진화론이라는 첩을 들인 변절자요 혼합주의며 영적 하이브리드 세력이다. 혼합주의는 앞으로 더 기승을 부리며 새로운 가설을 더하여 우리를 흔들 것이다. 이처럼 성경을 두고 다른 말을 하는 자들은 교회를 파괴하고 변절시키는 스파이 세력으로 볼 수밖에 없다.

3. 우주인 실존설

이것 또한 망상이다. 리처드를 비롯한 진화론자들, 유물론자들이 한결같이 지지하는 주장이다. 우주인이 확실히 있다고 우겨대는데 더 무슨 말을 하겠는가? 증거는 있는가? 없다. 없는데 확실히 있단다. 무엇인지도 모르는 UFO 영상이나 사진들은 한결같이 흐리고 아주 멀리서 찍혀 알아볼 수도 없거나 가짜로 판명되었는데도 호들갑을 떠는 것을 보면, 저들의 정신세계는 우리와 다른 것이 분명하다. 프랑스의 라엘이라는 사람은 엘로힘이란 외계인을 만났다고 하며, 언젠가 그들이 지구에 올 것이라는 믿음으로 스위스에 본부를 두고 그들을 맞이할 대사관을 준비하고 있단다.

더 나아가 이들은 50여 년 전부터 우주를 향해 응답 없는 신호를 보내고 물건을 보내고 돈을 엄청나게 써가면서 난리를 치고 있다는 것이다. 우리보고 망상이라더니 이들의 증세는 더 심하다. '하늘의 수많은 별 중에 지구에만 생물이 있을까?'라는 어딘가에 우주인이 있을 거란 상상이 간절한 희망이 되고 사실화되면서 그들과 교신도 가능하다고 믿어 끝없이 신호를 보내는 일을 대를 이어 계속하고 있다. 그러나 사실이 확인되지 않는 한 이 또한 망상이다.

4. 우주 선재론

망상도 등급이 있다. 이들에게는 모든 존재에서 우주가 우선이다. 동식물은 물론이고, 심지어 하나님(신)도 우주보다 나중에 나왔다고 본다. 증거는 있는가? 없다. 이 주장은 진화론자, 유물론자들이 아주 좋아하는 상상 속의 이론이다. 진화론을 유지하기 위해서라면 이들은 세상에 떠도는 동화, 전설, 미신까지 다 동원할 자들이다. 이들을 보면 원시시대를 사는 것처럼 보인다. 그 시대는 온 우주 만물을 다 신으로 숭배하고 천둥번개를 신의 음성이나 진노로 알고 두려워했으니 말이다.

우주 선재론은 우주를 신과 같은 절대 자리에 올려놓음으로 우주 숭배 신앙으로까지 이어진다. 리처드 같은 사람들은 신을 숭배하느니 차라리 우주(자연)를 숭배하는 게 낫다고 생각할 것이다. 물질로 된 인간이 또 다른 물질을 경배하는 꼴인데, 똑똑한 척 다 하는 인간들이 이런 짓을 하는 이유는 무엇인가? 몰라서 그렇다.

누군가 만들어 놓은 우상단지를 구매하여 모셔놓고 빌어대는 꼴이 우스운 것은, 그 우상을 만든 장인은 얼마나 더 위대할까를 생각하지 못하기 때문이다.

히 11:3 믿음으로 모든 세계가 하나님의 말씀으로 지어진 줄을 우리가 아나니 보이는 것은 나타난 것으로 말미암아 된 것이 아니니라

보이는 것은 피조물이요 물질이며 유한한 것뿐이다. 성경은 창조주 하나님이 우선이요, 그다음이 지구요, 세 번째가 우주공간과 별들이라고 가르쳐 준다. 말이 안 된다고? 그러면 단세포가 모든 생명의 조상이 된다는 우연 진화설은 말이 되는가? 우주인 실존설이나 다중 우주설 등은 말이 되는가? 성경은 아무나 볼 수 있는 책이 아니며 과학책보다 어렵고 신비한 것이다.

5. 다중 우주론

망상도 갈수록 가관이다. 우리 은하가 속해 있는 138억 년 된 우주 말고 또 다른 공간에 우주가 수없이 있다고 한다. 증거는 있는가? 없다. 그런데 있단다. 보이는 우주공간도 다 모르면서 빛의 속도로 수천억 광년, 아니 얼마나 가야 하는지도 모르는 먼 우주에 그다음 세계가 또 있다고 하는 것을 보면, 이들은 정신 감정을 받아야 하는 환자가 확실하다. 상상하는 것이야 자유지만, 그것을 사실로 믿는다면 사이비 신흥 종교로 보아도 이상할 게 없지 않은가? 별의별 상상을 다 하는 자들이 왜 신이나 천국(지옥)이 존재할지도 모른다는 상상은 못 하는지 모르겠다.

그런데 이상한 것은 이런 소리를 하는 자들이 다 박사요 교수라는 것이다. 우리 보고 망상 환자라더니 이들은 더 심하다. 우린 리처드 말대로 저능아라서 망상 환자라지만, 이들은 학자인데 망상 환자가 되었다는 게 정말 모를 일이다. 증세가 심해지면 박사가 되는 것

인가? 그런 줄 알았으면 나도 허망한 소리를 많이 하고 살 걸 그랬다. 그러면 박사급 대우를 받았을 텐데 말이다.

"우주인이 곧 지구를 침공할 것이다!" — 지구 생물을 만든 자신들을 인간들이 몰라주기 때문이다.

"미래 100만 년 후에는 돼지가 사람을 지배하는 세상이 될 것이다!" — 인간에게 잡아먹히기만 하던 돼지의 잠재의식이 깨어나면서 인간에게 복수를 하려는 쪽으로 진화하다 보니 그런 날이 오게 되는 것이다.

"1만 년 후 인간에게 일방적으로 당하던 생쥐도 황소만큼 진화되어 복수하는 날이 올 것이다." — 개구리, 도마뱀이 코끼리도 되었는데 안 될 것이 있겠는가?

"1천 년 후 강아지의 지능이 높아져 글을 읽으며 인간과 대화하는 시대가 올 것이다." — 개하고 대화하는 날이 온다고? 그렇다! 그 가능성은 사람과 함께 먹고 자고 생활하던 강아지가 점차 인간의 언어를 배워 익히고 지능도 높아지는 진화 과정을 거치면서 사람과 대화하고 결혼까지 하면서 진정한 동반자가 될 것이다. 그때의 개는 새로운 인종으로 분류될 것이다.

이 정도면 나도 망상학회 박사급 수준으로 인정될 수 있을 것이다. 강아지가 사람처럼 말하고, IQ가 120 정도가 되어 학교 선생도 되고 인간과 결혼 생활도 가능하다는 이론은 그동안 없던 새로운 이론이 아닌가?

틀렸다고 속단하지 말고 1천 년만 기다려보라! 당대에 이루어지지 않는 예언이 얼마나 많은가? 그러니 1천 년이 지나도 안 되면 2천 년을 기다려보라! 그 정도 시간이면 빠른 진화가 아닌가? 나도 이제 먼 미래를 내다보는 선견적 식견이 있는 사람으로서, 최소한 망상학회 명예박사 학위 정도는 기대해 볼 수 있을 것 같다.

6. 공산주의(사회주의) 낙원

이것은 지독한 망상이다. 진화론과 친 형제지간인 공산주의는 모두가 잘사는 낙원을 만들자는 것인데, 실상은 지옥이라는 사실이 입증되었다. 한때 100여 개 국가가 공산주의(사회주의)를 따랐지만 모두 실패하고 말았다. 그런데 아직도 그런 공산당 낙원을 꿈꾸는 자들이 있으니, 곧 종북 주사파 세력과 친중 세력들이다. 공산 사회주의 낙원? 그것은 현실에 존재하지 않는 책 속에만 있는 것이다. 그런데도 여전히 이에 속아 선동대원으로 사는 자들을 보면 개, 돼지라는 말이 괜히 나온 게 아닌 듯하다. 공산 사회주의 낙원을 말하는 자는 당장 강제 입원시켜야 하는 반사회적 중증 망상 환자다.

이들에게 충고 한마디 하겠다. 상상의 날개를 펄럭이며 책 속에만 있는 낙원을 말하는 자들이여, 차라리 종교를 선언하라! 그러면 사이비 종교라는 소리는 들어도, 망상 환자라는 소리는 안 들을 테니 말이다.

정신병원에 입원해 있는 사람은 오히려 안전하지만, 저들은 돌아다니는 역병이다. 종교를 경멸하면서 어찌 그리 종교를 꼭 닮았는지…. 신의 존재를 증명하라면서 자신들의 실패와 증거 부족은 그냥 넘기는 것을 보면 미친 척하면서 등쳐 먹는 사기 집단이 확실하다.

7. 평등법(포괄적 차별금지법)

이것은 합법적 망상이다. 퀴어 단체와 일부 정치권에서 추진하는 포괄적 차별금지법은 일명 평등법이다. 주로 혜택을 받는 자들은 동성애자, 양성애자, 성전환자들이다. 성적 자유를 꿈꾸는 자들이 프리섹스 낙원을 만들고, 공산 이념도 평등한 대우를 보장해 주는, 공산당이 춤을 출 법이다. 더 어이가 없는 것은 차별금지법이라면서 공산 이념이나 동성애를 반대하는 사람은 엄하게 처벌한단다. 5천만 국민 중에 동성애 인구가 얼마나 될까? '동성애·동성혼 반대 국민연합'(2019.7.25.)의 발표에 의하면 많아야 1% 이내 수준이다. 그런데 성 소수자 보호라는 명목으로 반대하는 수천만 국민을 처벌하는 다수 역차별법이다. 그런데도 명칭은 '차별금지법'이라니, 애들 장난 같은 일이 아닐 수 없다.

이에 동조하며 지지하는 자가 바로 리처드다. 그에게 동성애는 남에게 피해 주지 않는 사사로운 일이며 간섭할 일이 아니다. 또 동성애가 죄라는 것은 종교적 시각일 뿐이라고 말한다.

성도덕을 떨어트리고, 자라나는 어린아이들에게 왜곡된 성 의식을 심어 주고, 학교에서 동성애를 아름다운 사랑으로 가르치고, 어려서부터 동성애자를 양산하는 사회를 만드는 것이 행복한 세상이란다. 그런 생활이 지독한 불치병 에이즈를 확산시켜 청소년 에이즈 환자가 늘고 있다는 것을 알면서도, 이를 말하지 못하도록 기자협회와 국가인권위원회를 통해 '인권보도준칙'이란 법을 만들어 모든 언론에서는 동성애나 트랜스젠더 등 관련하여 부정적인 내용은 보도하지 못하도록 입을 봉해 버렸는데, 이런 세상이 살기 좋은 세상이라니, 미친 게 아니면 뭐냐 말이다.

- 남자가 남자와 결혼하고, 여자가 여자와 결혼하는 게 평등이고 행복이란다.
- 동성애, 양성애를 반대하거나 싫다고 하면 혐오 발언으로 처벌한단다.
- 강아지와 결혼하고 염소와 결혼하는 것도 인권이요, 행복 추구권이란다.
- 오늘은 남자, 내일은 여자로 변신하는 게 인권이란다.
- 동성애로 에이즈에 걸리면 약값을 무상으로 지원해 주니 좋단다.
- 남녀의 구별이 없는 공용 화장실, 공용 목욕탕, 공용 교도소를 만드는 게 인권 보호란다.
- 엄마, 아빠로 호칭하면 차별법에 걸리니 부모 1번, 부모 2번으로 불러야 한단다.
- 아내와 남편은 배우자 1번, 배우자 2번으로 불러야 한단다.
- 남자, 여자로 구분하면 처벌되니 그냥 사람이라고 하란다.
- 부모의 종교를 자식에게 가르치면 처벌되니 장성하여 스스로 선택하게 해야 한단다.
- 내 자녀가 동성애 교육 받는 것을 거부하면 부모라도 감옥에 간

단다.
- 내 자녀의 타고난 성을 그대로 신고할 수 없고, 10대가 되면 스스로 선택하게 해야 한단다
- 모든 성적 지향을 법으로 보장해 주는 것이 인권이란다.
- 오직 예수님만이 구원자라고 말하면 처벌 대상이란다. 그러면 기독교의 유일 신앙을 버려야 하고, 성경이 불법책이 된다.
- 사상과 이념의 평등을 보장하는 게 차별금지법이니 공산주의를 비판하면 처벌받는단다. 공산당, 북한, 중국이 아주 좋아서 춤을 출 법이다.

미쳤으면 정신 상태를 고쳐주어야 하는데, 오히려 고치려는 사람을 처벌하겠다고 한다. 이런 세상이 정상인가? 이는 소수를 위해 다수를 역차별하고 인간을 비인간화하는 미친 법이요, 기독교를 억압하는 종교 탄압법이다. 리처드가 사는 영국은 이런 악법을 진작에 통과시켰다. 그래서 도덕성이 추락하고, 교회는 문을 닫았다. 자고로 기독교가 버티지 못하는 땅은 도덕성이 떨어지고, 건전한 사고를 하는 사람은 살 수가 없게 되는 것이다. 저들 말대로 종교에 문제점이 있다고 해도, 더 무서운 건 학자로 불리는 자들의 전염병 같은 사이비 지식이다.

- 망상 이론가들이 너무 많다

망상은 거짓이다. 실제가 아니기 때문이다. 성경 마태복음 28장에 보면 예수님을 모함하여 죽인 제사장 일당들이 예수님을 죽인 것으로도 모자라 상상의 대본을 쓴다. 예수님이 예언하신 대로 십자가에 죽은 지 3일째 되던 날 새벽에 부활하셨을 때, 경비병들이 천사를 목격하고는 쓰러져 무서워 떨다가 제사장에게 가서 목격한 대로 부활의 사실을 고하자, 제사장들이 그들에게 돈을 많이 주면서 예수의 시신을 제자들이 훔쳐 간 것이라고 거짓 소문을 내게 하였다.

마 28:11-15 여자들이 갈 때 경비병 중 몇이 성에 들어가 모든 된 일을 대제사장들에게 알리니 그들이 장로들과 함께 모여 의논하고 군인들에게 돈을 많이 주며 이르되 너희는 말하기를 그의 제자들이 밤에 와서 우리가 잘 때에 그를 도둑질하여 갔다 하라 만일 이 말이 총독에게 들리면 우리가 권하여 너희로 근심하지 않게 하리라 하니 군인들이 돈을 받고 가르친 대로 하였으니 이 말이 오늘날까지 유대인 가운데 두루 퍼지니라

망상이란 이런 것이다. 제사장들의 사주와 돈을 받은 군병들이 거짓을 사실처럼 말하고 소문을 내다가 사실로 믿게 되는 것도 망상인 것이다. 지금도 이런 자들이 있다. 성경을 제 멋대로 상상하고 추측하고 자기들 입맛에 따라 뜯어고치는 자들이, 아직도 가설에서 벗어나지 못하고 있는 진화론을 사실로 믿게 만들고 있다. 거짓과 추측을 사실화해도 문제 삼지 않는 세상은, 서로가 속고 속여도 알지 못하는 망상이 지배하는 세상이 되는 것이다. 이런 자들이 우리 아이들을 가르치는 선생으로 있는 한 우리 아이들의 미래는 결코 희망적일 수 없다.

"종교가 망상이라면 지식인들의 망상은 뭐라고 할까? 정신병? 사기? 사이비 종교? 진화론? 말세의 인간? 죽을 징조? 아무거나 골라도 된다."

49

신이 없어야 살 수 있는 리처드!

리처드는 80세가 넘도록 평생 신을 부정하며 진화론이란 학문에 빠져 살아온 사람이고, 나는 창조주를 믿으며 그를 숭배하고 전하는 사명을 가진 자이니 우리는 결코 섞일 수 없는 인생임이 분명하다. 무엇보다 그에게는 신적 존재가 있으면 안 된다. 그는 《신, 만들어진 위험》에서 신이 있다고 해도 믿을 만한 이유가 되지 못한다고 했다(p. 137).

그는 직업상 신이 존재하면 안 된다. 만약에 신이 있다고 하면, 그동안 그가 이루어 놓은 업적은 어찌 되며, 그 인기, 명예, 돈, 최고의 지성인이라는 이미지가 어떻게 되겠는가? 세계 100여 개 나라에서 최고의 지성인으로 뽑힌 영광을 한몸에 받은 리처드에게 신이 존재한다면 치명타가 될 것이다. 신이 있다고 해도 리처드가 죽은 한참 후에나 등장해야 할 것이다. 눈치 없는 잡신은 그의 살아생전에 등장할 수도 있겠지만.

신이 없어야만 살 수 있는 리처드! 일평생 너무나 분명하고 확신 있게 신의 부재를 온 세상에 선포했으나, 혹시 죽음의 시간이 가까이 오면 사후 세계가 궁금할 수도 있지 않을까? '천국과 지옥이 혹시 있으면 어쩌나?' 하는 약간의 의심도 들고….

어느 돈 많은 무신론자는 죽을병에 걸리자 공포에 떨며 말하기를, "내 재산을 절반이라도 줄 테니 나 좀 살려주오"라고 애원하다가 죽었다는데, 리처드가 죽음을 맞이하는 모습은 어떨지 궁금하다.

리처드, 혹시 사후 세계가 궁금해지거든 이렇게 기도해 보시라! "신이시여! 내가 일평생 잘못 살았다면 용서하소서! 그리고 내 영혼을 부탁합니다"라고…. 혹시 아는가? 신께서 긍휼을 베풀어 주실 지…. 손해 볼 것 없지 않은가? 물론 이런 기도는 아무도 모르게 혼자만 해야 할 것이다. 당신을 존경하고 따랐던 사람들이 알았다가는 가만히 두지 않을 테니까.

사람은 죽을 때가 되면 마음을 비우고 진실해진다고 하는데, 2025년 현재 85세가 되었을 그는 죽음을 그저 자연으로 돌아가는 것이라고 여기겠지….

한국의 유명한 성철 스님이 죽기 전에 다음과 같은 요상한 말을 남겼다.

"나는 거짓말쟁이다! 내 말을 믿지 말라!"

"내 죄가 차고 넘쳐 수미산(6천 미터 이상 되는 인도의 산)보다 높다."

1987년 부처님 오신 날, 조계종 종정으로 있던, 성불의 경지에 이르렀다는 성철 스님의 법어가 신문에 대문짝만하게 났다.

"사탄이여! 어서 오십시오, 나는 당신을 존경하며 예배합니다."
"당신은 본래 부처님입니다. 당신은 본래 거룩한 부처님입니다."
"사탄과 부처란 허망한 거짓 이름일 뿐 본 모습은 추호도 다름이 없습니다."

이렇게 말했던 스님께서 어느 날 다음과 같은 시를 남기고 세상을 떠나셨다.

"생평기광 남녀군(일평생 남녀 무리를 속여 미치게 했으니)
미천과업 과수미(그 죄업이 하늘에 미쳐 수미산보다 더 크다)
활염아비 한만단(산 채로 불의 아비지옥으로 떨어지니 한이 만 갈래나 된다)
일륜토홍 괘벽산(한 덩이 붉은 해가 푸른 산에 걸렸구나.)"
(참고: 〈조선일보〉 1993.11.5. 15면, 〈동아일보〉 1993.11.5. 31면,
〈경향신문〉 1993.11.5. 9면, 〈중앙일보〉 1993.11.5. 23면)

"한평생 남녀 무리에게 진리가 아닌 것을 진리라고 말하며 속인

죄가 너무 커 지옥에 떨어진다"며 성철 스님은 다음과 같은 유언을 더 남겼다.

"내 죄는 산보다 높고 바다보다 깊은데 내 어찌 감당하랴."
"내가 80년 동안 포교한 것은 헛것이로다."
"우리에게는 구원이 없다. 죗값을 해결할 자가 없기 때문이다."
"딸 필희와 54년을 단절하고 살았는데 임종할 때에 찾게 되었다."
"필희야, 내가 잘못했다. 내가 인생을 잘못 선택했다."
"나는 지옥에 간다."

이 얼마나 솔직한 고백인가? 그는 깨달았으나 결국 벗어나지는 못했다. 부처를 버리고 기독교로 개종한 어느 전직 주지 스님께서 성철 스님을 찾아뵙고 인사드리며 개종한 사실을 말씀드렸더니, 성철 스님께서 "자네는 대단한 용기를 가졌구만, 나는…" 하며 말을 잇지 못했다고 한다.

성철이 남긴 말들을 종합해 볼 때, 팔십 평생의 수도가 헛됨을 알았으나, 성불한 대단한 어른으로 존경받으며 너무 멀리 와버린 자신의 모습을 신도들 앞에서 바꿀 용기가 나지 않았던 것으로 보인다. 그래서 불교계에 파장을 일으킬 그런 시 구절만 남기고 가신 것이다. 그래도 사람들은 '무슨 심오한 다른 뜻이 있겠지…' 하고 엉뚱한 상상으로 넘어갔다.

리처드에게 한마디하고 싶다.

리처드 당신도 죽기 직전 그런 후회를 할지도 모른다. 어찌겠는가? 인생은 지금 다 알 수 없고 지나고 봐야 아는 것을… 후회하는 마음이 들어도 어찌하랴!

아마 그 스님처럼 리처드 당신도 살아온 날들이 상당 부분 잘못되었다는 사실을 깨닫는다 해도 그것에서 벗어나기는 어려울 것이다. 그래서 인간의 지식이나 많은 배움은 더 나은 성장과 변화에 큰 걸림돌이 되기도 한다. 리처드 당신이 젊은 시절 다른 쪽으로 공부하고 무장했더라면 지금 같지는 않았을 텐데 참으로 안타깝다. 그래서 지식이란 사람을 만들기도 하지만, 망치기도 하는 것임을 깨닫게 된다.

리처드! 당신은 신을 멀리하는 길을 너무 많이 걸어왔다. 아니, 정확히 말하면 신성 모독의 길을 걸어왔다. 이제 돌이킬 수도 없고, 가기 싫어도 그 길을 계속 가야만 할 것이다. 그리고 그 길 끝에서 창조의 신을 만나면 마지막 한마디를 하게 될 것이다.

"어? 창조의 신이 정말 있네!" 그리고 후회의 눈물로 통곡할 것이다. 진화론을 저주하면서….

50

결국 리처드는…

　리처드는 신이라는 말만 나와도 치를 떨고 경기(驚氣)를 한다. "신의 존재를 어떻게 생각하나요?"라는 질문조차도 리처드에게는 자극적인 질문에 해당한다. 마치 반기독교인에게 "예수님 믿으세요"라고 전도하면 자신을 놀리는 것이나 인격 모독으로 느끼는 것과 같다. 리처드가 왜 이렇게 신을 향한 강한 적대감으로 무장되었는지는 모르겠으나, 아마도 자신을 과신하는 자만심과 종교에 대한 반감에 진화론에 대한 확신의 상승적 효과로, 신이란 존재를 절대로 허용할 수 없는 정신 질환 수준의 종교적 알레르기 증세를 앓는 것으로 판단된다.
　결국 리처드는 신의 존재가 증명되거나 인정된다 해도 신을 찬양하지 않을 것이다. 그가 신의 존재를 인정할 수밖에 없다고 해도 그에게 신이란 자연신론의 신 수준일 것이기 때문이다. 즉, 물질 자연계에 영향을 주지 않는 다른 차원에만 존재하는 신 말이다.
　이는 그가 끝까지 진화론을 사수해야 하기 때문이다. 조물주가 있다고 해도, 그것은 창조의 신이 아니라는 확신이 우선이다.
　결국 리처드는 신이 존재한다 해도 경배하지는 않을 것이다. 그에게는 신조차도 무엇인가 부족하고 모자란 면이 있으며, 우주보다 후순위에 해당하는 우주의 일부일 것이다. 우연한 시점에 자연 스스로 진화되어 지금의 상태로 완성된 것이니, 신이 존재한다 해도 신께 감사할 일은 아니라는 게 그의 생각이다. 그에게는 신의 존재 여부와 상관없이 진화는 사라지지 않을 영원한 진리다. 결국 리처드는 신이 있으나 없으나 진화론이라는 블랙홀에서 벗어나지 못하는 불행한 인생이 된 것이다.
　다윈의 어설픈 가설의 처참한 희생자가 된 리처드가 불쌍하다.

51

창조주가 없는 세상

- 창조주가 없는 세상은 진화론만 남는다.
- 진화론은 사람을 동물의 일종으로 취급한다.
- 진화론만 있는 세상은 동물의 세계다.
- 동물의 세계에는 사람이 없다.
- 사람이 없으니 고상한 가치나 도덕성이 필요 없다.
- 그저 강하고 우월한 생물체만 살아남는다.
- 연약하고 무능한 인간은 도태 대상이다.
- 무엇을 하든지 자연 현상이요, 진화해 가는 과정일 뿐이다.
- 선악의 개념이 사라지고 본능에 충실한 포식자만 살아남는다.
- 진화론은 인간을 하등 동물로 만드는 반인간적이며 반사회적인 이론이다.
- 가설로 시작된 진화론은 아직도 가설에 머물고 있으며, 추측과 상상의 나래만 펴고 있다.
- 더 큰 문제는 진화론을 과학이라고 믿는 것이다. 진화론은 가상의 소설이다.
- 진화론은 인간에게서 창조주를 앗아가는 악마의 수단이다.
- 신이 없는 세상은 인권 만능주의로 인간을 더욱 타락의 길로 인도한다.
- 신의 경고를 무시하는 자들은 무서울 게 없고, 못 할 짓이 없다.
- 신이 없는 세상에서는 선악의 기준이 인간이다. 절대 기준이란 없으며 오직 사람이 결정할 뿐이다.
- 결국 무신론의 진화론은 인간을 신의 자리에 올려 주는 악마

의 최대 서비스다.
- 무신론이 진화론과 공산주의를 낳고 길렀다.
- 창조론이 있는 한 공산주의나 진화론은 결코 흥할 수 없다.

그러므로 경고한다.

- 진화론을 접하지 말라! 그렇게 하지 않으면 당신은 동물로 취급받을 것이다.
- 진화론을 접하지 말라! 그렇게 하지 않으면 당신의 정신 건강은 심각히 훼손될 것이다.
- 진화론을 접하지 말라! 그렇게 하지 않으면 우주인을 찾아 헤매는 몽상가로 남게 될 것이다.
- 진화론을 접하지 말라! 그렇게 하지 않으면 허무주의에 빠져 삶의 의미를 잃게 될 것이다.
- 진화론을 접하지 말라! 그렇게 하지 않으면 잔인한 스탈린이나 김일성 같은 잔인한 악마를 부르게 될 것이다.
- 진화론을 접하지 말라! 그렇게 하지 않으면 창조주가 예비한 나라에 결코 들어가지 못하리라.

그리고 리처드와 그 친구들이 기독교를 제거하려는 것처럼, 우리는 진화론의 실체를 밝히는 데 관심을 가져야 할 것이다. 그대로 둔다면 우리의 자손들이 진화론에 물들고, 결국 창조주가 제거된 동물 농장에서 살게 될 것이다.

"경고한다! 진화론을 멀리하라!"

52

오랜 세월이 지나면…

우연이 오랜 세월을 지나면 또 무슨 종이 나올까? 10만 년, 100만 년 후에 지금의 동물들, 인간은 어떤 종으로, 어떤 모습으로 변해 있을까? 전혀 새로운 종은 또 어떤 종일까? 진화론 일부에서는 이제 더 이상의 진화는 없다고 하는데 믿어도 될까? 자기들끼리라도 의견이 일치되면 좋겠는데 헷갈린다.

그리고 누구 맘대로 진화는 끝났다고 하는가? '우연' 신께 물어보았는가? 자연의 신께서 계시를 내리셨는가? 아주 오랜 세월 속에서 진화되는 것이라면서, 지금도 진화의 과정에 있는지 없는지 어찌 그리 잘 아는가? 아직 우주인만큼 진화하려면 멀었는데, 재미없게 벌써 중단했다는 것인가? 우연의 신께서 능력이 떨어졌는가? 휴가에 들어가셨는가?

증명할 수 없는 최초 생명체의 발생은 단회적으로 끝났다고 결론을 냈는데, 우연의 신께서 그리 말씀하셨는가? 그게 아니라면 다윈 교주께서 꿈에라도 오시어 그리 계시하셨는가? 아직 밝히지 못해 모른다고 하는 것들이 산더미인데 진화를 중단했다니, 너무나 아쉽고 수상하다. 그렇게 재미있고 신비로운 진화를 왜 그만두느냐 말이다. 좀 더 하라! 그리고 동물과 인간의 공통 조상이 어떤 생물인지 밝히고, 애매한 화석 말고 살아 있는 진화의 중간 단계를 확실하게 보여주라. 그러면 나는 목사직을 버리겠다. 밝힐 수 없다면 그때까지 입 다물고 조용히 살라!

진화론을 따르는 자들은 교주 다윈과 같이 상상하고 추측하는 습관을 버리지 못하고 자기들 멋대로 말한다. 일반인들이 알 수 없고 밝혀내지 못할 것이라고 만만히 보는 것이 분명하다.

진화론의 키워드가 바로 '우연'과 '오랜 시간의 자연선택'이 아니던가? 오랜 세월을 지나다 보면 또 진화되는 것 아니겠는가? 우연의 신께서는 시간만 주어지면 못할 일이 없는데 기대를 저버리지 말라! 제발 우연의 신께 간구하여 그 능력을 좀더 보여 달라고 하라! 세포 하나로 온 세상의 만물을 만든 그 신기한 능력을 왜 중단하는가? 천 년이 지나고, 1만 년이 지나면 분명 우리는 다른 모습이나 다른 종으로 변이 될 수 있을 것이다. 아니, 우리같이 진화론을 믿지 못하는 자들을 위해서라도 진화의 과정을 1백 년 미만으로 단축시켜 달라고 해보란 말이다. 그러면 나의 손자 대에는 신종 생물을 볼 수 있을 테니 말이다.

내 자손들은 어떤 모습으로 변할까? 아마도 새로운 지식의 발달로 인해 머리가 크고 손발이 아주 작은 이티(ET)의 모습이 아닐까? 영화 속 외계인이 실제로 존재하는 것만 같다. 리처드가 상상해 낸 그 외계인 말이다. 인간을 만들었을 것이라는 그 외계인만큼 진화된다면 우리도 창조의 실력을 갖추겠지…. 그러면 우리도 창조주가 되는 건가?

아니, 아니다! 어쩌면 천한 취급을 받던 개, 돼지들이 억울한 환경에서 벗어나려고 애쓰다 보면 조금씩 진화되어 인간을 능가할 수도 있을 것이다. 그때가 되면 아마도 우리 인간은 개가 다스리고 강아지와 대화하는 세상을 살고 있지 않을까? 애완동물 주인들은 공로를 인정받아 상을 받을 테고 그때를 대비해서 이제부터라도 돼지님, 개님한테 잘 보여야 하는 건가?

이런 상상을 다 하다니, 이게 진화론의 부작용인가? 글을 쓰느라 진화론을 잠시 들여다본 것이 이런 증세를 가져온 것을 보면, 진화론은 나의 정신 건강을 위해서라도 멀리해야겠다. 이제야 리처드가 왜 그런 증세를 보이는지 조금은 알 것 같다.

자! 좀더 기다려보자. 우리의 후손들이 어떤 종으로 변해가는지. 혹시 우리의 자손 중에 신체장애나 돌연변이 현상이 나타난다 해도 걱정하지 말고, 병원에 가지도 말라. 그것은 더 나은 종으로 가는 진화의 단계일 테니 말이다. 오랜 세월이 지난 1천 년, 2천 년 후가 궁금하다. 강아지랑 대화를 한다니, 생각만 해도 기대가 되고 신기하다.

"우연의 신이시여! 제발 진화의 시간을 단축하사 당신의 능력을 속성으로 보여 주소서!"

"오늘 난 꿈을 꾼다.
이왕이면 하늘 높이 자유롭게 나는
독수리로 진화되는 꿈 말이다.
생각만 해도 기분이 아주 좋다!
나도 어느새 리처드를 닮아가는 기분이 든다.
내가 미친 것은 아니겠지?
그래, 꿈에서 미치는 것은 괜찮을 거야….
나는 꿈이겠지만 저들은 실상이니 어쩌나?"

53

내 맘에 들지 않는 하나님

　하나님이 창조주요, 독생자 예수님을 통하여 내 죄를 사하시며 나를 천국 백성 삼으신 것은 참으로 감사한 일이다. 그러나…솔직히 할 말이 있다. 나도 창조주 하나님이 다 맘에 들지는 않는다.
　당신은 하나님께서 하시는 일이 마음에 드는가? 난 아니다. 하나님께서 행하신 사건이나 말씀, 결정, 나를 이끄시는 방법이나, 내 기도와 다른 응답 등 내 맘에 들지 않는 게 꽤 있다.
　나는 목사임에도 하나님께서 하시는 모든 일이 맘에 든다고 말할 수가 없다. 내 맘에 들지 않을 때도 있는 게 사실이다. 앞으로도 그럴 것 같다.
　왜 그럴까? 그분의 은혜가 한없이 감사한 것은 분명한데, 왜 가끔은 그분이 내 맘에 들지 않는 걸까? 늘 일방적으로 밀어붙이는 하나님의 변함없는 보스 기질 때문이 아닐까?
　자식들은 자기를 낳아주시고 길러주시고 먹여주시며 고생하신 부모님의 은혜가 큼에도 불만이 많다. 그래서 친구들과 함께 부모의 흉을 보기도 한다. 은혜를 알면서도 불만스러운 것은 어쩔 수가 없다. 입은 은혜가 크다고 다른 것까지 다 좋게 느껴지는 것은 아닌 듯하다. 물에 빠진 나를 건져 준 생명의 은인이라고 해서 나의 생활을 심하게 간섭하거나, 내 생각과 다르게 이래라저래라 한다면 좋게 느껴질까? 고마웠던 마음은 점차 사라지고 불만이 쌓여 결국은 원수가 될 수도 있을 것이다.
　나 역시 하나님의 은혜를 입어 평생 감사하고 순종하며 살고 있지만, 어느 땐 하기 싫어도 하나님이 두려워서 복종한다. 모세가

80세에 하나님의 부름을 받아 애굽으로 가야 했을 때도 하나님의 진노가 두려워 복종한 것처럼, 나도 억지로 일할 때가 있다는 것이다. 사실 목회를 그만두고 싶었던 적도 몇 번 있었다.

불행한 일이 일어나지 않기를 간절히 기도했지만, 반대로 결론이 나면 쉽게 이해가 되지 않아 혼자 고민하며 울기도 했다. 사랑하는 가족이 병들어 살려 달라고 금식 기도를 하며 부르짖었음에도 젊은 나이에 데려가시는 것은 너무 심했다. 다른 사람의 기도는 잘도 들어주시고 기적도 보여 주시면서 왜 내 기도는 외면하시는가? 이런 일들로 하나님이 내 맘에 들지 않을 때가 많은 건 사실이다.

리처드가 비난하며 지적한 것처럼, 아브라함에게 아들 이삭을 제물로 바치라고 하신 하나님이나, 그 명령에 그대로 순종한 아브라함도 쉽게 이해가 되지 않았고, 결국엔 아브라함을 시험에 합격하고 아들도 죽지 않았지만, 너무 심한 시험이라는 생각이 드는 것은 어쩔 수가 없다. 100세에 겨우 얻은 귀한 외아들을 죽여 번제물로 바치라는 명령은 누가 봐도 좋게 보일 리 없다. 하나님은 늘 일방적이고 100% 순종만을 원하시기 때문에, 거절했다가는 무슨 일을 당할지 모르니 순종을 요구받는 쪽에서 불만이 생기는 것은 당연하지 않겠는가?

욥의 이야기는 또 어떤가? 욥이 하나님과 사탄의 내기 시합에서 크게 희생당한 사람으로만 보이니, 욥처럼 억울한 사람이 또 있을까 하는 생각이 든다. 그런 면에서 하나님은 고집 세고 잔인하고 심술궂은 못된 신이라는 리처드의 지적은 어느 정도 일리가 있다. 주님의 깊은 뜻이 따로 있지만, 인간은 큰 은혜를 입기 전에는 이를 깨닫지 못하니 어쩌겠는가? 그래서 우리는 하나님이 맘에 들지 않는다.

리처드는 성경도, 하나님도, 그리스도인들도 다 맘에 들지 않으며, 불만이 이만저만이 아니다. 이 땅에서 모든 종교와 신을 없애버리고 싶어 온갖 노력을 다 한다. 특히 그는 유물론에 편중되어 있고, 반기독교 정서가 거의 병적이다. 이런 자의 맘에 들려면 무엇을 어떻게 해야 할까?

냉정히 말해 그의 맘에 들기 위해 무엇을 해야 할 이유는 없다.

안 믿으면 그만이고, 불신자 때문에 하나님께서 손해 볼 일은 없다. 내가 하나님을 불신한다고 하나님께서 피해 보실 일은 만무하다.

● 우리는 하나님의 뜻을 다 알지 못한다

우리가 그분께 불만과 원망이 생기는 것은 그분의 뜻을 모르기 때문이다. 하나님이 하시는 일을 우리가 다 알 수 있을까? 그렇지 않다. 그것은 불가능하다. 피조물이 어찌 창조주가 하는 일을 다 알겠는가? 일러 줘도 모르는 게 많을 것이다. 인간의 이성으로 수용될 만한 일들이 얼마나 되겠는가? 당장 보이는 저 달이나 태양의 일정한 거리 유지나, 그로 인해 생기는 지구의 다양한 환경 변화와 사람이 살기에 이처럼 알맞은 환경이 그저 신비롭기만 하다. 그래서 호기심 많은 인간이 가설을 세우고 이러쿵저러쿵 떠드는 것이다.

리처드가 지적한 것처럼, 죄인을 용서하려면 그냥 용서하면 될 것을, 왜 하나밖에 없는 아들 예수를 땅에 보내 십자가에서 죽게 하는지 하나님의 심술이 보통이 아니다. 나도 한때 리처드와 같은 생각에 골몰한 적이 있다. 다른 방법도 있을 텐데 왜 굳이 예수님의 십자가 희생이라는 비참한 수단을 쓰셨는가? '왜?'라는 질문을 가지고 생각을 하다 보니 다른 부분도 그렇게 보게 되었다. 왜 인간은 이런 모양으로 생겼을까? 왜 눈이 두 개일까? 세 개 혹은 뒤통수에도 한두 개 더 만들어두었으면 앞뒤를 동시에 볼 수 있을 텐데…. 왜 나사로만 죽음에서 살리셨는가? 당시에 죽은 사람들이 많았을 텐데… 왜 마리아란 처녀에게 아기 예수를 주셨을까? 다른 여인도 많은데…. 왜 아브라함을 선택하시고 복의 근원으로 삼으셨을까? 다른 사람도 있는데…. 말씀에 순종하고 고생한 선지자나 예수님의 제자들은 왜 하나같이 순교했을까? 말년에라도 편히 살게 해주시지…. 이렇게 생각하다 보면 머리까지 지끈거린다. 이런저런 생각으로 하나님이 맘에 들지 않아 가까워지지 못하는 자들에게 하나님께서 말씀하신다.

사 55:8 이는 내 생각이 너희의 생각과 다르며 내 길은 너희의 길과

다름이니라 여호와의 말씀이니라

하나님의 생각과 사람의 생각은 다르다고 하신다. 내 생각의 범위 안에서 하나님을 알기란 불가능하다. 또한 하나님은 그 하시는 일에 대하여 사람에게 이해를 구하듯 일일이 다 설명하고 행하지 않으시기에 우리가 불평하기 쉬운 것이다. 그러나 설명한들 알까?

한 살짜리 아이가 부모의 마음을 얼마나 알까? 왜 무더운 여름 땡볕에 나가 구슬땀을 흘리며 일하는지 이해가 되지 않는다. 아빠랑 온종일 놀고 싶은데, 아침에 나가면 저녁 늦게 돌아오는 게 불만이다. 넓은 차도를 건널 때면 왜 자기를 안고 건너는지 모른다. 자기는 신나게 뛰어가고 싶은데…. 동물원의 사자를 만지고 싶은데 왜 가까이 가지 못하게 하는지 야속하기만 하다. 이 모든 것이 자기 생각으로는 도저히 이해되지 않는다. 그래서 맘에 들지 않는다.

예수께서 2천 년 전에 나를 위해 죽으셨다는 것도 불만이다. "누가 죽으라고 했나?" "내가 원한 게 아니잖아!" "자기가 스스로 죽어 놓고 나 때문이라고?" 어이없게 느껴진다.

이 같은 리처드의 불만을 모르는 바는 아니다. 나도 한때 그런 수준의 불만을 가졌으니 말이다. 지금도 여전히 하나님을 향한 불만이 있기는 하나, 그분을 영원히 경배할 수 있게 되었다는 게 달라진 점이다.

● 하나님이 내 맘에 들어야 하는 이유를 말해 보라!

하나님이 리처드의 맘에 들어야 할 이유가 있는가? 창조주께서 나에게 구걸하거나 아쉬운 소리를 할 일이 있을까? 우리는 흔히 누구의 도움이 필요할 때, 그 비위를 맞추려고 노력한다. 전능한 신이 나의 도움이 필요할까? 나 아니면 하고 싶은 일을 못 하시는가? 전지전능한 분이 피조물인 내 맘에 들어야 하는 이유를 대보라! 그래야 하는 이유는 전혀 없다! 하나님이 내 맘에 들지 않는다는 것은 문제가 되지 않는다. 창조주께서 내 맘에 들도록 뭔가 해야 할 이유는 없다. 아니, 이미 내게 필요한 것을 다 주셨지만, 그것을 깨닫지 못할 뿐이다. 알게 된다면 감사와 찬송을 평생 하게 될 텐데 말이다.

리처드는 자신이 인정할 만한 증거를 가져오라면서, 마치 하나님이 자신에게 검증받아야 하는 것처럼 말한다. 하나님은 결코 인간에게 인정받으려 할 이유가 없다. 이미 그는 스스로 완벽한 존재이며, 맘대로 일할 절대권리가 있는 주인이기 때문이다. 하나님이 우리 인간들의 맘에 들지 않는 이유는 하나님 맘대로 하기 때문이다. 하나님이 맘에 들지 않는 당신에게 다시 묻는다. 창조주께서 당신의 마음에 들어야 하는 이유가 무엇인가?

> **롬 9:20-21** 이 사람아 네가 누구이기에 감히 하나님께 반문하느냐 지음을 받은 물건이 지은 자에게 어찌 나를 이같이 만들었느냐 말하겠느냐 토기장이가 진흙 한 덩이로 하나는 귀히 쓸 그릇을, 하나는 천히 쓸 그릇을 만들 권한이 없느냐

우리는 하나님이 내 맘에 드느냐보다, 내가 창조주의 마음에 드느냐를 고민해야 할 것이다. 내 맘에 드는 하나님을 찾을 게 아니라, 내가 하나님 마음에 들도록 살아야 한다는 말이다. 그런데 내 맘에 드는 신만 찾아 헤매고 있으니 찾을 리가 없지 않은가?

● 하나님은 좋은 신인가, 나쁜 신인가?

답하기 전에 먼저 질문해 보겠다. 당신은 부모를 공경하는가? 그럴 것이다. 공경의 이유가 무엇인가? 좋은 부모라서? 사회적으로 덕망이 있는 분이라서? 물려받을 재산이 많아서? 아주 못된 자식이라도, 기본적으로 부모 공경하는 마음은 다 있다. 왜일까? 나를 낳아주시고 길러주신 고마운 분이기 때문이다. 다른 이유는 없어도 된다. 내게 생명을 준 부모이기 때문에 공경하는 것이다. 그래서 하나님이 주신 대인 관계를 향한 첫 번째 계명이 "네 부모를 공경하라"이다.

그렇다면 우리가 하나님을 경외해야 하는 이유는 무엇인가? 좋은 신이라서? 물론 그는 죄인들에게 구원의 길을 열어 놓으신 한없이 좋으신 하나님이다. 그러나 그 이전에 그가 창조주라는 사실 때문이다. 리처드가 볼 때는 나쁜 신이겠지만, 죄 많은 인간을 구원하시는 분으로 볼 때는 좋은 게 더 많은 신이다. 그러나 분명한 것은 좋게 보이든지 나쁘게 보이든지 우리 인간은 그를 경배해야 하는 피할 수 없는 이유를 가지고 있다는 것이다.

행여 그가 나쁜 신이라고 해도 인간들은 그를 숭배해야만 한다. 우리가 그에게 경배해야 하는 이유는 단 한 가지다. 그가 창조주이기 때문이다. 그러므로 좋은 신인지, 나쁜 신인지보다는 그가 창조주라는 사실에 초점을 두어야 할 것이다.

창조주인가, 아닌가 하는 것은 대단히 중요하다. 그가 창조주라는 사실이 우리를 그에게서 떨어질 수 없게 하는 것이다. 신을 만나고 싶은가? 내 취향에 맞는 신을 찾지 말고, 누가 창조주인가를 찾으라! 그것이 인생의 정답이다.

우리가 사탄을 숭배하지 않은 이유는 그가 악마라서가 아니라 창조주가 아니기 때문이다. 그는 악할 뿐 아니라 창조주도 아니다. 혹 어떤 신이 창조주가 아님에도 인간의 필요를 채워 주면서 숭배할 것을 요구한다면, 우리는 그에 순응할 수 없다. 창조주가 아니면서 숭배를 요구한다면 그는 분명 남의 영광을 훔쳐먹고 사는 악마일 것이기 때문이다.

예수님이 40일 동안 금식하실 때 찾아와 부귀영화를 줄 테니 절 한 번 하라고 유혹한 자가 바로 사탄이었다는 것은, 이 땅의 창조주가 아닌 잡신들이 사람의 마음을 훔쳐 하나님 흉내를 내고 있다는 것을 보여 준다. 잡신, 미신, 귀신, 다양한 우상 등 무속인들이나 그 외의 사람들이 숭배하는 대상은 우리에게는 아무것도 아니며, 신경 쓸 대상도 아니다. 우리 기독교인에게 참 신이란 창조주를 말하는 것이지, 종교 다원주의에서 말하는 평등한 신들이 아니다.

나는 아무리 노력해도 하나님을 다 알 수 없는 무지한 존재임을 시인한다. 그래서 난 그가 나의 유일한 구원자 되심을 믿으면서도 여전히 내 맘에 들지 않으며 불만이 남아 있다. 그럼에도 내가 그를 떠날 수 없는 이유는 그가 나의 창조주라는 사실 때문이다.

지금 이 순간에도 하나님이 내 맘에 들지 않는 것은, 서로의 생각이 다를 때가 있기 때문이다. 그럼에도 내가 그를 사랑하며 경배하는 데는 전혀 지장이 없다. 그것은 내 맘속의 문제이지 주님의 잘못이 아니기 때문이다.

어떤 이는 이유 없이 예수가 싫고 예수쟁이들이 밉단다. 그것은 그 사람의 내적 문제이지 예수님의 잘못이 아니다. 주님께서도 내가 맘에 들지 않을 때가 많을 것이다. 그래도 나는 안다. 그가 나를 사랑하신다는 것을⋯.

요 1:1-3 태초에 말씀이 계시니라 이 말씀이 하나님과 함께 계셨으니 이 말씀은 곧 하나님이시니라 그가 태초에 하나님과 함께 계셨고 만물이 그로 말미암아 지은 바 되었으니 지은 것이 하나도 그가 없이는 된 것이 없느니라

"만일 그가 창조주가 아니라는 게 밝혀진다면
나는 제일 먼저 그를 버릴 것이다.
내게는 그가 창조주라는 것보다 더 중요한 것이 없다.
창조주가 아니라면 내겐 아무것도 아니기 때문이다.
솔직히 나는 지금도
창조주 하나님이 맘에 들지 않을 때가 많지만,
그가 없이는 살 수 없다.
그리고 우리는 서로 맘에 들지 않는 게 있으면서도
사랑한다. 영원히."

54

신의 자격을 갖추라!

신이 되는 자격은 어떤 것인가? 신으로 인정받으려면 무엇이 충족되어야 하는가? 세상에 수많은 신이 있지만 신의 자격이 있는지는 따져보지 않는다. 내가 믿고 칭송하는 그 신이 신으로서 자격이 있는지는 관심도 없다. 그저 빌어대기만 할 뿐이며, 내 소원을 들어주면 무엇이든 신이 된다. 산도, 나무도, 해도, 달도, 죽은 내 가족도 신이 되고, 북한의 김일성도 죽어 신이 되었다. 심지어 송아지, 원숭이, 생쥐까지 신이 되어 인간의 숭배를 받는다. 그래서 리처드 같은 자들이 종교인들을 비웃으며 저능아라고 싸잡아 놀려대는 것이다.

기독교에서 말하는 신이란 창조주를 말한다. 우리에겐 창조주가 아니면 신이 아니며, 아무것도 아니다. 인간에게 숭배받을 자격이 있으려면 단 한 가지, 바로 창조의 일을 주도했어야 한다.

창조주 앞에서 다른 신이란 신이 아니며 신의 자격이 없다. 여호와 하나님을 종교라는 범위에 가둘 수 없는 이유는, 그가 유일한 창조주이기 때문이며, 창조주가 아닌 잡신, 귀신, 우상들과 나란히 할 수 없기 때문이다. 우상과 종교의 정의를 내리자면, 창조주 외에 숭배받거나 숭배하는 신앙(미신) 행위가 모두 우상이요 종교다.

단순히 신이라는 이름을 가졌다고 다 같은 신이 아니다. 인간과 세상을 창조한 자만이 숭배받을 자격이 있으며, 인간에게 순종을 요구할 권리가 있다. 그 외의 신이란 존재는 우리에게 별 의미도, 가치도 없다. 종교인들이여! 당신들이 숭배하는 신이 창조주인지 먼저 물어보라! 그게 아니라면 던져 버리라! 그런 것들은 신이 아니라 당신들을 속이는 귀신이며 목석이고 쇳덩이일 뿐이다. 창조주가 아닌 것에 당신들의 수고와 인생을 낭비하지 말라!

　성경에서처럼 창조의 역사를 6일 동안이라는 날짜를 언급해 가면서 구체적으로 가르쳐 주는 종교는 없다. 유대교는 우리와 같은 창세기를 가지고 있지만 2천 년 전 이미 오신 메시아이신 예수 그리스도를 거부함으로 구약에 머물러 있기 때문에 완성되지 못한 반쪽으로 남아 있다. 그러므로 창조와 타락 그리고 죄인을 구속하는 대속의 완성까지 다 갖춘 것은 우리 그리스도교뿐이다. 천주교는 창세기를 가지고 있으나, 문자 그대로 해석하는 데서 그치지 않고 창조 이야기를 진화론으로 접근한다. 그래서 천주교는 오래전에 종교 다원주의로 넘어갔고, 모든 종교를 혼합해 버린 혼합종교 형태를 가지고 있어, 유일성을 상실한 일반 종교와 동일시되어 버렸다. 이제는 성공회와 함께 진화론을 허용하는 행보를 노골적으로 보이고 있다.

　우리 기독교는 성경에 있는 창세기 내용 그대로를 믿으며, 6일 동안 각 종류대로 창조된 것을 믿는다. 그리고 타락한 인간을 예수 십자가 사건을 통하여 대속하시는 구원의 복음을 믿는다.

　진정한 의미에서의 신이란 창조주를 말하는 것이어야 한다. 창조주가 아니면 아무것도 아니다. 그래서 우리에게는 여호와 외에 숭배할 대상이 없는 것이며, 창조주가 아닌 여타의 신들과 나란히 놓고 동일시 취급되는 것은 가당치 않다. 이 창조 사실이 바로 우리가 유일 신앙을 목숨처럼 지키는 이유다. 그래서 우리는 근본적으로 종교라는 범주에 들 수 없으며, 종교 다원주의를 배격하고 경계한다. 일부 목사들의 종교 평등주의는 창조주를 배신하는 행위이며, 창조주 하나님을 저급한 우상과 나란히 취급하는 신성 모독이다. 그 맨 앞줄에 천주교가 있고, 성공회가 있다.

　창조주가 아니면 숭배받을 자격이 없으며, 숭배해서도 안 된다. 그런 대상을 숭배하는 것은 무의미하고 어리석고 해로운 일이다. 이렇게 신이 창조의 역할을 했느냐로 걸러내면, 여호와 하나님만 남고, 부처나 공자, 맹자, 온갖 잡신은 다 사라지게 된다. 그러므로 사실상 신은 창조주 밖에 없는 것이다. 그 유일한 존재가 바로 여호와다. 그런데 인간에게는 많은 신이 있으니, 불교나 유교, 천주교(혼합종교),

힌두교의 신부터 죽은 조상이나 귀신들, 산신, 천신, 태양신, 바다신 등까지 이들은 모두 만들어진 가짜가 아니겠는가? 이렇게 보면 종교인들이 어리석다는 말은 맞는 말이다.

기독교의 유일성은 그리스도교의 가장 큰 가치며 바꿀 수 없는 진리다. 그런 의미에서 기독교는 흔한 종교로 분류될 수 없는 유일한 차별적 위치를 차지하고 있다. 이것이 우리의 신앙이요 전부다.

이렇게 말하면 다른 종교를 차별하는 것이라고 시비 거는 자들이 많지만, 그것은 우리가 알 바 아니며, 미안해하거나 양보할 일도 아니다. 이것은 창조주께서 명하신 것이니 누가 뭐라 해도 바꿀 수 없는 것이다. 그러니 시비 걸 생각 말고, 믿기 싫으면 조용히 물러나 있으라! 사람마다 각기 자기의 길을 가는 것처럼 우리도 우리의 길을 가는 것뿐이다.

사 44:6 이스라엘의 왕인 여호와, 이스라엘의 구원자인 만군의 여호와가 이같이 말하노라 나는 처음이요 나는 마지막이라 나 외에 다른 신이 없느니라

사 45:18 대저 여호와께서 이같이 말씀하시되 하늘을 창조하신 이 그는 하나님이시니 그가 땅을 지으시고 그것을 만드셨으며 그것을 견고하게 하시되 혼돈하게 창조하지 아니하시고 사람이 거주하게 그것을 지으셨으니 나는 여호와라 나 외에 다른 이가 없느니라

마지막으로 리처드에게 한마디하고자 한다.

리처드! 당신은 당신의 그 책 한 권으로 그리스도인을 무신론자로 바꾸겠다고 큰소리쳤는가? 당신의 도전은 오히려 우리가 신앙의 무장을 강화하는 동기로 작용할 것이다. 우리의 순교적 신앙을 종교심의 오작동으로 생긴 부산물로 취급하며 함부로 덤빈 것을 보면, 당신은 그리 분석력이 뛰어난 사람이 아니다.

"충고한다! 창조주를 잡신들과 나란히 놓고 말하지 말라! 세상을 창조한 존재가 아니면 아무것도 아니다!"

맺는 말

목사로서 이렇게 타인을 향해 거친 표현을 한다는 게 어색하고 힘들었다. 리처드의 도발적이면서 전쟁을 선포하는 수준의 글을 보면서 본능적으로 쓰게 된 글이지만, 솔직히 리처드나 그와 같은 사람들을 불쌍히 여기는 마음으로 글을 써야 했다.

전도의 대상자라고 여겼다면 거짓말, 몽상가, 사이비 종교, 무례한, 무식한 등의 표현은 쓰지 말았어야 했는데, 나는 솔직히 그를 전도 대상자로 여기기보다는 적대감을 가지고 글을 썼다. 그래서 한편으로 약간의 후회하는 마음이 드는 것도 사실이다.

도저히 회개할 것 같지 않고 진화론에 너무 심하게 빠져버린 리처드, 그래서 무신론자가 되고 모든 종교를 향하여 살벌한 적대감을 드러내는 리처드, 신을 모독하고 예수님을 모독하고 우리 기독교인들을 멍청한 망상가라고 조롱한 리처드, 괘씸하기도 하지만 그 또한 진화론이라는 가설에 속은 피해자라고 생각하면 불쌍하기도 하고 조금 더 배려했어야 하는데 하는 생각도 든다.

40여 년이 넘게 목회자로 살아왔지만 아직도 예수님의 성품에 한참이나 미치지 못하는 나를 돌아보게도 되지만, 지나친 후회는 하지 않으련다. 최소한 내 자손들과 교우들만이라도 새빨간 거짓말로부터 지키려면 조금은 거칠어도 단호하고 분명하게 선을 그어야 한다는 판단 때문이다.

예수님이라면 나보다 좀더 사랑이 담긴 말씀을 하셨을까, 아니면 서기관과 바리새인들에게 하신 것처럼 "외식하는 자들아!", "독사의 새끼들아! 화 있을진저"라고 하셨을까? 아니, 어쩌면 나보다 더 심한 표현을 하셨을지도 모른다.

지금도 리처드의 주장에 넘어가는 사람들을 생각하면 더 많은 말을 하고 싶지만, 그가 쓴 책을 향해 쓴소리나 비판의 글, 혹은 진화론의 허구를 밝히는 책들이 몇 권 있어 조금은 안심하며 글을 맺는다.

전쟁하는 군인이 연민에 빠져 적들을 향해 '저들도 누군가의 아들이고 남편일 텐데…' 하며 정조준하지 못하고 대충 쏜다면 그 전쟁에서 이기기는 틀린 것이다. 그런 면에서 나의 표현이 좀더 직설적이고 단호하고 대담했어야 한다는 생각도 든다. 이 책은 《목사가 남기는 유언》에 이은 나의 두 번째 저서다. 글 쓰는 실력이 없다 보니, 초보자 수준임을 감출 수 없는 것 같아 부끄럽기도 하지만, 주님의 군사로서 할 일을 했다는 자부심으로 끝내련다.

이렇게 글을 쓰다 보니 지식 세계도 양보 없이 죽고 죽이는 전쟁터와 같다는 생각이 강하게 든다. 각자가 확신하는 지식의 확대와 발전을 위해 이전투구(泥田鬪狗)하는 모습은 교회 안에만 머물며 안일했던 나를 더욱 정신 차리게 했고, 나의 행동반경을 넓혀주기도 했다.

적어도, 우리 그리스도인만큼은 만물이 우연히, 어쩌다 보니 저절로 생겨났다는 가설에 속지 말자. 그들은 이제 진화론이라는 영역에만 머물지 않는다. 퀴어 운동 세력이나 공산 사회주의 세력들이 교회를 공격하듯이, 이제 그들은 사이비 종교처럼 그 영역을 넓히며 강화하고, 그 힘으로 그리스도인과 창조주를 향해 막말 수준의 언사를 하며 다윈과 리처드를 맨 앞에 세워 놓고 행진하는 중이다.

창 1:1 태초에 하나님이 천지를 창조하시니라

밤이 늦도록 글을 쓴다고 함께하는 시간을 많이 갖지 못해도 불평하지 않고 기도에 힘써 준 아내(박복자)에게 사랑과 고마운 마음을 전하며, 아울러 부족한 목사를 위해 늘 기도하고 후원하는 교회 교우들께 감사를 표한다. 험하고 거짓된 세상을 사는 나의 자손들에게 이 글이 세상을 보는 분별력을 키우는 데 조금이라도 도움이 되기를 소망하고, 독자의 마음과 영혼에 작은 양식이라도 되기를 간절히 바라며 펜을 놓는다. 출판에 힘써 주신 쿰란출판사 이형규 대표님과 직원들께 감사드리며, 다윗의 고백을 나의 고백으로 외쳐 본다. 주님께 영광!!

시 18:1 나의 힘이신 여호와여 내가 주를 사랑하나이다

2025년 5월
유일(唯一) 이종봉

추천도서

1] 만들어진 신이란 무엇인가? (부제: 진화론 해부학) (유성오 저/ 태초에 말씀이 간)

이 책은 한마디로 속 시원하게 글을 써 내려갔다. 리처드의 《만들어진 신》이라는 책의 내용이 얼마나 허무맹랑하고 근거 없는 소리인지를 직설적이면서도 대담한 표현으로 반박한다. 특히 진화론이란 학문이 얼마나 허구인지를 말하면서 근거도 없는 주장을 그대로 받아들이며 믿고 있는 그들의 학문을 '진화교'라고 거침없이 말한다.
"진화를 사실이라고 믿는다면 그건 종교다."
"진화를 과학이라고 하면 그건 사기다."

2] 만들어진 신 VS 스스로 있는 신 (니키 검블 저, 주상진 옮김 / 서로사랑 간)

유명한 무신론자들의 주장과 그 허점을 명쾌하게 지적한다.

3] 도올의 기독교관을 비판함 (강동선 저 / TRUTH FORUM 간)

기독교를 원수처럼 대적하고 목사들을 우습게 보는 도올 김용옥 교수의 기독교를 향한 막말 수준에 대하여 성경에 충실한 신학적 반론을 펼치고 있다. 종교 다원주의가 강하게 흐르는 시대 속에서 기독교의 유일 신앙을 지키려는 현역 목회자가 저술했다는 것이 더욱 자부심을 갖게 하는 책이다. 목회자의 필독서로 추천한다.

4] 기후위기 허구론 (박석순 저, 어문학사 간)

트럼프는 왜 기후협약을 탈퇴했나? (박석순 저, 세상바로보기 간)
기후 위기론에 맞서 싸우면서 환경 위기론은 사기라고 할 정도로 그 실상을 가르쳐주면서 환경을 보는 시각을 바로 잡아 주는 책이다. 환경 분야에서 평생을 보낸 저자의 남다른 견해를 담아 감히 반론할 수 없는 수준의 증거를 제시하는 책이다.

5] 국부론 (아담 스미스 저, 이종인 옮김 / 현대지성 간)

저자가 10년에 걸쳐 쓴 고전 중의 베스트셀러 작품인데 자유 민주주의에서 어울리는 자유시장 경제의 기틀을 만든 책이다. 1,100페이지 한 권으로 집약해 놓았으며 워렌 버핏이 극찬한 책이다. 목회자도 읽어두면 도움이 될 필독서라고 본다.

6] 나는 이렇게 창조와 진화에 대한 답을 찾았다 (노휘성 저 / 두란노 간)

　목사의 아내이면서 이화여대를 졸업하고 대학원에서는 지구과학을 전공하였다. 240여 페이지 정도 분량에 비교적 초등학생이나 중·고등학교 학생들도 볼 수 있도록 내용을 아주 쉽게 전개해 나간 것이 장점이다.

7] 목사가 남기는 유언 (이종봉 저 / 아브라함 간)

　기독교 유일 신앙의 핵심 6가지와 유일 신앙을 훼손하는 현 사회적 혼합주의 현상을 말하면서 포괄적 차별금지법과 공산주의가 왜 위험한지를 밝혀주는 현실감 있는 내용을 담았다. 기독교인뿐 아니라 비기독교인이 읽어도 도움이 되도록 기술하였다.

8] 덮으려는 자 펼치려는 자 (김지연 저 / 도서출판 사람 간)

　나는 약사 출신인 이 여인을 볼 때마다 애국 열사 유관순이 생각날 정도다. 작은 체구로 어찌 그런 용기와 투쟁력이 나오는지, 동성애와 프리섹스로 인한 국민 보건위생의 악화를 근거 있고 실감 나게 지적하는 내용을 담은 이 책은, 부모와 사회지도층 그리고 목회자들이라면 반드시 서재에 갖추고 있어야 할 참고 도서이다. 그리스도인이면서 나라를 사랑하고 후손들을 생각하는 그녀의 열정을 닮고 싶다.

9] 테러리스트 김구 (정안기 저 / 미래사 간)

　민족의 위대한 선생으로 추앙받는 김구의 실제 모습을 그려 놓고 있다. '이 책을 읽고 나서도 김구를 존경하거나 그를 저격한 안두희를 비난할 사람이 있을까?' 하는 생각이 들게 하는 다큐멘터리 도서이다. 역사의식도 위조되고 과장될 수 있다는 가능성을 보여 주는 책이다. 각주만 173페이지에 달할 정도로 방대한 자료를 증거로 담아 그 누구도 반론을 제기할 수 없을 정도다.

10] 내가 의대에서 가르친 거짓말들 (로버트 러프킨 저, 유영훈 옮김 / 정말중요한 저)

　미국 UCLA 의대 교수이며 의대 교과서를 집필한 실력 있는 현직 의사가 질병에 대한 잘못된 지식에서 벗어나 더 건강하게 사는 법을 가르쳐 주는 의사의 양심이 담긴 책이다. 이런 글들을 보면 박사급 인사들이라고 다 진실만을 말하는 것은 아니라는 것을 알게 된다.

리처드 도킨스, 나도 할 말이 있소!

1판 1쇄 인쇄 _ 2025년 9월 20일
1판 1쇄 발행 _ 2025년 9월 25일

지은이 _ 이종봉
펴낸이 _ 이형규
펴낸곳 _ 쿰란출판사

주소 _ 서울특별시 종로구 이화장길 6
편집부 _ 745-1007, 745-1301~2, 747-1212, 743-1300
영업부 _ 747-1004, FAX 745-8490
본사평생전화번호 _ 0502-756-1004
홈페이지 _ http://www.qumran.co.kr
E-mail _ qrbooks@daum.net / qrbooks@gmail.com
한글인터넷주소 _ 쿰란, 쿰란출판사
페이스북 _ www.facebook.com/qumranpeople
인스타그램 _ www.instagram.com/qrbooks
등록 _ 제1-670호(1988.2.27)
책임교열 _ 이주련·최진희

ⓒ 이종봉 2025 ISBN 979-11-24013-04-5 03230

책값은 뒤표지에 있습니다.
이 출판물은 저작권법에 의해 보호를 받는 저작물이므로 무단 복제할 수 없습니다.
파본(破本)은 구입처에서 교환해 드립니다.